THROUGH
THE SILK ROAD

穿越絲路

THROUGH

THE

發現世界的中國方式

SILK ROAD

李偉 主編

目錄

THROUGH
THE SILK ROAD

THROUGH
THE SILK ROAD

中國發現世界：
絲綢之路

概 述

文 ▲ 李偉

從地圖上看，絲綢之路是條迷人的曲線。

它東起古都長安，穿越中華文明的發源地關中平原。渡過黃河後進入狹長的河西走廊，一側是白雪皚皚的祁連山，一側是浩瀚的沙漠。走出河西走廊後便分為三路：一路跋涉於羅布泊沿崑崙山北麓的綠洲延伸；一路經樓蘭古城，沿天山南麓西行；一路則穿越沙漠到哈密，走天山北麓。樓蘭、且末、精絕、安迪爾、尼雅等古城遺址如同一顆顆明珠，散落在塔克拉瑪干沙漠之中。隨後三條路線分別翻越天山和帕米爾高原：北線與中線匯合於費爾干納盆地的歷史名城塔什干，而南線經過艱苦卓絕的努力後到達阿富汗。它

▲ 中國境內的絲綢之路沿線很長路段都是在沙漠中穿行

們分別沿南北兩路，在沙漠和綠洲中穿行，進入伊朗高原，沿厄爾布爾士山脈和札格洛斯山脈向西北行進，跨越波斯文明的腹地。然後，或向西北經大不里士，邁上安納托利亞高原，抵達伊斯坦布爾；或向西南深入美索不達米亞平原，經巴格達、大馬士革抵達地中海東岸港口安塔基亞。來自東方的貨物終於可以在港口登船，在地中海揚帆起航，運往羅馬、波爾多、馬德里。

絲綢之路就像一條飄逸的絲帶，穿行在灰褐色的亞洲腹地，將東方文明、印度文明、阿拉伯文明、波斯文明和歐洲文明串聯在了一起。

這也是一條最艱苦卓絕的道路。一路上穿越十餘個沙漠，攀登平均海拔超過 4000 米的帕米爾高原，在超過 40 攝氏度的戈壁中穿行，在冰天雪地中露宿，還要面臨雪崩、雪災、沙塵暴的災害，提防缺水、迷路、強盜的威脅。至今，很多區域仍是人類無法涉足的生命禁區。在這條道路通行的絕大部分時間裏，交通工具與出行方式沒有任何改變，仍舊依靠駱駝、馬車和人類的雙腳。20 世紀初的旅行者和公元前 1 世紀的張騫一樣艱苦，甚至還會面臨更多的危險，因為中亞的持續乾旱化，導致許多水源乾涸。

西方成為古代中國人的主要出行方向，是因為那裏可以通向當時世界上其他文明區域 —— 中亞、南亞、西亞乃至歐洲。文明就像充滿誘惑的火炬，無論中間有多少昏暗的迷霧，人們都可以循着透過的微光抵達彼岸。

歐洲距中國有多遠？這是不能用「公里」來衡量的。因為走完這條道路的時間需以「年」來度量，要以勇氣、毅力與信仰來支撐。絲綢之路由張騫開始貫通，此後中國人逐漸成為這條道路的主力軍。使節、僧侶、教徒、軍人們探索未知領域，帶回了遠方的信息，打開了人們的視野。歷史學家們把這些知識、見聞記錄下來，首先說明中國人完成了對世界的發現與認識，繼而形成中國人的「世界觀」——這一觀念，至今仍在深刻地影響着中國人。

這條道路，在漫長的歲月裏，一步一步往西，中國人以自己的勇氣與生命力不斷地跋涉與測量，完成的當然是屬於中國的地理大發現。它的結果，

是中國人在發現世界、認識世界的過程中，以海納百川的胸懷接納了世界，也因此，中西文化交流與融合得以展開。在這條道路不斷延伸的進程中，中國被它塑造，世界也被它塑造。這條道路所創造出來的結果，當然也不唯中國人的「世界觀」，而是人類共同的知識譜系。

能在高山、大河間穿行跨越，是人類對自然的技術性征服。而跨越之後，便有不同的結果。翻越高山、涉過大河，開闢道路，從一個地理單元進入另一個地理單元，達到文化的交流、融合，這也是一種文明的成就。而道路本身則成為一條特殊的紐帶，聯繫着不同的民族、文化與資源，促進彼此的交往，最終形成文明的共同繁榮。兩千年的歷史中，無論發生了怎樣的戰爭和自然災害，絲綢之路上的交往從未中斷過。

我們現在重新回溯這條道路的行走史，以及這一過程中的文明交融史，仍然不免深深感歎我們祖先之偉大。同樣，當我們把眼光由歷史投向未來之際，這條道路會如何塑造未來的中國與世界？這才真是具有挑戰性的問題。

當全球第二經濟體量的中國，以「一帶一路」為紐帶 —— 選擇象徵和平的、交流的與共享的方式，重新締結中國與世界關係的時候，未來的前景變得清晰而樂觀。正在完成偉大復興的中國，會創造出什麼樣的未來，讓我們把目光投向歷史，投向那條建構了古代中國與世界關係的絲綢之路，其目的，是尋求未來的答案。

發現世界的中國方式

文 ▲ 李偉

　　中國圍繞絲綢之路的地理發現，突破了地域限制，建立了對其他文明的認知。它最終形成了一種更為開闊的世界觀與相對平等的交流方式，促成中國與其他文明之間的密切互動。在這個過程中，通過絲綢之路，中國不斷發現着世界，世界也逐漸認識了中國。

推開通向世界之門

　　西部的陽光總是遲遲不肯退場，強風捲起沙礫發出刺耳的聲音，捲起一處處旋渦。漢代長城的殘垣就聳立在沙漠戈壁之中，如陣列式，仿佛依然在等待檢閱。夕陽之下，溝壑斑駁的黃土牆壁也被鍍上了一層金色光芒。它就像堅守戰場的老兵，已在此靜立了 2000 多年，傲然凝視着對面祁連山的皚皚雪峰。

　　蘭州向西過烏鞘嶺，便進入了河西走廊。北側是連向內蒙古阿拉善高原的沙漠，南側是祁連起伏的群山。冰雪從山頂融化，匯聚成河，流入戈壁中，便形成了一個個綠洲與草原。公元前 119 年，漢王朝開始在河西走廊修建長城，經張掖、酒泉向西延伸，直至敦煌。再向西穿越羅布泊、沿孔雀河後，不再築城牆，建烽燧直向西到新疆天山腳下的庫車。

　　漢長城建造就地取材，牆體多由紅柳、蘆葦、沙石混築而成，又被稱為紅柳長城。中原王朝依託長城對抗飄忽不定的草原民族，以步兵據守要塞，周旋騎兵，將流動戰場變為固定戰場，使直逼內地與中樞的戰火，遲滯在邊遠地區。烽火傳遞，也為應對突然襲擊贏得了時間。

　　漢朝長城還有另一個作用，便是守護絲綢之路，為旅行者提供水源與給

養。漢長城的軌跡，也是古絲綢之路的路線。每一座烽燧就像沙漠裏的島嶼和燈塔，指引着行進的方向。

沿着長城殘垣西行，過酒泉至瓜州再轉向西南，穿越 200 多公里長的沙漠，便是歷史名城敦煌。敦者大也，煌者盛也，但今天的敦煌更像是一條斷頭路的終點，用《史記》的說法是「不當孔道」。西行主路已沿着河西走廊過瓜州後向西北而去，經柳園、星星峽進入新疆哈密，是為甘新大道。

但在 2000 多年前，敦煌則是絲綢之路的交通樞紐，是進出中原王朝的門戶。西行之旅，或出敦煌西北的玉門關，或出西南的陽關。

玉門關，西漢武帝所設置。一般認為，敦煌西北的小方盤城就是當年的玉門關，它就聳立在戈壁灘狹長地帶中的砂石崗上。南邊有鹽鹼沼澤地，北邊不遠處是哈拉湖，再往北是長城，長城北是疏勒故道。關城全用黃土夯築而成，坐北朝南，呈長方形。在這座城正南長城內側有烽燧，叫「玉門千秋燧」，是漢代防備西域敵兵入侵的警報系統。關城方形如盤，北、西兩面有門，北門外不及百米即疏勒河。

但小方盤城實在太小了，內部還不到一個籃球場大。因此，也有很多專家認為這並不是大名鼎鼎的玉門關。東漢時，班超經營西域多年，功勳卓著，年老思鄉要求退休。他在給朝廷的奏章中說：「臣不敢望到酒泉郡，但願生入玉門關。」不管怎樣，班超心中的玉門關也不會離此地太遠了。

事實上，此玉門關並非「春風不度」的玉門關。後者是唐朝的玉門關，已向東退了 200 多公里，位於酒泉瓜州雙塔堡附近，其具體遺跡也湮沒於沙丘戈壁之中，難以尋找。當年玄奘西行取經，就是從那裏祕密過境。王之渙的《涼州詞》膾炙人口——「黃河遠上白雲間，一片孤城萬仞山。」但黃河如何「遠上」呢？「一片孤城」又在哪裏？唐朝的玉門關也距離黃河千里之外，怎樣都是望不到黃河的。詩人恐怕要說的是，玉門之外便是另一個世界了。

▲ 位於甘肅的漢長城遺址。公元前 119 年，漢王朝開始在
河西走廊修建長城，此處遺址已歷經 2000 年風雨

另一位詩人王維的《渭城曲》，經配曲吟歌，名《陽關三疊》，表達的也是相近的心態。詩歌纏綿淡雅，離愁暗藏。「西出陽關無故人」，「西出陽關」後會遇到什麼？不說也罷。在王維的時代，出了陽關就相當於踏出了國門。

陽關遺址位於敦煌西南 70 公里的「古董灘」上，因在玉門之陽而得名。昔日陽關城早已蕩然無存，只有墩墩山還保存着一座烽火臺。山下南面有一片望不到頭的大沙灘。那片蒼茫沙灘之下，便埋藏着陽關的遺址。不遠處的南湖綠洲，被沙丘包圍，但仍綠意盎然，葡萄藤隨風搖曳，如一個精緻的盆景。

陽關與玉門關的選址都十分講究，佔據了沙漠中最後一處水源。再向西便進入了今人生畏的羅布泊荒漠，前路茫茫，生死未卜。很長時期以來，這裏便是中國人的心靈邊界，關外是一個未知的世界。走出去，意味着無限的遙遠與無窮的兇險。

中國第一部地理著作《禹貢》中，這樣描寫國家的邊界：「東漸於海，西被於流沙，朔南暨，聲教訖於四海。」要探索未知的世界，傳播文明，就必須向西穿越流沙，向東渡過大海。

公元前 126 年，張騫出使西域返回長安，第一次帶回了外部的信息與知識，將中國人的視野延伸了幾千公里，不再困於傳說的迷霧之中。

幾乎與此同時，漢武帝發動了一系列對匈奴的反擊戰，其中以公元前 121 年的春夏戰役最為重要。年僅 20 歲的驃騎將軍霍去病深入大漠，迂迴出擊，大敗匈奴。渾邪王降漢，河西走廊完全為漢朝控制。漢武帝先後設置武威、張掖、酒泉、沙洲（敦煌）四郡，駐軍屯田，移民實邊。

《史記》如此記載這場輝煌的勝利：「驃騎將軍復與合騎侯數萬騎出隴西、北地二千里，擊匈奴。過居延，攻祁連山，得胡首虜三萬餘人，裨小王以下七十餘人。」這場戰役的重要性完全不亞於張騫出使西域的成功。河西歸漢，中原王朝終於拿到了進入西方世界的鑰匙，絲綢之路由此正式開通。

漢代中國開闢絲綢之路的價值不僅在於拓展了交通路線。中原華夏文明

由此開始有意識地關注外部世界，並大大延伸了本土文化的活動空間。此後，各朝政府都延續了這種對外交往的傳統，並在唐代達到高峰。自從通向世界之門被打開後，它再也無法被封閉。

「舊世界最長的路」

敦煌向西 200 多公里外是一片黑戈壁。一年四季，大風席捲地面，細沙被吹走，只留下雞蛋大小的黑色石頭，像是進入了煤礦區。再向前，是一片雅丹地貌，這裏已被開發成名為「魔鬼城」的景區。

「雅丹」在維吾爾語中意為「險峻的土丘」。在極度乾旱地區，由於大風的不斷侵蝕，經億萬年演化，便將臺地切割成破碎的土丘，形成千奇百怪的造型，如廊柱、如獅虎、如軍艦、如城堡。人行走其中，難以分辨方向，極容易迷路。

穿越雅丹區，便進入了羅布泊。羅布泊的名聲很大，不僅因為其神祕莫測、極端惡劣的自然環境，更重要的是，羅布泊西北的樓蘭古城曾是絲綢之路上的樞紐，是最艱苦路段上的一顆明珠。

張騫通西域後，絲綢之路便逐漸形成了比較固定的路線。一般而言，這條道路從長安出發，經過關中平原，渡過黃河，進入河西走廊，至敦煌。由敦煌出玉門關、陽關，向西進入了另一個走廊地帶，即羅布泊的陷落窪地、鹽鹼灘和沙丘。北部是庫魯塔克山，南部是庫木塔克沙漠，氣候十分乾旱，幾乎沒有水源。越過白龍堆沙漠，過古羅布泊，便到了樓蘭古城。

從敦煌穿越羅布泊至樓蘭，有 400 多公里路程，這是絲綢之路上最艱險的一段旅程。

東晉時期的求法僧法顯在《佛國記》曾如此描述：「沙河中多惡鬼、熱風，遇則皆死，無一全者。上無飛鳥，下無走獸，遍望極目，欲求度處，則莫知所擬，惟以死人枯骨為標識耳。」

馬可‧波羅前往元大都（北京）時，也曾途經羅布荒漠。除了歷代中國探險家描述過的種種艱難險阻外，他的敍述中還彌散着一種令人生畏的恐怖：「行人夜中騎行渡沙漠時，設有一人或因寢息，或因他故落後，迨至重行，覓其同伴時，則聞鬼語，類其同伴之聲。有時鬼呼其名，數次失其道。由是喪命者為數已多。」在這種艱辛與恐怖的雙重煎熬中，馬可‧波羅一行在羅布泊沙漠裏跋涉了一個月。

法顯與馬可‧波羅都提到了「惡鬼」和「鬼語」，可能是羅布泊地下發出的奇怪聲音。因為那裏地表極度乾旱，每日溫差常達三四十攝氏度以上。熱脹冷縮的效應，使外露的岩石崩裂發出聲響，有時似鞭炮，有時似狼嚎。

絲綢古道到樓蘭後分為兩支。一支向西南稱為南道，到達塔里木盆地的南部邊緣，沿着崑崙山北側山路西行。崑崙山的融水下泄，形成了若羌、且末、民豐、和田等大大小小的綠洲。絲綢之路將這些綠洲串起，至皮山、葉城攀登帕米爾高原，翻越明鐵蓋達阪，進入喀什米爾或者阿富汗地區。

樓蘭向西北的道路，稱為中道。中道走塔里木盆地的北部邊緣，沿着天山南麓而行，經吐魯番、焉耆、庫爾勒、輪臺、庫車、阿克蘇、喀什等綠洲後，翻越帕米爾高原進入中亞費爾干納盆地，西行可至塔什干。或者沿阿克蘇河的北支流翻越比達爾山口，再沿天山西北進入現在屬於吉爾吉斯斯坦的伊塞克湖區域，沿天山北麓現在屬於哈薩克的塔拉斯、奇姆肯特到天山南麓的塔什干綠洲。

經樓蘭的古道在兩漢時期達到了繁榮的頂峰。這主要是因為匈奴控制了北方哈密地區，侵擾着北部的交通線。正因為這一政治形勢，才將樓蘭推上了中西交通樞紐之地。

當中原王朝逐漸取得了對草原民族的勝利後，尤其是匈奴勢力被驅逐出西域政治舞臺後，絲綢之路的走向也發生了變化。由敦煌出發不經樓蘭可以直接到達吐魯番，這樣便避開了羅布泊與白龍堆沙漠。

▲ 新疆吐魯番交河故城建於漢代,是絲綢之路的要衝

唐朝之後，絲綢之路的北道逐漸成熟，成為一條通衢。這條路已不再經敦煌，而是自酒泉瓜州便轉向西北，穿過莫賀延磧沙漠抵達哈密。由哈密向西南越天山可以與中道相連接。或者向北，穿越石門子山口，到達天山以北的巴里坤，向西經吉木薩爾、昌吉、烏蘇等綠洲，經賽里木湖畔，翻越天山果子溝，經哈薩克阿拉木圖、塔拉斯，至塔什干。北道與中道區別在於，前者沿天山北麓西行，後者沿天山南麓行進。

北道之所以在唐朝興盛，一方面在於吐蕃崛起不斷侵擾南線，而唐朝通過對突厥的勝利控制了天山北麓。另一方面，唐朝處於古代新冰期後的小溫暖期，天山以北的草原地帶比秦漢時期的氣候更加溫暖。

絲路北、中線出中國國境後，進入中亞阿姆河、錫爾河流域，稱為「河中地區」。北道與中道在烏茲別克斯坦的塔什干綠洲匯合，向西南延伸，由古城撒馬爾罕、布哈拉通過。再穿越卡拉庫姆沙漠到達土庫曼斯坦的馬雷，翻越科佩特山口，到達伊朗古城馬什哈德。馬什哈德是伊斯蘭教什葉派的聖地，歷來是伊朗和印度、中亞、阿富汗之間的貿易中心，是絲綢之路的經濟重鎮。馬什哈德向西又分成北、南兩支線，北線翻越厄爾布爾士山到達伊朗首都德黑蘭，歷史上稱「亞細亞大道」。南線沿卡維爾鹽漠背面大達姆甘抵達德黑蘭。兩條路線匯合後，向西伸張，經過加茲溫到達大不里士。大不里士是伊朗和高加索、土耳其的貿易中心，拜火教聖地。從這裏向西北進發，穿越小亞細亞半島，抵達歷史名城伊斯坦布爾，再由海路可至東歐、南歐和西歐。

絲路南線出境，以阿富汗東南部為樞紐，歷史上稱這裏為「吐火羅」地區。絲綢南路在這裏又分為兩股，一道轉向東南，經喀什米爾進入巴基斯坦和印度地區，連接整個南亞大陸。另一路繼續向西邁進，經坎大哈、喀布爾，進入伊朗南部。沿庫赫魯德山南麓的巴姆、克爾曼、伊斯法罕到達西亞兩河流域的中心——巴格達。穿越美索不達米亞平原，經敘利亞的巴米爾綠

▲ 烏茲別克斯坦撒馬爾罕州阿拉伯邦迪村一對做羊毛地毯生意的老夫婦，
閒適地坐在自家氈房前與來訪的客人交談

洲向西到達地中海，從這裏通過陸路或海路，能夠直達歐洲和非洲的埃及。

羅馬時期，地中海東岸的提爾（又作推羅，今黎巴嫩南部城市蘇爾）是名副其實的絲綢港。當地人很早就會從近海所產的一種貝類提取紫紅色染料，這就是有名的「提爾紅」。此外，由於絲綢幾經轉手昂貴無比，提爾的工匠便把東方運來的絲綢拆散成絲，再摻進其他纖維織成衣料，使其變得更便宜也更輕盈。於是，提爾成了舉世無雙的絲綢再加工中心，是絲路西端的一個重要目的地。

這條沿中緯度地區延伸的絲綢之路，將一座座綠洲連接在了一起，因此也稱為綠洲絲綢之路。綠洲絲路是貫穿歐亞的主要幹道。

與此相對應，還有一條高緯度區域的草原絲綢之路。

依據考古資料，草原絲綢之路早在公元前 1000 年就已形成，是遊牧民族往來遷徙的大通道。這條道路從黃河中游出發，經鄂爾多斯、蒙古草原，越阿爾泰山脈進入哈薩克草原，再經裏海北岸、黑海北岸可達多瑙河流域。或者經黑海西岸，走海路到達歐洲腹地。黑海西岸平原靠近希臘，古希臘人很早就在黑海沿岸建立了一系列殖民城邦。他們擅長航海術，可以駕船經黑海抵達希臘本土和羅馬帝國。

世界歷史上幾次民族大遷徙浪潮，如雅利安人東遷，匈奴、嚈噠等突厥系民族向西遷徙，都發生在這條路上。人們對於草原之路的了解完全建立於考古發現之上，其中最重要的發現便是阿爾泰山北麓的巴澤雷克墓群。18 世紀初，這一地區不斷出土野獸紋圖的黃金藝術品，形成了所謂「西伯利亞寶藏」，因受到彼得大帝的喜愛，又被稱作「彼得大帝寶藏」。

蘇聯考古學家在 20 世紀 20 年代終於找到了寶藏的源頭，即巴澤雷克墓群 —— 由古代遊牧民族所建造的巨大石塚。巴澤雷克的考古發掘，揭開了印度與中亞黃金產地之謎。人們終於知道，作為非黃金產地，印度河古文明和阿姆河寶藏中黃金藝術品的原料，就來自阿爾泰山區。另一項更重要的成

果，則是在墓穴中找到了中國戰國時期的絲綢。由於被一層厚厚的永凍堅冰所覆蓋，這些絲綢免於腐朽而保存下來。據此，美國考古學家馬拉・賴斯認為：「在公元前 5 世紀至公元前 4 世紀期間，巴澤雷克是東西方貿易的中心。」

草原絲綢之路最大的優勢在於地勢平坦。杭愛山與阿爾泰山之間的蒙古草原地面起伏不大。阿爾泰山的相對高度不大，而且山間有不少比較便於通行的隘口和河流谷地。哈薩克大草原面積遼闊，一望無際，地勢平坦，一兩百萬平方公里的面積內，幾乎沒有真正的山嶽。南俄草原和黑海沿岸平原地勢更加低平，騎馬行進，速度極快。另一方面，草原上河流湖泊眾多，水草豐美，尤其適合騎馬大隊行軍。當年蒙古大軍西征，就如風馳電掣一般掠過這幾大草原，直搗東歐腹地。

但草原絲綢之路也有着難以克服的缺陷。整條道路都在高緯度地區延伸，氣候寒冷。尤其是蒙古草原和哈薩克草原，靠近西伯利亞冷高壓中心，冬春天氣奇寒，暴風雪肆虐，非遊牧民族很難適應。同時，道路沿線地廣人稀，缺少居民點提供給養。不僅城鎮稀少，即使固定的村落也難得一見。南俄草原直到 15 世紀以後，因為俄國哥薩克人的進入才逐漸開墾。哈薩克草原遲至 20 世紀 50 年代蘇聯大墾荒之前，尚是處女地。而蒙古草原至今還處於遊牧狀態。

草原絲路真正的障礙，在於它距離當時幾大文明中心的距離太遠了。世界幾大文明古國多處於北緯 20 度至 40 度之間。如果要繞行草原之路，必然要耗費大量的時間。直到蒙古汗國崛起後，草原之路才一度興盛。西方使節與傳教士來往於草原之上，前往當時世界的中心——哈拉和林（今蒙古國杭愛省西北），去拜見蒙古大汗。

在《絲綢之路》一書中，斯文赫定寫道：「絲綢之路的全程，從西安經安西、喀什噶爾、撒馬爾罕和塞琉西亞，直至推羅，直線距離是 4200 英里，如果加上沿途繞彎的地方，總共約 6000 英里，相當於赤道的四分之一。可以毫

▲ 蒙古帝國分裂後，帖木兒建立了強大的帝國，控制了絲綢之路的中段

不誇張地説，這條交通幹線是穿越整個舊世界的最長的路。」

絲綢之路本身就是一個不斷被發現和被優化的結果。過去 2000 年中，依靠雙腳的丈量，穿越沙漠與雪山，人們始終在尋找最安全、便捷、暢通的路徑。它在任何時候都不是一條或兩三條道路，而是一個龐大的道路交通網絡。因此，一旦因自然條件或社會環境發生變化，其中某一條或幾條路線出現阻隔或阻斷的時候，其他路線仍然在發揮作用，從而保證了絲綢之路的暢通。

裏海是海嗎？

當中國人的西行之路還被匈奴人阻斷時，西方人已經開始了向東探索。

公元前 7 世紀，希臘詩人阿里斯鐵阿斯曾經遊歷過南俄和中亞北部的大草原，留下了長篇詩作《獨目人》（《阿里馬斯波依》）。這部長詩成為絲綢之路最早的記錄，但此詩後來佚失不存，只有一些片段流傳了下來。根據殘留的詩句，法國學者保羅·佩迪什認為詩人可能一直東行到了阿爾泰山西緣地帶，也就是今天哈薩克草原的東部。草原絲綢之路的東段就是在這裏和西段接上的。一般認為，阿里斯鐵阿斯東行的目的就是經商。所謂「獨目人」指的是生活在阿爾泰山西麓的「阿里馬斯波依」人，屬於斯基泰人的一支。

公元前 5 世紀，有「西方史學之父」之稱的希羅多德完成了他的名著《歷史》，講述希臘與波斯的戰爭。在這本書中，他依靠自己的見聞以及《獨目人》中的資料，講述了當時人們所了解的中亞地區的地理與人文。保羅·佩迪什認為，希羅多德首先是一名地理學家、方志學家和旅行家。「人們推測，當時他並不打算寫一部歷史著作，而是想研究世界是怎樣分成一個個大陸，而這些大陸又具有什麼樣的形狀和範圍。」

關於中亞地理，希羅多德最大的貢獻是首次記錄了裏海。他準確地指出，這是一個不跟其他海洋相通的「獨立的海」，是一個巨大的湖泊。但是他並沒有提到中亞另一個大湖 —— 鹹海。中亞有兩條大河 —— 阿姆河和錫

⚊ 西伯利亞斯基泰石頂墓出土的絲織品。據信來自中國春秋戰國時代的楚國,圖案為鳳鳥

⚋ 黃金飾牌,飾牌上是典型的斯基泰野獸紋

⚌ 黑海沿岸出土的斯基泰貴族女性首飾。中間浮雕頭像為希臘女神雅典娜,為斯基泰人逐漸接受希臘神祇信仰的證據

⚍ 這面鏡子具備了遠東風格,同時鏡子背面的圖案又融合了希臘、近東和斯基泰風格

⚎ 這種盤繞的動物形態最早出現在中國,但之後發展成了典型的斯基泰設計風格

▲ 斯基泰人遷移至今日俄羅斯聯邦圖瓦共和國境內的斯基泰「國王谷」

① 斯基泰人的頭盔

② 黑海沿岸出土的斯基泰金瓶。浮雕圖案為斯基泰戰士正在為斯基泰弓上弦

③ 黃金梳子，出土於南西伯利亞。浮雕中斯基泰戰士穿戴着希臘風格盔甲與頭盔

④ 這個格里芬捕殺山羊造型的黃金飾品象徵着權力

爾河，希羅多德把它們混淆起來，以為就是一條阿克塞斯河。

希羅多德更多的興趣在於民族志方面。當時分佈在歐亞草原上的主要民族是斯基泰人，波斯人稱他們為「薩喀人」，中國文獻中記為「塞人」或「塞種」。斯基泰人分為很多部族，希羅多德對這些部族的分佈和遷徙進行了詳細介紹。

希羅多德重點描述了公元前 8 世紀到公元前 7 世紀的那次民族大遷徙。黑海北岸的原住民奇姆美利亞人被東方來的斯奇提亞人趕出家園，後者又是迫於依賽多涅斯人的強大壓力西遷的，依賽多涅斯人是被更東方的鄰居阿里馬斯波依人（獨目人）驅逐的。在此後的 2000 年中，類似多米諾骨牌式的遷徙多次沿着絲綢之路發生。

中國學者楊憲益認為，希羅多德所記錄的這次大遷徙，其源頭就在於中國陝西關中地區。公元前 8 世紀到公元前 7 世紀，秦國軍隊對遊牧民族「西戎」展開連續軍事進攻，最終迫使西戎西遷，結果引起連鎖反應，最後大遷徙的浪頭直至地中海東岸。在這個過程中，中國的絲綢也隨着民族遷徙之路而西運。

希羅多德之後 200 年，年輕的亞歷山大大帝率軍遠征。只用了 3 年時間，希臘軍隊便橫掃中亞，佔領了阿富汗的東北部巴爾赫（巴特克拉），並北渡阿姆河攻佔中亞的核心區域 —— 烏茲別克斯坦的撒馬爾罕。第二年，亞歷山大向南翻越興都庫什山，佔領印度河流域。

作為亞里斯多德的學生，亞歷山大不僅要做世界征服者，還要成為世界的發現者。《亞歷山大遠征記》的作者，公元 2 世紀的歷史學家阿德里安寫道：「他（亞歷山大）永遠要把目光投向遠方，尋找那些他還未曾見過的東西。」

在亞歷山大的遠征軍中，不僅有詩人、哲學家，還包括了地理學家、民族學家、歷史學家，甚至配備了專業的測量隊伍。測量隊員的主要職責是測

繪道路里程、山脈高度以及河道寬深等，並負責把數據記入「行軍日誌」。亞歷山大每佔領一個區域，就會組織一個探險隊去考察當地的情況。保羅·佩迪什認為：「亞歷山大的遠征不僅改變了歷史的進程，而且積累了大量新穎的有關亞洲氣候、生物和種族方面的資料，從而打破了地理學知識和思想的舊框框。」

亞歷山大的地理學家們對絲綢之路上的河流進行了考察。他們對於西亞幼發拉底河和底格里斯河的情況了解得最清楚，對於它們的發源地、流量、走向與季節性特徵都有比較正確的描述。對於中亞的兩條大河——錫爾河和阿姆河，他們也比希羅多德了解得更多，不再認為它們是一條河流。但他們把兩條河的流向搞錯了，認為它們都流進了裏海，而不是鹹海。事實上，這個時期的希臘地理學家們始終不清楚還有鹹海的存在，或者把這兩個大湖混同在了一起。畢竟，裏海與鹹海距離不遠，中間只隔着一片荒漠。在古代，裏海和鹹海的水域面積都比現在更大，因此它們之間的距離也更短。

關於裏海究竟是大海還是湖泊的問題，希臘人也得出了錯誤的結論。他們深受古希臘地理學的影響，信奉「海洋包圍大陸」學說，因此斷定裏海一定是和海洋相連的內海或者海灣。甚至他們進一步認為，裏海是和黑海相連通的。為了解答這個疑問，亞歷山大在行軍途中曾經打算親自駕船考察裏海，他還想搞清楚裏海是否和印度洋也是連通的。但遺憾的是，這個計劃因為戰爭的進程而擱淺了。

後來，塞琉古王朝曾經派出探險家派特羅克勒進行了一次裏海航行。結果非但沒有得出正確結論，反而製造了新的錯誤。這位裏海探險家不僅認定阿姆河和錫爾河直接流進了裏海，而且還指出，裏海就是北方大海向南伸進大陸的一個海灣。

只有當時西方古典地理學家托勒密才回到了希羅多德的立場，在他繪製的世界地圖上，裏海是一個封閉的巨大湖泊。這個錯誤一直延續了 1000 多

▲ 公元前 326 年，亞歷山大大帝和印度國王波羅斯在吉達斯普河戰役中。
　亞歷山大東征也是一次地理考察

年，直到 13 世紀，歐洲人才完全接受了裏海是一個內陸湖泊的事實。

　　希臘人對絲綢之路沿線、中亞地區的探索並沒有持續多久。亞歷山大東征返回後不久便去世了，龐大的帝國隨即分裂。此後，希臘文明逐漸退出了中亞地區。費爾干納盆地是希臘文明到達的最東邊界，他們最終沒有能夠向東越過天山或者帕米爾高原。因此，對於山那一邊的華夏文明他們了解不多，只知道東方有一個名為賽里斯的神祕大國。這個國家出產華美的絲綢。

▲ 連接新疆南北的現代公路穿越天山

走出神話

中國人對於中亞地理的官方探索要晚於西方人。這一方面在於地理條件限制，從東部進入中亞要面臨大漠與高山的挑戰，而由西方進入難度則小得多。另一方面，遊牧民族的襲擾阻斷了中國與西方的聯繫。

在張騫出使西域之前，中國對於西部世界的了解還處於神話與傳說階段。其中，最有代表性的便是《穆天子傳》中所傳遞的信息。總共 8500 多字的《穆天子傳》，大概成書於公元前 4 世紀之前。書中假託周穆王（生活在公元前 10 世紀前後）西征，敍述了一次赴西方的旅行。他駕車由洛陽出發首先北上來到河套－陰山地區，然後西行到達崑崙山，最終抵達西王母之邦。周穆王和西王母互贈禮物，暢飲吟唱，最後依依惜別。整個故事撲朔迷離，讀來令人無限神往。

西王母之邦是當時中國人心目中的極西之地。書中還提到了崑崙之丘、群玉之山、舂山、瑤池等地理名稱。學者們對這些位置有很大爭議。一部分意見認為，崑崙之丘相當於新疆北部的阿爾泰山，瑤池可能是神話了的齋桑泊，位於阿爾泰山西麓哈薩克境內，西王母之邦則可能相當於希羅多德所説的阿里馬斯波依人（獨目人）；另一派認為，崑崙山、舂山、群玉之山都指的是現在的崑崙山位置。由於文獻資料太少，缺乏具體的證據，周穆王西行的故事只能當作傳聞來看待。但這些充滿了神話般的幻想，為中國人打開了窺視新奇世界的一個窗口。

第一位真正以雙腳考察西方的探險家是張騫，他為漢朝人帶來了更多真實的材料，《史記·大宛列傳》體現了當時人們對西方的認識水平。

在張騫通西域之前，中國人的地理觀念仍帶有濃厚的命定色彩：中國位居世界的中央，北面是大漠戈壁，西面是冰峰雪嶺，東面是汪洋大海，南面是「瘴癘之地」——熱帶叢林。這些難以踰越的地理障礙仿佛是上天安排在華夏四陲的。四陲與中央之間為「四方蠻夷」雜居之地，而四陲之外就不是

凡人能輕易涉足的地方了。這種封閉性的地理觀念是中國古代「內斂性」宗法社會的反映，它對華夏先民外出探索新的世界無疑起了一定的束縛作用。

在這個意義上，張騫所代表的西漢王朝是一個破局者。他每向前走一步都意味着一個新的紀錄誕生；每帶回一份信息都會填補認識上的空白；每產生一個疑問都會引發後人的不懈求索。及至東漢甘英出使，欲往大秦（羅馬帝國），至安息（波斯伊朗）西界而返，又了解了中國人許多前所未聞的知識。東晉法顯以 64 歲高齡前往印度求法，兩度穿越塔克拉瑪干大沙漠，第一次實地考察了南亞次大陸。玄奘更是在十餘年的時間裏，橫穿新疆、中亞，足跡遍佈印度全境，帶回了 130 多個國家的信息。他的《大唐西域記》成為古代地理歷史學的巔峰之作，是了解中亞與印度的百科全書。作為戰俘，唐朝人杜環遊歷了阿拉伯地區，到訪聖城耶路撒冷，並最終抵達了非洲。維吾爾景教徒拉班‧掃馬，是古代中國行走最遠的人，他從北京出發沿絲綢之路橫穿整個歐亞大陸，由伊斯坦布爾渡過地中海先後抵達了那不勒斯、羅馬和法國的波爾多，並參見了羅馬教皇和英、法國王。

中國人對西方世界的認識也隨着絲綢之路而不斷拓展。對外界了解越多，對未知世界的興趣也就越大。魏晉人魚豢面對一個越來越廣闊的外部世界，深有渺小之感。他在《魏略‧西戎傳》中寫道：「俗以為營廷之魚不知江海之大，浮游之物不知四時之氣，是何也？以其所在者小與其生之短也。」他真切地感到，對於中國之外的那個世界，人們的認識無論怎樣都是非常有限的。

張騫之後的 1000 多年中，中國人開始成為探索絲綢之路的主力軍。一方面原因在於，華夏文明處於世界大的領先地位，希望與其他國家建立密切的聯繫。另一方面，中國人的思想並沒有囿於封閉的「天下觀」之中，他們對外部世界充滿興趣。

▲ 描繪羅馬帝國戴克里先宮外果蔬市場熱鬧景象的繪畫作品

▲ 土耳其最大的城市伊斯坦布爾曾經是東羅馬帝國的首都，與中國交往密切

地理空間

　　了解外部世界，首先從地理開始。中國人踏足西域之前，對於河西走廊以西的地理狀況並沒有太多的知識。一個突出的現象是，幾座重要山脈的命名十分混亂。

　　祁連山、天山、崑崙山是我國西部的三座重要山脈。祁連山位於河西走廊南側，天山位於塔里木盆地北側，崑崙山位於塔里木盆地南側。

　　很長時期以來，三座山的名字糾纏不清。在先秦時代，祁連山被稱為「昆山」，即崑崙山。後來，天山與祁連山顛倒混用。在一些史籍中，天山又被稱為祁羅漫山。實際上，根據現代學者的研究，無論崑崙山、祁連山，還是祁羅漫山，都是吐火羅語 klyomo 的音譯，即「聖天」之意，也就是說天山實際也是 klyomo 的意譯。

使用吐火羅語的大月氏人曾活動在天山－祁連山地區，因此 klyomo 便作為地名傳入中原。經幾次不同的轉譯便形成了崑崙山、祁連山、天山的混用。由於河西走廊是玉石輸入中原的通道，先秦人認為玉就產自大月氏人附近的山中。於是，崑崙山便和玉有了明確的關聯。當張騫報告于闐南山產玉後，漢武帝便將南山命名為崑崙山。隨着中國對西部山水的了解逐漸清晰，這三座山的名稱才陸續固定了下來。

隨着中國對絲綢之路的實地探索，西部山水地理面貌逐漸清晰了起來。這些地理信息作為重要的資料，被編入國家正史。

《漢書》首開《西域傳》的體例，記載了近 50 個國家的狀況。這些信息包括：國家首都，與長安的距離，戶、口、士兵人數，和西域都護治所的距離，以及相鄰國家，風土物產，最後是該國與漢王朝的交往。由此，形成了以長安為中心的同心圓，西域諸國根據距離長安的遠近，以及是否處於漢朝的政治控制範圍，在班固筆下被分為「至都護治……里」或「不屬都護」兩類。它們都被一一安置在這個同心圓中，從而構成了「內臣」、「外臣」和「不臣」三個層次。

在漢朝，安息（位於伊朗的帕提亞帝國）是記錄中最遠的國家，其國度和櫝城（今伊朗達姆甘）距離洛陽 25000 里，東界木鹿距離洛陽 20000 里。儘管數據未必準確，但還是可以推測，漢帝國對於當時西方重要城市都做了道路測量。

根據這些記載，我們對西域國家有了初步了解。如最大國家（烏孫）人口達到了 60 多萬，而小國如休循，人口只有 1000 人。按照人口比例推算，士兵數平均佔成年男子的 1/3。

從《漢書》開始，編撰者尤其重視絲綢之路的走向，把每一次道路變化都記錄在案。如《漢書·西域傳》概括：「自玉門、陽關出西域有兩道，從鄯善傍至山北，波河西行至莎車，為南道；至道西踰蔥嶺則出大月氏、安息。

自車師前王廷隨北山，波河西行至疏勒，為北道，北道西踰蔥嶺則出大宛、康居、奄蔡。」

奄蔡後來又被稱為阿蘭人，即西方文獻中的哥特人（Goth），最早居住在鹹海附近。鹹海幾乎脫離了古希臘羅馬人的視野，不過漢代中國人已對它有所了解。《史記‧大宛列傳》說于闐（和田）之西的河流注入「西海」，這個「西海」應當就是鹹海。又說奄蔡「臨大澤，無崖。蓋北海云」。這裏的北海可能指鹹海，也可能把鹹海和裏海兩大湖都包括在內了。

589 年，隋王朝一統江山，漢末以來數世紀的戰亂結束，域內至此再告安定。隋煬帝好大喜功，經營西域之心膨脹。當時西域商人多到張掖經商，隋煬帝的大臣裴矩秉承煬帝旨意，向這些商人詳細了解絲綢之路沿線的山川地理及交通線，寫成了《西域圖記》三卷，記述了 44 國的地理位置、風土人情，並配有西方人的畫像，很可能是畫師依照當時到敦煌的東羅馬人所作。但遺憾的是，《西域圖記》連同畫像早已佚失，只有《隋書‧裴矩傳》保存了絲綢之路的三條路線，道路的終點為拂菻國（東羅馬帝國）和西海（地中海與黑海）。

依據裴矩的記述，絲路南道經塔里木盆地南緣，越蔥嶺，至阿富汗北部後南下，沿印度河至印度河口和印度西海岸；中道沿塔里木盆地北緣，越蔥嶺西去，經伊朗高原到達地中海東岸；北道為「從伊吾，經蒲類海、鐵勒部、突厥可汗庭，度北流河水，至拂菻國，達於西海」。「北流河水」即錫爾河。這條道路的走向是，從伊吾（哈密）翻越天山，出蒲類海（即巴里坤湖），沿天山北路西行，過突厥可汗庭、伊犁河，沿錫爾河（北流河水）繞鹹海北岸西行，經裏海之北跨烏拉爾河和伏爾加河到達黑海。

早在 5 世紀北魏時期，中國人對整個西域地理就有了整體性的認識，並對這一區域按地理特徵進行了劃區。437 年，北魏使者董琬和高明出使烏孫、破洛那（大宛，費爾干納）和者舌（烏茲別克塔什干）。董琬出使後將

▲ 烏茲別克斯坦馬爾吉蘭市的大巴扎。這裏以絲綢製品聞名

西域分為四個區域。第一區域為蔥嶺以東到沙漠以東,即帕米爾到玉門關、陽關,現在新疆地區。第二區域為蔥嶺以西至海曲東,即蔥嶺以西中亞北部地方,現在烏茲別克斯坦的費爾干納盆地一帶。海曲指的是鹹海。第三區域為「者舌以南,月氏以北」,即現在阿富汗東部巴基斯坦北部,西方稱吐火羅斯坦。第四區域為「兩海之間,水澤以南」,即鹹海與北海之間,是北方遊牧民族之地。

對於第四區域「海曲」與「水澤」的位置,學者們也存在着較大爭議。絲綢之路專家余太山認為,「兩海」指意大利半島東面的亞得里亞海和西面的第勒尼安海,「水澤」指黑海。如果這個說法成立,那麼早在 5 世紀,歐洲地中海區域已經進入了中國人的地理視野。

事實上,在北魏時期,絲綢之路上重要交通樞紐、核心城市,都已經被中國史籍記錄。中亞兩條重要河流 —— 阿姆河與錫爾河,都按照當地讀音,為中國史家命名。如錫爾河,隋唐時期被中國稱為「藥殺水」,是中古波斯語 Jaxsarta 之音譯,意為珍珠。其發源於天山,上游流經費爾干納盆地,下游經過克孜勒庫姆沙漠的東緣,注入鹹海,在歷史上成為遊牧民族與定居居民的分界線。絲綢之路的主要通道越過蔥嶺後,便南渡錫爾河,再西去地中海東岸。

許多絲綢之路的探索通過親自考察,不僅為地形地貌留下了生動的敘述,同時也糾正了一些錯誤認識。北魏時期,使者宋雲曾前往中亞地區,返回後寫下了《宋雲行紀》,這本書雖然散失,但一部分內容被《洛陽伽藍記》收錄。

《宋雲行紀》關於蔥嶺的描述十分珍貴。《史記》等古籍以和田為東西水流的分道之地,至宋雲才最終修正了這一錯誤,指出蔥嶺才是塔里木河與阿姆河的真正分水嶺,「自蔥嶺已西,水皆流入海」,「東北流向沙勒」。沙勒是疏勒的異音,即今天的喀什。他描述攀越蔥嶺「懸度」(懸索橋)的驚險 ——「鐵鎖為橋,懸虛為度,下不見底,旁無挽捉,倏忽之間,投軀萬仞,是以行者望風謝路。」蔥嶺也並不是完全沒有人煙,山中有個缽和國,地處今阿富

▲ 描繪撒馬爾罕市古爾—艾米爾陵外的商旅客棧人馬歇息的繪畫作品

汗的瓦罕走廊，這裏的國王「因山為城」，人民則「窟穴而居」、「人畜相依」。

南宋僧人志磐編纂的《佛祖統紀》中，收錄了一幅紙本雕版墨印的《漢西域諸國圖》，縱 20 厘米，橫 28 厘米。這是迄今發現的最早關於絲綢之路的地圖，表現的是漢朝時期西域諸國地理情形和佛教傳播路線的歷史地圖。

這幅地圖東起蘭州，西至地中海（西海）、羅馬帝國（大秦），南抵崑崙山（石山），北達蒙古大戈壁（瀚海），形象地描繪了天山、蔥嶺、崑崙山、積石山等山脈，並用雙曲線繪出黃河上游河道，用魚鱗式水波紋描繪海洋。塔里木河（蔥河）置於全圖中央，由西向東流入羅布泊（蒲昌海），在其南北清晰地繪出了中原通往西域的兩條路線，即絲綢之路的南線和中線。全圖一共標注了 70 多處地名，除地名注記外，圖上還有文字說明西域政區建置和交通里程。這是中國人第一次將河西走廊至地中海東岸沿途所經行的主要國家、地名及其相互之間的通路繪製成圖。

繪於明代中期的《蒙古山水地圖》，則代表了中國絲綢之路地理知識的高峰。全圖長 30.12 米、寬 0.59 米，以吳門畫派風格繪製。地圖東起明朝的邊關嘉峪關，西至天方（今沙特阿拉伯的麥加），寫有 211 個明代地名，涉及歐、亞、非三大洲十幾個國家和地區，包括中國、烏茲別克斯坦、塔吉克斯坦、阿富汗、黎巴嫩、突尼斯、土耳其等，場面宏大，氣勢磅礴，堪稱「中世紀的世界地圖」。

儘管《蒙古山水地圖》沒有採用西式的圓錐投影法作圖，也沒有用中式里格繪圖法，但依舊準確地表現出了各城市的位置關係。圖上地名龐雜，來源於突厥、蒙古、粟特、阿拉伯、希臘以及亞美尼亞語，都被中文注音記錄。

民族與歷史

歐亞大陸腹地活躍着許多不同的民族，絲綢之路是他們遷徙與交融的舞臺。一些民族如同草原上的風，倏忽而過，中國人在向西探索的過程中，不

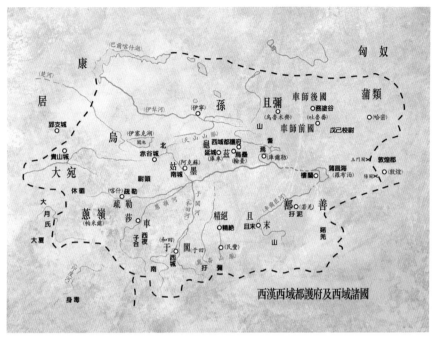

▲ 西漢西域都護府及西域諸國

斷發現並追蹤「他們」的故事，為他們留下了寶貴的記錄。就像考古學家斯坦因所説：「我們關於中亞的歷史知識之大部分皆來自漢文史料，而且關於中亞古代的基本事實也來源於漢文史料。」

大月氏屬吐火羅人，是西漢王朝最先想結交的西域國家，也是中亞歷史上最具影響力的大國。先秦文獻《管子》中説：「北用禺氏之玉。」這個禺氏就是大月氏，也稱月氏，他們曾居住在河西走廊，是中原王朝的鄰居。

公元前 2 世紀，月氏人先後被匈奴和烏孫趕出家園，經過 40 餘年的遷徙，從河西走廊輾轉來到阿姆河流域，最後佔領大夏國（巴克特拉），國都也遷到了阿姆河南岸的藍氏城。同時，月氏人的生產、生活方式深受大夏影

響，從遊牧逐漸向定居農業轉變。《史記》、《漢書》都對大月氏的遷徙歷程做了詳細的記錄。

遷徙到阿姆河流域的月氏，很快分裂為五個國家，分屬五翎侯。《後漢書》詳細記載了五翎侯的名字與領土分佈，其中最強大的為貴霜。大約在公元 1 世紀 20 年代，貴霜翎侯丘就統一了五部，後來征服了印度河流域，建立貴霜帝國。其後，貴霜帝國不斷擴張，從阿姆河直到恆河中游的廣袤地區都納入了貴霜帝國的統治之下，領土包括現在阿富汗東南部、烏茲別克斯坦中部、巴基斯坦、喀什米爾以及印度北部。直到公元 4 世紀衰落前，貴霜帝國一直位居世界最強大的國家行列。絲綢之路上，它與羅馬、安息（帕提亞）、中國並列為同一時期的四大帝國。

佛教之所以發展成為一門世界性宗教，也要歸功於月氏人。他們以佛教立國，隨着帝國的擴張，佛教也被推廣到東方各地。月氏人對佛教傳播有兩個重大貢獻：第一，將口頭傳播的佛言寫成文字；第二，借鑒希臘羅馬藝術發明了佛像，創造了舉世聞名的「犍陀羅藝術」。佛像的出現把佛教從少數掌握文字的僧侶手中解放了出來，普通信徒即使不懂佛經，也可以禮拜佛陀。

這樣一個重要的民族和國家，除了中國史籍外，幾乎沒有留下什麼記載。西方直到 19 世紀，才知道歷史上曾經有過如此強大和重要的貴霜帝國。

嚈噠是繼匈奴、鮮卑之後興起的一支遊牧民族。由於史料的限制，嚈噠的歷史模糊不清處很多。按照余太山先生的說法，「嚈噠學」迄今還沒有跨出假說階段。根據中國史籍的記載，嚈噠人可能是遊牧於阿勒泰山地區的匈奴人後裔。因其攻佔大月氏後，與白種的大月氏人混血，又被歐洲人稱為「白匈奴人」。

4 世紀 70 年代，他們遷至帕米爾高原以西，澤拉夫善河流域。5 世紀 20 年代，強大起來的嚈噠人越過阿姆河進犯波斯薩珊王朝，但被擊退。

5 世紀 30 年代，嚈噠人南下吐火羅斯坦，攻滅大月氏人的貴霜王國，在

大夏故地建國，以拔底延（Balkh）為都城。與前代的大月氏人的貴霜王國相仿，嚈噠人後來稱霸中亞，達 100 多年之久。

北魏使者宋雲曾經到訪過嚈噠，並留下了珍貴的文字記錄，有助於後代學者認識這樣一個神祕的民族。

宋雲指出了嚈噠鼎盛時期的疆域：東起蔥嶺和闐一帶，南至阿富汗中部的伽色尼及印度西北的犍陀羅，北抵天山北麓，西到裏海以東，及伊朗東南呼羅珊地區，勢力強大，「四十余國，皆來朝賀」。

根據宋雲的記述，嚈噠是遊牧國家，沒有城郭，冬夏逐水草而居，無文字、無禮教，以 12 月為一年，月無大小，也無閏年。國王居住的大帳篷有 40 步長，國王穿着絲綢做的衣服，坐在金牀之上，金牀以四隻金鳳凰為牀腳。王妃也穿着絲綢做的錦衣，十分華麗，「垂地三尺」，後面必須有人托起。她頭上戴「一角」，長八尺，奇長三尺，「以玫瑰五色裝飾其上」。王妃坐在金牀之上，金牀裝飾有白象和四隻獅子。大臣的妻子們也都戴着角，「狀似寶蓋」。

奔走於絲綢之路上的使者、僧侶和商人，帶回了遠方部族的消息。這些信息經過中國史官的記錄，成為研究世界歷史的重要資料。

唐朝時，中國對於阿拉伯人的興起已經有了明確而清晰的認識。《舊唐書》就記載了阿拉伯和伊斯蘭教的發展歷程。波斯胡人（穆罕默德）在摩地那（麥迪那）放駱駝，聽到了獅子人的話：「山的西邊有三個山洞，洞中藏有兵器，還有刻在黑石上的白色文字。讀了文字就可以稱王。」

關於「獅子人語」的傳奇，是由穆罕默德清修故事演化而來。傳說穆罕默德在 40 歲時（610 年）離家到麥加東北的希拉山一洞穴隱修。他在冥思中聽到安拉命其以真主名義傳道的啟示，於是開始傳播宗教教義。由於受到麥加貴族的迫害，622 年 9 月 20 日夜穆罕默德帶領其忠實信徒出走麥加，前往雅特里布，建立一個政教合一的國家。雅特里布改稱「麥迪那」，意為先知

之城。在穆罕默德領導下，阿拉伯半島開始了統一的過程。

從《漢書》開始，中國史籍對於西域許多國家都有詳略不一的記載，內容包括人種族源、衣着服飾、風俗習慣、房屋建築、文字、文化與傳說等，這些細節可以有助於我們了解這些民族、國家的生活、文化與歷史。

在中亞撒馬爾罕，玄奘記錄了一個名為「赭羯」的軍事組織，稱其為「赭羯之人，其性勇烈，視死如歸，戰無前敵」。這實際上是一個驍勇善戰的僱傭兵集團。撒馬爾罕本地居民為粟特人，多經商、務農，所以該國僱用大量外族勇士保衛這塊土地。赭羯軍隊不僅見於中亞國家，也見於隋唐時代的中原地區。「赭羯」對應古突厥語「sa:g」，意為右側，即原意可能是「右翼的軍隊」。後來，奧斯曼帝國從異族青年中精選出來的皇家騎兵始終保持着居於右翼的習慣。與此相對應，精銳禁衛軍則居左翼，以步兵為主，均屬外族僱傭兵。

中國史家們細心記錄了許多民族的「髮型」，分為「辮髮」和「剪髮」兩種。後來的研究者發現，根據髮型不同可以區分他們的文化屬性。一般而言，「辮髮」更多受北方遊牧民族影響，「剪髮」則受西方波斯文明影響。

大秦與拂菻

在絲綢之路西端的羅馬帝國，在中國的古籍中被稱為「大秦」。羅馬帝國分裂後，東羅馬帝國（拜占庭帝國）被稱為拂菻。羅馬是當時世界上與中國並駕齊驅的文明古國，是絲綢的消費大國，也是中原王朝竭力想要交往的對象。公元 97 年，東漢班超曾派甘英出使大秦，但受阻於波斯灣，沒有成功。

「大秦」的稱謂很可能來自古代波斯人對羅馬的稱呼──Dasina，意為「左」，左即西。而在中國史籍中，「秦」之名自漢代起即有「強悍之邦」的意思。「大」字，並非僅指高大，也有遠的意思。因此，清華大學歷史學教授張緒山認為，「大秦」這個名字可能是中國固有之名與新譯音的結合。兩漢時

代，中國與羅馬幾乎同時崛起於歐亞大陸兩端，其國力地位、文教制度遙相輝映，為東西兩大強國。中國人以「大秦」即遠方強國稱之，寓意十分巧妙。中國史籍稱東羅馬帝國為「拂菻」，這是「羅馬」（Rum）一詞經中介語言，如亞美尼亞語、波斯語，進入漢文典籍後的譯名。

甘英雖然沒有到達羅馬帝國，但是他向絲綢之路商人和西方諸國通報了中國的廣大富饒，招徠了大批西方使臣和商賈出訪中國。據羅馬地理學家馬林《地理學導論》記載，東漢初年，有一個名叫梅斯的馬其頓巨賈從事東方貿易。他大約在公元 99 年左右委託代理人組成了商隊，他們可能從地中海東岸的推羅城啟程，經安息首府和檝城（今伊朗達姆甘）、安息東境的木鹿城（土庫曼斯坦馬雷），進入貴霜帝國境內，再經大夏故都藍氏城，從塔什庫爾干進入中國，沿絲綢之路南道于闐、樓蘭、敦煌等地，最後於公元 100 年到達洛陽。他在宮廷受到了漢和帝的接見，並被賜予「金印紫綬」。這件事被東漢宮廷史官記錄在冊，並編入范曄的《後漢書·和帝本紀》。

東羅馬帝國曾經多次遣使前往中國，但遺憾的是，沒有中國的使節到達過拜占庭。唐朝人杜環曾經到達過敍利亞，比較清晰地記錄了東羅馬帝國的地理位置。元朝景教徒拉班·掃馬，也曾到達過伊斯坦布爾，並在羅馬見過教皇，但是他後來沒有回國，沒有寫下見聞。中國史籍關於大秦與拂菻的記錄，大多都來自絲路商人的傳聞。這些信息經過層層傳遞後，又摻入了中國人的想像，便形成了中國對西方文明的最初認知。

在中國人看來，羅馬帝國首先是一個極為富饒的國度，珍奇異寶琳琅滿目。如《後漢書·西域傳》「大秦國」條載：「土多金銀奇寶，有夜光璧、明月珠、駭雞犀、珊瑚、琥珀、琉璃、琅玕、朱丹、青碧。刺金縷繡，織成金縷罽、雜色綾。作黃金塗、火浣布⋯⋯」《魏略·西戎傳》所列大秦珍異更多，洋洋灑灑，以致被范曄在《後漢書·西域傳》中譏為「譎怪多不經」。《大秦景教流行中國碑》中所載大秦的珍寶主要有四種：「火浣布、返魂香、明月

珠、夜光璧。」其中一些珍寶並非羅馬所產，而是波斯、印度的物產。但中國人寧願相信，這些寶物都來源於大秦。

火浣布，其實是指用石棉的長纖維編織成的防火布疋。羅馬人很熟悉這種礦物質，他們銷往中國的商品就可能包括火浣布。這種布料在古代中國人看來非常神奇，漢桓帝時大將軍梁冀就以火浣布作為單衣，經火燒後，「垢盡火滅，粲然潔白」。

明月珠與夜光璧是來自羅馬帝國的上等玻璃製品。據考古發現，羅馬玻璃在漢代就已經東傳中國。當時羅馬是世界玻璃的製造中心，羅馬的玻璃製品在中國很受歡迎。在中國古人眼中，明月珠與夜光璧堪稱奇珍異寶的代表。以此來代稱羅馬的玻璃製品，可見其珍貴。

「返魂香」則來源於《海內十洲記》中的記述。西海之中有聚窟洲，上有一種「返魂樹」，很像楓樹，但花葉的香氣能飄到數百里外。將樹根的內心熬出汁，可做出香丸，即是「返魂香」。這種香能飄及百里之外，更重要的是能起死回生。事實上，「返魂香」是根本不存在的，但古代中國人相信大秦有這種起死回生的神奇植物。

還有一種經常被提及的寶物是珊瑚。漢代文人提到長安郊外漢武帝上林苑中有珊瑚樹。一般認為，漢語「珊瑚」是古波斯語 sanga（石頭）的音譯，那麼珊瑚最初可能是從西方傳入中原的。波斯不產珊瑚，珊瑚應該來自西方的大秦，地中海是古代珊瑚的主要產地。

《太平廣記》記載了大秦人養殖捕撈珊瑚的過程。大船先將鐵網沉入海水中，珊瑚便能附着在鐵網上，慢慢生長，小的能有 3 尺長，大的有 1 丈多。三年之後，斬斷珊瑚根，用絞盤將鐵網提出水面，就可以將珊瑚撈出。杜佑也談到了大秦海中的珊瑚洲，捕撈方法與《太平廣記》中相同，只是特意強調珊瑚最初為黃色，三年之後變成紅色。這更符合實際情況，地中海所產的珊瑚多為紅色。

對於拂菻的首都——君士坦丁堡（今伊斯坦布爾），中文史籍有十分生動的描述。它的城東面有大門，高 20 餘丈，如果每丈合 3 米計算，高達 60 餘米。城門從上到下用黃金裝飾，數里外仍然可以看到。文獻和考古學顯示，這座金門就是君士坦丁堡的主城門。

王宮之內更加富麗堂皇。王室有三重大門，第二座門中有一個獨特的計時裝置，每到一個標準時刻便會墜落一顆金丸，有與人等大的金人出來報時。宮殿的柱子鋪滿水晶，可能是馬賽克飾品。羅馬人用水泥和石灰建造房子，夏天用水管將水引到房頂流下來，給房子降溫。歷史學家楊憲益認為，對於羅馬帝國的描述，中國史料雖然有所誇大，但基本還是符合實際的。

中國史籍還記錄了古羅馬的政治制度：「其王無有常人，皆簡以立賢者。」這個記載，應與羅馬帝制的特點有關。羅馬帝國沒有關於帝位繼承的法律，繼承問題一直受到置疑，這一事實因羅馬貴族的無嗣現象而更顯突出。在帝國開始之後的 100 年裏，沒有一個皇帝是由兒子繼承帝位的。而羅馬帝制中的共和制色彩以及帝位繼承的非世襲現象，對於具有大同理想的古代中國人來說，很容易就將其理解為上古時期的「禪讓制」。正是古代中國人念念不忘的政治理想，中國史學家將其賦予了萬里之外的羅馬人。

《舊唐書》中有了對東羅馬皇帝的描述。國王戴着華麗的王冠，王冠形狀如鳥展開雙翼，墜下瓔珞，掛滿珠寶。國王穿着錦繡衣衫，前身不開襟，坐於金花牀之上。身邊還有一隻如同鵝一般的大鳥，毛為綠色，坐在國王的倚枕上，每當國王吃的食物有毒時，這隻奇鳥就會大聲鳴叫。

這段記載不見於前朝史書，唐代曾經到達西亞的中國人首推杜環，他的《經行記》來自耳聞目睹，但是其中也沒有任何關於東羅馬皇帝裝束的記載。另一方面，這段記載也不可能來自拜占庭人，因為同一時期東羅馬皇帝的皇冠是圓箍形的，上面裝飾着兩行珍珠，這種皇冠是直接從希臘髮帶演化而來的，象徵着王權與勝利。而國王只有在出征的時候才會戴上那種高聳的、裝

飾着羽毛的頭盔。

研究者發現，中國史籍中羅馬皇帝的形象，與粟特人仿造的羅馬金幣上國王的形象接近。因為頭盔的上方飾有羽毛，盔下的皇冠上聯珠紋的是珠寶，皇冠兩側又有珠串垂下。因此，在不了解這些頭飾內在結構的人看來，仿製幣上的羅馬皇帝的確是「其王冠形如鳥舉翼冠及瓔珞皆綴以珠寶」。

羅馬皇帝的姿態來源於粟特國王。中國隋唐史籍中有很多關於粟特國王的描述，其中一個重要特徵是國王端坐於黃金做成的牀或寶座上，如「金駝座」、「金羊牀」、「金羊座」。王冠上也裝飾了許多珠寶。粟特人認為，王和首領擁有特定的服飾，這些服飾是他們權力和地位的象徵，因此有必要詳加描述。粟特人將這種認識移植於他們仿製的拜占庭金幣上，對東羅馬皇帝進行了想像的刻畫，加入了自身的很多特徵。

於是，善於經商的粟特人成為中國了解東羅馬帝國的中介。伴隨着這類錢幣流入中國，粟特版的東羅馬皇帝的形象也留在了中國史籍之中。關於拂菻王的鳥，實際是一種機械鳥。這種設計主要是利用空氣動力學的原理，以空氣鼓動相應機械發出類似鳥鳴的聲音。

拜占庭帝國非常注意以外交手段化解面臨的危機，由此發展出一套外交禮儀。其中最重要的環節是，極力渲染皇帝的威嚴，以豪華、宏大的帝國宮廷場面造成使節心靈震撼，「不戰而屈人之兵」。皇帝決定接見使節時，使節由太監帶領，通過金碧輝煌的宮殿走廊，在兩邊威嚴的禁衛軍和衣着華麗的高官貴族前走向皇帝。皇帝端坐在寶座上一動不動，御座前擺着小樹，樹上的小鳥晃動翅膀，御座上也有小鳥。使節走到一定位置時，小鳥便發出唧唧喳喳的叫聲，兩旁的鍍金獅子翹着尾巴，以咆哮的姿態發出低沉的吼聲。

在中國文獻中，「大秦」是一個堪與漢唐中國相媲美的國度，是人們心目中的另一個文明中心。這個國家物產豐富，政治賢明，風俗淳樸，國王威嚴，如同一個烏托邦。在這個意義上，中國人並非只有一種認為自己為天下

中心的「華夷觀」，同時也具有認可世界上存在另一文明中心的觀念。在漢朝人看來，這個文明中心是大秦，即羅馬帝國；在唐人看來，這個文明中心是拂菻，即東羅馬拜占庭帝國。

世界與世界觀

　　大唐貞觀二十年（646 年），「周流多載，方始旋返」的玄奘法師應唐太宗之請，撰寫《大唐西域記》，展現唐代中國所了解的世界。法師這樣寫道：「時無輪王應運，瞻部洲地有四主焉。南象主則署濕宜象，西寶主乃臨海盈寶，北馬主寒勁宜馬，東人主和暢多人。」

　　世界是由人、馬、寶、象四主統治，這就是起源於印度的四天子說。在玄奘所處的時代：東方「人主」對應的是東方大唐王朝；北方「馬主」對應的是突厥；南方「象主」對應的是印度；西方「寶主」對應的是拂菻和波斯。四天子說代表着歐亞大陸之上四種完全不同，但又同樣重要的文明。玄奘對每一種文明的特徵又進行了簡要的總結：東方人主，「仁義昭明」；北方馬主，「天資獷暴」；南方象主，「特閑異術」；西方寶主，「務貨殖之利」。

　　玄奘並不是第一個把這種「世界觀」帶入中國的人。魏晉時期，由印度傳入中國的《佛說十二遊經》就曾寫道：「東有晉天子人民熾盛。南有天竺國天子土地多名象。西有大秦國天子土地饒金銀璧玉。西北月支天子土地多好馬。」當時四天子分別對應：東晉、天竺、大秦、月氏。

　　「四天子說」的觀念曾經廣泛流傳於歐亞大陸不同民族之中。到了 9—10 世紀，「四天子說」又改頭換面出現在阿拉伯旅行家伊賓哇哈的遊記中。在阿拉伯人的記載中，四主被「五主」取代。居於正中的是阿拔斯王朝的哈里發，稱為「王中之王」。阿拉伯人對於其他文明也做了文化概括：中國王，善於維持秩序與和平；突厥王，勇猛粗獷；印度王，道德高尚；東羅馬王，被稱為美人王，人民身體端正，容貌美麗。這種劃分反映了阿拉伯人的崛起給歐

亞大陸的政治格局帶來的衝擊。

從南海到中亞，「四天子說」的廣泛流傳，意味着當時的人們對他們生活的世界 —— 歐亞大陸 —— 有着某種共同的認識。它體現了從東方到西方的文明格局。儘管不同文明在敍述這一世界觀的時候，往往將自己的地位提高，放在優勢位置，但是誰都無法忽視其他文明的存在與價值。「四天子」（或「五天子」）總是同時出現，互有所長，這代表了近代殖民時代到來前的世界主義。

正是絲綢之路將這些不同的文明連接到了一起，互相發現，平等交流。通過絲綢之路的延伸，中國逐步發現了一個內涵豐富的世界，而世界也漸漸認識了中國。

很長時期以來，一種流行的觀點認為世界地理知識是意大利傳教士利瑪竇帶給中國的福音。萬曆二十九年（1601 年），當他抵達北京後，獻給明神宗《萬國圖志》一冊，這幅地圖以西洋流行的世界地圖為藍本。為了討好明朝皇帝，利瑪竇把中國置於地圖中央，此後中國繪製世界地圖大都沿用了利瑪竇的模式。利瑪竇帶來的現代西方地理知識，集中體現在他繪製的 12 個版本的世界地圖中。

利瑪竇在《中國劄記》中寫道：「他們的世界僅限於他們的十五個省，在它四周所繪出的海中，他們放置上幾座小島，取的是他們所曾聽說的各個國家的名字。所有這些島嶼都加在一起還不如一個最小的中國省大。因為知識有限，所以他們把自己的國家誇耀成整個世界，並把它叫作天下，意思是天底下的一切……他們認為天是圓的，但地是平而方的，他們深信他們的國家就在它的中央。他們不喜歡我們把中國推到東方一個角上的地理觀念。他們不能理解那種證實大地是球形、由陸地和海洋構成的說法。」

絲綢之路研究專家北京大學教授林梅村認為，利瑪竇並不真正了解中國的地理知識，尤其不了解中國對於絲綢之路的認知水平。利瑪竇的貢獻在

於：將地理大發現以後西方取得的地理學成果，尤其是把西方人的地圖理念帶到中國，對中國傳統地理觀念造成極大的衝擊。但是這並不能否定中國人取得的輝煌的地理學成就。

此前談到的《蒙古山水地圖》只是體現了當時對世界認知的一半。同時期的《鄭和航海圖》則展現了中國對中國南海、印度洋沿岸國家以及非洲的豐富知識。

絲綢路上，那些偉大的西行者

文▲李偉　地圖整理▲邢宇　人物插圖▲張曦

絲綢之路上，中國人究竟走了多遠？

張騫的第一份報告

　　新疆東南部的若羌是中國最大的一個縣，面積相當於兩個浙江省。北面是羅布泊荒漠，南面是新、青、藏三省相接的阿爾金山。這恐怕是中國最偏遠的一座縣城了，距離任何稍大一些的城市都要超過 1000 公里，到任何一個省會都有 1500 公里以上的距離。

　　從若羌東行沿 315 國道，過米蘭古城遺址，翻越阿爾金山，便進入了青海柴達木盆地的荒漠之中。茫茫 1100 公里，到達德令哈市，中間荒無人煙。沙子與礫石是這裏的主人。在狂風的作用下，沙丘慢慢地移動，掩埋了公路。這時便要等待清障車將沙子鏟去，才能繼續前行。雅丹地貌形成的「孤島」在道路兩側縱橫交錯，如入迷陣。烈日之下，地表溫度超過了 50 攝氏度，看不到任何植物，甚至連駱駝刺都沒有一株。

　　公元前 138 年，張騫第一次出使西域返回長安，回程走的就是這條路。《史記‧大宛列傳》上留下了短短 8 個字 ——「並南山，欲從羌中歸。」所謂「南山」指的是崑崙山。為了躲開匈奴的勢力範圍，張騫沿着崑崙山北麓，從塔克拉瑪干南緣向東而行，到若羌後翻越阿爾金山，進入青海羌人的區域，過青海湖，進入湟水、洮河河谷後返回中原。

　　這條路線可能嗎？《史記》沒有給予更多的解釋和細節。按照每日 30~50 公里的步行極限速度，張騫要在柴達木荒漠中至少行進一個月。即便在如此惡劣的環境中，他再度被匈奴人俘獲。可見古人的活動範圍與生存能力遠遠超過現在的想像。

▲ 1375 年的加泰羅尼亞語地圖。該圖表現了馬可‧波羅的旅行隊行走在「絲綢之路」上

張騫離開長安出使西域，是在公元前 138 年，這一年他 47 歲。此前三年，漢武帝劉徹剛剛即位。當時大漢帝國的疆域沒有多大，西部邊界在隴西，就是今天甘肅的臨洮。

公元前 176 年，西漢文帝收到了匈奴冒頓單于的一封信，這封信被收入《史記·匈奴列傳》之中。匈奴首領冒頓在信中炫耀此前一年對漢朝戰爭的勝利，入侵上郡，殺掠邊境，並在信中告訴漢文帝，在西方匈奴已經擊敗了月氏，征服了樓蘭、烏孫和呼揭，總共 36 國都被匈奴所役使。這四個明確的國家，只有「月氏」中原王朝曾經聽說過，即原先活躍在河西走廊的強大遊牧部族——大月氏。

▲ 張騫兩次出使西域開闢了一條橫貫東西、連接歐亞的陸上「絲綢之路」

另外三個國家的名字——樓蘭、烏孫、呼揭，則是第一次隨同匈奴的信傳到了中原。其中，樓蘭位於羅布泊西南，烏孫位於現在新疆東北部哈密一帶，呼揭國位於新疆西北阿爾泰山南麓。信中提到的「三十六國」，泛指塔里木盆地周邊的諸多綠洲國家。冒頓說他已經擊敗了漢朝西部最重要的幾個國家，征服了整個天山南北和塔里木盆地。

通過敵國的來信，漢朝皇帝第一次聽說西邊的消息。由於「三十六國」並不是一個實數，人們無從知道在冒頓征服之前，塔里木盆地究竟有多少綠洲小國，當然也就更無從知道它們的歷史了。

伴隨着對西域的征服，匈奴完成了對漢王朝的包圍封鎖。北起燕山、陰山一線，綿延至今天甘肅黃河以西至青海，與羌族聯手，將中原的北部和西部完全封閉。漢朝的幾次反擊集中在北部邊界，但都歸於失敗。

漢武帝繼位後，一方面加強軍隊特別是騎兵的訓練，積極備戰；另一方面，則加緊謀劃新的外交戰略，尋找同盟者，共同對抗匈奴。就是在這一背景下，張騫率領 100 多人的使團，向西尋找被匈奴擊潰的大月氏。但他和當時文武百官以及平民百姓一樣，對於西域地理、民族與國家分佈幾乎一無所知。

當時大月氏經過匈奴的兩次打擊，已經西遷到中亞阿姆河流域（今烏茲別克斯坦及阿富汗北部）。大月氏的西遷，如同多米諾骨牌，帶動了整個西域、中亞部族的流動與重組。這種變化，張騫也並不清楚。

張騫的使團出發後不久，即被匈奴騎兵攔截扣留。匈奴王給他提供了優厚的生活條件，並許配匈奴女子給他為妻。但是張騫始終不忘自己的使命，一直保持着漢朝使者

▲ 張騫

的憑證符節。經過 13 年的囚徒生活後，他終於找機會從匈奴逃脫，西行數十日來到了今天位於費爾干納盆地的大宛國。

張騫第一次出使取道天山南麓。《史記·大宛列傳》是根據張騫出使報告寫的，其中提到了羅布泊西岸的樓蘭和塔里木盆地北側的輪臺（侖頭），但是沒有提到喀什噶爾河流域的疏勒。由此推測，張騫是從樓蘭，途經今天庫車、阿克蘇、溫宿等地，沿天山南麓，在別迭里山口越天山到納林河，然後南行到大宛。

對於張騫被關押的地點一直有爭議。一些學者認為，按照《史記·大宛列傳》記載，張騫是以日而不是以月為單位記錄他從匈奴到大宛的時間，這表明了張騫被囚的地點距離大宛並不遠。很可能就在匈奴控制西域的中心 —— 僮僕都尉，也即今天的新疆輪臺縣。

大宛國王久聞漢朝的富庶和強大，一直想同漢朝通好。但苦於匈奴的阻撓，無法和漢朝通使。張騫的到來令他大喜過望，並派翻譯和嚮導護送張騫取道康居到達大月氏。

大月氏當時即將完全征服阿姆河南岸富饒的大夏國（阿富汗北部）。大夏土地肥沃富饒。大月氏人來到這裏後，逐漸從遊牧生活轉向定居農耕生活，社會日趨穩定。因此，大月氏女王婉言拒絕了漢朝的結盟建議，不願再和匈奴廝殺。張騫滯留一年多的時間，始終沒有達到外交目的。

張騫返程，大概是在公元前 127 年。他從大夏出發後，向東翻越蔥嶺（帕米爾高原）進入塔里木盆地，沿着盆地的南緣，傍崑崙山北麓而行，經過現在的塔什庫爾干、和田、且末，到達若羌。然後東南折向進入青海，以躲開匈奴的勢力範圍。這條道路張騫並不熟悉，很可能是他滯留匈奴或出使西域期間聽説過的。但當時匈奴的影響力已經遍及整個西域，他還是被扣押了起來。幸虧一年後匈奴發生了內亂。張騫趁亂逃脫，終於在公元前 126 年返回長安。

張騫出使西域前後 13 年，百餘人的使團最後只有他和僕人堂邑父返回。漢朝為了打開通往西方的道路付出了巨大的代價。

在張騫之前，橫貫歐亞的交通線以草原絲綢之路為主，經蒙古草原、天山北麓、哈薩克草原、南俄草原到達歐洲黑海沿岸。張騫通西域後，開闢了一條綠洲絲綢之路，並成為一條主流而固定的路線。他往返的兩條路，形成了後來絲路的南線與中線。

《史記·大宛列傳》與《漢書·西域傳》就是依靠張騫的見聞而寫成的。儘管他沒有完成最初的政治任務，但帶回了大量西方地理與民族信息。籠罩在漢帝國西部的迷霧一點點消散，中原文明看到了一個完全不同的外部世界，並產生了交流、通商的強烈願望。這些親歷見聞被記錄在史籍之中，成為中國人認識外部世界的第一份原始資料。

在張騫親履之前，中原文明對於西方的地理概念既模糊又混亂，以為有「弱水」通天河上去，以為有所謂西王母等。張騫第一次出使時，對所謂弱水、西王母之類傳說進行了實際考察，指出這些都僅僅是傳說，自己沒有見到。司馬遷在《史記》中也提出，依據張騫的第一手資料，《山海經》、《禹本記》等書中關於西域地理的記載有許多錯誤，無法採信。

中亞有兩條大河，錫爾河和阿姆河。張騫第一次報告了阿姆河，在《史記》中記載為媯水，是其希臘語名 Oxus 的對譯，在《漢書》中用更接近原音的方式翻譯為「縛芻水」，唐代譯為「烏滸水」，現在所稱阿姆河，則是中亞經歷突厥化後的突厥語名。儘管他並沒有到達中亞的鹹海區

▲ 出土的唐代陶俑。表現滿載貨物的駱駝往返在「絲綢之路」上

域，卻是第一個記錄鹹海的人，將其稱為「大澤」。

在返程途中，張騫翻越了帕米爾高原。他是有記錄以來第一個翻越帕米爾的探險家，他還親自考察了「于闐南山」。他發現這座山產玉石，並有「于闐河」（現在和田河）流出。張騫推斷「于闐河」就是黃河的源頭，這條河向東流入羅布泊（當時稱鹽澤），然後潛行於地下，一直到青海積石山再冒出來。張騫將這一情況告訴了漢武帝，於是漢武帝便將傳說中的神山「崑崙山」比定為「于闐南山」。從此，虛無縹緲的崑崙山終於有了具體的位置。

但張騫關於黃河源頭的追溯卻是錯誤的。于闐河只是塔里木河的一個支流，塔里木河尾閭形成了羅布泊。他指出于闐河最終注入羅布泊是正確的，但羅布泊和黃河卻沒有任何關係。漢武帝認定崑崙山是黃河的發源地，則將神山與中國母親河聯繫在了一起。這不僅符合當時人們崇尚的天命，也表達了向西域擴張的「大一統」願望。

《史記·大宛列傳》介紹的西域國家以天山－蔥嶺以西為主，而盆地中的國家只提到樓蘭等四五個。這是因為司馬遷的時代，漢朝出於夾擊匈奴的目的，重點關注的是蔥嶺以西的大月氏、烏孫、安息等大國。

張騫不僅是一名傑出的探險家，也是一名出色的情報專家。自帕米爾高原以西，他一共帶回了10個國家的信息，其中，他親自走訪大宛、康居、大月氏和大夏4個國家。

大宛是張騫第一個到訪的中亞國家，所以司馬遷在《史記》中稱：「大宛之跡，始見於張騫。」大宛位於費爾干納盆地，今天烏茲別克斯坦中部。西漢時，大宛物產豐富，人口約30萬，盛產名馬、葡萄和苜蓿。這裏西北通塔什干，西南通撒馬爾罕、布哈拉等綠洲。《史記》不僅以「大宛列傳」來統攝張騫的考察報告，還以大宛為座標定位周邊其他國家。

康居是錫爾河北岸一個斯基泰部落，錫爾河南岸的粟特人在康居統治之下，所以漢代文獻稱「粟特人」為康居人，其統治中心在撒馬爾罕。大月氏

和大夏位於阿姆河流域，即今天烏茲別克斯坦南部和阿富汗東北部。大月氏當時由前王夫人當政，已經征服了大夏國，即西方文獻中的巴克特里亞（Bactria）。張騫稱大夏國的國都為「藍氏城」，名字來自希臘語 Alexandria（亞歷山大）。這座城市位於阿姆河南岸。20 世紀 20—50 年代，法國和美國考古隊進行了考古發掘，在現在阿富汗北部馬扎里沙夫城西 23 公里的沃奇拉巴德附近找到了藍氏城的遺址。

張騫親自到達過這座城市，因為他在這裏的市場上發現了來自中國四川的竹杖和布疋。他推斷，另有一條道路，由四川出發經過印度到達大夏。這樣可以不必經過匈奴在西北的控制區而聯絡西域諸國，這一發現又促使漢武帝堅定了開發西南夷的決心。雖然沒有找到傳說中的「蜀身毒道」，但漢朝由此大規模開發西南地區。

在中亞，張騫還聽到了安息的消息。安息位於伊朗，西方史籍稱之為「帕提亞」。中國之所以稱之為「安息」，是以帕提亞王族的姓來命名，並將安息人冠以安姓。東漢末年來華傳佛教的安世高、安玄都是安息人。

張騫還聽說，安息的西面是條支，即屬於塞琉古王朝的敍利亞，西南是黎軒（也寫作犁軒），屬托勒密王朝的埃及。在安息的北方自北海北面，經裏海、鹹海往東，直至楚河伊犁河流域，活動着遊牧部族奄蔡和烏孫。奄蔡在中國史書中又被稱為阿蘭人，他們後來西遷到高加索山以北，是現代奧賽梯人的祖先。

以上這 10 個國家，張騫在回國向漢武帝提交的報告中，都有詳略不等的描述。他將康居、奄蔡、烏孫和大月氏歸為行國，即遊牧國家；其他國家則為「土著」，即農耕國家。可以說，沒有張騫的這篇報告，便很難重建公元前 2 世紀的中亞歷史。

公元前 119 年，張騫第二次出使西域，前往烏孫。漢武帝希望能與烏孫結盟，斷匈奴「右臂」，結交西域大小諸國。此時，漢帝國的戰略重心已經

發生了變化，從「制匈奴」轉變為開疆擴土，「威德遍於四海」。

這一次出使隊伍浩大，隨員 300 人，牛羊萬頭，並攜帶錢幣以及價值千萬錢的絲綢，作為分送各國的禮品。儘管史書沒有再記錄這一次出使的具體路線，但根據當時漢朝的勢力範圍推測，大致走的是絲綢之路的中線。即經河西走廊，沿天山南麓西行至阿克蘇附近，然後向北翻過天山，抵達烏孫都城赤谷城。赤谷城位於今天吉爾吉斯斯坦境內伊塞克湖的東南。

當時烏孫因王位之爭而政局不穩，國內貴族又懼怕匈奴，故西漢王朝欲同烏孫結盟攻打匈奴的政治目的再次落空。但在烏孫期間，張騫分別派遣副使到中亞、西亞和南亞的大宛、康居、大月氏、大夏、安息、身毒、于闐各國，廣加聯絡。公元前 115 年，張騫回國，烏孫遣導譯相送，並派使者到長安，目睹漢朝人眾富厚景象，回去報告後，漢朝的威望在西域大大提高。

不久，張騫所派副使也紛紛回國，並帶回許多所到國的使者。從此，中國與中西亞之間的交通正式開啟。西行使者相望於途，西漢王朝一年之中多則會派遣十幾個使團，少則五六個，使團規模大則數百人，小則百餘人。訪地之遙遠，出訪一次所需時間從數年到八九年。東來的商胡販客也是「日款於塞下」。此後，中西之間的陸路交通繼續向西延伸，一直到奄蔡（鹹海與裹海之間）、條支（當在伊拉克兩河流域之間）等國。

經過絲綢之路，張騫副使最遠到達了位於伊朗高原的安息。安息國王親自派 2 萬騎兵於東界迎接。這名不見經傳的漢朝使者最終抵達了安息國都——和櫝，即今天伊朗的達姆甘。故城遺址在伊朗東北侯臘散省，厄爾布爾士山脈東段南坡，扼古道之中心。

第二次出使回國後不久，張騫便去世了。作為世界上最著名的道路開拓者，他每向前邁進一步，每多寫下一個細節，都是一個新的里程碑。張騫看到，在遙遠的西方生活着與我們不一樣的人，容貌不一樣，講着不同的語言，文化也不通。他做了一個總體性的歸納：「自大宛以西至安息，國雖頗異

言，然大同俗，相知言。其人皆深眼，多鬚髯，善市賈，爭分銖。」從中亞到伊朗，每個國家的語言雖有所不同，但仍能彼此聽懂，而且風俗很接近。這是符合當時歷史情況的。這些國家都受波斯文化影響，除大月氏外，語言都屬於東伊朗語系。當地人普遍高鼻深目，多鬍鬚，而且商業氣息濃厚，善做生意。

直到張騫出使前，中原文明還沒有建立起與西域諸國的任何聯繫。司馬遷將張騫這一開創性的舉動稱之為「鑿空」。他歷經磨難帶回來遠方的知識，極大開拓了當時中國人的眼界，將對世界的認識提高到了一個嶄新的高度。中西方大規模的文化交流由此開始。

甘英：發現大秦

在張騫西行 200 餘年後，公元 97 年，另一名使者甘英出發了。他的目的地是當時被稱作大秦的羅馬帝國。

張騫通西域後不久，中國絲綢就傳入了歐洲，並很快風靡了整個羅馬帝國。隨着絲綢之路上的商旅往來，到公元 1 世紀，中國人逐漸知道在安息的西面，還有一個強大、文明的國家，名曰大秦。

發現大秦，意味着西方世界進一步拓展。中國人地理認識的邊界，進入了歐洲，到達了「拒玉門陽關者四萬餘里」的地方。而這個認識，是和甘英的遠行分不開的。

據《後漢書·西域傳》記載，東漢時任西域都護的班超在公元 97 年，「遣甘英使大秦，抵條支」。後來西域都護班超的兒子班勇將甘英出使的經歷寫進了《西域記》一書。但此書早已失傳，所幸《後漢書·殤帝紀》和《後漢書·西域傳》保存了其中一部分內容。

甘英是從當時西域都護所在地它乾城出發的，它乾城位於今天新疆阿克蘇市新和縣城西南。他的西行線路歷來有較大爭議，目前楊共樂先生的看法

獲得較多認同，即甘英是沿着天山南麓西行，經喀什抵達莎車，向南越蔥嶺，進入印度河支流峽谷，進入當時被稱為罽賓的國家，罽賓位於現在喜馬拉雅山西南的喀什米爾地區。甘英再向西經現在巴基斯坦北部，西南行至伊朗東部的錫斯坦地區，即當時的烏戈山離國。由蔥嶺至罽賓、烏戈山離這一段道路十分險要，要經過帕米爾高原和喀喇崑崙山兩側的高山峽谷，有些地方只能靠懸索滑過峽谷。史書上說甘英踰「懸度」，所謂「懸度」就是溜索橋。

甘英並不是最早向南翻越蔥嶺到罽賓的中國人，西漢使者文忠、趙德就曾沿此路到過罽賓。《漢書·西域傳》根據他們的經歷描述了道路的艱險：山路迂迴，兩側是懸崖、深淵，最窄的地方不足兩尺，常有人畜掉下去摔得粉身碎骨。總之，「險阻危害，不可勝言」。

儘管向南翻越蔥嶺的道路極為艱難，但這卻是一條進入印度的捷徑，而不需要經過中亞費爾干納盆地去繞大圈。後來，法顯等求法僧前往印度大多走的是這條路。

甘英到達烏戈山離後，就可以接上絲綢之路最南的路線，從今天伊朗的南部，經過巴姆、伊斯法罕、馬拉威進入伊拉克兩河流域，最後抵達了「條支」。關於「條支」的位置一直也是研究者們爭論較多的問題，西漢時期《史記·大宛列傳》中提到了條支，是安條克（Antioch）的對譯，指的是今天土耳其的海港城市安塔基亞，當時屬於塞琉古王朝。到了甘英的時代，塞琉古王朝已被羅馬帝國吞併。一般認為，甘英到達的是另一個安條克城，建於公元前 166 年，位於伊拉克巴士拉的西北。

▲ 甘英

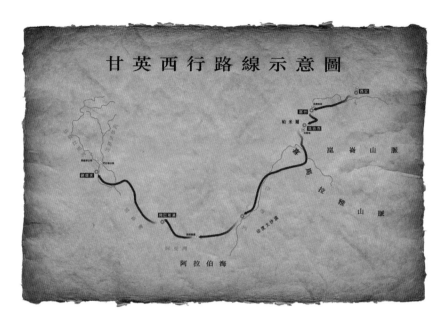

甘英西行路線示意圖

▲ 東漢甘英西行路線示意圖

　　實際上，甘英自東向西橫穿了整個安息帝國，到達了波斯灣的海邊，但是他的西行步伐卻停止了，沒有再向西尋找大秦。按照《後漢書·西域傳》的說法，甘英正準備渡海前往大秦時，被安息水手勸阻——海路極其遙遠，如果遇到逆風要兩三年才能到達，而且船上容易患疾病，令人思念故土，頭腦發狂墜海而死。

　　安息人並不希望中國與羅馬帝國建立直接聯繫。因為在絲綢之路上，安息佔據了東西通道的要津，長期壟斷絲綢貿易的巨大利潤，因而也不希望直接生產國與消費國對接。事實上，在當時的條件下，即使甘英在波斯灣乘船也不可能到達地中海。葡萄牙人達伽馬駕船繞過南非好望角還要在 1400 年後。甘英最終相信了安息人的「謊言」，而放棄了前往大秦的使命。

但是，安息人用來嚇阻甘英的故事卻值得玩味。《後漢書》中記載：「海中善使人思土戀慕，數有死亡者。」到了《晉書》中就更具體了一些：「海中有思慕之物，往者莫不悲懷。若漢使不戀父母妻子者可入。」也就是說，海中有令人思慕的事物，而使人悲傷，失魂落魄。

清華大學張緒山教授認為，這個「謊言」的原型就是希臘神話中的海妖傳說。

希臘神話中的海上女妖是半人半鳥形的怪物，她們善於唱歌，以嬌媚動聽的歌聲迷惑航海者，使他們如醉如癡，停舟不前，待在那裏聽下去，一直到死亡為止。海妖故事早在荷馬史詩《奧德賽》中已有記載。據《奧德賽》敘述，海上女妖居住在位於喀耳刻海島和斯庫拉住地之間的海島上。特洛伊戰爭的希臘英雄之一奧德修斯（奧德賽），與同伴回國途中經過海妖居住的島嶼。奧德修斯聽從喀耳刻巫師的建議，用蠟封住同伴們的耳朵，讓同伴將自己綁在桅杆上，抵禦住了海妖歌聲的誘惑，將船駛過海妖島活了下來。

海妖的故事經過安息人的演繹，最終阻止了甘英的西行之路。

雖然甘英沒有到達羅馬帝國，但他卻創造了中國人西行的一個新紀錄。司馬遷曾說西漢使者曾經去過「黎軒」、「條支」，但並沒有證據。只有最西到達安息和檀城（今伊朗達姆甘）是可信的。而甘英的步伐則又向西推進了近千公里，到達了兩河流域波斯灣的海邊。

他經喀什米爾至伊朗南部的路線，此前中國人從未涉足過。甘英帶回了當地的許多信息，是「《山經》所未詳，莫不備其風土，傳其珍怪焉」。這些「珍怪」的傳聞中就包括了「海上女妖」的傳說。遺憾的是，中國史家對所謂「怪力亂神」並不感興趣，因此那些異域風情的故事並沒有被記錄下來，甚至連《西域記》也佚亡了。

玄奘的中亞與印度

大唐貞觀元年，公元 627 年秋天，中原地區遭受霜害，顆粒無收，哀鴻

遍野。剛剛經歷了東突厥侵擾的大唐王朝無力賑災，只好下令災民「隨豐四出」，允許自尋出路。逃荒的人群中夾雜着一名僧人，他就是玄奘。

這一年玄奘 27 歲，是一名年輕的僧人，但已遊歷過國內多處地方，被稱為三藏法師。經過多年的研習和修行，玄奘仍覺得前人翻譯的佛經紕漏甚多，而且有些重要的經典並沒有傳到中國來。於是他立志前往印度深造佛學，取回真經。這一程，玄奘創造了人類探險史上的一個奇跡。他用了三年的時間，經新疆繞行中亞至印度，歷 128 國，總行程近兩萬公里。

當時唐朝立國不久，正與突厥連年交戰。政府擔心臣民勾結突厥，所以對國人出境實行極為嚴格的限制。在上書朝廷申請「過所」遭到拒絕後，玄奘決定通過非法途徑偷渡出邊關。

在玄奘時代，絲綢之路的走向已經發生了較大的變化，樓蘭已經廢棄，唐朝的玉門關退到了敦煌以東 200 多公里外的瓜州。進入西域的大道，是從瓜州向西北穿過被稱作莫賀延磧的沙漠，到達伊吾（哈密），其方向接近於今天進入新疆的甘新大道。

這條路，往北通過唐朝玉門關，然後再經過五座烽火臺，每座烽火臺相距百里，中途沒有水草。沙漠中「上無飛鳥，下無走獸」，狂風時起，沙塵蔽天，白天酷熱似火，夜晚又寒冷徹骨。更不幸的是，一開始玄奘就迷了路，而且失手掉落了盛水的皮囊。他忍受着乾渴，連續走了五天五夜才發現了水源。這段經歷令玄奘不堪回首，就像後來在《大慈恩寺三藏法師傳》中所記錄的：「此等危難，百千不能備敍。」

哈密當時屬於西突厥的管轄之地，玄奘打算從這裏走北線，沿天山北麓去可汗浮圖城（今新疆吉木薩爾），再向西進入中亞。但由於高昌國王麴文泰的邀請，他於是轉道西南去了位於吐魯番的高昌。玄奘之所以能完成漫長的旅程，與當時兩個重要人物的幫助分不開，其中一個是高昌國王麴文泰，另一人是西突厥首領統葉護可汗。

▲ 唐代高僧玄奘西行路線示意圖

　　高昌位於中西交通要衝，歷史上多次成為中原王朝經營西域的樞紐之地。國王麴文泰崇信佛教，百般挽留，但玄奘執意西行，他也只好同意放行。麴文泰為玄奘西行做了充分的準備，不僅派了 4 位專門侍奉玄奘的沙彌和 25 位僕役，還同時準備了豐厚的金銀與物資，足夠玄奘往返 20 年的費用。他還寫了 24 封書信，每封信附有大綾一疋，請高昌國以西的 24 國給予玄奘幫助。其中最重要的一封，寫給西突厥統葉護可汗。

　　在高昌衛隊的護送下，玄奘從高昌西行，經阿耆尼國（今新疆焉耆）、屈支國（今新疆庫車）、跋祿迦國（今新疆阿克蘇），然後翻越凌山。凌山的

位置一般認為是在阿克蘇西北的屬於天山的拔達嶺，這裏早在漢代就是通往烏孫的主要道路。山上有別迭里山口，玄奘就是經這個山口從天山南麓到達了北麓。

玄奘翻越天山正值冬天，冰川連綿，積雪深厚，行走極其艱難。吃飯時要將鍋吊起來生火，晚上只能在冰雪上席地而睡。走了七天七夜，終於翻越了凌山。玄奘一行人員受到了很大損失，30 多號人馬走出雪山的只有八九人，有三分之二的人喪命山中。倖存者手腳也都有凍傷。傷亡如此慘重，大概是在天山中遭遇了雪崩。玄奘後來在《大唐西域記》中將雪崩記錄為「暴龍」。

走出天山後，玄奘就到達了位於吉爾吉斯斯坦境內的伊塞克湖，唐代稱為熱海。伊塞克湖，清代用蒙古語音譯為特莫爾圖淖爾，也稱滇池、熱海，位於天山西部，長 165 公里，寬 57 公里，最深處達 702 米。由於湖水含有鹽分，且深度較大，所以冬季從不結冰，當地人因此稱之為熱海，突厥語稱伊塞克廓爾或鹹海。伊塞克湖底佈滿了鐵礦石，並不斷被沖上岸，因此又被當地人稱為特莫爾圖淖爾，即鐵湖。

玄奘並不是第一個到達伊塞克湖的中國人，但他卻是第一個為這個中亞大湖留下文字記載的人。他在《大唐西域記》中描述道：「四面負山，眾流交湊，色帶青黑，味兼鹹苦，洪濤浩汗，驚波汩㶌，龍魚雜處，靈怪間起。」語言雖不多，但風貌、特點刻畫得十分真實而貼切。在唐代，伊塞克湖地區不僅是絲綢之路北道的必經之地，也是絲路北道轉入中道的重要連接點，經伊塞克湖西行便到了當時西突厥王庭所在地碎葉。

▲ 玄奘

▲ 唐《職貢圖》卷，閻立本繪。此圖反映了盛唐時期外國使節向唐朝進貢的情景

　　碎葉今在吉爾吉斯斯坦托克馬克城西南約 5 英里處，是天山西部北麓最大的城市和貿易中心之一。天山南道經焉耆，過烏什，越過天山後抵達碎葉，在此與沿天山北麓西至西突厥斯坦的天山北道匯合。碎葉城與其西約 300 公里處的怛羅斯城（今哈薩克的江布爾）相呼應，控制了這一帶的綠洲，並且向南通往錫爾河與阿姆河之間索格底亞那的綠洲群。自碎葉經怛羅斯，沿錫爾河北岸西行，可通南俄草原和伊斯坦布爾。可見碎葉城是綠洲之路與草原之路的交匯點，是中亞貿易中心索格底亞那地區伸向東方的觸角。後來，唐朝擊敗西突厥建立了碎葉鎮，是安西四鎮最西的統治區域。

　　628 年，玄奘持高昌國王的親筆信在碎葉見到了西突厥統葉護可汗。突厥正值鼎盛時期，玄奘後來描述了可汗的奢華與氣派：「……可汗身着綠綾

袍，露髮以一丈許帛練裹額後垂。達官二百餘人，皆綿袍編髮，圍繞左右。」

突厥可汗不僅熱情款待了來自敵國的和尚，送給他不少盤纏，而且派官員攜帶自己的信件護送玄奘出境。信中囑託各突厥屬國君主要好好接待保護唐朝僧人。於是，玄奘前面路程的困難又減少了很多。

西突厥是當時中亞地區的實際掌控者。有了西突厥可汗的支持，玄奘有條件在中亞做更細緻的探索與遊覽。因此，他並沒有急於南下印度，而是在兩河流域（阿姆河、錫爾河）繞一個大圈子，基本走遍了中亞所有的大小國家。他先後到達了赭時（今烏茲別克斯坦共和國塔什干）、颯秣建（今烏茲別克斯坦撒馬爾罕）、捕喝（布哈拉）等國，向西北最遠到達了接近鹹海的花剌子模（玄奘稱之為貨利習彌伽）。但遺憾的是，儘管只有一步之遙，玄奘並沒親自到達鹹海。不過唐朝人知道鹹海的存在，在《舊唐書》、《新唐書》將其稱作雷翥海，這一地理名詞最早見於《水經注》。中國古代文獻在世界上首次對鹹海單獨做了記載，而古代希臘羅馬人一直把鹹海和裏海二者混同起來。

玄奘路過了著名的鐵門關，現在叫恰克恰里山口，位於烏茲別克斯坦南部拜孫山脈。他這樣寫道：「左右帶山，山極峻峭，雖有狹徑，加之險阻，兩旁石壁，其色如鐵。」在阿富汗南部的梵衍那國，玄奘朝拜了舉世聞名的巴米揚大佛，並留下了第一份歷史記錄：「王城東北山阿有石佛立像，高百四五十尺，金色晃耀，寶飾煥爛。」

興都庫什山自帕米爾高原向西南延伸，斜穿阿富汗，長約 960 公里，是伊朗高原與南亞次大陸分界處的大山脈。阿姆河與喀布爾河在此分水。據說其山名源自波斯語，意為「殺死印度人的」。因為這座山高而酷寒，常年居住在炎熱地區的印度人在翻山時不勝其寒，往往凍死，玄奘稱這座山為黑嶺。628 年夏末，玄奘翻越了興都庫什山，終於來到了印度。

在印度，玄奘走遍了北天竺、中天竺、南天竺三大區域，還差一點去了

斯里蘭卡。逗留時間最長的，便是印度佛教中心那爛陀寺（今比哈爾邦拉基吉爾鎮附近）。他在那裏苦學五載，終於成為聞名遐邇的高僧。

玄奘為印度留下了許多珍貴的記錄。比如，詳細描述了那爛陀寺附近的「鷲峰」的位置與景色：「宮城東北行十四五里，至姞栗陀羅矩吒山（鷲峰）。接北山之陽，孤摽特起，既棲鷲鳥，又類高臺。空翠相映，濃淡分色。」宮城就是王舍舊城，是古代印度摩揭陀國的首都。上山有一條路，是影堅王所修築：「自山麓至峰岑，跨谷凌岩，編石為階。廣十餘步，長五六里。」影堅王是古摩揭陀國王，與釋迦牟尼同時代的人物，也是佛教的熱情贊助者。

今天如果要登臨這座鷲峰，仍然需要從這條山路上山。不過與山路並行，已經建起了上山的索道。山頂的形勢依然跟玄奘描寫的一樣：「其山頂則東西長，南北狹。臨崖西埵，有磚精舍，高廣奇製，東闢其戶。如來在昔，多居説法。今作説法之像，量等如來之身。」玄奘當年見到的臨崖的磚精舍，今天也還能見到，雖然只是遺址，仍然經常有世界各地的佛教徒到這裏朝聖。

公元 641 年，玄奘決定回國。他謝絕了戒日王和其他印度朋友挽留的好意，在參加了一次缽羅耶伽國舉行的大會以後，帶着歷年訪求到的佛經和佛像等，仍然取道陸路，起身東歸。

這次玄奘選擇抄近路回國，即向北翻越興都庫什山再向西過蔥嶺，經瓦罕走廊，取道塔里木盆地的南緣，過和田、尼雅、鄯善，沿着絲綢之路南線回到敦煌，進入玉門關。

645 年正月二十四日，玄奘終於回到長安。與他十幾年前偷渡出國時不一樣的是，他受到了空前的歡迎。玄奘帶回佛經 657 部，520 篋，以及一批佛像。唐太宗這時正在洛陽，立即召見他。按照唐太宗的要求，玄奘將一路見聞寫成《大唐西域記》，共 12 章 12 萬字，記載了 141 個國家的情況，他親自到了其中的 128 個國家，這部書成為中國人了解當時中亞與印度的百科全書。

玄奘第一個指出了南亞半島的地理狀況 —— 三面臨海，背靠雪山，北寬

而南窄，狀如新月。印度是這一區域的總稱，共分東南西北中五部分，當時有 70 多個國家。印度上層社會共有四大種姓：第一稱為婆羅門，最為高貴，恪守教規，品行端正。第二為剎帝利，是王室種族，統治各國，心存仁慈。第三為吠奢，是商人，溝通有無，追求利潤。第四為戍陀羅，即農夫。四個種姓之間不通婚，即使同一種姓之內，父系、母系之間也不通婚。

玄奘描述了印度耆那教派和苦修派的教徒。前者赤裸身體，後者則在身上塗滿白灰，將頭骨、骷髏串聯起來，作為環狀頭飾。耆那教的一個派別被玄奘稱為「露形外道」，其特點是脫衣露形，又稱「天衣派」，即裸體之意。這一教派形成於公元 1 世紀，認為教徒不該擁有包括衣服在內的私財，只能以天為衣。有的教徒有一根腰帶，長度不得超過一米半。「塗灰外道」又因崇拜濕婆神，稱作「濕婆派」或「自在天派」，這是印度教中的一大派別。教徒周身塗灰修苦行，以求升天。

《大唐西域記》中有一部分專門介紹印度的刑法。由於宗教的原因，印度幾乎沒有死刑，罪犯可以花錢贖罪，或者砍掉鼻子、耳朵、手、足，或者流放出國。此外，印度司法還保留了大量「神判」的遺跡。法官判斷事實依靠四種方法——水、火、秤、毒。所謂「水」，就是將嫌犯與石頭綁在一起，投入水中，如果嫌犯沉下去石頭浮上來，就是有罪。所謂「火」，則是將鐵燒紅，讓嫌犯踩在上面或用手按，用舌頭舔，如果沒有受傷就是無罪。「秤」，是讓嫌犯與一塊石頭稱重，石頭重則判有罪。「毒」，就是原告與被告共吃一塊放了毒的羊肉，能活下來的便是清白的。

在中亞和印度，玄奘親自到訪了許多古城、古跡，在《大唐西域記》中，他都做了地理位置的記錄。這些準確的信息，成為考古學家們探索古代遺址的索引。

1870 年，英印政府建立印度考古局，開始對印度的主要地區進行考古調查和發掘。在近代以前，印度幾乎沒有可以稱得上是歷史的文獻。

英印政府考古局第一任局長，也是印度現代考古的奠基人，名叫康寧漢（A.Cunningham），《大唐西域記》幾乎成了他進行考古調查和發掘的指南。很多考古遺址，包括古代一些城市的位置、寺廟遺址，很大程度上就是依靠《大唐西域記》最後做出判定。斯坦因在中亞和新疆考古時，也常常以玄奘的記錄相互印證。

杜環：走向非洲

公元 757 年 5 月 25 日這一天，中國人杜環是在末祿度過的。這座城市在中國的古籍中也被稱作木鹿，即今天土庫曼斯坦的馬雷。木鹿是當時阿拉伯帝國呼羅珊省的首府，也是絲綢之路上一個重要交通樞紐。

杜環後來在自己的《經行記》中特地寫道：「其俗五月為歲首。」即 5 月作為一年的第一個月。中國人稱阿拉伯帝國為大食，大食國的政治紀年採用遷移曆，以創教者穆罕默德從阿拉伯半島之麥加城遷出之日（622 年 7 月 16日）為曆元。檢索阿拉伯元旦與中國農曆 5 月重合的日期，就是 757 年 5 月25 日，中國農曆 5 月 2 日。

杜環大概是在 752 年 7 月到達末祿的，他在這裏一共生活了 5 年。此前，他作為大唐西域都護的軍官，駐紮在碎葉地區。唐大將高仙芝錯殺駐紮在唐突厥城邦之王，導致其子反叛，並向大食求助出兵為父報仇。於是，大食率領軍隊與唐軍在怛羅斯（今哈薩克江布爾一帶）展開會戰，史稱怛羅斯之戰。因突厥部落反水，導致唐軍措手不及輸掉了戰爭，不少士兵成為大食軍隊的俘虜，杜環就是他們中的一員。

這場戰爭開啟了杜環的絲路之旅。他的足跡遍及中亞、西亞與非洲，前後長達 11 年。762 年他從海路返回廣州，寫了一本《經行記》，講述旅途中的見聞。但這本書已經佚失，剩下片段收錄在其族叔杜佑所著的《通典》中，總計 1700 多字。杜環的記述，第一次讓中國人了解到阿拉伯帝國情況，並第

一次帶回了非洲的信息。

　　杜環最初由碎葉出發被押往石國（今烏茲別克斯坦的塔什干），離開石國後很有可能去了東面的拔汗那國（位於吉爾吉斯斯坦的費爾干納盆地），然後杜環又到了康國，這是中亞兩河流域的中心，即現在撒馬爾罕附近。接着西行，他就抵達了末祿國（土庫曼斯坦馬雷）。

　　很多絲綢之路的旅行家都會來到末祿，但杜環是第一個留下珍貴記錄的人。在杜環筆下，末祿十分美麗，雖然處於沙漠之中，但是綠洲內「村柵相連，樹木交映」，城鎮則「牆宇高厚、市鄽平正」。這裏灌溉發達，土地肥沃，盛產各種水果和蔬菜，工商業也相當繁榮。

　　因大食國王興建新首都巴格達，將駐紮在末祿的呼羅珊大軍調回了亞俱羅。亞俱羅即亞述，指兩河流域的美索不達米亞地區。杜環等中國戰俘也因此隨軍到達了兩河流域，並參與了巴格達的營建。在《經行記》中，杜環特地記錄了一些中國工匠的名字。中國的造紙術正是由中國戰俘傳入阿拉伯世界的。

　　《經行記》所記錄的地方，很多都是杜環親自遊歷過的。他還去過苫國，即敍利亞，當時的敍利亞包括如今的黎巴嫩、巴勒斯坦等地。杜環準確地描述了東羅馬帝國的地理位置 —— 在敍利亞以西，相隔一座山（陶魯斯山），西、南臨海，北與可薩突厥接壤。可薩突厥（Khazars）是西突厥西遷的一支，7世紀初已經移居到裏海以西、高加索以北地區，7—8世紀可薩突厥人對阿拉伯人進行了一系列戰爭，雙方以高加索山為邊界。可薩人向西一直擴張到了烏克蘭黑

▲ 杜環

▲ 唐代杜環西行路線示意圖

海北岸。隋朝後，中國稱東羅馬帝國為拂菻。杜環明確指出，所謂拂菻就是漢朝時的大秦，即羅馬帝國。

杜環還了解了一些東羅馬帝國的信息，當地人為白種人，好飲酒，虔信基督教，最善於製造玻璃。他們有高超的醫術：「大秦善醫眼及痢，或未病先見，或開腦出蟲。」杜環這裏記錄的是流行於地中海東岸具有悠久傳統的「開顱療盲術」。這種醫術在唐代隨着景教徒而傳入中國。

杜環是第一個到達過聖城耶路撒冷並有文字記載的中國人，他將耶路撒冷稱之為「秧薩羅國」。然後，他向西南穿越西奈半島的沙漠，到達了埃及的亞歷山大里亞，進入了非洲。

杜環說他最後到了摩鄰國，關於摩鄰國的位置有比較大的爭議：

一種觀點認為，摩鄰國指北非的利比亞、突尼斯、摩洛哥一帶，這裏是大食帝國的馬格里布（Maghrib）省，首府在今突尼斯古城凱魯旺（Qayrawan）。即杜環到達埃及後向西沿地中海南岸行進，最遠到達了摩洛哥，甚至抵達大西洋。

而另一種觀點認為，摩鄰國指的是位於東非埃塞俄比亞的阿克森姆王國。杜環南下，經過尼羅河三角洲，沿尼羅河到達阿斯旺，經過努比亞沙漠到達埃塞俄比亞。

杜環所到的摩鄰國究竟在哪裏，恐怕還是一個謎，但他記錄了中國人最初對非洲的印象：「其人黑，其俗獷，少米麥，無草木，馬食乾魚，人食鶻莽。鶻莽，即波斯棗也。瘴痢特甚。」當地人皮膚黝黑，土地貧瘠，既無米麥，也無草木，馬吃乾魚，人則吃波斯棗（椰棗）果腹。

杜環的旅程橫貫整個歐亞大陸，經過了今天的吉爾吉斯斯坦、烏茲別克斯坦、哈薩克斯坦、土庫曼斯坦、敍利亞、伊拉克、伊朗、埃及、利比亞、突尼斯、摩洛哥等地，穿越了三個不同的宗教區域。他稱伊斯蘭教為「大食法」，基督教為「大秦法」，祆教（拜火教）為「尋尋法」。

對於伊斯蘭教，他的觀察和記述尤為詳細。「不拜國王父母之尊，不信鬼神，祀天而已」，「其俗禮天」，反映伊斯蘭教為一神教。「無問貴賤，一日五時禮天。」「每七日，王出禮拜，登高座為眾說法。」「其俗每七日一假，不買賣。」「食肉作齋，以殺生為功德。」「斷飲酒禁音樂。」「不食豬、狗、驢、馬等肉。」「葬唯從儉。」「女子出門，必擁蔽其面，無問貴賤。」⋯⋯記述了伊斯蘭教的功課教俗和生活禁忌，同時還扼要記述了伊斯蘭教的倫理道德，如「奸非劫竊，細行謹言，安己危人，欺貪虐賊，有於一此，罪莫大焉」，「其大食法者，以弟子親戚而作判典，縱有微過，不致相累」，「唯法從寬」，「人相爭者，不至毆擊」等等。這些記述客觀而準確地記錄了伊斯蘭教的信仰、禮拜、齋戒以及行為規範、飲食、衣飾、禁忌等教義、教法及生活

的最主要方面。

歷史學家白壽彝先生在《中國伊斯蘭綱要參考資料》中寫道，杜環對「伊斯蘭教義有相當正確的知識，他把所知道的教義記載在《經行記》裏，遂成了伊斯蘭教義之最早的中文記錄，這在中國伊斯蘭教史上也是一件大書特書的事」。

景教徒拉班‧掃馬

1275 年，景教教徒維吾爾人掃馬從北京出發，前往耶路撒冷朝聖。同時，他還肩負了大汗忽必烈的祕密使命，前往歐洲收集情報，了解各國動向。忽必烈想要知道，如果他的軍隊攻取阿拉伯人佔領的耶路撒冷，是否能夠得到那些歐洲君主的支持。當時，蒙古貴族中很多人信奉基督教，包括忽必烈的母親唆魯忽帖尼、旭烈兀大王的元妃托古思可敦、闊里吉思等都是景教徒，忽必烈受此影響，對基督教也抱有好感。

與掃馬一起出發的另一名景教徒名叫馬可，他來自維吾爾的汪古都部。維吾爾族歷史上曾先後信奉過佛教、景教和伊斯蘭教。景教是基督教的聶斯托利派，隋唐時期傳入中國。1225 年，掃馬出生在北京的一個景教家庭，他的父親是一名巡察使，曾在北京景教會中任職。他自幼被認為適於從事教士職業，被授以經文，23 歲時接受洗禮，成了景教徒。掃馬後來被稱為拉班‧掃馬，拉班（Rabban）是敍利亞語，即「大師」、「長老」之意。

掃馬是古代中國走得最遠的人。他不僅橫穿了整個歐亞大陸，到達了土耳其伊斯坦布爾，還坐船渡海抵達意大利，最遠走到了法國波爾多。他不僅見過羅馬教皇，還會晤過英國國王與法國國王。他是有記載

▲ 拉班‧掃馬

的最先深入歐洲的中國人。

但有趣的是，很長時期以來掃馬和馬可的經歷並不為人所知，主要原因在於他們後來並沒有回到中國，他們的經歷寫在了一本敍利亞語的傳記中。直到 1887 年，一名庫爾德斯坦窮困潦倒的占星家，在一個土耳其景教徒手中發現了這個手抄本，這本書很快在巴黎出版，引起了廣泛關注。隨後，研究文章在《亞洲雜誌》、《博物館》、《東羅馬評論》、《宗教社會學》等刊物上發表。掃馬的故事才浮出水面，為公眾逐漸了解。

掃馬能夠順利完成這次旅行，有兩個重要因素。一方面，蒙古完成征服之後，從中國中原到西亞、東歐的萬里交通線都處於蒙古帝國的控制之下，絲綢之路第一次處於完全暢通無阻的局面。在保護貿易、保障旅行安全、自由通行乃至宗教自由等方面，蒙古大汗們要比當時的基督教或伊斯蘭教的君主們開明得多。另一方面，由於蒙古的強勢地位，西方國家與基督教迫切希望聯絡蒙古，對抗阿拉伯伊斯蘭教勢力，所以掃馬與馬可成為西方世界最歡迎的人。

掃馬一行走的是絲綢之路的南線，經過河西走廊後，穿越白龍堆沙漠，然後通過塔里木盆地南道西行到和田，經喀什翻越蔥嶺輾轉來到今哈薩克斯坦的塔拉茲。在那裏，掃馬和馬可見到了窩闊台汗海都，並獲得了海都頒發的通行護照，因此一路上都比較順利。他們沿着絲綢之路的古道繼續西行，進入伊利汗國統治下的波斯地區（今伊朗、伊拉克），經馬什哈德、馬拉蓋到達大不里士，並且一路上遍訪所存不多的基督教教堂和修道院，會晤各教會人士。

由於蒙古人正在跟佔據埃及和敍利亞一帶的伊斯蘭教馬木留克王朝激戰，掃馬和馬可未能去成耶路撒冷，他們在伊利汗國滯留了好幾年。

在等待中，掃馬和馬可的命運迎來了巨大轉機，他們在大不里士城遇到景教大總管馬屯哈，馬屯哈聽說他們會講蒙語和突厥語，又來自元大都大汗

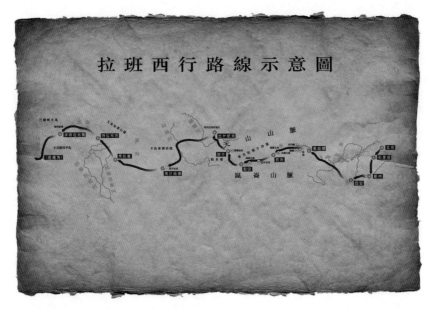

▲ 13 世紀（元朝）拉班 · 掃馬西行路線示意圖

身邊，便想讓他倆為傳教事業服務。1280 年，景教大總管馬屯哈任命馬可為當時中國北部兩大教區「契丹城市和汪古都」的大主教，任命掃馬為巡察總監，派兩人回國傳教。於是，掃馬和馬可兩人便動身返鄉。第二年，他倆正走在半路上，聽說馬屯哈死於巴格達，二人立即改變了主意，馬上折回來，到巴格達為馬屯哈送葬。

隨後選舉新的大總管時，馬可被各地主教一致推選為「東方教會大總管」，稱為「雅伯拉哈三世」。本想隨掃馬一起西行朝聖的馬可，忽降殊榮，身價倍增。

馬可的當選有着複雜的宗教與政治背景。景教自 431 年以弗所宗教會議後，就以波斯為中心着力向東方發展勢力，並獲得了很大成功。但 7 世紀伊

斯蘭教興起後，開始挑戰景教在波斯地區的地位。9 世紀隨着「聖戰」的進行，伊斯蘭教在中亞獲得了很大的發展，明顯佔有優勢。波斯伊利汗蒙古統治者也不時表現出對伊斯蘭教的親近，景教地位岌岌可危。於是，借助和蒙古統治者的特殊關係，馬可被任命為景教大總管。就像《唐元二朝之景教》一書中所寫的：「馬可當選為法主的理由，完全由於當時蒙古勢力強大的關係，因為當時掌握全世界的統治權及法制的人，都是蒙古出身的王族。所以必須由精通蒙古語言，明瞭蒙古的施政方針及熟悉蒙古民族風俗習慣的大德來繼承景教法主。因此沒有比馬可更合適的人。」

另一方面，掃馬與馬可也獲得了伊利汗國統治者阿魯渾的支持。成吉思汗去世後，蒙古四大汗國逐漸分裂，除了名義上承認元朝皇帝忽必烈的「大汗」地位，實際上各自為政，甚至彼此混戰。佔據波斯的伊利汗國，因與元朝為同支的成吉思汗家族所統治，彼此有緊密的結盟關係。阿魯渾不僅希望借助忽必烈的力量，也希望靠近歐洲基督教國家，以對抗伊斯蘭教勢力以及其他蒙古汗國的侵擾。

阿魯渾甚至答應收復耶路撒冷後歸還給基督教歐洲，作為合作的報酬。當時羅馬教廷和歐洲各國經過數次十字軍東征失敗後，仍未放棄佔領阿拉伯領土建立耶路撒冷王國的計劃，也渴望獲得外援。因此，兼具基督教徒、蒙古人、忽必烈祕使三重身份的掃馬與馬可，便被推到了顯赫的位置，成為了東西方交往的中介人物。在這個複雜的背景下，1284 年，奉伊利汗阿魯渾的命令，掃馬率使團出訪歐洲。

1287 年 3 月，掃馬帶領使團從巴格達出發，沿古商路西北行至黑海，然後乘船到達拜占庭帝國都城君士坦丁堡（伊斯坦布爾），受到安德羅尼古斯二世的款待。然後，又乘船航行兩個月，來到意大利那布勒斯港，途中看到了 1287 年 6 月安茹人同亞拉崗人的一場海戰。當他們從那不勒斯登陸趕到羅馬時，教皇鄂魯諾四世已於 4 月去世。

當時因新教皇尚未選出，掃馬繼續西行。9月間，他來到法國都城巴黎，向法王腓力四世呈交了阿魯渾的信件及禮物。腓力國王給予了他們很高禮遇，並答應派軍隊幫助阿魯渾奪取耶路撒冷，表示願遣使攜帶他的覆信去見阿魯渾。最後，腓力國王還請他們訪問了巴黎大學及一些名勝古跡。

在巴黎停留了一個多月後，掃馬一行又向西南來到加斯科尼（今法國波爾多）拜見了英王愛德華一世，英王獲悉阿魯渾約請歐洲各國共同收復失地，非常高興，厚贈了使者。然後，掃馬帶着使團於12月間回到熱那亞過冬，同時等候羅馬方面的消息。

第二年春天，教皇尼古拉斯四世繼位，他很快接待了掃馬一行。掃馬向他遞呈了阿魯渾王及大總管雅伯拉哈三世送的禮物及書信，新教皇對阿魯渾王優禮基督教和準備約請歐洲各國共同收復失地的舉動，表示感謝。1288年4月，掃馬一行在詳細觀看了復活節慶典後，帶着一大批信件及禮物在腓力國王公使團陪同下，離開羅馬經熱那亞順原路返回。

阿魯渾王對掃馬順利完成出使任務很高興，給予了嘉獎。1294年，掃馬在巴格達去世，馬可也於1317年死於大不里士。他們都沒有再返回中國。

掃馬的歐洲之行，改變了西方人對蒙古人的看法。他們試圖和蒙古統治者結成聯盟去共同對付「異教徒」。羅馬教廷甚至還夢想使蒙古統治者改宗天主教，將教廷的勢力擴展到東方各國。為達此政治目的，最方便的辦法便是派遣僧侶充當使者兼傳教士，通過擴大宗教影響來謀求政治利益。

在掃馬之後，絲綢之路上迎來了傳教士時代，其中就包括著名教士孟特戈維諾、鄂多立克，以及教皇特使馬黎諾里等人，而孟特戈維諾在華傳教達34年之久，他們進一步促進了中國與歐洲國家間的相互了解與交流。就在這一時期，中國的印刷術、火藥武器等科學技術陸續傳入波斯、阿拉伯及歐洲。同時，波斯、阿拉伯發達的天文、醫學等成就，也被大量地介紹到了中國。他們撰寫了大量的遊記與見聞，不斷刺激着西方人前往富饒東方的願望。

陳誠：最後的外交官

1413 年 11 月，鄭和率領着浩浩蕩蕩的船隊第四次出海，世界史上的大航海時代即將到來。幾乎與此同時，明成祖朱棣派出了一支 300 多人的使團，由甘肅酒泉出發，前往帖木兒帝國的首都哈烈（今阿富汗西北的赫拉特）。

使團之中有一名負責文書的官員，名叫陳誠。他是明朝的職業外交官，曾經出使過畏兀兒（今柴達木盆地及鄰近的甘肅、新疆部分地區）和安南（今越南）。在接下來的 20 年中，他總共 5 次出使中亞，最遠到達伊朗的伊斯法罕地區。第一次出使後，他撰寫了兩份報告，一本記述了旅行路線，另一本則詳細記述了中亞伊斯蘭城市生活的方方面面。

14—15 世紀，絲綢之路沿線地區發生的最大歷史事件，便是不可一世的蒙古帝國徹底瓦解。蒙古帝國的崛起速度令人不可思議，僅僅幾十年的時間，便征服了大半個文明世界。而其解體也異常迅速，在征服南宋還不到 100 年，除了金帳汗國在南俄草原堅持掙扎了一個世紀以外，蒙古人又返回到蒙古草原。

1368 年，剛剛立國的明朝攻克元大都，元朝勢力逃亡漠北草原。幾乎與此同時，中亞強權人物帖木兒攫取了河中地區，建立帖木兒帝國。經過 30 多年的東征西討，帖木兒兼併了從波斯到小亞細亞的廣大地區。

大明王朝與帖木兒帝國的最初交往並不友好，帖木兒不僅扣押了中國使團，還計劃以武力入侵中國，把中國變成伊斯蘭國家。他甚至徵調了 20 萬軍隊向中國出發，但他卻在行軍途中去世。帖木兒死後，他的四兒子沙哈魯取得權力。

▲ 陳誠

沙哈魯不願與明朝為敵，釋放了扣押多年的明朝使者，並向明朝派出使團。中亞的其他國家也跟隨派出使團來到了北京，並貢獻方物特產。正是在這個背景下，明成祖朱棣派出得力的外交官陳誠，前往中亞地區回訪。他不僅要向帖木兒帝國的繼承者遞交國書，還要向其他中亞城邦宣示國威，擴大明王朝的影響力。

陳誠一行出酒泉嘉峪關後，穿越沙漠到達哈密、吐魯番。隨後，使團分為兩部分，一部分人走天山北麓，陳誠則帶領另一部分人走了一條不見於前人著錄的新道路。他們經托克遜沿着現在的阿拉溝、開都河、鞏乃斯河峽谷進入伊犁河谷地。兩隊人馬在這裏匯合後又分道揚鑣。一部分人沿着傳統的伊犁河－楚河－塔拉斯河大道西行，繞過天山。陳誠則向西南的天山山區行進，到達伊塞克湖，再走小路到今哈薩克斯坦的賽拉姆，轉向西南經塔什干、吉扎克到撒馬爾罕。經過短暫休整後，使團一干人馬經過帖木兒故里渴石、鐵爾梅茲，渡過阿姆河，到巴爾赫、安德胡伊、買馬納，最後抵達哈烈，即赫拉特。

除了完成外交使命外，陳誠還有一項另外的任務，即重新梳理、記錄西域的山川地理名稱。因此，在他後來的報告中詳細記錄了大量山川、河流、城市等地理名稱。這些名稱都是根據當地的通用名稱翻譯的，而且譯得十分準確，已經非常接近今天的叫法，如哈烈 —— 赫拉特、俺都淮 —— 安德胡伊、達失干 —— 塔什干、卜花兒 —— 布哈拉等。

陳誠一共遊歷了 18 座城市，其中在帖木兒帝國都城赫拉特停留的時間最長，對赫拉特的描述也最豐富。赫拉特自古以來就是中亞的重要城市，可是歷代旅行家很少關注它。阿拉伯旅行家伊本·白圖泰雖然對這裏有較長的敘述，不過其中多是與伊斯蘭教相關的內容。而陳誠的記錄則是全景式的，涉及歷史名城的地理位置、山川形勝、氣候物產、街市貿易、政治司法、宮廷規制，以及普通人的衣食住行、婚喪習俗、宗教活動等。

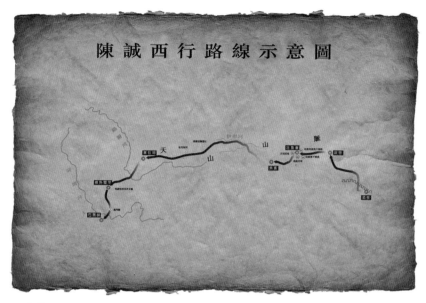

陳誠西行路線示意圖

▲ 明朝使臣陳誠西行路線示意圖

　　他對赫拉特的描述是從刻畫其統治者開始的。他親自拜見了沙哈魯。據他記載，這位中亞的統治者居住在該城東北角一幢寬敞的房屋或宮殿內，裏面擺滿了金器、寶石、陶器和精緻的毯子。最高級的官吏也非常富有，居住寬敞，和沙哈魯一樣豪華，門上刻有複雜的圖案，房內都掛上富麗的絲質帷幕，陳設着金銀器皿和酒具。

　　陳誠仔細考察了城市裏的商業活動，參觀了一些露天市場。市場上分成一排排店鋪，每排有自己的特色，專門出售一類商品（衣服、工藝品等）。市場到晚上還開夜市，燒燈燃燭。貨幣主要是銀幣，其次是銅錢。凡沒有政府官印的錢幣禁止流通。政府對商業交易抽 20% 的稅，政府收入的大部分來自這種稅收。

赫拉特不但是貿易中心，還有豐富的自然資源，銅鐵儲藏相當豐富，金、銀、琥珀、珊瑚和鑽石供應的數量也充足。赫拉特居民離城不遠就可得到大量的鹽，他們生產絲綢和瓷器，但不能同中國的產品媲美。

這裏土地肥沃，居民種植小麥、小米、豆類和稻米，他們的果園出產的桃、梨、胡桃、石榴、杏和葡萄馳名中亞。他對一種名為「芯思檀」的乾果特別感興趣，顯然他過去沒有見過。所謂「芯思檀」，就是我們今天的「開心果」。

沙哈魯繼承了帖木兒的志願，大力在中亞推行伊斯蘭教。他頒佈法令，凡是皈依伊斯蘭教者，都給予金錢賞賜，還能得到衣服和馬匹。

對於伊斯蘭教，陳誠做了細緻的觀察。他發現伊斯蘭教反對崇拜偶像，這裏「不祀鬼神、不立廟社、不奉宗祖、不建家堂，惟以墳墓祭祀而已」。

他能以漢字諧音比較準確地記錄下穆斯林日常生活中的常用術語。如「納馬思」是波斯文 Namaz 的音譯，即禮拜，在漢文史籍中一般寫為「乃瑪孜」。「默息兒」是阿拉伯文 Masjid 的音譯，即禮拜寺，現一般譯作「麥斯吉德」。「撒力馬力」、「撒藍」均為阿拉伯文 Salam 的音譯，在漢文史籍中一般寫作「色蘭」或「色倆目」，或「撒拉姆」等，意為「和平」、「平安」、「安寧」，是穆斯林見面的禮貌用語。

撒馬爾罕的一座大清真寺引起了陳誠的極大興趣：「城東北隅有土屋一所，為回回拜天之處。規制甚精壯，皆青石，雕鏤尤工。四面迴廊寬敞，中堂設講經之所。」《古蘭經》的經文用羊皮包裹，文字用金泥書寫。陳誠所記錄的這座清真寺就是名聞中亞的比比哈尼姆大清真寺，1399 年由帖木兒所興建。

陳誠還記錄了赫拉特城中的一座經文學校：「都城中有大土屋一所，名『默得兒塞』，四面房廊寬廣，天井中設一銅器，制如大鍋，周圍數丈，上刻文字如鼎狀。前、後、左、右，房室猶偉麗，多貯遊學生徒，及通諸色經義者，若中國之大學然。」

陳誠《西域番國志》中有關伊斯蘭教蘇非派的記述尤為珍貴。這些蘇非派的遊方修士穿着破爛，披着羊皮，手持拐杖，身掛骨節，無論冬夏都在街頭行乞，住在墓穴裏或者岩洞中，終日苦修，被稱為「迭里迷失」。

所謂「迭里迷失」，在漢文史籍中又寫作「迭里威士」或「德爾維系」，是波斯文 Dvevrish 的音譯，原意為「沿門乞討」。西方學者常譯作「苦修僧」或「巡遊托缽僧」，是伊斯蘭教蘇非派教團的高級修士。他們靠人施捨為生，並常在市集公共場所聚眾，宣講蘇非派哲學，吸收信徒。對於穆斯林生活習俗，陳誠做了細緻的觀察：「國主衣窄袖衣及貫頭衫，戴小罩刺帽，以白布纏頭。」這裏所説的「罩刺帽」，即今天維吾爾族所戴的小花帽；所謂「貫頭衫」，也是流行在維吾爾族男子中的一種傳統服裝。「以白布纏頭，算髮後髻」顯然與清初稱新疆穆斯林為「纏頭」或「纏回」有關。當地的穆斯林飲食「不設匙箸，肉飯以手取食，羹湯則多以小木瓢汲飲，多嗜甜酸油膩之味，雖常用飯內，亦和以脂油」。這顯然説的是迄今仍為中亞、新疆穆斯林日常嗜食的「手抓飯」。

他還親自去當地澡堂洗浴。每處澡堂各有一間男、女浴室，每間浴室又分割出十幾間小浴室。洗浴者圍一件浴布進入，每人用水缽從冷熱水池中舀水沖洗身體。這更接近於今天的淋浴。由於當地多風，便發明了「風磨」，即使用風力帶動磨盤。

陳誠返回北京後，完成了兩份記錄 ——《西域行程記》和《西域番國志》。他向中原王朝介紹了當時西域的穆斯林社會。同一時期，除去中亞著名史學家怯馬魯丁·阿伯特拉柴克所撰的《馬特拉 —— 沙達因》一書外，幾乎再無介紹帖木兒帝國的著作。然而，該書又比《西域番國志》晚了三四十年。

陳誠的出使帶動了中國與中亞穆斯林國家的交往。在明永樂皇帝執政期間，大量中亞國家、地區的使團來到了北京。有記錄的包括：來自赫拉特與

撒馬爾罕的 20 個代表團，來自其他中亞城邦的 32 個使團，以及來自哈密北部一帶的綠洲 44 個使團。

1424 年，永樂帝去世之後，明朝減少了對外事務，最終中止了向中亞、東南亞和波斯派遣使臣。隨着大航海時代到來，繁榮了幾千年的絲綢之路逐漸陷入沉寂。

屬於陳誠們的時代結束了。

（兩文主要參考資料：《絲綢之路古道研究》、《絲綢之路綠洲研究》、《絲綢之路考古研究》、《三至六世紀絲綢之路的變遷》、《金錢之旅 —— 從君士坦丁堡到長安》、《絲綢之路考古十五講》、《西域通史》、《史記》、《蒙古山水地圖》、《大唐西域記全譯》、《陳誠及其西使研究》等）

往西，絲路上的古今費爾干納

文 ▲ 徐菁菁　攝影 ▲ 張雷

張騫鑿空之旅，在他的時代，當然堪比哥倫布到達美洲大陸。
即使如今重走，這條道路仍然神祕。

有待再發現的世界

20 天的中亞之旅即將過半時，我終於到達了傳說中的絲路古城撒馬爾罕。連日的長途奔波和驕陽灼烤令人疲憊。聽烏茲別克嚮導強尼說要帶我們去阿夫羅夏伯古城遺址，我有些意興闌珊：看看那些來自日本、意大利、法國和北美的旅行團就知道，今天撒馬爾罕的聲名是由雷吉斯坦廣場及其周圍的宏大伊斯蘭建築構成的。而阿夫羅夏伯古城遺址，我昨天剛剛路過它，那是撒馬爾罕城北一片蒿草叢生的荒蕪高地，旅行指南上的介紹只有寥寥數語。1220 年，成吉思汗大軍摧毀了整個阿夫羅夏伯城。在那之前，粟特人曾在此建立興旺的絲路城邦。

順着臺階爬上那片高地，最先到達的是一座門可羅雀的小博物館。買完門票，向我推銷旅遊手冊的女人搖身一變成了講解員。她把我引向一間昏暗的展廳，展廳三面牆上都是壁畫。「60 年代，政府打算在這一帶修路，意外發現了宮殿遺址。你現在看到的都是 7 世紀的壁畫原跡。」聽她這麼一說，我來了些勁頭。

她帶我從左面的壁畫開始看起。畫面上的藍色、紅色和黃色依然瑰麗，依稀能辨識出粟特王拂呼縵、他的父母妻子、騎駱駝的衛士、獻祭的牲口、穿白衣的宗教領袖。「這描繪的是掃墓的場景，遵循的是拜火教文化傳統。」中間的一幅，拂呼縵端坐在畫面中央上方，四周是來自各國的使臣。講解員通過服飾讓我辨認出他們中的波斯人和高麗人。「你看得出嗎？最中間正在被

▲ 費爾干納盆地邊緣的阿爾斯蘭博布村坐落在世界最大的野生核桃林裏

接見的 6 位使臣來自唐王朝。前面幾位手捧的是絲綢布疋，最後面的那位提着一串橄欖形的東西，那是蠶繭。」

我還未來得及為這不期而至的收穫唏噓，第三幅壁畫就將我完全吸引了去。這一次，畫面中的風物不再陌生。左側，雲鬢高聳、面龐豐滿的仕女正在泛舟。旁邊船上的男人穿袍衫，戴幞頭。右側，同樣穿着的男子策馬揚鞭，正以長矛狩獵野獸。沒錯，這是一幅完全描繪唐代風貌的壁畫。早在 3 世紀，粟特人就以商隊的形式在長安、洛陽和埃及的亞歷山大里亞之間往返。「壁畫原本是被安放在宮殿的接待大廳裏的。」講解員補充說，「這說明，粟特王希望昭告天下，他與唐王朝的關係非同一般。」

塵封在歲月裏的勾連兀然現身。在阿夫羅夏伯遺址的小小博物館裏，「絲綢之路」這個說起來熟悉，但實則極為抽象的概念突然具體起來。走出博物館，我穿越荊棘叢生的荒原去看考古開掘的遺址。頭頂的天空風起雲湧，我感到自己彷彿同時處於多個歷史時空之中。今天的撒馬爾罕似乎已經與壁畫上的那個時代沒有多大聯繫。拜火教早已是過眼雲煙，遠處伊斯蘭古跡鮮豔的藍色身影統率着天際線。不遠處，有人在放牧羊群。我分不清他是烏茲別克族還是塔吉克族。傳說中的粟特人，早已消融在現代中亞民族的血液裏。

一個多月前，當我在朋友圈裏宣佈要去吉爾吉斯斯坦和烏茲別克斯坦時，幾乎所有人都視我將要去一片未知之地。「據說那裏就旅行而言相當貧乏。」「聽說很不安全，要小心。」「他們吃什麼？說什麼話？好像是伊斯蘭國家？」「遠不遠？時差幾小時？要坐多久飛機？」事實上，若非在臨行前做了些功課，我心目中的中亞也僅是草原、沙漠、駝鈴的簡單混合體：從心理距離上，它比非洲更遙遠；在文化認知裏，它幾乎是世界版圖上最徹底的空白。

阿夫羅夏伯終令我切身認知到這樣一個事實：眼前這片陌生的土地，曾是中國人最為熟悉的他國，是中華文明與廣闊世界的最直接勾連。

公元前 138 年，「博望侯」張騫開啟「鑿空」之旅。歷史學家翦伯贊將其

與哥倫布到達美洲相提並論。中國對西域諸國的認識從無到有，從茫然到逐漸清晰，自此「使者相望於道，諸使外國一輩大者數百，小者百餘人……漢率一歲中使多者十餘，少者五六輩。遠者八九歲，近者數歲而返」。

《後漢書·西域傳》說史學家班固「記諸國風土人俗，皆已詳備前書」。《隋書·西域傳》中共記載了西域和中亞 20 多個國家的位置和風土人情。

唐玄奘以前，已有成千上萬的僧人奔走在絲綢之路上，包括曹魏時的朱士行，西晉的竺法護、僧建，後秦的法顯、智猛，北魏的惠生、宋雲等，僅北魏去西域取經的僧人就有 5000 之多。

至唐，政府派遣官員到蔥嶺以西，「訪其風俗、物產及古今廢置，盡圖以進」。661 年，唐在于闐以西，波斯以東，包括帕米爾的廣大地區，共設置 16 個都督府，80 個州。其中的康居都督府是今天烏茲別克斯坦的撒馬爾罕地

▲ 吉爾吉斯斯坦阿爾斯蘭博布村的孩子們

區，大宛都督府是烏茲別克斯坦的塔什干地區，安息州是烏茲別克斯坦的布哈拉地區，怯沙州在撒馬爾罕以南的沙赫里夏勃茲、貴霜州在撒馬爾罕西北60英里，休循州是今天由烏茲別克斯坦、吉爾吉斯斯坦、塔吉克斯坦共有的費爾干納地區。

在阿夫羅夏伯遺址博物館，壁畫最令我唏噓的是它所展現出的心理親近感。畫面中的唐代男女人人自得其樂，為了將那個東方帝國表現得更加生趣盎然，畫師甚至在壁畫中添上了一隻家禽，正在餵食它嗷嗷待哺的雛兒。

漢時，張掖郡昭武縣的漢民們遷居中亞，融入了當地的粟特人中，建立了一系列小國：「康者……枝庶分王，曰安，曰曹，曰石，曰米，曰何，曰火尋，曰戊地，曰史，世謂『九姓』，皆氏昭武。」「昭武九姓」是旅居長安的外商，也是唐王朝的戰士和將軍。他們中的一些人甚至直接參與了中國的歷史進程。「安史之亂」的安祿山和史思明，向契丹人割讓幽雲十六州、滅了後唐的石敬瑭都是粟特人。

「花門將軍善胡歌，葉河藩王能漢語」的時代早已結束。20天的中亞之行，我不斷地在歷史、現實、陌生與熟悉之間來回穿梭。這是一次個人的「鑿空」之旅，那個掩埋在歷史塵埃中的「絲綢之路」終於顯出了它的輪廓。

路的誕生

一條道路意味着什麼？為解答這個疑問，我們試圖沿着前人的腳步還原絲綢之路。

史學界對張騫出使西域的具體路線頗有爭論。按照一般的看法，他所抵達的大宛國位於費爾干納盆地。隨後，他從費爾干納腹地南下。大月氏大約位於烏茲別克斯坦南部與阿富汗接壤的鐵爾梅茲古城。「鑿空」之旅的終點則在阿富汗境內。用今天的眼光看，張騫向西的探索並不太遠。

627年秋，僧人玄奘從長安出發。西安慈恩寺有一面石刻圖：他身着僧

服，胸前墜着佛珠，腳穿草鞋，腰掛小包裹，左手拿經書，右手持拂塵，背着經書箱，書箱頂上支一把傘，傘前掛一盞油燈。玄奘向西走得更遠。他輾轉達到的地區大致包括吉爾吉斯斯坦西北的伊塞克湖、吉首都比什凱克一帶、烏茲別克斯坦首都塔什干、費爾干納盆地、撒馬爾罕、布哈拉，最西到達「貨利習彌迦國」，也就是波斯語中的「花剌子模」，其中心是今天烏茲別克斯坦的希瓦城一帶。我們的旅程就將這些座標點串聯了起來。

為進入今天的吉爾吉斯斯坦，玄奘一行經新疆阿克蘇翻越天山，繞過海拔 7000 多米的汗騰格里峰，選擇了西南邊 4284 米高的勃達嶺，經歷了七天七夜「懸釜而飲，席冰而寢」的山險跋涉。

今天，舊時天山古道已經成謎。清晨飛機從烏魯木齊起飛，腳下是「寒風慘烈」、漫無邊際的巍巍雪山，後來雲層漸厚，一片混沌，兩個小時後我就在比什凱克降落了。我們決定不作停留，逆行向東，去看看世界第二大高山湖泊伊塞克湖。

汽車一路沿着吉爾吉斯斯坦與哈薩克斯坦的國境線東行。比什凱克向東出城的道路就叫「絲綢之路」。實至名歸，大約 60 公里後，我們到達了托克馬克市。

相傳詩仙李白出生於碎葉。648 年，唐朝廷平定龜茲後，即設鎮於碎葉，它一度是唐代安西四鎮中最西的一個軍鎮，但 8 世紀以後，碎葉就逐漸荒廢了。20 世紀，蘇聯考古工作者在托克馬克西南 8 公里的阿克別希姆發現了風化成巨大土堆的城牆式建築，出土了「一件非常精緻的瓷製殘龍」和流行於唐代建築物上的蓮花紋瓦，斷定這一帶就是傳說中的碎葉的所在地。

今天的旅行者在托克馬克停留，主要是為了看 11 世紀的布拉納塔。這座磚結構的圓柱形塔經蘇聯復建尚殘存 25 米高，佇立在一片鬱鬱蔥蔥、點綴着罌粟科橘色野花的開闊原野上。布拉納塔説明，托克馬克地區並沒有隨碎葉而沒落。古塔百米外有一片石雕，是 9 世紀突厥人留下的墓碑。那時候中亞

▲ 吉爾吉斯斯坦境內的天山山脈形成了許多山谷

的伊斯蘭化尚不完全。這些墓碑顯示出佛教傳統的影響 —— 它們刻着人的具象面目，這是伊斯蘭教義所不允許的。12 世紀，布拉納塔還見證了契丹人的城市八剌沙袞，即中國古代西遼的國都。

　　出乎我意料，我到的這天，布拉納塔人聲鼎沸，除了成群結隊的在學校學生，還有大批拖家帶口的本國遊客，我耐心等待了十幾分鐘，也沒能有機會爬到殘塔頂端去瞧一瞧。嚮導奧爾佳告訴我，布拉納塔相當於吉爾吉斯斯坦的「愛國主義教育基地」，人們還把它當作拍婚紗照片的熱門場所。「你知道，吉爾吉斯斯坦留存下來的古跡非常有限。」奧爾佳解釋説，「除了南部奧

▲ 吉爾吉斯斯坦位於天山山脈腳下的科齊科爾小鎮

茲頁有一片古代陵墓，也就是這裏了。」

現在的托克馬克有 6 萬人居住。沙俄 1864 年在此處興建了現代城市。1938 年，蘇聯建成了通往比什凱克的鐵路。以吉爾吉斯斯坦的標準看，托克馬克經濟相對發達，有大型玻璃廠、採石廠等企業，是該國對外開放條件最好的城市之一。近兩年，也有中國企業在這裏投資建設煉油廠。進城界的時候，我看見路中立着一架飛機，據說這一帶的薄霧天氣十分適合飛行員訓練，是吉爾吉斯斯坦的航空訓練基地。

直到 5 天後到達南部重鎮奧什，我再未途經較大的城市。事實上，首都比什凱克有 125 萬人，佔全國人口的近 1/4，第二大城市奧什有 50 萬人。這幾乎就是吉國的全部城市人口了。

如何理解吉爾吉斯斯坦的經濟形態？最直觀的感受是：一切脫不開「地理」二字。比什凱克往南 40 公里就是依天山支脈吉爾吉斯山建立的阿拉阿查國家公園。然而我們一路向東，所見是雪山之間的大片沃野農田。公路沿一條蜿蜒的水道而行，那是楚河，天山北麓第二大河流。楚河在吉爾吉斯山和外伊犁山－楚伊犁山的包夾之中形成一片開闊的河谷。河流的冰川融水和降雨足以支撐農業生產。這正是托克馬克一線長盛不衰的原因。1220 年，道長丘處機應成吉思汗之邀，西行赴中亞與之西征中的蒙古軍相會。在他的隨行弟子李志常撰寫的《長春真人西遊記》中記載了楚河的農業情況：「其風土、氣候與金山以北不同，平地頗多以農桑為務，釀葡萄為酒，果實與中國同，惟經夏、秋無雨，皆疏河灌溉，百穀用成。東北西南，左山右川，延袤萬里。」

李志常用「萬里」來形容，不免有些誇張。出托克馬克向東一小時後，我們就在怪石嶙峋的山間夾道裏行進了。等到眼前再度開朗，天邊顯出一片藍色，伊塞克湖到了。

伊塞克湖在世界高山湖泊中水深居第一、集水量居第二，從東至西浩蕩

182 公里。「山行 400 餘里」後的玄奘留下了歷史上關於伊塞克湖的第一筆記錄：「周千餘里，東西長，南北狹。四面負山，眾流交湊，色帶青黑，味兼鹹苦，洪濤浩瀚，驚波汩忽，龍魚雜處，靈怪間起。所以往來行旅，禱以祈福。水族雖多，莫敢漁捕。」

我們沿湖北岸行進，農田消失了，路過幾個冷清的小村莊，幾群放牧的牛羊，在傍晚到達了湖岸中段的喬蓬阿塔鎮。喬蓬阿塔鎮在蘇聯時代就是療養旅遊的集散中心，老主顧包括勃列日涅夫。小鎮北面，山腳下的高地有一片廣袤地帶，佈滿了冰期岩石塊。石塊上留有許多以野生動物為主題的岩畫，最早可以追溯到公元前 1500 年的青銅時代。這個露天博物館的前邊有一截古怪的「公路」。過去，運送遊客的蘇聯飛機從山腳下加速，在衝向湖岸的過程中一飛衝天，想來倒是十分有趣。

如今，喬蓬阿塔的湖光山色之間遍佈度假村，還有一個頗為扎眼的摩天輪。5 月初，冷風習習之下，小鎮頗為冷清。七八月份，比什凱克陷入 40 攝氏度的高溫，太陽傘就將遍佈沙灘。大批富裕的哈薩克人在這兒享受 28 攝氏度的涼爽，他們從遊走的小販手裏購買鯡魚以佐啤酒，鯡魚是從湖裏撈出來的，鹽醃半風乾製成。我沿途花 50 索姆（約合人民幣 6 元）買了一條，30 厘米長，撕去皮吃，不怕腥的話，算得上肉厚脂香。不過，蘇聯時期，伊塞克地區並不對外國人開放。湖的東端有一片軍事基地，蘇聯海軍在湖裏測試高精度魚雷。據説現在還有老化退役的海軍快艇組成的船隊用來運輸貨物和旅遊觀光。

第二天清晨，我走到棧橋盡頭待了一會兒。夜裏下過一陣小雨，空氣清冽，湖北昆格山脈的模樣清晰起來。山巔頂着薄雪，雲霧就在山間流淌。明代外交官陳誠於永樂十二年（1414 年）抵達伊塞克湖。時值農曆六月初四，與我來此時時節相仿，他的觀感也與我相似：「沙淺浪平清見底，煙消岸闊遠無邊……今夜客槎堤畔宿，月光如水水如天。」

伊塞克海拔 1600 米，並不太高，以其廣闊卻沒有孕育出繁盛的農業文明，其原因依然在地理。玄奘在冬季抵達伊塞克湖，他見湖面未曾結冰，便命名為「熱海」。與許多高山湖泊一樣，伊塞克湖是鹹水湖。我在岸邊嘗了湖水，微有鹹味。過了一會兒，湖上的雲漸漸散了，南岸的半空隱隱顯出一排雪峰，那是泰爾斯凱山脈。

衛星雲圖特別清晰地顯示，這個龐大的湖泊其實是昆格山脈和泰爾斯凱山脈之間的凹地。它的生命力依賴大約 80 條河流。這些河流中，只有 3 條來自北岸山巒，因此我們一路沿湖看到的地貌都頗為乾旱。

陳誠記述伊塞克湖「千崖萬壑響流泉，一海中寬納百川」。他和玄奘一樣，都是沿南岸而行，高山融雪在那兒形成一片豐饒的草場。然而，草場再向南去，天山山脈從東北到西南斜着橫掃了吉爾吉斯斯坦的大半壁國土。根據旅遊指南的說法，那是吉爾吉斯斯坦風光最美的地區。我們本來打算去吉第一大高山淡水湖松克爾湖看看，但得到的消息是：五月飄雪，一個月後，牧民將驅趕牲畜奔赴高山牧場，他們一路清除積雪後，遊人才可能在越野車的幫助下一觀松克爾的美貌。而松克爾也只是天山山脈的邊緣地帶。這當然也決定了絲路的走向。當年，在吐魯番盆地高昌國國王的建議下，玄奘帶着高昌文書和禮物，從南岸繞過伊塞克，直奔碎葉一帶而去。在那兒，他拜見了西突厥可汗，得到一支騎兵小分隊沿途護送。《大唐西域記》中，從碎葉到鐵門關（現烏茲別克斯坦鐵爾梅茲附近），玄奘再沒有留下任何行路艱難的記載。

封閉和開放

看過伊塞克湖，我們花三天的時間奔向費爾干納盆地。從喬蓬阿塔折返向西，伊塞克湖最東端的城市巴爾克奇（Balykchy）是一個分界點。公路從小城中央穿過，依次路過體量巨大的水泥糧倉、成排的俄羅斯民居小木屋和蘇

式公寓樓。蕭條蕭殺的小城幾乎看不到什麼人，幾個沒精打采的居民在路邊支起鐵架子，掛上醃魚，擺上蜂蜜，期待過路車輛賞光。路過中央車站時，嚮導奧爾佳驚訝地發現車站房頂上的列寧像「終於」不見了。廣場上的那尊2015年剛被挪走。不過列寧同志依然「堅守」在駕駛學校門前。依我所見，巴爾克奇的新建設，除了一座簇新的清真寺，就是一尊民族英雄瑪納斯史詩傳唱者的塑像了。

巴爾克奇的名字取自吉爾吉斯語中的「漁夫」一詞。蘇聯時期，伊塞克湖的漁業一度十分發達，巴爾克奇借此成為船運樞紐。出城時，我看到一段鐵路，是「二戰」時德國戰俘修建的，通向比什凱克。一度，俄羅斯人是巴爾克奇的主要居民。吉爾吉斯斯坦現代經濟的一大問題是長期處於蘇聯產業鏈的一個環節，獨立後原料、生產、消費相互脫節。巴爾克奇的命運也是如此。加之伊塞克湖的漁業資源因管理不善瀕臨枯竭，俄羅斯人大批返回俄羅斯，這座城市迅速衰落了下去。

當我們離開巴爾克奇，進入吉爾吉斯山南麓的山谷，蔥翠延綿的高山草甸和潺潺溪流就將我們包圍了。和巴爾克奇形成鮮明對比的是，在這裏，吉爾吉斯人保持着另一種生活方式，蘇聯的工業化和城市化也未曾改變過它。

我在車上遠遠望見巴克古爾的圓頂帳篷。碰上巴克古爾是我的運氣。一般在這個季節，牧民們還沒有從聚居的小鎮回到牧場上來。巴克古爾正在戶外勞作，丈夫外出了，十幾歲的兒子忙着用樹枝製作一支弓箭。一個幹活的男人是她的僱工。前兩天，一家人剛剛從幾公里外的小鎮搬回到牧場，必須儘快建好畜欄。巴克古爾的50頭牛、60匹馬、13隻羊就在周邊的山坡上悠閒地溜達。

10月1日，巴克古爾會回到村鎮上躲避嚴酷的冬天。在這以前，草場是巴克古爾生活的全部內容。帳篷裏沒有電視機，也沒有互聯網。一家人的最大娛樂是草原上的傳統節日和古老競技。「烏拉克塔提西」運動最受歡迎，人

▲ 吉爾吉斯斯坦蘇薩米爾村外學騎自行車的男孩們

們要在飛馳的馬上俯身用一隻手將重達 50 公斤的無頭羊撿拾起來。那是對騎術的終極考驗。騎手們嘴裏咬着一撮羊毛，這樣他們就不會在身體痛苦時喊出聲來，也不會咬掉自己的舌頭。

巴克古爾衝我笑起來，露出一排閃亮的金牙——中亞民族的傳統時尚。她 17 歲結婚，在我所經過的這個位置她已經度過了 30 年的放牧時光。巴克古爾告訴我，每個牧民的牧場都是固定的，每年她需要交給政府一筆管理牧場的費用。這大概是現代國家體制對她的最大影響了。除此之外，她夏季出售馬奶，冬季出售牛羊肉。她不大記得蘇聯解體對她產生過什麼重大的影響。畜牧產品的價格總是一年高一年低，她沒什麼好抱怨的。「巴克古爾」的意思是「幸福的花朵」。她就在這山坡上兀自開着。必要的時候，她會拿出一支獵槍，擊退山間遊蕩的野狼。

吉爾吉斯的意思即是「山裏遊牧人」。他們的先民居住在葉尼塞河上游地區，後來逐漸向西南遷至天山地區，與當地的突厥、蒙古部落相融合。那些以現代化視角看來有些「原始」的生活方式依然是吉爾吉斯人的現實生活，也是他們的身份意識所在。

「比什凱克」的意思是「攪拌馬奶酒的棒子」。巴克古爾只養母馬，馬奶是她最主要的經濟來源。「我們夏天喝馬奶，那是最解渴的。而烏茲別克人只會喝綠茶。」——我對中亞遊牧和農耕民族的區別認知，竟然是通過飲料啟蒙的。

母馬在食用一段時間新鮮牧草後才會在夏天來臨前大量產奶，吉爾吉斯人將發酵的馬奶做成低度酒精飲料「庫密斯」。公元前 2 世紀末中國的漢武帝時期，楚河河谷一帶是康居國的所在，往東伊塞克湖至伊犁河谷是烏孫國。漢朝和親、嫁給烏孫王的細君公主曾作有《黃鵠歌》：「穹廬為室兮氈為牆，以肉為食兮酪為漿。」「酪」即是馬奶製成的飲料。13 世紀法國人威廉·魯布魯克詳細地記述了製作馬奶酒的方法及過程：「他們把奶倒進大皮囊或袋

裏，開始用一根特製的棍子攪拌它，棍的下端粗若人頭，並且是空心的。他們用勁拍打馬奶，奶開始像新釀酒那樣起泡沫，並且變酸發酵，然後他們繼續攪拌到他們取得奶油。這時他們品嘗它，當它微帶辣味時，他們便喝它。喝時它像葡萄酒一樣有辣味，喝完後舌頭上有杏乳的味道，使腹內舒暢，也使人有些醉，很利尿。」這是關於馬奶酒製作的最詳細的歷史記錄。

如果是在夏季，路邊會有大量帳篷出售「庫密斯」。我心生好奇，想買些嘗嘗，可時節不對，一路都沒有找到。到奧什逛巴扎的時候，終於偶遇一個遊販。他從蛇皮袋裏掏出一個大可樂瓶給我。打開蓋子，一股特殊的濃烈膻味衝出來。魯布魯克關於味道的描述太過浪漫了。在好奇心的驅使下，我勉強嘗了一小口，味道微酸，極為刺激。

雖然尚沒有馬奶招待我們，但巴克古爾還是大方地讓我參觀自家帳篷。這種俗稱「蒙古包」的民居並不只是蒙古人的專利。一般來說，吉爾吉斯人的帳篷比哈薩克人的小，但比蒙古人的大。巴克古爾很驕傲地告訴我，她每5年會更換帳篷外面的羊毛氈，這頂帳篷已經使用了20年，現在買同樣一頂帳篷得花費1000美元到2000美元。伊塞克湖南岸，有兩個村子以製作帳篷著稱。出色的匠人備受尊重。他們的作品還被吉爾吉斯斯坦當作國禮使用。

巴克古爾的帳篷直徑大約4米，靠門邊的灶臺上正滾着牛奶粥，其他地方一覽無餘，收拾得空曠整齊。圓頂帳篷有它自己的使用秩序，門左邊是男主人睡覺的地方，那裏同時存放打獵和騎馬的用具。女兒和孩子睡在門右邊，靠近灶臺的位置，正中間能升火籠，一家人在那兒圍坐用餐或者接待客人。嚮導奧爾加叫我往上看，帳篷頂上的毛氈是掀開的，露出一個圓形的開口，生火時煙塵從那裏散出去，六根木頭在圓形開口處橫豎各三根，呈十字交叉。「記得我們的國旗長什麼樣子嗎？就是它。」圓頂帳篷的這個結構叫 tunduk，這是吉爾吉斯人的圖騰，代表友誼、力量和團圓。

告別巴克古爾之後，我們不斷穿梭於山谷、草場、隘口和點綴它們的小

小村鎮，四面永遠是美不勝收的雪山。7世紀起，中亞開始伊斯蘭化進程。就像巴克古爾，今天的吉爾吉斯人即使不會虔誠地履行宗教儀式，也會秉持穆斯林的自我認知，這在墓地上體現得最為直觀。許多吉爾吉斯墓塚修建得特別用心，人們用磚頭砌出縮小版的伊斯蘭建築，有穹頂和拱門。或繁或簡，都會在墓頂上插着星月標誌。

一路旅行，我經過了無數墓地，之所以總是看到它們，是因為它們永遠出現在路邊。「過去，人們在遊牧遷徙過程中死去，親人就將他們就近安葬在道路邊上，這個傳統一直保持了下來。現在即便是在定居的村莊，人們也會將大片的公共墓園修在路邊。」奧爾佳告訴我。那些墓園給我這個匆匆過客留下了極為深刻的印象：就在遼闊的草甸之上，一大片土黃色的穹頂建築，有些已經風化坍塌了，遠遠望去，仿佛一座荒棄的城池。

然而，不管我如何嘗試理解，傳統的根深蒂固還是超過了我的想像。我曾在一個偏僻山坳裏的小村子借宿一晚。25歲的靦腆女主人有兩個女兒，照料着一間家庭旅館。第二天上午，我們開了大半個小時車，到了另一個雪山環繞的大村莊蘇薩米爾。我在村裏閒逛，塵土飛揚的道路上，女孩們拉着水罐。嚮導奧爾佳和我談起吉爾吉斯的女人，說她們照看家裏的一切，永遠在忙碌。「人們都說找老婆得到這樣的村子裏來。去過比什凱克的女孩就會學化妝，講漂亮，沒那麼勤快了。」奧爾佳突然想起了什麼，「你知道嗎？昨天的那個女主人原來就住在這個村子。她是個『搶婚』新娘。」我在《孤獨星球》指南上看到過「搶婚」，我輕描淡寫地把它看作獵奇逸事，全沒料到它會活生生出現在我眼前。

傳說，「搶婚」的風俗起源於12世紀的吉爾吉斯汗國。當時，部落間不斷發生偷盜馬匹和女人的現象，逐漸演變成「搶新娘」。法律從1994年起明確禁止這種行為。但很顯然，它依舊很「時髦」。一種較「文明」的方式是，男人向中意女孩的父母表明心意，奉上牲口作為聘禮。在「岳父母」的默許

下，他有權將行走在路上的女孩擄回家去。許多父母並不會提前將這樁婚事告訴女兒，這正是我們的女主人所遇到的情況。另一些時候，「搶婚」則會變成一次赤裸裸的綁架。在女方家庭毫不知情的情況下，女孩被劫掠到男方家裏。只要男方的家人能讓她戴上新娘頭巾，這樁婚姻就算成了。有人權組織統計說，20% 以上的綁架會以「強姦和性折磨」告終。一些人為「搶婚」辯護，說這是傳承民族風俗，能夠減少婚禮成本。無論是哪種情況，被「搶婚」的女孩基本只能接受現實，「從男方家裏跑出來被認為是有辱家門的行為」。

作為女性，我無法戴着「傳統文化」的玫瑰色眼鏡看待這種行為。在蘇薩米爾，村裏的男孩用有限的幾個英文單詞和我們聊天，關切地詢問 iPhone6 手機和單反相機的價格。現代消費文化的滲透力並不能掩蓋這樣一個事實：大多數吉爾吉斯斯坦人依然生活在十分封閉的環境裏。

海拔 1500 米以上的高山佔吉國土面積的 90% 以上。歷史上，絲綢之路這一龐大路網帶來了佛教文明、伊斯蘭文明、突厥人、蒙古人，也創造了吉爾吉斯民族，但它已經衰落了數百年。蘇聯時代，吉爾吉斯完全依賴莫斯科與世界發生聯繫。蘇聯解體以後，吉爾吉斯經濟遭遇了巨大困難，迄今仍是中亞最不發達的國家之一。巴爾克奇那段德國戰俘建設的鐵路現在依然用於運送糧食和油品。吃苦耐勞的馬匹依然是重要的交通工具。國家大多數地方都沒有像樣的公路。很多時候，我們的車只能長時間地以每小時不到 30 公里的龜速前進。

但「地理」也同時意味着開放的可能性：這個人口不到 600 萬、面積不到 20 萬平方公里的小國正處於中亞樞紐，它與四國接壤，擁有 4170 公里的邊境線，其中 1096 公里與中國新疆毗鄰。

從比什凱克到伊塞克湖的路上，我們就遇到了中國的築路隊。奧爾佳提醒我們，第二天雖然只有大概 200 公里的路程，但由於路況很差，會花費很長時間。「中國人還沒完工。」她說。當時，我們只是會心一樂，直到一路過

去不斷看到中國的施工隊伍，才知道她並不是在說俏皮話。奧爾佳說：「我有一位從業 30 年的同事總是感歎：從吐爾尕特口岸（位於新疆喀什）到納倫（吉爾吉斯斯坦中部城鎮、交通樞紐）過去要走 9 個小時，現在只需要兩個半小時了！」中國駐吉大使齊大愚接受媒體採訪時說，吉爾吉斯斯坦把自己定位為一個交通過境國，希望成為地區的商品和貿易轉運中心。

▲ 吉爾吉斯族兩姐妹

這恰好是這塊土地在歷史上曾扮演的角色，從 2001 年開始，中國路橋工程公司在吉共修建了約 1400 公里的道路。在建的約 600 公里，未來規劃修建的還有 1000 公里左右，這將形成吉爾吉斯斯坦公路的骨幹骨架。世界銀行、亞洲開發銀行、歐發行和歐盟在吉爾吉斯斯坦都有築路項目。從資金規模上比較，來自中國的資金佔到了 70%。

在圓頂帳篷裏守着牲畜的巴克古爾也處在類似的變化之中。牧場多了兩件新鮮事物：帳篷外面靠着一塊太陽能板，「是中國貨」。她抬手指向對面的山坡，簇新的大電塔閃閃發亮。「中國人建的，剛完工不久。」

絲路遺產：核桃、棉花與絲綢

吉爾吉斯斯坦最好的一條公路是連接比什凱克和第二大城市奧什的 M41 公路，它翻過吉爾吉斯山向南插去。我們在蘇薩米爾村以西拐上這條路，翻過幾個海拔 3000 米的隘口，一路瑰麗的風光讓騎行過川藏線的攝影師也忍不住大呼過癮。海拔下降的速度很快，大概不到兩個小時工夫，我們歷經了壯闊的雪原、延綿的綠色草甸和蔥翠的針葉林。還沒等我回過神來，茂密的植

被抹去了所有一切。我們匆忙脫去一路緊裹的薄羽絨服和厚外套，只想找杯冰飲解渴。

費爾干納盆地以驕陽炙烤迎接了我。在天山和吉薩爾－阿賴山之間，費爾干納盆地嵌在吉爾吉斯斯坦、烏茲別克斯坦和塔吉克斯坦三國的領土內，東西長約 300 公里，南北最寬處約為 150 公里，加上周圍 8 萬多平方公里的山區，總面積大約 10 萬平方公里。從面積上看，它並不大，但經歷了吉爾吉斯山間的數天旅行後，我格外能領會它的珍貴。

盆地向西徐緩傾斜，正好讓納倫河流淌進來。納倫河是中亞母親河錫爾河的最大支流，公路沿着這條綠絲絨緞帶蜿蜒。過了中亞最大的托克古爾水庫，村鎮和良田便成了大地的主宰。

巴什克莉裹着頭巾，在田裏一面拔草，一面和朋友們有說有笑。她並不是真正的「農民」，和許多人一樣，5 年前，她曾在莫斯科的冰淇淋廠打工，經濟略有好轉後回到家鄉。平時，她在附近鎮上的商店工作，在那兒她有公寓、有熱水、有網路，兩個孩子都在接受高等教育。休息的時候，她都會來幫朋友打理農田，一方面，收穫季節能有筆額外收入；另一方面，「祖祖輩輩幹慣了農活，我的公寓裏可沒有這樣的陽光」。馬路對面，伊薩庫諾夫正在照料家裏三口人擁有的一公頃土地。他種植的土豆、番茄和洋蔥，都是餐桌上最重要的蔬菜。「托老天的福，收成一直都不錯。」

費爾干納盆地被群山環抱，對於古絲綢之路的旅人來說，只要能克服千辛萬苦翻越帕米爾高原，就能在這兒享受難得的溫和氣候和豐饒物產。盆地西南部有一個不大的缺口，正是進入中亞腹地的最方便通道。玄奘對費爾干納盆地也有描述，相隔約 1400 年，他和我的所見並無不同：「土地膏腴，稼穡滋盛。多花果，宜羊馬。」

《史記·大宛列傳》中說：「大宛之跡，見自張騫。」大宛即位於費爾干納盆地。秉承着解匈奴之患的使命，張騫在這兒的最大發現是：「多善馬，馬汗

血，其先天馬子也。」《史記集解》解釋説：大宛國有高山，山上有馬，人們無法將其捕捉到手，於是放養五色母馬於山下，與其交配後的馬駒即汗血馬。

對於漢武帝來説，好馬等同於國家安全。為此，他發動了兩次跨越沙漠、高山、草原的艱難遠征。第二次遠征，6萬士兵當中，活着回到玉門關的不過1萬餘人，但良馬終於被運抵長安。

費爾干納地區從公元前2000年就開始培育馬匹，但汗血寶馬只存在於傳説中。我所見到的當地馬匹並不高大威猛，精幹的外表倒是與它們長於耐力的説法相符。它們能夠在一周時間裏持續日行100公里，或者在24小時內完成160~260公里的路程。但是，這些馬匹的血緣早已含混不清。19世紀後半葉，沙俄佔領中亞以後，就以形體更大的俄羅斯馬種與吉爾吉斯馬混合。蘇聯曾在伊塞克湖和納倫建立育馬場，用進口的外國馬匹，特別是歐洲馬匹與吉爾吉斯馬雜交，使它們更符合現代賽馬運動的要求。如今，一匹中等好馬在吉爾吉斯斯坦依然能賣出1000~1500美元的均價，但它們被世界覬覦的時代早已一去不復返了。

不過，在今天的費爾干納盆地，絲綢之路留下了另一些生機勃勃的物產，它們依然是這個相對封閉的地區與外界產生聯繫的重要紐帶。

深入盆地之前，我決定先去小村莊阿爾斯蘭博布看看。公元前3世紀，張華在《博物志》一書中說：「張騫使西域，得還胡桃種。」我並不知道張騫是在哪兒取得的核桃種子，但在阿爾斯蘭博布，有一片世界上最大的野生核桃林。

阿爾斯蘭博布在盆地邊緣的深山裏，海拔1700米。車一路開過去，風景了了。村子地無三尺平，看不出什麼名堂。旅遊指南推薦了兩條徒步線路：爬到村子半山的瀑布去，或者去看800年的古核桃樹。我時間有限，又一心想盡可能地看到核桃林全貌，只能不走尋常路。

29歲的男青年羅瑪成了我的嚮導，他身材高大，個頭長相都不像典型的

吉爾吉斯人。他告訴我，他父系一支是 17 世紀時搬到阿爾斯蘭博布來的阿拉伯人，母親則有哈薩克血統。

羅瑪帶我離開村子，爬另一側的山。天氣很熱，人踩出來的山道有時很陡，淌下水流讓地面泥濘不堪，但一切辛苦都是值得的。跋涉了大概一小時，我轉身看見山谷，北面是費爾干納山區的最高點、4400 多米的巴巴夏塔雪峰。融雪在山間掛出一條豐沛的銀鏈，村莊沿着河流在山谷裏鋪開。綠樹疊在村莊上方，間雜着一些還沒有長出葉子的樹種，它們棕色的枝幹密密麻麻覆蓋了我對面的層層山巒，一直伸向無盡的遠方。

「那就是核桃樹。」羅瑪說，「前兩個星期發生了一場霜凍，葉子還沒能長出來。」

我們一鼓作氣爬到山頂，令我大吃一驚的是，山頂居然是一片沃野。牧民坐在緩坡上靜靜看護他的牛羊，小型拖拉機在田裏來回勞作，不遠處是起伏連綿的小山丘。棕色的核桃樹、盛放白花的櫻桃樹和開滿熱鬧粉花的蘋果樹團團點綴着它們。下午 5 點的斜陽撫過一切，我深信，陶淵明所說的世外桃源也莫過於此。

「阿爾斯蘭博布」在吉爾吉斯語裏的意思就是「森林之王」，正因為有它，吉爾吉斯斯坦的森林覆蓋率才能達到 4%。一個故事和先知穆罕默德有關：傳說，他派出使者尋找人間天堂，使者被山谷的美麗和溪流的清澈所動，他將先知給他的一袋果樹種子播撒在這裏，於是形成森林。不過，先知穆罕默德出生於公元 6 世紀，而當地又另有傳說：公元前 4 世紀，亞歷山大大帝遠征至阿爾斯蘭博布，正是從這兒將核桃種子帶回了歐洲。現代科學研究顯示，這片森林應該是距今 6500 萬年到 180 萬年的地質第三紀的產物。現在森林的面積是 1.1 萬公頃，而它曾經有 63 萬公頃之廣闊。核桃究竟從何時成為這裏的統帥，我並沒有找到確切的說法。

據說，核桃是從伊朗傳入中亞的，這個物種的到來對阿爾斯蘭博布和周

邊村莊的人們來說意義非常。羅瑪說，核桃在 9 月中旬開始收穫，幾乎所有家庭都會拖家帶口住到林子裏去。接下來的一個月，他們要趕在冬天第一場雪落下來前盡可能收穫更多的核桃。男人爬到樹上去，用力晃動樹幹和樹枝，女人和孩子則在樹下撐開口袋。每個收穫季節之後，所有人的手掌都被核桃皮染成了棕黃色，歷月才能消退。

蘇聯時代，整個森林為國家所有。那時，社區旅遊機構的負責人哈雅特‧塔里科夫是護林員：「我們對誤入核桃林的山羊只有一種對策，舉起獵槍擊斃它。沒什麼比保護核桃樹更重要。」村民相當於農場的工人，完全不用操心核桃銷路。獨立後，對外經濟聯繫中斷，村民為了謀生，毀林開荒放牧的情況一度十分嚴重。近兩年，吉爾吉斯斯坦政府明令禁止了林木砍伐，為此村裏的兩家核桃木傢俱廠都關張了。但對於森林來說，更重要的轉機是：從前，1 公斤帶皮核桃的售價只有 100 索姆。5 年前，土耳其人率先摸到這裏，開始大批量收購，現在核桃價格翻了 5 倍。羅瑪一家三口分到 1 公頃森林，其中包括 85 棵核桃樹，前一年大豐收，一家人收穫了 1 噸果實。我算了算，這大約相當於 7 萬元人民幣的收入。在人均 GDP（國內生產總值）剛剛超過 1000 美元的吉爾吉斯斯坦，這真是筆不小的財富。每年，整個核桃林大概能收穫 1500 噸到 2000 噸果實。最近兩年，人們已經開始嘗試栽種新的核桃品種。

「土耳其人是通過互聯網找到這兒來的。」羅瑪告訴我，「現在也有中國商人過來。相比土耳其，把核桃運到中國去要容易多了。」

作為中亞難得的農耕中心，費爾干納盆地是世界上人口密度最大的地區之一。蘇聯解體後，費爾干納盆地分別隸屬於烏茲別克斯坦、吉爾吉斯斯坦和塔吉克斯坦三個國家。其中，隸屬於吉爾吉斯斯坦的領土面積為 7.99 萬平方公里，人口約 300 萬，而隸屬於烏茲別克斯坦的領土面積僅約為 1.8 萬平方公里，覆蓋的人口居然超過 800 萬。這個現象的原因之一是吉爾吉斯斯坦佔

的盆地面積雖大，但大多是邊緣山區，而烏茲別克斯坦擁有更多的可耕種土地。

奧什市區外 5 公里有烏茲別克斯坦和吉爾吉斯斯坦兩國邊境口岸，過了口岸就是一馬平川。從自然景觀主導的吉爾吉斯斯坦過來，我頗不適應。車一路開着，只有農田、村莊和城鎮。

烏茲別克斯坦淡水資源的分佈集中，費爾干納盆地佔有 34.5%，居全國之首。這裏很早就有發達的灌溉農業文明。烏茲別克斯坦的國徽上就有兩種農作物，左邊是棉花，右邊是小麥。

以西方的眼光來看，橫跨歐亞大陸的廣闊路網將古中國的絲綢帶到了歐洲，對中華文明而言，這張路網則意味着另一重要紡織材料的輸入。東漢的《説文解字》並沒有「棉」字，裏面的「綿」指的是絲織品。我們祖先的衣被主要是以絲和麻為原料製成的，棉花原產於印度，它進入中國的途徑恰好與佛經相同。王恆銓在《唐代植棉史考證》中指出，公元前 119 年張騫再次出使西域時，中亞國家已種植棉花。康居（今撒馬爾罕）曾以其特產「金繡白疊，貢贈中國」。因此，清代蕭雄等認為正是張騫帶回了棉種。

棉花對中國的經濟意義，比絲綢之於西方更為重大。9 世紀阿拉伯旅行家蘇萊曼在其《蘇萊曼遊記》中記述，他在北京地區見到棉花被種植在花園用作觀賞。陳鍾毅和趙岡在《中國棉業史》中指出，北宋時代，麻逐漸被棉取代。當時的中國人口首次突破 1 億大關，進入了一個人口增長達幾個百分點的階段，棉花成為一種更為經濟更有效率的選擇。

費爾干納盆地氣候乾燥，溫差大，日照時間長，且當地能夠保持充足的灌溉，正好符合棉花的生長需求。5 月上旬，棉花只長出了小小的綠苗。在安集延地區，人們精心在田壟上鋪上薄薄的塑膠布，希望給棉苗保溫，讓它們長得更快一些。

19 世紀末，沙俄佔領費爾干納，決定讓這兒成為自己的紡織原材料供

應基地。後來，蘇聯專家調研認為，只要能保證水澆地的面積，蘇聯其他地區不能生產或產量不多的一些高利潤喜溫作物，都適合在中亞地區種植。從此，以費爾干納盆地為中心的地區成了全世界最重要的棉花產地之一。獨立時，棉花出口佔烏茲別克斯坦貨物總出口的 45%。今天，烏茲別克依然是世界第二大棉花出口國。據中國海關統計，2015 年中國從烏進口的商品中，棉花列第二位，佔進口額的 32.92%。

棉花的經濟戰略地位如此之重，它的種植和管理一直嚴密掌握在政府手中。烏茲別克斯坦沿用蘇聯「義務勞工」的做法。在收穫季節，學生和公務員都會被集體派遣到農田幫忙收割棉花，這個政策一度飽受西方輿論的指責。作為回應，2008 年政府頒發決議，不允許單位和個人強迫未成年兒童參加勞動，法定招工年齡從 16 歲起。不過，15 歲的兒童，如果有其父母的書面同意，則允許參加勞動。

烏茲別克斯坦的村莊和農田一樣整齊單調，淡黃色牆壁加紅色屋頂，一模一樣的小屋就像等待檢閱的衛兵，在道路兩旁鑄成不透風的牆。這是政府出資建設、以貸款形式賣給農民的村舍。在扎爾肯特村，我有機會去村民穆斯塔法的農場參觀。

我們的車從主路插入田間的土路，土路上灑過水，「這是烏茲別克人迎接客人的方式」。農場令我大開眼界，精心料理的田地比我在吉爾吉斯斯坦看到的廣袤氣派多了。夜幕微垂，大型農機還在勞動。除了兩套整齊的院子，還有兩間非常大的傳統土牆院落正在建設。同行的嚮導桑托難掩羨慕之情，向我感慨地說：「這兒的農民可都是富人。不過，農民可不是每個人都能當的。」

在烏茲別克斯坦，所有的土地都屬於國家，土地的使用權並不均分在每一個家庭頭上。穆斯塔法租賃了 43 公頃土地，僱用了村裏的 50 個人在田裏幹活。政府對農田的作物種類、面積和產出標準都有嚴格規定。

▲ 烏茲別克斯坦馬爾吉蘭市的一家絲綢工廠內，女工正用傳統工藝紡織絲綢

▲ 烏茲別克斯坦馬爾吉蘭市的
　大巴扎商戶

穆斯塔法有 22 公頃棉花、21 公頃小麥，每年他大概能收穫 88 噸棉花。包括棉梗在內，棉花地的一切產出都要交給政府。棉花的收購價格是每公斤 1500 蘇姆（依照官方匯率，大概相當於 0.6 美元）。小麥則可以自己留下一部分。穆斯塔法今年（2016 年）43 歲，幾年前還是司機，料理農場不過是三五年的事。我好奇他為何能找到這門營生，詢問再三，嚮導桑托說：「你必須是個好農民，也必須有路子。穆斯塔法是當地人，他的父母就是在蘇聯農場裏的工人。」

穆斯塔法精打細算，土地還能有其他產出。他在田地的邊上穿插種植櫻桃樹和蘋果樹，土路兩邊則栽種楊樹，隨時可以作為建築材料使用或者出售。路邊還有一溜兒桑樹，人們把桑葉採下來賣給蠶場。

在 5 月，烏茲別克斯坦的物產，給我留下最深印象的是桑樹。我們出費爾干納盆地後，一路向西幾乎穿過整個國家。只要有綠洲的地方，除了棉花，則必然有桑樹，它栽在田間地頭，也栽在清真寺的院子裏供人納涼。在撒馬爾罕一帶，孩子們興奮地採摘成熟的桑葚，大方地和我分享。

早在公元 4 世紀，蠶桑業即由中國傳入。費爾干納盆地開始建立蠶業基地，以後逐漸傳播到中亞其他地區。烏茲別克人均桑蠶養殖量為世界第一，蠶繭產量佔世界第三。距離扎爾肯特村不遠的小鎮馬爾吉蘭就是自古以來的絲織重鎮。如今，到費爾干納盆地旅行的外國遊客都會被帶到絲綢工廠裏參觀一番。

費爾干納的暗流

從天山山區到費爾干納盆地，改變的不僅是自然和物產。就要到達阿爾斯蘭博布時，一群婦女在路邊樹蔭下野餐，她們戴着花頭巾，渾身的衣着五顏六色，與吉爾吉斯族蒙古化的長相相比，高眉深目，這些女人們的熱情勝過她們的花衣裳。司機們停車問路，三言兩語之間，一張大餅就遞進了車

裏。我們想下車看看，立刻被團團圍住：茶、牛羊肉、饢應接不暇地遞了過來。大媽們決定要和我合影，二話不說一左一右地攬住我，親熱極了。這就是烏茲別克族給我的第一印象。

在農耕文明與遊牧文明交匯的費爾干納盆地邊緣，烏茲別克族和吉爾吉斯族共同維繫着繁榮的貿易站奧什。奧什是吉爾吉斯斯坦第二大城市，從市區內 200 米高的蘇萊曼山山頂，可以俯瞰

▲ 吉爾吉斯斯坦第二大城市奧什的傑伊瑪巴扎裏，一名男子在銷售土豆

全城。城市邊緣是層層疊疊的雪山：向東南越過阿賴山谷，能到達新疆南部重鎮喀什；向西南，帕米爾公路通向塔吉克斯坦。

2000 年 10 月，吉爾吉斯斯坦熱烈慶祝了奧什建城 3000 周年，將它定為共和國第二首都。除了伊斯蘭聖地蘇萊曼山，城裏沒有什麼古跡，但是它保留了自己的靈魂 —— 一個大巴扎。

人聲鼎沸的傑伊瑪巴扎（Jayma Bazaar）設在溝渠般的阿克布拉河西岸，緊鄰一個簡陋的兒童遊樂場。集裝箱改建的門臉、小木屋、露天攤和大棚混搭在一起，延綿大概有兩三公里長。烈日高懸，人們在通道上方鋪滿了各種顏色的塑膠布，令整個巴扎更加五彩斑斕起來。傳說，自絲綢之路起始，貿易市場就在這個位置生根發芽了。傑伊瑪仍然是今天中亞最大、最重要的巴扎。

我們從東南朝西北走，先後經過了服裝區、蔬菜水果區、乾貨乾果區、麵包區、肉鋪、布疋區、農具區、鐵匠鋪子和傢俱鋪子。食品區是整個巴扎面積最大、最熱鬧，也最五彩繽紛的部分：各色水果蔬菜整整齊齊、水靈靈

地碼放在攤位上；賣饢的麵包鋪飄着麥香；幹貨攤上有 40 多種乾果和堅果，其中葡萄乾就有令人眼花繚亂的十幾個品種；這之間夾雜着五花八門的調料鋪子、種子攤、冷飲亭、盆栽和鮮花攤點。交易的討價還價聲、飛奔的手推車夫的吆喝聲、試圖在窄巷裏穿過的計程車的喇叭聲和鐵匠揮舞鐵錘的叮噹聲亂作一團。有的時候，市場上空突然響起廣播，一個女聲念念有詞。市場的北邊有個廣播站，人們在那兒的公告牌尋找車輛和工作信息。每周花上 50 索姆，就能讓廣播員推銷自己的好貨。

乍一看，傑伊瑪巴扎是個挺鄉土化的市場，但它絕不像看上去那麼簡單。隨便在一個攤位問問，草莓是本地貨，黃瓜來自烏茲別克斯坦，橘子來自巴基斯坦，番茄來自中國，蘋果來自中國、伊朗甚至波蘭。我們這些東亞面孔一路走過去，被這個問題團團包圍：「你們從哪兒來？啊，中國！」中國對傑伊瑪巴扎的人們來說一點也不陌生，這裏的服裝和布疋絕大部分都來自中國。在賣調料的攤點，攤主大媽熱情向我們展示了某品牌的國產陳醋、醬油和味精。大概十幾年前，比什凱克和奧什出現了這些中餐調料，人們日常用起它們已經是得心應手了。距離奧什市區 25 公里外的卡拉蘇就是吉南部地區規模最大的中國商品集散地，能輻射到烏茲別克斯坦和塔吉克斯坦部分地區。在巴扎裏的一個檯球室，一位老大爺向我們豎起大拇指：「烏魯木齊，好地方，我去過。」

在我這個「老外」看來，奧什的巴扎是個節奏歡快的地方，人們看上去都友好極了。但我看不到的是：奧什市的吉爾吉斯族人口和烏茲別克族人口大致相當。在大巴扎，吉爾吉斯族商人只說吉爾吉斯語，烏茲別克族商人只說烏茲別克語。

傍晚的時候，我和奧爾佳在蘇萊曼山的山頂上享受難得的涼風，雪山懷抱裏的整個城市顯得寧靜而又美好。奧爾佳很感歎：「2010 年騷亂平息後的幾個月，我到過奧什。你能想像嗎？整個城市 70% 的地方都變成了廢墟，大

巴扎也是。」2010 年 6 月，受吉爾吉斯斯坦政權更迭和極端勢力的影響，奧什發生了烏茲別克族和吉爾吉斯族之間的暴力衝突。根據官方的統計，共有442 人死亡，整個地區有 50 萬人淪為難民。奧爾佳告訴我，在那之後，政府採取了一些措施，比如每對跨族通婚的新人都會得到 10 萬索姆的獎金，但人們之間的隔閡並沒有完全消失。「在大巴扎，還是可以感覺到戒心。我用俄語問人們是烏茲別克族還是吉爾吉斯族時，有些人會很嫌棄地強調：『不不不，我可是純正的吉爾吉斯人！』」

事實上，如我所見，「純正的」烏茲別克族和吉爾吉斯族在外表上並不難以分辨。奧爾佳在大巴扎犯難的原因是：在費爾干納盆地，跨族通婚原本就是尋常現象。

19 世紀 70 年代沙俄征服中亞之前，在整個中亞地區，人們在日常生活中的身份認同主要建立在社會等級地位、宗教信仰（遜尼派、什葉派和伊斯瑪儀派、蘇菲派各兄弟會組織）、經濟文化類型（遊牧、農耕）、所屬地理區域、血緣關係、氏族－部落等基礎之上。每個汗國，甚至每個地區的居民都有自己的名稱。當時，整個費爾干納盆地都是浩罕汗國的領土，盆地內暢通無阻，沒有邊界。

為了便於統計居民數量，建立現代體制的地方行政管理，1897 年以「持何種母語」為基礎，俄國對中亞居民進行了第一次人口普查。20 世紀 20 年代，蘇聯政權根據語言和部落關係，在中亞地區進行了大規模的民族國家劃界和組建工作，最終成立了哈薩克、烏茲別克、吉爾吉斯、土庫曼、塔吉克五個以主體民族命名的社會主義加盟共和國。民族混居的費爾干納盆地成了劃界的大難題。歷史上長期存在的經濟和社會聯繫不得不被生生切斷。一個典型的現象是：小小的費爾干納盆地共有 8 塊飛地，是世界上飛地最多的地區之一。

過奧什口岸，一個小時車程能到達烏茲別克斯坦的安集延。在那兒，「城

市中心」和「十字路口」是一個詞。過去，安集延和奧什緊緊聯繫在一起，構成了費爾干納盆地東面的貿易樞紐。在今天的我國南疆和東疆，不少地方的巴扎都叫「安江巴扎」。「安江」即是安集延。15 世紀時，許多後來的「烏茲別克族」順着這條貿易線路遷入新疆，從事商業和手工業，一度稱為「安集延人」。蘇維埃政權劃分民族國家界限時，奧什市烏茲別克族佔總人口的 70.1%，吉爾吉斯族佔總人口的 20%。在蘇聯大家庭，人們依舊通婚，邊境不過是地圖上的一根線而已。

然而現在，從奧什到安集延可不是那麼簡單的事。在烏茲別克斯坦海關，一切貴重物品都要經過嚴格的檢查申報。我的行李箱被打開，在查看完衣物之後，海關工作人員拿出我的收納袋，讓我一一指認解釋每一種藥品。我們一行，硬碟等存放裝置都被連上電腦查看。工作人員打開我的筆記本電腦，花了 20 分鐘流覽我的私人照片和健身視頻。過境之後，車行不遠又連續遇到三次關卡，每一次都需要詳細登記護照信息。

我在一處關卡看到了通緝激進分子的通告牌。20 世紀 90 年代初，蘇聯解體使虛擬的國家邊界突然變成實實在在的邊境。中亞各國從未有過獨立的民族國家管理經驗，奉行的民族復興政策客觀上製造了主體民族與非主體民族之間的隔閡。費爾干納盆地人口密度極高，資源競爭尤為激烈，難免成了極端民族主義和宗教極端主義跨境活動的重點區域。

緊張氣氛一直持續到出費爾干納去首都塔什干的路上。嚮導強尼一見面就告誡我們，這條路與塔吉克斯坦邊境相鄰，除了一處高山觀景平臺外，絕對不允許拍照攝像。果然，一路的隧道、關卡都有身着迷彩服、頭戴鋼盔、端着機槍、蒙着面的軍人把守。

更西，在絲路上觸碰中亞文明

文▲徐菁菁　攝影▲張雷

　　玄奘生於 602 年，在他出生 32 年前，伊斯蘭教先知穆罕默德出生。622 年，玄奘在洛陽佛寺受具足戒，52 歲的穆罕默德正從麥加遷往麥迪那，是為伊斯蘭曆元年。中亞文明底色，由此奠定。

帖木兒之城

　　這次中亞之行，我花了兩周時間從東至西穿越烏茲別克斯坦。我原本希望以它為標本，對一個新興的中亞民族國家進行一個純粹的現在時的觀察，但費爾干納盆地的經驗預示：當我在時間上割裂歷史，在空間上將烏茲別克斯坦與它周邊的地區和人們割裂開來的時候，我根本無法理解我眼前的這個國家。

　　我的迷惑在撒馬爾罕達到了高峰。關於這座城市的歷史傳說很多。

　　公元前 4 世紀，亞歷山大大帝攻佔該城時讚歎：「我所聽說的一切都是真實的，只是撒馬爾罕要比我想像中更為壯觀。」城的東門叫中國門。玄奘形容此處：「異方寶貨，多聚此國。」在 8 世紀開始流傳的阿拉伯故事《一千零一夜》中，作者讓蘇丹新娘謝赫拉莎德從撒馬爾罕的宮殿裏開始講述傳奇。但除了阿夫羅夏伯古城的那三幅壁畫，這些過往我都看不到。以一個遊客的直覺，今天的撒馬爾罕是一座盆景城市，它的全部使命就在於講述一個關於偉大的帖木兒帝國的故事。

　　故事的開篇十分宏大 —— 雷吉斯坦廣場的正前方有一個平臺，供遊客駐足欣賞整個廣場建築群的全景。面對廣場，左側是 15 世紀帖木兒孫子兀魯伯修建的神學院，中間是 17 世紀的提拉卡力清真寺及神學院，右側是 18 世紀的悉多神學院。它們都是向兀魯伯學院致敬的產物。

雷吉斯坦廣場的面積並沒有我想像中大，三幢伊斯蘭建築的內部已經被無數的旅遊紀念品商店佔據了。但從外面看，它們確實令人印象深刻。建築外立面上那些繁複無比的馬賽克拼貼仿佛會發聲的咒語，它們在天空下光芒耀眼，令建築的體量看着比實際更為巨大——但是，這也是撒馬爾罕受人詬病的原因之一：你看不到一塊殘破的馬賽克，它們都太新了。

老照片顯示，19世紀末的一場大地震令雷吉斯坦廣場上的所有建築都幾近毀滅，牆壁上的馬賽克早已蕩然無存。過去，這兒還有一個凌亂的市場。另有一棟簡陋的庇護所，提供給傳唱伊斯蘭詩歌的吟遊詩人。蘇聯政府曾對雷吉斯坦廣場及其周邊的古建築進行修復，但最大規模的修復工作是在獨立後完成的。

安葬帖木兒及其後嗣的古爾－艾米爾陵墓有一幅地圖，導遊們都會讓遊客聚集在那兒，告訴他們，14世紀時，帖木兒大帝如何建立從德里到大馬士革的龐大帝國。講述的重點有二：帖木兒擊敗了不可一世的奧斯曼帝國，使歐洲人倖免於難；他是在率20萬士卒東征中國的途中意外病故的。「如果帖木兒沒有死，他能打敗中國嗎？」一位烏茲別克人很認真地問我。

陵墓的靈堂中放有9個象徵性的石棺，真正盛放遺體的棺槨深深埋在地下，中間那個墨綠色的屬於帖木兒。另一則長盛不衰的故事是：石棺上刻着「任何打開石棺的人都會遭遇戰爭邪魔」。1941年6月20日，蘇聯人打開了帖木兒的棺槨，墓室裏瞬間彌漫起令人窒息的氣味。「那就是詛咒的味道。」兩天以後，納粹德國入侵了蘇聯。遊客們聽得如癡如醉，沒人會在這時掃興地提到，希特勒早在1940年就制訂了巴巴羅薩計劃。而那神祕的氣味其實是樹脂、樟腦、玫瑰和乳香的混合體。為了將帖木兒的遺體運回撒馬爾罕，人們必須對屍體進行防腐處理。

同樣修葺一新的還有比比－哈內姆大清真寺。傳説，帖木兒征服德里時，他的妻子為他建設了一座清真寺。歸來的帝王並不感到滿足，他推倒了

▲ 帖木兒的故鄉沙赫里夏勃茲的一所清真寺

它，親自主持修建了這一「同時代東方最雄偉的建築物」。

在撒馬爾罕，唯一有資格與帖木兒相提並論的是他的孫子兀魯伯。人們在兀魯伯的天文臺遺址修了一座博物館。兀魯伯編製了《新天文表》，指出了 1018 顆星辰的方位，這是繼古希臘天文學家希巴爾赫之後測定星辰位置的最準確記錄。兀魯伯還在此測出了一年時間的長短，與現代科學計算的結果相差極微。

博物館的展品中有一幅插畫：兀魯伯與五位最重要的歐洲天文學家共同坐在一張圓桌邊，正在召開天文學大會。還有兩本由牛津大學出版的書的扉頁，一本出版於 1648 年，另一本出版於 1650 年，其中都介紹了他的成果。

在撒馬爾罕，旅行者很容易得出結論：帖木兒帝國是烏茲別克斯坦歷史上政治、軍事、建築、科學的「黃金時代」。但一個不大被人們提到的事實是：帖木兒本身和當代烏茲別克民族並沒有任何關係。他自詡為成吉思汗的後代，在他建立帝國的過程中，一直以此身份標榜自己統治的合法性，並以重現成吉思汗的豐功偉績為目標。要知道，在今天烏茲別克斯坦的歷史敍述裏，成吉思汗可是個殘暴無比的侵略者。15 世紀，金帳汗國部族一個名叫「月即別」的分支入侵了花剌子模及河中地區。他們踏進撒馬爾罕，打碎了兀魯伯統治的帝國，促使他的親生兒子將父親監禁、處死。「月即別」人是高加索人種和蒙古人種的混血。對「月即別」的另一種翻譯就是「烏茲別克」。

事實上，在過去不久的蘇聯時代，烏茲別克斯坦人也並不視帖木兒為英雄。1970 年，在慶祝撒馬爾罕建立 2500 周年的活動上，市立歌劇院和芭蕾舞劇院還曾籌備一場演出，目的是展示帖木兒「徹底違背了人道主義和歷史公正」、「是個殘忍的戰爭販子，險惡的野心家」。

而就在蘇聯解體 5 年後，新政府大張旗鼓地慶祝了帖木兒 660 周年的生日。在國家經濟緊張的局面下，撒馬爾罕的遺跡仍被陸續修葺一新。全國各地出現了無數以他命名的街道、學校、行政區、公共組織和獎項。在塔什

干，他的塑像取代了馬克思。在歷史教科書裏，帖木兒成了烏茲別克的精神象徵。

在撒馬爾罕時，我一度十分焦慮。我不知道眼前這座嶄新的盆景城市和烏茲別克斯坦的今天有何關係。直到一個問題蹦入腦海，歷史的幽光開始照亮現實：為什麼選擇帖木兒？

拋開一切意識形態和政治偏見，一個顯而易見的事實是，回顧這塊土地的歷史，你再也無法找到第二個統治者，他在這裏生活過，建立過政權，影響過世界，安葬在這裏，更重要的是，它的政權曾經覆蓋今天全部的烏茲別克斯坦領土。蘇俄「製造」的「烏茲別克族」是由 92 個部落構成的。19 世紀沙俄佔領中亞時，這裏曾並存三個汗國：希瓦汗國、布哈拉汗國和以費爾干納盆地為中心的浩罕汗國。甚至，撒馬爾罕和布哈拉的烏茲別克化都是在蘇聯時代才開始的。在今天的撒馬爾罕和布哈拉市內，塔吉克語依然是通行的語言，而在整個撒馬爾罕州，塔吉克族佔了總人口的 60%。

不去了解中亞的歷史處境，就無法理解它的現在。英國廣播公司中亞部負責人哈米德・伊斯馬婁夫曾說：「從某種意義上來說，烏茲別克斯坦像英國一樣是一座島嶼，但它是一座被陸地封鎖的島嶼，它的四周是沙漠和高山。你無法逃脫。」

從費爾干納經塔什干到撒馬爾罕，再到布哈拉、希瓦，我一路西行，第一次直觀理解了「綠洲文明」：有河流通過或者周邊有高山積雪的地方就有城市和村莊，而它們之間是綿延不絕、了無生趣的半荒漠。20 世紀初，廣泛遊歷中亞的美國著名漢學家歐文・拉鐵摩爾有過一個判斷：中亞以遊牧、綠洲農業為主的生產方式無法創造雄厚的經濟積累。這決定了這塊土地難以建立統一、強大、穩定的國家。歷史上，成吉思汗的帝國能夠長期存在，依賴的是中國中原經濟區的支持。相比之下，帖木兒只能是曇花一現。他去世之後，帝國版圖迅速土崩瓦解。

這一現象對中亞產生了何種影響？北京大學歷史系副教授昝濤向我提出了一個對歷史和現實都具有解釋力的說法：主體意識危機——從中心和邊緣的視角看，中亞處於幾大文明的邊緣地區。它戰略地位重要、面積廣闊，又無法維繫強大的國家政權以抵禦外界帝國的攻擊。它的歷史不斷地被外界主導，希臘人、中國人、阿拉伯人、蒙古人、哈薩克和烏茲別克、沙皇俄國……不斷的征服一次又一次塗抹着這塊畫布。它就像一塊調色板，有些顏色被覆蓋了，有些顏色混合在一起，那些最終留存下來的印記構成了今天我所看到的中亞。

被定義的中亞

夏伊辛達陵是撒馬爾罕難得的不以宏大為主題的古跡，我到這裏時已經是黃昏時分，遊客們都快散去了。陵寢和阿夫羅夏伯古城依靠在同一座山上，帖木兒帝國的王室女眷們安葬在這兒。帶着穹頂的墓室一層層堆向山頂，每座建築的裝飾風格各不相同。沿着臺階走上去，有一段路兩邊，建築的外牆都是用深淺不一的藍色和綠色馬賽克拼成的。那海洋般沉靜的美簡直讓人心碎。

夏伊辛達陵的意義在於它最頂端的一座墓室，先知穆罕默德的堂兄弟阿巴斯葬在那兒。傳說，他將伊斯蘭教傳入中亞，在

▲ 烏茲別克斯坦撒馬爾罕市夏伊辛達陵周邊的公共墓地

撒馬爾罕被當地人抓住並砍掉了腦袋。

這位虔誠的傳教者挾着自己的頭顱走入一處地穴中。從此，信徒們依傍在地穴周邊建設墓地，這便是夏伊辛達陵的起始了。

嚮導強尼領我進入阿巴斯的陵寢。建築內部覆滿了美麗的馬賽克花紋，三面牆各靠着一張條凳，一個戴方帽穿白襯衣的男子靜靜坐在牆角。強尼示意我在其中一張條凳坐下，我正想聽他講講這裏的典故，他卻不說話了。接着，幾個穿着傳統服飾、帶着孩子的婦女也進門坐了下來。就在我毫無準備的時候，所有人垂下雙眼，將雙手捧到胸前。白衣人突然開腔了——伊瑪目的聲音在不大的墓室裏來回激蕩，那一分鐘時間裏，我只覺得萬籟俱靜，時光停滯。

儀式結束以後，強尼開口說，伊瑪目剛才誦讀了一段《古蘭經》。「因為蘇聯的原因，絕大多數烏茲別克人看不懂阿拉伯文，不能閱讀《古蘭經》，所以伊瑪目要用這種方式幫助人們熟悉經文。我們在 90 年代的時候發生過一些不好的事情。」我知道他指的是極端組織烏茲別克伊斯蘭運動的崛起。

「正因為人們沒有受過正統宗教教育，容易受到蠱惑，好在我們控制住了局面。」強尼突然少見地說起自己，「我學習過阿拉伯語。幾年前，我找到一位阿拉伯朋友，求他教我的。現在我基本能夠閱讀阿拉伯文了。」「為什麼想去學呢？」「作為一個穆斯林，我認為，能讀《古蘭經》是基本的素質。」

在這以前，我已經和 35 歲的強尼相處了三天。在我看來，他和那些戴小方帽的烏茲別克男人不同。他戴着棒球帽、蛤蟆鏡，穿 GAP 的帽衫，說一口有範兒的倫敦腔英文。他的手機鈴聲來自我叫不上名字的澳大利亞女歌手，每當有人放西方流行樂時，他總是能準確說出演唱者的來歷，哪怕那是 20 世紀 70 年代的歌手和樂隊。當然，我也曾經問過他去不去清真寺，他不去。

這次旅行是我第一次進入伊斯蘭世界。在費爾干納盆地，我以為我已經認識了這種文明。過海關時，女官員得知與我同行的 5 位男士都不是我丈

夫,吃驚不小,興奮得當即和同事們分享這一重大發現。在浩罕古城,我隔着圍欄眺望過周五禮拜中熙熙攘攘的清真寺。

我原本以為,強尼是烏茲別克的另一面——現代的和時髦的,與伊斯蘭無關。但在夏伊辛達陵,他令我刮目相看。陵寢周圍仍然有一片熙熙攘攘的公共墓地,我拿起手機拍攝了其中一塊墓碑。見我拍照,強尼仔細辨認了上面的阿拉伯文字,繼而鄭重地告訴我:「墓碑上刻有《古蘭經》。請一定記住,在廁所裏,不要用手機瀏覽這些照片。」我突然意識到,我對這個國家的精神認知存在非常膚淺的二元對立。我將強尼和清真寺地板上跪着的那些人對立起來,將奧什巴扎裏的蒙面女人和撒馬爾罕舞場裏穿着短裙、濃妝艷抹的女人對立起來。但實際上,他們的精神內核可能都是伊斯蘭。

玄奘西行時,他經歷的大部分地區,特別是位於印度文化出口位置的費爾干納盆地還是一片佛教世界。再往西,受伊朗薩珊波斯王朝的影響,阿夫羅夏伯的粟特統治者信奉着拜火教。

阿夫羅夏伯古城遺址的唐代風情壁畫損壞嚴重。考古學家認為,它受到過人為的破壞,肇事者可能是 7 世紀末攻打到粟特王國的阿拉伯人。壁畫的內容違背了他們的伊斯蘭信仰。再往後,伊斯蘭教在誕生不到 100 年時間裏,就已經到達了唐朝的西境。705—720 年,西域諸國紛紛向唐朝求救,一封給唐玄宗的表文説:「被大食賊每年侵擾,國土不寧。」直到 751 年,在中亞怛羅斯(可能在哈薩克斯坦的塔拉茲附近),兩大文明終於發生了直接的碰撞。這次軍事交鋒以唐王朝的失敗而告終。

亞歷山大大帝的東征第一次將外來文明帶到中亞,他留下的是馬爾吉蘭、奧什等幾個地名。在費爾干納盆地的庫瓦城,我參觀過一片空空蕩蕩的古城廢墟,從那裏出土的幾尊佛像存放在塔什干的歷史博物館裏。佛教之於現在的中亞五國,不過如此。自張騫「鑿空」之旅,中華文明也曾影響中亞數百年,但除了絲綢,我再也找不到它的痕跡。阿拉伯人實現了東西方的大

帝國都沒做到的事：在文化和文明上徹底征服中亞。

艾茲赫德在《世界歷史中的中國》一書中給出了一種觀察：「在摩洛哥到藥殺水之間的地區，駱駝已經代替馬車成為最便宜、最高效的交通工具，就是在這個地區，伊斯蘭帝國的基礎得以最快捷、最完整、最永久地建立起來。」阿拉伯人大規模地使用駱駝，而漢將李廣利遠征費爾干納，運輸依靠的是 10 萬頭牛。直到清代，左宗棠從浩罕汗國手裏收復新疆時，他的戰略選擇之一就是以駱駝取代馬車：車騾裝載雖然多，但是消耗很大，車裝騾子負走 30 天，便把裝負的糧食消耗殆盡；駱駝所負雖然少（120 斤），但是消耗少，如果走草地，消耗更少。

駱駝作為生產力提供了文明迅速傳播的可能，但它很難解釋伊斯蘭文化的滲透力。昝濤認為，回歸文明內核本身，以漢唐儒家文化和伊斯蘭做比較，前者是一種世俗的文明形態，依託於特定農耕定居社會的人地關係。歷史上，征服了中原的遊牧帝國，最終還是通過定居化來接受儒家文明的。而後者則是一種完全不同的文明形態：「伊斯蘭教是一神教發展的頂峰，它形式簡約，反對偶像崇拜，且由一個充滿活力、文化層次較低的遊牧民族以征服性的『聖戰』形式擴張開來。『聖戰』與遊牧民族的劫掠傳統的結合，使伊斯蘭教更易於被遊牧民族所接受。在廣大中亞地區，伊斯蘭教的傳播是通過蘇菲神祕主義的渠道進行的，蘇菲主義強調與神的直接溝通，更適合文化層次較低、放蕩不羈的草原遊牧民族。一神信仰的伊斯蘭文明從根本上說是普世主義的，它沒有種族、膚色的偏見，儘管伊斯蘭帝國也曾販賣奴隸，但只要奴隸皈依伊斯蘭教，就成了教胞兄弟，再也不能被當作奴隸看待，這對很多作為『軍奴』參加了阿拉伯軍隊的哈薩克和烏茲別克人來說尤其具有吸引力。」

幫助伊斯蘭教在中亞站穩腳跟的還有另一種力量。

在撒馬爾罕，我參觀了著名的絲綢地毯廠，工廠牆壁上掛滿了各國元首到訪的照片。工作坊裏，女工們正在織機前忙碌，為完成 1 平方厘米的地

毯，她們需要織 80 針，每一針包含 8 個動作步驟。一般來説，一塊 1.5 米寬的地毯會由 3 個女工一同編織。2~3 個月，她們能完成 1 平方米。工作室裏一塊正在完工中的地毯是澳大利亞人定製的，每平方米售價 5000 歐元。編織地毯的絲線都遵照傳統工藝染色，茜草根可以提煉深紅色和深橙色，天門冬提供黃和綠。最具伊斯蘭風情的漂亮藍色來自印度生長的靛藍。核桃皮提供黃色和棕色，石榴皮用來製造深淺不一的紅。

75 歲的哈吉·薩特度爾迪·巴德里希把地毯鋪在地上，讓我站在室內不同角度欣賞。絲線與光的結合會讓同一塊地毯呈現大相徑庭的顏色和風貌。巴德里希的家族是這家工廠的所有者，他戴着方帽，穿着對襟的長褂衫。1992 年，他從阿富汗來到撒馬爾罕辦了這家工廠。他和我説起家族故事，比那絲綢地毯更讓人咋舌：「我們家族祖祖輩輩都是做地毯生意的。1860 年以前，我祖上在阿什哈巴特（土庫曼斯坦首都）居住。沙皇俄國入侵後，我們從阿什哈巴特逃亡到撒馬爾罕，在這裏住了好幾年。直到撒馬爾罕淪陷，我們才又移居到了喀布爾，在那兒我們建立了 2000 人的工廠。1992 年我回到撒馬爾罕，當時這裏還很凋敝。我的祖父説：即使你們不能在撒馬爾罕建立事業，也至少在那裏種下一棵樹。現在，我們喀布爾的工廠已經關閉了，所有生意都遷到了撒馬爾罕。」

巴德里希的敍述傳達了這樣一個信息：對這個土庫曼族家族而言，撒馬爾罕從來不是文化心理上的他國之境。從我的角度來說，我根本無法將巴德里希和烏茲別克人分辨開來，他的臉龐像維吾爾族老人。在烏茲別克斯坦，我經常看到這樣的臉龐，如果不是經人提點，我也根本聽不出巴德里希説的是土庫曼語還是烏茲別克語，就像在奧什逛巴扎時，吉爾吉斯語的吆喝和烏茲別克語的吆喝對我來說也毫無區別。

與伊斯蘭化的時間大致相同，中亞經歷了另一場有深刻影響的變革。公元 6 世紀中葉，突厥興起於阿爾泰山以南地區，在逐漸強大後進入中亞。13

▲ 連接費爾干納盆地與烏茲別克斯坦首都塔什干的公路

世紀蒙古人西征時，前來填補人口空缺的也是大量突厥遊牧民。這一人口遷徙和民族融合的結果是在廣闊的大中亞地區實現了語言的同化。

在費爾干納盆地的絲織中心馬爾吉蘭，伊朗人法羅在當地絲綢工廠裏設計地毯。烏茲別克人桑托做我們的翻譯，桑托將我的提問轉換成烏茲別克語，法羅用土耳其語回答，交流起來並無障礙。事實上，今天的中亞，只有塔吉克人的語言屬於印歐語系。土耳其語、吉爾吉斯語、烏茲別克語、土庫曼語、阿塞拜疆語、維吾爾語等數十種語言都是突厥語族的方言。昝濤告訴我，這些語言之間的差別並不比中國南北方方言差異更大。他在土庫曼斯坦出差的時候，當地許多人都以為他懂土庫曼語，事實上，他會的是土耳其語和烏茲別克語。

從 7 世紀到 13 世紀的幾百年裏，一方面，共同皈依的伊斯蘭信仰，方便了哈薩克和烏茲別克人與其他民族的通婚、混血，加速了中亞的哈薩克和烏茲別克化。另一方面，這種現象帶來的語言同一性也深刻促進了伊斯蘭文化的滲透。

14 世紀帖木兒建立的帝國正是這兩種趨勢的代表。在古爾－艾米爾陵墓，最尊貴的位置並不屬於帖木兒的棺槨，他把那個位置留給自己的伊斯蘭宗教導師。從這個意義上說，今天的人們推崇他，有着超越烏茲別克這個現代民族概念的更廣闊內涵。

延續與重構

從撒馬爾罕開車前往布哈拉有 5 小時車程。中亞伊斯蘭化後，綠洲不但是絲綢之路的貿易中心，也成為伊斯蘭文化的中心，布哈拉就是其中最重要的一個。波斯史學家志費尼曾這樣描述遭蒙古人入侵之前的布哈拉：「在東方群邑中，它是伊斯蘭的圓屋頂，那些地方的和平城（即巴格達，阿拔斯王朝的首都，當時伊斯蘭世界的文化中心）。」偉大的伊斯蘭學者、遜尼派經典

《布哈里聖訓》的作者布哈里（al-Bukhari）就出生在這兒。在 14 世紀，布哈拉還創建了伊斯蘭教蘇菲派中最有影響力的一支——納格什班底教團。

現在的布哈拉依舊保存了 200 多座清真寺和 100 多座神學院建築，最出名的是建於 12 世紀、高 47 米的卡隆宣禮塔。我在布哈拉聽到的傳說是：蒙古人攻陷布哈拉之後，成吉思汗親自率領軍隊進城。經過宣禮塔時，他仰頭凝望這一雄偉建築，帽子掉落到了地上。成吉思汗彎腰撿起帽子，感慨道：連我也要對它鞠躬。於是，蒙古人放過了這座宣禮塔，使它留存至今。

回過頭來細想，我才意識到這個傳說不只是在感慨建築的雄偉。伊斯蘭宗教使中亞在文化和文明上完成了主體性意識的建構，在面對世界其他文明時，它終於不再是蠻荒的、低等的，無論在政治和軍事上如何被殘酷征服，它在文化上始終保持着尊嚴和獨立。當帖木兒向明王朝揮師時，他秉承的絕不只是一種軍事上的自信。費正清在《中國的世界秩序》一書裏說：「到明亡為止，中亞人多把中國視為一個遙遠的帝國，一個在一定程度上依賴中亞商品的市場，它擁有數量龐大的異教徒，而總有一天他們將成為穆斯林。中亞人認為，中國的文化雖然很發達，但比中亞文化遜色，而且他們發現中國人對世界一無所知。」

相比撒馬爾罕，布哈拉老城的格局更加完整。老城的建築都是土黃色的，中心是一個水池，狹窄的街巷在水池四周延展開去。由於天氣炎熱，布哈拉的巴扎形成了一種新的形態，它躲在有穹頂的迴廊式建築之中。許多人都說，布哈拉的老城比撒馬爾罕更具有生機。於是，我期待在布哈拉看到更鮮活的生活，但卻失望了。

我坐公車在城裏城外轉了一大圈，和撒馬爾罕相比，布哈拉沒有什麼工業。絲綢之路的衰落使它走向封閉，它今天的本質依然是綠洲上的那些農田。現代城市的外衣是靠旅遊業支撐起來的，歷史在以各種方式養活着布哈拉人。

老城建築的泥黃色掩蓋不了過度修葺的痕跡，幾乎所有像樣的房子都改

▲ 來自阿富汗的土庫
曼族老人巴德里希
在撒馬爾罕市開辦
了一家絲綢地毯廠

▲ 烏茲別克斯坦里
什頓的陶藝大師正
在教授製陶技藝。
這裏曾是「絲綢之
路」上的製陶中心

造成了旅館、酒店、飯店和咖啡廳。迴廊式的巴扎裏開設了無數商店，但當地人絕不可能在那兒購買香料和衣物。

我去了一位細密畫大師的家，他向我介紹說「細密畫是一種哲學」，告訴我每一種顏色的意義。他的學生拿出一本據說有 250 年歷史的書，書頁薄如蟬翼，用的是傳說中已經失傳的撒馬爾罕絲綢紙。據說，只有最優秀的細密畫畫師，才有資格用這些古書的空白頁面作畫。

那些畫作確實美麗，但我實在入不了情境。就在我們談論細密畫的這間屋子裏，食物已經擺上了餐桌 —— 那是提供給我們這些遊客的晚餐。

從蘇聯時代起，細密畫就是這個家庭的謀生方式，它的目標受眾從來都是旅遊者。從畫師家的住房條件來看，這是門很不錯的營生。畫師的學生包括 30 多歲的男人和 12 歲的男孩，氣氛詭異的是，如同佐餐的樂手，這天晚上，他們就一直在我們的餐桌邊上練習。

烏茲別克斯坦有不計其數的手工作坊。我總是聽到這樣的說法：「我們不喜歡工業製成品，手工製品負載了更多的情感。」一方面，我相信這些絲綢之路留下來的手藝是烏茲別克民族文化的一部分。正因為如此，獨立之後，政府為促進手工藝的復興提供了不少資助。另一方面，我實在難以把它和普通人的生活和精神世界聯繫在一起。在老城，我們路過一家看上去傳統的大馬士革刀作坊。攝影師剛抬起相機，低頭打鐵的師傅就開腔了。嚮導強尼拉下臉來，立刻讓我們離開：「他說拍照需要付費，3000 蘇姆一張（按照官方匯率，大約等於 7 元人民幣）。聽清楚了，每按一次快門，3000 蘇姆，這些人都瘋了。」卡隆宣禮塔不遠處有個真正面向本地人的市場。在那兒，巨大的化纖地毯可以鋪滿整個房間，價格是手工地毯的零頭不到。

手工製品在日常生活中消失，這在 19 世紀末沙俄統治中亞時就開始了。那時候，俄國的現代紡織機械壓垮了中亞吱呀作響千年的織布機。1872 年，一個俄國財務官員寫道：「布哈拉人從頭到腳穿的全是俄國的棉織品。」

俄羅斯人帶來的不只是現代化生產力。昝濤指出，以文明的角度來看，蘇俄對中亞進行現代民族劃分，以加盟共和國的形式統轄中亞，其實質是以社會主義版本的「現代性文明」對中亞進行覆蓋與重新整合。根據當時布爾什維克黨人的看法，中亞首先要從落後的部落／部族時代進入現代，而民族是必經過程。

蘇聯對中亞的民族國家改造同時也是源自「分而治之」的實用主義政治訴求。在布哈拉老城中心的水池邊上，有一尊騎驢者的銅像，他是我們都十分熟悉的阿凡提。這個傳說中生活在 12 世紀或 13 世紀的智者有着極其含混的出身：維吾爾族人說他出生在中國新疆的喀什，烏茲別克人說他出生在布哈拉，阿拉伯人說他出生在伊拉克的巴格達，土耳其人則說他出生在土耳其西南部的阿克謝希爾城。這一現象說明，這一片廣大區域的人種、文化、社會結構和風貌都具有極高的相似度。事實上，在烏茲別克斯坦，我常常有一種在新疆的錯覺。

沙俄入侵中亞時，泛突厥主義和泛伊斯蘭主義成為重要的反抗力量，這對蘇聯也是一大威脅。在塑造新民族的過程中，莫斯科替換了中亞穆斯林使用的阿拉伯的書寫字母，代之以拉丁字母，從文化上使得該地區與阿拉伯世界割裂開來。1928 年，土耳其採取相同的做法，蘇聯領導層對此十分警醒。1939—1940 年，中亞各國語言中的拉丁字母又被轉換成一種經過修改的基里爾字母，這也同時有助於俄羅斯語的滲透。

蘇俄的民族改造是成功的。泛突厥主義衰落了下去，5 個中亞民族的存在已經成為共識，但中亞主體性意識中的伊斯蘭卻從未消失。

在費爾干納盆地的浩罕，我正趕上周五的清真寺禮拜。女性不被允許進入清真寺，我乾脆在周圍溜達了一圈。清真寺的圍牆外面形成了一個臨時的集市，售賣包括書籍、麵包、藥品、種子在內的各種物品。現代城市規劃打破了一些固有規範，按照傳統，大巴扎就應當建立在清真寺邊，清真寺旁邊

緊鄰着一個龐大的露天「茶室」。禮拜還有半個多小時才開始，茶室坐滿了人，大鍋裏的羊肉抓飯很快就要上桌。「茶室」是中亞最常見的公共場所，在茶室，吃是次要的，會見朋友、交換信息才是目的。再往小巷子裏走，清真寺背後是一片公共墓地，照料墓地的是兩位女士和一位男士，他們另一個身份是「醫生」。「醫院」就是兩棵樹下的幾張長椅，這是個傳統行當，行醫的手段包括按摩、用一種特殊的草木灰拍打身體，等等。最重要的是，所有治療必須伴隨着誦讀特定的《古蘭經》經文。甚至於，誦讀經文就是治療本身。我們在樹下坐了不到 10 分鐘，令我吃驚的是，前來治療的人絡繹不絕。現在想來，圍繞一座清真寺，方圓一公里，人的生老病死竟都涵蓋其中了。

嚮導強尼說，對穆斯林來說，伊斯蘭是一種生活和為人處世的方式。我在布哈拉有了更深的體會。伊斯蘭蘇菲派聖徒納格什班底的陵墓在布哈拉城郊，那裏的建築都是翻修的，很少能見到遊客，絡繹不絕的都是前來朝聖的當地人。稍加觀察就會發現，當汽車路過這兒時，司機們都會減慢速度，以示尊敬。

陵墓馬路對面有一個獻祭場。根據傳統，如果經濟上可以承受，到聖地拜謁的信徒應該帶上祭品，通常那會是一隻羊。獻祭場有一間平房，有專人在這兒宰羊。屠宰室旁邊的一間屋子，共有 20 個灶臺，配有直徑 1 米的大鍋。人們在這兒烹飪羊肉和其他食品。烹飪間外便是露天餐室。獻祭場的精神核心在於「分享」，任何人來這裏都能得到食物。我到的時候，費魯扎正在忙碌，她住在布哈拉省的一個村莊，這天她領了包括鄰居、親戚在內的 15 個人來獻祭。費魯扎帶了隻 20 公斤的羊來，那是全村人湊份子買的。說話間，剛出鍋的羊肝就端到了我面前，我剛品嘗了一塊，另一位女士緊跟着遞上一碗優酪乳油湯。費魯扎告訴我，她每兩年都會到這兒來獻祭一次。等他們做完飯，村裏年紀最長、最受尊敬的老人也會過來。

在烏茲別克斯坦的鄉村地區多待幾天，我很快就能感到傳統社會結構

「馬哈拉」（相當於「社區」的概念）的重要性。每個馬哈拉都可能擁有自身的清真寺，而且內部的民眾選舉他們包括長老在內的領導人，例如「阿克撒卡勒」（「白鬍子的男子」，長者、長老）作為馬哈拉的領導人。這些當地的領導人協調並主持一些公共的事務。我聽說，在農村地區，同一馬哈拉的婦女還會共同攢錢以供村裏的孩子接受教育。烏茲別克有諺語說：鄰居比親戚更親。我感到「馬哈拉」共同體的存在依賴的是分享和共同承擔的契約精神，伊斯蘭的普世主義恰好是對「馬哈拉」精神的放大。

有時候，我們的視頻團隊會給一些烏茲別克孩子拍視頻。有些孩子的衣衫破舊，我就會看到強尼往孩子的口袋裏塞上些錢。他不會找我們開口，也並沒有人要求他這麼做。我在布哈拉拜訪了當地猶太人的宗教學校，學校就在一棟普通民居裏，看上去有些簡陋，裏面存放着有 500 年歷史的法器。牆壁上掛着的照片顯示，希拉里和美國前國務卿奧爾布賴特都來拜訪過。出門以後，強尼告訴我，他的朋友曾經帶一對有錢的加拿大猶太夫婦來這兒。學校的負責人表示，學校的情況不好，希望他們能夠有所捐贈。

「你知道他們說什麼嗎？他們說：我們不在乎！」強尼瞪大眼睛，「這在我們穆斯林看來是完全不可想像的事情！」

伊斯蘭的精神在烏茲別克斯坦紮根如此之深，蘇聯人也認識到了這一點。1928—1933 年，蘇聯境內共有 1 萬多座清真寺、1.4 萬所穆斯林小學、500 所伊斯蘭經學院被關閉。此外，部分的伊斯蘭教節日、儀式也遭到禁止。但是，蘇聯人從未敢在中亞完全禁止伊斯蘭教。

在烏茲別克斯坦的頭幾天，恰逢反法西斯勝利 70 周年紀念日將近。從費爾干納到撒馬爾罕，我一路看到了許多為紀念活動做籌備的人群。在一位烏茲別克陶藝匠人的作坊，我看到他剛剛收到的訂單，有人要為兩位「二戰」老兵定製繪有他們頭像的陶盤。我心裏有些奇怪，「二戰」的戰火並沒有燒到中亞的土地上，在當下批判蘇聯的歷史語境下，人們為何如此看中這一紀念

▲ 烏茲別克斯坦里什頓小鎮一位陶藝工匠正在工作。藍色是里什頓陶藝的標誌色

日？在和強尼的聊天中，我無意中得到了一個解釋：對於烏茲別克斯坦人來說，「二戰」其實是一場聖戰。

　　1941年德國入侵蘇聯。納粹宣傳機器許諾穆斯林以獨立，成千上萬的蘇聯穆斯林士兵叛逃，轉而與信仰無神論的共產主義者戰鬥。斯大林立刻對宗教政策進行調整，重開包括清真寺在內的宗教設施。收穫是巨大的：在費爾干納，人們聚集在清真寺門口要求入伍。中亞各加盟共和國組建了數十個步兵師、騎兵師、炮兵團、空軍團及其他兵種力量奔赴前線作戰。其中烏茲別克斯坦有143萬人參加了戰鬥，蘇聯紅軍攻克柏林的中堅是哈薩克人組成的潘非洛夫師團，該師團以善打硬仗而聞名全蘇聯。那個將紅旗插上德國國會大廈圓頂的著名身影屬於哈薩克族士兵包爾江・瑪穆什。1945年，蘇聯當局

▲ 布哈拉古城的一所宗教學校

還批准一些穆斯林前往麥加朝覲。不過,「二戰」一結束,蘇聯的宗教政策也就隨之收緊了。

布哈拉古城裏的許多建築已經死去,它空空蕩蕩,只等遊人來參觀。但卡隆宣禮塔旁邊的米里阿拉伯神學院還活着,在蘇聯時代的許多年裏,它是烏茲別克斯坦唯一被允許進行正常教學的宗教學校。現在學校有 20 名老師,每年要從超過 3000 名考生中招收 25 人。遊客只能在門廳裏駐足,透過鏤花的牆壁窺視擺着一張乒乓球臺的庭院。

過去曾是建築師的托里伯守在門口,他在這兒工作了 25 年。在宗教學校,看門人也負責管理學生的日常生活,照料他們的起居,扮演「父親」的角色。學生出入學校並不受限制,但校規也有極為嚴厲的一面:遲到或者不能完成作業的次數累計達到三次就會被開除。

幾個外出歸來的學生看見我和托里伯聊天,也湊了過來。這些少年,年齡在 15 歲到 17 歲之間,穿着白襯衣和長褲,和普通中學生並沒有什麼不同。來自費爾干納的穆罕穆德·尤素福告訴我,學校每學期 9 月開學,次年 6 月結束,他們一共要在這裏學習 4 年。入學時,尤素福經過了歷史、烏茲別克語、數學和宗教知識考試。他在米里阿拉伯神學院的學習除了宗教課程和阿拉伯語,也包括英語、歷史和數學等通行科目。「獨立以後,宗教是件很重要的事情,特別是我們這兒出現過極端組織。」他向我解釋說,「所以,我們同時會學習伊斯蘭教教義和世俗科學。」明年,尤素福就將參加畢業考試,他的目標是進入塔什干的伊斯蘭大學。從那兒畢業後,他和他的同學們就將成為未來的伊瑪目和伊斯蘭學者。

開放的伊斯蘭

籌備行程的時候,我讀到過不少忠告。前些年,極端組織在吉爾吉斯斯坦和烏茲別克斯坦製造過一些駭人聽聞的事件。一些旅行指南上說,費爾干

納盆地是中亞伊斯蘭氛圍最濃的地區，告誡遊客注意穿着打扮。打理行裝的時候，我仔細思考了褲子是否足夠寬鬆的問題，並特意帶了一條圍巾，預備在需要戴頭巾時用上它。

事實是，我確實在奧什巴扎遇到過一位戴面紗穿黑袍的女士，但除此之外，我預計見到的那些着裝規範全然沒有出現。費爾干納地區的街頭，比比皆是裙擺在膝蓋以上的女士。在撒馬爾罕和布哈拉，穿背心短褲的歐洲女人也沒遭遇當地人的側目。我確實拿圍巾當了頭巾，可那只是用於遮陽罷了。我將這個體會說給嚮導強尼聽，他回答：「你留心着裝是尊重我們文化的體現。有些遊客，他們衣着少到像沒穿似的。不過人們心裏就算不贊同，也絕不會去干涉。」

從費爾干納地區開始，我就常常路過婚紗店。烏茲別克斯坦年輕人口多，婚慶需求旺盛。讓我這個外人難以理解的是：新人們會在清真寺接受宗教祝禱，但舉辦婚宴時，人們卻會花上 500 美元的巨資為新娘租一套西式婚紗。

在偏遠幽閉的絲路古城希瓦，我們想看一場婚禮。城裏有兩家餐廳能夠承接婚宴，我們逐一找過去，果然碰上了一場。烏茲別克人生性熱情好客，強尼只和主人家略加解釋，我們就被奉為了座上賓，不但能夠得以進門觀禮，主人家還專門找了張桌子，佈下好酒好菜，新郎的舅舅親自負責招呼我們。

一進婚宴大廳我就吃了一驚，我預計見到穿婚紗和西裝的新郎新娘，卻沒想到大廳有一臺巨大的攝像搖臂。整個婚禮大廳的佈置，和我熟悉的那些並沒有多大不同。我們進門的時候，婚禮還在第一階段。根據烏茲別克的規則，賓客們先在圓桌邊用晚飯。婚禮大廳一頭擺着一張佈置了拱門和紗幔的方桌，新郎新娘並排坐在那兒。大廳的另一頭，一個混雜使用傳統和現代樂器的 6 人樂隊正在賣力演出，音量之大，震耳欲聾。

▲ 撒馬爾罕市兀魯伯天文臺外一對新人與家人合影

音樂聲音小下來的時候，新娘走到了方桌前面接受賓客祝禱，這是烏茲別克婚禮的重頭戲。新娘腳下鋪上一張方毯，毯子上有一隻烏茲別克餐桌上必不可少的饢。另有一位女性家庭成員站在毯子邊，手上也端着一個饢。賓客們陸續起身走向新娘。女人在新娘頭上披上頭巾，一條條頭巾滑落下來，在毯子上堆成一座小山。男人則在毯子上放一些錢，數額很小，都是象徵性的。新娘則不斷欠身致謝。賓客們最終走向端饢的女人，在那兒掰下一小塊吃掉，這便是禮畢了。

　　接下來，烏茲別克人要享受他們最愛的舞蹈。職業舞娘的出場讓婚禮的氣氛達到高潮。她穿長裙，跳烏茲別克傳統舞蹈。年輕的男賓客們都湧了上去。舞娘眼波流轉，顧盼神飛，邀請賓客一同跳舞時，舉手投足都是戲。

　　在喧鬧的婚宴現場，我扯着嗓子和新郎的舅舅交流了半天，才知道這場婚禮的實質是徹底傳統的：25 歲的新郎是首飾工匠，他和 20 歲的新娘是父母包辦相識的。根據烏茲別克的規則，在一場包辦婚姻裏，新人們有最少一個月、最多半年的熟悉時間。

　　幾乎整場婚禮，新娘端坐在新郎身邊，眉目都不曾動一下，她的每個動作似乎都調校了精度，絕不踰矩半分。在回旅店的路上，我們提出了自己的疑問：「新娘好像不開心。」強尼立刻否認了我們的猜疑：「她很開心！這兒還是傳統的伊斯蘭社會。如果新娘表現得不夠矜持，她會被認為是不合格

▲ 烏茲別克斯坦布哈拉古城的一家餐廳內，幾個女孩在吸阿拉伯水煙

的，第二天就會被送回娘家去！」

在認識烏茲別克斯坦的過程中，傳統和現代、開放和保守構成的複雜性讓我常常感到錯亂。就像強尼，當我被他時髦的外表迷惑時，他會突然展示一顆倔強的伊斯蘭內心。而當我在那些衣着保守的人們面前小心翼翼時，卻又常常被他們的自由奔放所震驚。

從 20 世紀 80 年代末期開始，中亞各國都掀起伊斯蘭復興大潮。獨立後，以費爾干納地區為中心，新興的正義黨要求將伊斯蘭教作為烏茲別克斯坦的國教，宣佈烏茲別克斯坦為伊斯蘭國家。卡里莫夫政府於 1992 年 3 月決定取締正義黨。最後，這些流亡的極端分子在阿富汗聯合組建烏茲別克斯坦伊斯蘭運動（「烏伊運」），在 1999—2001 年不斷在中亞發動恐怖襲擊。接着，該組織宣佈尋求在整個中亞地區建立一個伊斯蘭國家。這個國家將囊括現在的哈薩克斯坦、吉爾吉斯斯坦、塔吉克斯坦、土庫曼斯坦、烏茲別克斯坦和中國新疆。

近些年，「烏伊運」一直被扼制在阿富汗地區，未能重返中亞。這固然是世界各國聯合反恐、烏茲別克斯坦政府嚴密打擊的成果，但另一個不容忽視的原因是：正如我所看到的那樣，伊斯蘭文化深刻紮根於人們的血液中，但烏茲別克斯坦社會同樣也具有深刻的世俗傳統。

在布哈拉的窄街巷裏，有時能看到人家門楣上掛着六角形符號。這意味着，這家主人是猶太人。猶太人順着古老商路流亡到中亞。公元 6 世紀起，猶太社區就存在於布哈拉了。在很長一段歷史時間裏，伊斯蘭統治者扼制猶太教的發展，但並沒有剝奪猶太人的信仰權利。而伊斯蘭社會更是以驚人的寬容接納了他們。1620 年，第一座猶太教堂建立以前，布哈拉有一座清真寺是由穆斯林和猶太人分享的。有記載說，當時人們會肩並肩在同一時間舉行宗教儀式，儘管他們的信仰並不相同。

沙俄進入中亞時，布哈拉曾經有 7% 的人口是猶太人。我們住的旅館是

一間始建於 18 世紀的大宅子，曾屬於一個富有的猶太商人。當地猶太教堂的負責人告訴我，由於蘇聯的政策，20 世紀 70 年代開始，布哈拉的猶太人開始大量移民到歐美，或者回到以色列。現在城裏只剩下 280 個猶太人了。我問他，猶太人會在布哈拉消失嗎？

「不會。」他篤定地說，「我們會留下來，我們已經習慣和穆斯林相處的生活了。」

蘇聯在烏茲別克斯坦的每一個城市都留下了鮮明的街區。無論走到哪裏、哪一個民族的人口佔據優勢，俄語永遠是通行的語言。一個不易觀察到的事實是，今天中亞的伊斯蘭文化也受到了蘇聯的影響。

昝濤指出：「對中亞來說，蘇聯帶來了現代文明。這種基於工業化的新興文明形態對於體制性宗教的衝擊非常強烈。蘇聯激進的世俗化改革對今天世俗化中亞的形成有巨大作用。在現在的烏茲別克斯坦，伊斯蘭是作為民族文化的組成部分被保留下來的。」

根據塔什干東方研究所伊斯蘭問題專家巴克提亞·巴巴達諾夫的說法，「烏伊運」的興起借力於中亞普遍存在權力和意識形態真空，和國外宗教勢力的不斷滲透。但即使在當時的費爾干納盆地，保守的宗教領袖依然在抵制激進的瓦哈比教派的攻城掠地。在復興的一座又一座清真寺，伊瑪目的職位成為不同派別爭奪的焦點，許多人由於拒絕和激進派別合作而遭受脅迫，一名伊瑪目的兒子為此還被綁架殺害。伊瑪目比拉爾汗曾說：「在共產黨執政期間，納曼干地區僅有三座清真寺，現在有 130 座清真寺，而且瓦哈比分子到處都在傳播他們的教義，我們不像他們那樣有那麼多的資助。人們都因他們現在能自由地信仰伊斯蘭教感到高興，但他們不想看到一個像瓦哈比分子宣揚的伊斯蘭革命。」

旅行結束的前一天，我拜訪了塔什干的獨立廣場。廣場的核心是一尊塑像：一位婦女懷抱着一個嬰兒，象徵烏茲別克斯坦的新生。我凝視那尊塑像

許久。一個有趣的發現是，在這個穆斯林佔 96% 人口、烏茲別克族佔 80% 人口的國家，祖國母親的形象既無伊斯蘭特徵，也無烏茲別克族特徵。她恰好準確詮釋了今天的烏茲別克斯坦：這是一個擁有 130 多個民族的國家，一個伊斯蘭教、東正教和猶太教並存的國家。正如布哈拉的猶太人社區，滄海一粟，也是歷史長河的饋贈。

征服者依靠刀劍槍炮完成領土征服的歷史時代已經過去了，中亞還會改變嗎？在昝濤看來，今天的中亞已經在文化上建立了主體意識，但政治和經濟上的主體性建設依然在充滿不確定性的摸索之中。

對於普通烏茲別克人來說，他們並無暇考慮這些宏大命題。對他們而言，重要的是，外來力量重新進入這塊曾被遺忘或者隔絕的土地，為它注入新的活力。

大街小巷奔跑着的美國雪弗蘭轎車、德國曼（MAN）巴士都是當地合資企業生產的。韓國工廠在紡織業產值中佔據了很大份額。西班牙人修建了從塔什干到撒馬爾罕的高速鐵路，第二條線路也已納入計劃。德國人正在重振從布哈拉到希瓦的公路。在費爾干納小鎮里士頓的陶器作坊裏，我意外地發現了一間建於 1999 年的日語學校。從 2011 年開始，大阪人池田敏朗已經在這兒當了 4 年的志願教師。

人們用欣喜的語氣向我介紹這些變化時，我能觸摸到他們與世界再次發生緊密聯繫的渴望。在奧什的大巴扎和烏茲別克斯坦，人們都向我談起 2016 年 1 月啟動的關稅同盟——「歐亞聯盟」。儘管現在它還只包含俄羅斯、白俄羅斯和哈薩克三國。「這是件好事。」他們的語氣很篤定。嚮導強尼想得更遠：「如果能夠建立一個更大的共同市場就好了。如果它包括中國，局面就大不一樣。那時候，我們甚至可以發行自己的統一貨幣，就像歐洲那樣。」強尼和兄弟正在建立自己的水泥廠。2016 年，他決定到中國走一趟。「我們都覺得，水泥廠的未來必然會和中國發生某種聯繫。」

逐水而行：中亞水資源考察

文 ▲ 徐菁菁　攝影 ▲ 張雷

中亞文明是阿姆河和錫爾河創造的綠洲文明。水決定了文明的興起、衰落和滅亡。

幸運之地

亞洲文明有一個有趣的地理文化特徵：每一個文明區域都有兩條河流。底格里斯河和幼發拉底河孕育了美索不達米亞文明；長江和黃河孕育了中華文明；恆河和印度河孕育了印度文明。中亞的母親河是錫爾河和阿姆河，兩條河流都源自帕米爾高原，以幾乎平行的方式向西北方向流淌，最終一南一北注入鹹海。中亞歷史中有個重要的地理概念叫「河中地區」，就是指錫爾河和阿姆河流域之間的區域，包括今天烏茲別克斯坦全境和哈薩克斯坦西南部。統率「河中地區」的是一片廣袤的克孜勒庫姆沙漠，兩條河流恰好在沙漠邊緣形成了走廊。

布哈拉的名字源於粟特語，意思是「幸運之地」。名副其實的，這座城市本已被大沙漠包圍。但在東面，沙漠周邊的澤拉夫善山提供了一條澤拉夫善河，在南面，阿姆河並不遙遠，足以引水灌溉。布哈拉古城中心是一方古老的蓄水池。從前，往水池裏亂扔東西是要掉腦袋的。直到 20 世紀初，它都是老城人飲用和生活用水的源泉。對來往的商旅而言，布哈拉是一個節點，向東即將進入相對富饒的綠洲，向西，茫茫荒漠就在眼前。「幸運之地」的名字大概會在他們心裏引發滋味不同的感慨吧。

從布哈拉往西到達另一個綠洲古城希瓦需要在沙漠穿行 470 公里。從某種意義上說，希瓦比布哈拉更幸運。這座城市的一切都是水賦予的。傳說，上古大洪水之後，諾亞的兒子閃（Shem）和同伴們在沙漠迷了路，又飢又渴

▲ 天山山脈和帕米爾高原的高寒山區為中亞地區提供主要水源

時發現一眼清泉，便在清泉邊興建了希瓦城。

希瓦位於的地區被稱作花剌子模。從地理上看，它東有克孜勒庫姆沙漠，南有卡拉庫姆沙漠，西接烏斯季烏爾特荒原，北鄰鹹海。現代交通工具發明以前，無論從哪個方向接近它，都要忍受數十日的孤寂旅程。但鼎盛時期花剌子模是國際貿易的最大中心之一，因為阿姆河在這兒轉而向北，在匯入鹹海之前，它的水系分散開來，形成了一個富饒的三角洲。

如今，希瓦和布哈拉、撒馬爾罕並稱烏茲別克斯坦三大古城。但實際上，它在漫長的歷史時光裏都只是一個小規模的定居點和中轉站。位於今天土庫曼斯坦的庫尼亞－烏爾根奇才是花剌子模的都城，但在 16 世紀末，阿姆河水突然改道，庫尼亞－烏爾根奇斷了水源，人們方才在希瓦建立了希瓦汗國，今天希瓦古城的風貌都是 17 世紀以後才形成的。

在我看來，希瓦是一個縮小版的布哈拉。清真寺、宮殿、宣禮塔、神學院緊湊地擠在不到兩公里見方的城牆內。城更小，人更少，一入夜，四處都靜悄悄的。希瓦的資源承載力是可見的。我站上城牆邊上並不太高的瞭望塔，就能看見圍繞四周的沙漠邊緣。曾經成就希瓦的水現在似乎正慢慢扼殺它。

踏入古城的朱瑪清真寺，我覺得自己進了一片森林，或是到了東南亞的什麼地方。和一般的中亞清真寺完全不同，在這兒人們使用了 218 根榆木柱

▲ 烏茲別克斯坦的希瓦古城

子支撐平緩的屋頂。有些柱子的年代可以追溯到 13 世紀。那個時候的人們就已經考慮，希瓦處於沙漠，地質不穩定，加上大量使用地下水，並不適宜建立有巨大穹頂的大重量建築。

希瓦城有 200 多口井，看上去基本處於半乾涸狀態。當地人告訴我，從前井水是很甜的，一直可以飲用，直到 20 世紀 80 年代起，井水開始變鹹。現在的飲用水都是從十幾公里外的阿姆河引來的。但顯然，河水並沒有完全解決問題。在旅店使用自來水的時候，我能明顯感到水有味道。在飯店用餐，泡茶的服務員也會強調：「我們有過濾裝置，用的是好水。」水為什麼會變壞呢？「還不是因為鹹海，你去看看就知道了。」身為希瓦人的嚮導強尼說。

鹹海

西北以北 200 公里的小城努庫斯是去鹹海的中轉站，出希瓦城的時候我跨過了阿姆河。對於從小生活在長江邊的我來說，它實在是缺乏母親河的氣勢。河岸雖然比我想像中要寬一些，但從河心的灘塗來看，深度十分有限。後來從努庫斯出城，我再次經過它，阿姆河已經面目全非，只稱得上一條溝渠。

阿姆河在空間上的變化之快，解釋了鹹海在時間上的變化速度。50 年以前，鹹海的面積尚有 6.6 萬平方公里，是世界第四大湖，幾乎相當於斯里蘭卡。鹹海基金會官網顯示，如今它的面積已經萎縮了 74%，而其水量減少近 85%。在萎縮的開始階段，鹹海變成了南北分隔的兩個區域，被稱為北鹹海和南鹹海。後來南鹹海很快又乾涸成東西兩個湖。我手頭的一張烏茲別克斯坦地圖就是這麼畫着的。到了努庫斯我才知道，面積最大的東鹹海已經沒了，我低頭看地圖的出版年份：2013。

人們肯花時間和力氣去鹹海看看，一定都受到這樣的鼓動：「再不去看，它就沒了。」奔赴鹹海的一路是一次頗為壯觀的地質之旅。出努庫斯城不遠，遠處兀立着一塊平平整整的高地，那是 20 萬平方公里的烏斯秋爾特高地，高

▲ 鹹海海岸。據統計，位於哈薩克斯坦和烏茲別克斯坦交界處的鹹海面
　積較 50 年前已萎縮 74%，水量減少近 85%

地海拔最高 350 米，它的邊緣形成了 200~300 米的幾乎垂直的延綿絕壁，西面就曾是鹹海到達的區域。

　　車在高地上一路北去，奔向西鹹海南岸。一路上，絕大多數時候我只能看見一成不變的荒原。越野車一路搖搖晃晃，讓人昏昏欲睡，少數地方會讓人突然清醒過來。原本的阿姆河三角洲有幾十個小湖，構成 55 萬公頃的沼澤和濕地。現在，我還能看到緊挨着高地的蘇多齊湖（Sudochye），從高地上眺望，能看見注入其中的阿姆河水道。雲朵低低地壓在蘇多齊湖周邊的濕地灘塗上，風光很美。「蘇多齊」的意思是新鮮水源，其實它是阿姆河三角洲最大的人工水庫。車在荒原行進的時候，我居然看到了一隻海鷗，經過十幾年的環境治理，蘇多齊才終於又能養活水鳥和零星漁業人口了，但這已經是阿姆

河能為人類做到的極限了。

過去，絲綢之路上的商旅會穿過烏斯秋爾特高地西去。這說明，當時的高地並不像我眼前看到的這樣荒蕪。鹹海萎縮後，每年旱季平均 30~35 天，現在每年 120~150 天。野生動物從 173 種減少到 38 種。曾經活躍於此的牧民留下了一些墓地和墓碑。高地的西沿時不時會出現一些高高的土堆，留有一磚半瓦。過去，蘇多齊湖和鹹海都還足夠大的時候，有水道將它們相連。這些土堆是曾為航船指明方向的燈塔。

蘇多齊之後的荒原無窮無盡。我在車裏昏昏沉沉，快被顛散了架。下車短暫休整的時候，我突然看見遠處有一片白亮的地帶，邊緣幾處升騰起煙霧。

「那一定是鹹海吧。」我問強尼。

「不不不，還遠着呢。」

「那為什麼會有人在那兒野炊？」我指着煙霧問。「那不是炊煙，是鹽塵暴。」我所看到的白亮不過是鹽鹼造成的反光罷了。

乾涸的鹹海在沙漠和荒原之中製造了一個新的沙漠，人們稱它為「鹹海沙漠」。這個「人工沙漠」聚集了大量礦物鹽、含農藥成分的無機鹽和腐蝕性很強的硫酸鹽。據估計，鹹海乾枯一平方公里，每年就要多產生 8000 噸鹽塵。每年以千萬噸計的鹽塵隨強風颳起，撒到中亞有限的淡水、草場和農田裏。90 年代中期，鹹海沙漠已吞食了 200 萬公頃耕地和 1.5 萬公頃牧場。中亞 30%~60% 的灌溉耕地被嚴重污染，其中烏茲別克斯坦重度鹽鹼化的土地佔農業用地的 60%，其中鹽塵暴是罪魁禍首。鹽塵暴還意味着未來烏茲別克斯坦進行基礎設施建設的成本巨大。風力發電機組、太陽能發電機組、電力電網、油氣管道都可能被迅速腐蝕。沙粒摩擦起電，使沙塵暴成為一個移動的電場，它與輸電塔相遇會改變其電場分佈，影響電力穩定，造成巨大的電能。

在我已經放棄搜索鹹海的蹤影時，它終於出現了。8 個小時的車程後，

它以一種沉靜的蔚藍卓然現身於地平線。我們的車一路開下烏斯秋爾特高地的絕壁，周遭的景色有一種瀕死的美感。退卻的鹹海先是留下了一片白茫茫矮草，而後沙灘露了出來，到處是貝殼。在這兒，看到貝殼的感覺和其他地方完全不同 —— 因為你知道，眼前這片漂亮的藍色湖水裏再也沒有活着的貝類了。20 世紀 60 年代，鹹海的捕魚業興旺，年捕撈量曾經達到 4 萬噸，富產鱘魚、狗魚、鱸魚和銀色鯉魚，蘇聯的魚子醬很多產自這裏。

80 年代初，鹹海的 20 種原生魚類滅絕。為維持當地的經濟，蘇聯引進了一些能適應更高鹽分的魚種，但它們也滅絕了。世界海洋的鹽分濃度大體為 3.3%~3.7%，而我眼前的鹹海是 14%。

令我感到意外的是，這樣的鹹海居然還在為人所用。海邊的沙灘上有一些裝着建築材料的編織袋。有人挖了一個小池子，從海裏引水過來，池子的出口被堵住了，裏面的海水散發着惡臭。「那是用來收穫鹽湖鹵蟲的。」強尼告訴我。鹽湖鹵蟲體長大概 1 厘米，像小蝦，能夠生活在幾近飽和的鹽水裏。它可以用作魚飼料和雞飼料，還可以提取核苷酸等物質，用來對抗紫外線對皮膚造成的傷害，或者製作醫療保健品。在阿里巴巴網站上，每公斤鹵蟲卵的收購價格可以達到 12~15 美元。2011 年，烏茲別克斯坦開始在鹹海收穫鹵蟲。現在已經成立了 5 家公司，其中有兩家來自中國。

我們在岸邊的高地上欣賞了鹹海的日落。當太陽被烏斯秋爾特高地遮蔽的時候，海面和天空相接處出現了一道亮粉色的光帶和半截彩虹。在鹹海邊上，我覺得現實有些諷刺。我們這些人懷揣着去看「史上最大生態災難」的心，其實一路都在欣賞地理風光。鹹海對於我而言，和世界任何一個美麗湖泊沒有本質不同。和我們同時到來的法國遊客穿着泳褲去水裏撲騰了兩下。我們和鹹海的碰撞只是儀式性的，往後，它就是記憶中的一個可以聊發感慨的過往罷了。

不過這天，鹹海並不甘心，它想讓我看到更多。晚上 9 點，我們在營地

裏吃過野炊的抓飯，正要往帳篷裏鑽，突然下起雨來。我沒把它當一回事，這荒漠中的雨實在沒有多大。可是嚮導強尼緊張起來，他告訴我，雨後路面很容易變得泥濘不堪。如果今夜雨不停，我們的車可能要等兩天後才能開出去。他建議，乾脆收拾東西，直接奔赴明天要去的小城穆伊納克，一般來說兩個半小時就能到。

一行人嬉笑上路。萬萬沒想到的是，過往車轍形成的路面已經變成了大泥塘，很快就有車輛陷了進去。一行人用鐵鍬鏟泥，折周圍的灌木墊路，再加牽引繩和人力推，折騰了 20 分鐘才解困。一開始，大家還把它當作小插曲。誰知此後，車輛不斷地陷落。兩三輪過後，大家就已經成了泥人。

越野車只能以緊湊的「之」字形顛簸前進。坐在車裏的我們被左右上下劇烈晃動，腦袋不停地撞在車上。夜慢慢深了，人困乏得不行，但又無法入睡，行程開始變成煎熬。心裏唯一的期盼，是遠處地平線上有七八點散落的燈火。

「那一定是穆伊納克了。」攝影師説。

我們就這樣「推」着車向穆伊納克走。車每被推一次，就需要向前衝出一兩百米。我一次次向車走去，無數次瀕臨摔倒或者陷在泥裏。有那麼一次，戴頭燈的同行夥伴低下頭，燈光照亮腳下的泥濘，我才發現地上全是貝殼，我們倆異口同聲：原來我們一路都在海底走啊！

我已經從紙面上讀到過無數關於鹹海如何死亡的資料和故事。第二天，我還在穆伊納克參觀了著名的漁船墳場，但一切都不如那一瞬間有力量。鹹海終於以一種特殊的方式擊中了我。

不知過了多久，我們終於能看清地平線上的燈火了。但那並不是穆伊納克，那是燈火通明的油氣田，在無邊無盡的黑夜裏噴着火。鹹海的過去和今天在我眼前會師了。

離開鹹海海岸 8 個小時後，我們終於在凌晨 5 點到達了傳說中的穆伊納克。努庫斯有一間著名的沙維茨基美術館。蘇聯時代，畫家沙維茨基在沙漠

邊陲小城盡可能地收集遭到當局封禁的繪畫作品。現在美術館擁有的俄羅斯先鋒派藏品僅次於聖彼得堡的俄羅斯博物館。博物館講解員竭力介紹着那些具有反叛內涵的畫作。但對我來說，另一些畫更有意思，它們描繪着 20 世紀 60 年代的穆伊納克，一個美麗的「海濱」城市。

1849 年，沙俄探險隊第一次對鹹海進行考察，第二年第一張鹹海地圖誕生，三年後鹹海迎來了第一艘蒸汽船，沙俄商人翻開了鹹海大規模商業捕魚的篇章。1890 年，穆伊納克因此而誕生。20 世紀 60 年代穆伊納克建市時有 4.5 萬人，其中 3 萬人為捕魚業和魚罐頭工廠服務。鹹海最充沛的時候，穆伊納克是一個半島，因風光秀美適合療養被稱作中亞的克里米亞。過去，城裏還有個機場，方便蘇聯各地的遊客來來往往。

我那一晚走過的路其實是穆伊納克的過去 50 年。現在的穆伊納克距離鹹海有 160 公里遠，看上去就是一個快要被遺棄的村莊。在曾經的港口，幾艘鏽跡斑斑的破漁船停在沙漠的海洋裏，像剛出土的乾屍，其中最大的一艘還曾上過蘇聯電影。

莉莉德瑪一家收留了疲憊不堪的我們。她 62 歲，過去是加油站經理。她告訴我，現在穆伊納克的人口只有過去的 1/4 了 —— 事實上，後來我在「城裏」看到的人用 10 個手指就數得過來。留下來的家庭裏，青壯年也大多在哈薩克打工。穆伊納克養不活它的人民，工作機會只有公務員、開小商店或者跑運輸。莉莉德瑪一家都能在這兒，是因為她開着一家經營還不錯的家庭旅館。來來往往的遊客在看過漁船墳場之後基本都逃走了，但那些去油氣田幹公務的人不得不在這兒落腳，其中包括許多中國人。莉莉德瑪的小孫女對我說「你好」的時候已經十分順口了。

人們離開穆伊納克並不只是因為經濟。鹹海對人類進行了瘋狂的報復，鹽鹼化污染了水源。20 世紀 80 年代中期到 90 年代中期的 10 年，烏茲別克肝病發病率上升了 4.9 倍，腎病上升 10 倍，膽結石上升 20 倍，血循環系統和

呼吸器官疾病上升 60 倍，運動器官疾病上升 220 倍。鹹海所在的卡拉卡爾帕克斯坦自治共和國、希瓦所在的花剌子模州都是重災區。直到現在，卡拉卡爾帕克斯坦登記的食道癌發病率還是世界平均水平的 25 倍。多重抗藥性結核病、呼吸道疾病、出生缺陷和免疫失調是普遍現象。莉莉德瑪告訴我，一個略微令人寬慰的消息是，2015 年政府終於「解決了」水的衛生問題，現在的水比以前好多了。

「白金」之殤

後來，在離開穆伊納克的路上，我看到蘇聯時代留下來的歡迎路標。上面有一道白色的波浪，一條魚正躍出水面。2015 年 10 月，拯救鹹海國際會議在花剌子模州首府烏爾根奇市舉行。烏總統卡里莫夫在致會議的信中說：「非常遺憾，現在已經不可能使鹹海完全恢復到從前的狀態。所以，當前的首要任務應該是努力消除鹹海危機對生態環境和周圍上百萬居民生產生活的不利影響。」

鹹海災難的成因已經不存在什麼爭論。事實上，我從費爾干納盆地到鹹海之濱的一路穿越都在見證它的悲劇。在費爾干納盆地時，嚮導特意讓我看路邊一條很不起眼的溝渠，它是著名的費爾干納大運河的一部分。1939 年，蘇聯政府撥款 2000 萬盧布及大量機器、建材用來修建它。運河於 1939 年 8 月 1 日動工，沿岸 16 萬人參加。45 天後，一條長 270 公里、寬 25~30 米、深 34 米的運河建成。它的水源來自錫爾河，藉錫爾河之水，它保證了 50 多萬公頃水澆地、6 萬公頃新墾耕地的用水，運河沿途流經 2000 個集體農莊的土地，為共和國 5 座城市及植棉區和塔吉克斯坦 4 個地區供水。後來，運河又延長了 350 公里，並進行了全面的擴建和改造，解決了費爾干納地區農業和居民用水問題。整個中亞細亞，佈滿了無數的灌溉運河、集體農場和國營農場。

這只是蘇聯龐大的自然改造工程的一個縮影。1959—1980 年，烏茲別

克斯坦共和國用於水利灌溉和土壤改良的投資約 247 億盧布，開墾新耕地的工作以空前的速度進行。水利樞紐、運河、大水庫遍佈農田、草原，甚至沙漠。「那些紅沙漠、白沙漠和黑沙漠都改變了。」烏茲別克的農業處於前所未有的興旺之中。

蘇聯專家曾統計，從中亞的每公頃旱地上僅能獲取價值為 5~10 盧布的產品，而從每公頃水澆地上，則有可能收穫高達 500~2000 盧布的產品。水澆地不僅產量高、價值大，而且生產穩定。蘇聯其他地區不能生產或產量不多的一些高利潤喜溫作物，都適合在中亞地區種植。烏茲別克斯坦被賦予了生產棉花這種重要經濟作物的重任。

1950 年，共和國原棉產量突破 200 萬噸，但棉花產量的提高主要依靠新墾耕地和減少穀物播種面積來實現。費爾干納盆地錫爾河左岸平原原本是一片名叫「飢餓草原」的草原，1956 年開始，蘇聯在此開荒。後來，飢餓草原就成了烏茲別克斯坦最大的產棉區。而共和國的棉產量佔了全蘇的 70%。

錫爾河和阿姆河流域在歷史上就存在發達的灌溉文明。但它們從不需要養活那麼多人口和如飢似渴的棉花。20 世紀 60 年代起，兩條河流注入鹹海的水量就開始直線下降。90 年代，中亞地區近 90% 的水都用在了棉花生產上，其中 70% 是由阿姆河和錫爾河提供的。人們並不是沒有預料到這一點，從 20 世紀 20 年代到 60 年代，水利部門常常引用俄羅斯最著名的氣候學家亞歷山大‧沃耶伊科夫 (Aleksandr Voeikov，1842－1916 年) 的著作。他曾經提出鹹海是一個「無效的蒸發器」和一個「大自然的錯誤」。簡單來說，棉花比魚更有價值。

生態災難的到來令蘇聯也措手不及。蘇聯曾於 1984 年宣佈啟動「北水南調」工程，計劃從西伯利亞鄂畢河上游引水，修建 2400 公里的「西伯利亞－鹹海運河」。但後於 1986 年突然宣佈停止實施。這個工程要鑿通圖爾蓋高地，需完成 140 億立方米的土石方量，傾蘇聯一國之力也無法完成。「北水南

調」方案招來一片反對之聲的另一主要原因，是人們從鹹海得到了教訓，意識到這也會對鄂畢河的整體生態平衡造成不可知的傷害。

每當我談起水的話題，嚮導強尼總說：「看看蘇聯人對我們做了什麼。」然而，蘇聯人的離開並沒有解決問題，今天的烏茲別克斯坦依然深深地依賴棉花這種作物。令我特別驚訝的是，即使是在沙漠之中的努庫斯，也依然有大量的棉田。人們在乾渴的田地裏，徒手給那些小苗鬆土。由於土地鹽鹼化太嚴重，這裏的農作物已經很難生長了。

獨立後，烏茲別克斯坦棉田面積大幅萎縮，現在大約有 135 萬公頃。「我們已經在有意減少棉花種植，但是我們沒法擺脫它，」強尼說，「我們的人民要靠它吃飯。現有的基礎設施、工廠等都是過去依照棉產業的需要定製的，事情並不只是在田裏撒上不同種子那麼簡單。」

在費爾干納盆地扎爾肯特村農民穆斯塔法管理的農莊，地頭的灌溉水渠裏，水嘩嘩地流淌着。這些蘇聯時代完成的水渠幾乎沒有經過硬化處理，50% 的水在奔流的過程中滲透蒸發走了。穆斯塔法告訴我，烏茲別克政府正在着手進行硬化改造，但是整個工程據說要到 2035 年才能完工。

費爾干納地區的人們也同樣受到鹽鹼化的困擾。這部分是由於常年耕作和大量使用化肥農藥造

▲ 烏茲別克斯坦的克孜勒庫姆沙漠邊緣地帶，人們依靠 10 公里外的阿姆河人工水道維繫着遊牧生活

成的，但他們比努庫斯的人們有辦法。依照傳統，穆斯塔法每年播種之前會用水浸透土地。水在滲過泥土時會帶走那些不好的化學物質。有的時候，人們需要反覆浸地三次。這種耕作方式需要大量用水，更糟的是，滲出的水會在沒有經過任何處理的情況下重新回到四通八達的灌溉系統，向整個水系的下游流動。

「無解」之爭

阿姆河從帕米爾高原流淌下來後，會先在緊挨着阿富汗邊境的鐵爾梅茲進入烏茲別克斯坦境內，然後出到土庫曼斯坦，直到希瓦附近才又徹底回到烏茲別克斯坦。在希瓦，人們向我抱怨，土庫曼斯坦只有烏茲別克斯坦人口的 1/6，卻要用掉那麼多水，只可惜在鐵爾梅茲，由於北面的群山阻擋，不能先下手為強。然而，土庫曼斯坦正在修建卡拉庫姆水渠灌溉項目，並在卡拉庫姆沙漠建設龐大的人工湖。希瓦人的日子以後恐怕會更不好過。

這種關於水的齟齬，我在吉爾吉斯斯坦時就感受到了。在進入費爾干納盆地以前，公路沿着錫爾河最大支流納倫河蜿蜒了好一陣子。在那兒，中亞最大的托克托古爾水庫給我留下很深的印象。我聽説托克托古爾近兩年一直遭遇枯水，沒想「湖水倒空如鏡」，既壯闊又秀美。路邊茶室正好位於一個 20多米的懸崖邊上，是眺望水庫的好地方。戴着方帽、留着長鬚的 75 歲老漢阿卜杜拉·馬納布和自己的妻子、妻妹、連襟在懸崖邊的坐榻上喝茶休息。他指着對面連綿的土山告訴我，1972 年他第一次見到水庫時，水位幾乎到了對面的山頂，就要漫上我們正坐着的這個平臺。

根據 20 世紀 20 年代以後中亞新的版圖劃分，由於擁有大量高寒山區，能為冰川的發育和積雪的積累提供有利的環境，塔吉克斯坦水資源蘊藏量佔整個中亞地區總量的一半以上，吉爾吉斯斯坦的水資源也在獨聯體國家中位居第三位。塔吉克斯坦是阿姆河流域的上游國家，控制阿姆河的絕對流量。

▲ 位於吉爾吉斯斯坦的托克托古爾水庫是中亞最大的水庫

吉爾吉斯斯坦控制錫爾河的絕對流量。如果只是用本國的水資源，烏茲別克斯坦只能保證本國 14% 的水資源需求，哈薩克斯坦只能保證本國 45% 的水資源需求。

過去，整個中亞的水資源利用是一盤棋，蘇聯按照資源優勢互補的模式來設計水資源配置方案，統一協調發電、灌溉、生活用水、航運和防洪等因素之間的關係。根據蘇聯的規劃，夏季上游國家的水利設施開閘放水，保證下游國家的農業灌溉用水。作為回報，在冬季，下游國家為上游國家提供天然氣和煤炭資源以滿足其能源需要。

這個看上去完美無缺的方案在蘇聯解體後就不靈光了。兩個上游國家的經濟落後，能源安全都是主要戰略目標。吉爾吉斯斯坦每天的用電增長 4%，90% 的電力供應都依靠托克托古爾水庫下游蘇聯人修建的大壩和水電站。近 20 年來，由於氣候變暖，冰川融化迅速，水庫的儲水量吃緊。2015 年 5 月，吉爾吉斯斯坦政府宣佈它不得不向塔吉克斯坦購電。當時，水庫裏還有 115 億立方米水，比前一年少了整整 30 億立方米。進入水庫的水每秒只有 465 立方米，是過去 7 年來的最低水平。

阿卜杜拉·馬納布還記得，大概是 2010—2011 年有段時間，每天要限電 12 小時，現在每到冬季電壓也都得不到保證。為了保證冬季供電，這些年吉爾吉斯斯坦開始在夏季和春季蓄水，以提高冬季的發電能力，保障本國的能源供應。但這樣一來，烏茲別克斯坦和哈薩克斯坦就會在春夏季得不到足夠的水量供應，影響農業生產。當吉爾吉斯斯坦在冬季大量放水發電時，下游國家農業生產停頓無法消化過多的水量，又會造成冬季洪水泛濫。

關於水為什麼變少，阿卜杜拉·馬納布說：「這是安拉在懲罰我們，我們太貪婪，種植了太多水果、蔬菜、農作物，神在讓我們記住沒有水是種什麼感覺。」不過馬納布放在首位的原因是：「我們沒有做好計劃，我們給下游國家的水太多了。」馬納布的連襟在水電部門工作了 15 年。我問他吉爾

吉斯斯坦有什麼打算。「現在沒什麼方案。我們能做什麼呢？我們又不能關掉大壩。烏茲別克斯坦人還等着用水呢。我們只能相信，神會應許我們，多下一點兒雨。」

塔吉克斯坦和吉爾吉斯斯坦都有新的水利建設計劃。塔吉克斯坦想在瓦赫什河上修建羅貢水電站。該國現在只生產本國所需糧食的 40%，正在謀求實現糧食自給自足。水電站在少水和乾旱的年份灌溉 300 多萬公頃土地，以彌補增加的電能的需求，同時能夠向阿富汗出售一些電力。吉爾吉斯斯坦希望在現有的大壩以下修建卡姆巴拉金斯克水電站。這都遭到了烏茲別克斯坦和哈薩克斯坦的強烈反對。

在從布哈拉奔赴希瓦的途中，我們居然在克孜勒庫姆沙漠裏遇到了趕着 3000 隻羊的牧羊人。他們開着一臺小吉普，拉着一隻鏽跡斑斑的大水罐。水是從 10 公里外一條阿姆河的人工水道裏取來的，每天靠着這個水罐，他們就能和羊群遊走一天。說話間，驕陽已經讓我汗如雨下，皮膚都灼痛起來。我驚訝地得知，他們的家其實在此 170 公里以外布哈拉的綠洲地帶。千里迢迢到沙漠來的原因很簡單：「村子裏的人太多了，根本沒有土地放牧。」烏茲別克斯坦獨立以來，人口增加了 1030 萬。牧羊人拿出一個鐵槽，水管從水罐裏引出水來，羊群前赴後繼湧了過來。

古地圖裏的陸上絲綢之路

文 ▲ 丘濂

　　中國古代地圖間接描繪了絲綢之路，也體現了絲綢之路開闢之後地理知識的流通。由古地圖來觀察絲綢之路的影響，是一個有趣的角度。

　　「絲綢之路」是德國地理學家李希霍芬在 1887 年出版的《中國》一書中提出的概念。他將公元前 114 年至公元 127 年連接中國與阿姆河和錫爾河之間的「河間」區域以及印度的絲綢貿易路線稱作「絲綢之路」。今天通常意義所說的「絲綢之路」，無論時間和空間上都有所擴展，連接起亞洲、歐洲和非洲的商業貿易通道，又可分為「陸上絲綢之路」和「海上絲綢之路」。

　　就「陸上絲綢之路」來說，並沒有一幅古代地圖是專門描繪這個主題的。《中國古代地圖文化史》的作者席會東說，古代地圖和絲綢之路會在兩個維度產生交集：首先，它間接表現了絲綢之路所經過的區域，是絲綢之路物化的載體。再有，絲綢之路也是文明交往之路，通過這條道路，中西之間關於亞洲、歐洲和非洲的地理知識得到流通，這在古地圖中得以體現，古人的世界觀相應發生變化。

　　疆域政區圖是存留數量最多、類型最豐富的中國古地圖門類，在古代稱作「輿地圖」，按表現內容不同，分為天下圖、全國圖、郡國圖、省圖、府州圖、縣圖，等等。絲綢之路形成和拓展過程中所帶來的地理知識的擴充，是導致西部疆域以及整體疆域發生變化的原因之一。「西域」是漢朝以後對玉門關、陽關以西地區的總稱，最早見於《漢書·西域傳》。狹義西域專指蔥嶺以東的新疆地區，廣義的西域則包含狹義西域，以及通過狹義西域所能到達的地區，包括亞洲中部、西部、印度半島、歐洲東部和非洲北部。絲綢

▲ 絲綢之路是商旅往來之路，也是文明交流之路

之路穿過西域，但是和西域的概念又有區別。一個區別在於西域的起點在敦煌，絲道的起點在長安，兩者的長短不一致。另外根據考古發現，絲綢在戰國至西漢初期就開始西傳，絲路形成要比人們對西域形成認知要早。儘管如此，兩者具有在時空上相互重疊的部分，仍然使得觀察疆域圖裏西域版圖的變遷具有意義。

漢武帝派遣張騫出使西域，開啟了中原王朝與西域各國的正式交往。宣帝神爵二年，設立西域都護府，統轄天山以南、蔥嶺以東三十六國。「自漢朝以來，西域就沒有脫離過中原王朝的管轄體系和地圖的繪製體系。蔥嶺是一個很重要的地理標界，基本上歷代中原王朝管轄的範圍是蔥嶺以東的地方。但在唐朝盛世之年，控制管轄的區域越過了蔥嶺。」席會東説。唐貞觀十四

年（640 年），設立安西都戶府，統轄安西四鎮龜茲（今新疆庫車）、疏勒（今新疆喀什喀爾）、于闐（今新疆和田）和碎葉（今吉爾吉斯斯坦首都比什凱克以東托克馬克附近），轄境相當於今天新疆和中亞楚河流域。唐朝顯慶、龍朔年中，安西都戶府從西州（今新疆吐魯番市東高昌故城）移治到龜茲，轄境擴大至今天阿爾泰山西至鹹海間所有遊牧部族和蔥嶺東西直到阿姆河兩岸城郭諸國，後來逐漸縮小，安史之亂後退至蔥嶺以東。

不過，對疆域圖的繪製並不以中原王朝實際控制的區域為界，因為在相當長的年代裏，中原王朝的統治者都認為中國是天下的中心、文明的中心，中國的皇帝就是君臨天下、擁有一切的最高主宰：「普天之下，莫非王土；率土之濱，莫非王臣。」一個例子是清朝乾隆年間製作的《乾隆內府輿圖》：東北至薩哈林島（庫頁島），北至北冰洋，南至印度洋，西至波羅的海、印度海和紅海，東至東海，已經是整個亞洲的全圖，表現了「天下一統」的疆域觀念。

從另一個角度說，疆域圖上對於西域的表現，除了天下觀的彰顯，還體現了當時人們對於西部世界地理知識的掌握。唐宋時期，人們對西部的了解延展到了地中海東岸的西亞一帶。到了蒙元王朝建立起橫貫歐亞大陸的大帝國，陸上絲綢之路暢行無阻，為東西方的科技文化交流創造了良好條件。隨着東西方交通道路的開闢，不少出生於中亞、西亞的伊斯蘭學者陸續來華，將伊斯蘭地圖、阿拉伯人乃至歐洲人的地理知識和世界觀念帶入中國。從此，描繪中原地區之外包括廣義西域範圍內的中亞、西亞、歐洲、非洲的天下圖才開始出現。

關於西域地圖，或者包含有西域的疆域圖，很早就見於文字記錄。張騫出使西域的過程是否繪製了西域地圖，還沒有史料可證，但後來由《漢書》的記載可知，由於抗擊匈奴的需要，漢朝產生了有關於西域的軍事地圖。比如《漢書·李陵傳》中寫李陵受漢武帝之命出征匈奴：「行三十日，至浚稽山止營，舉圖所過山川地形，使麾下騎陳步樂還以聞。」這就說明當時李陵有

將所經地域的山川地形繪製成地圖，又讓手下呈送給漢武帝。魏晉期間，戰亂頻繁，但中國和印度之間求法和傳教的民間僧侶依然來往不絕，西行的僧侶有法顯、惠生，東來的天竺僧人則有佛圖調、須菩提等人。東晉名僧釋道安，並沒有西行求經或者學習的經歷，但根據其他僧人的著述或者口述，寫成《西域志》，又根據《佛圖調傳》內容，寫下了關於西域的地理圖籍《西域圖》，地理覆蓋範圍已經涉及廣義西域中的中亞、西亞和南亞。《西域記》和《西域圖》均已佚失，但可以從《水經注》、《藝文類聚》、《太平御覽》對原書的零星引用，窺得一些原貌。

到了隋代煬帝期間，隨着東突厥內亂衰敗，西突厥被降服，吐谷渾被武力消滅，中原王朝和西域的關係又發展起來，隋煬帝因此設立西戎校尉官，負責導使西域各國首領、特使入朝處理商業和交通事務。裴矩受隋煬帝之命，駐守武威、張掖之間。裴矩感歎，東漢以後朝廷對西域各國情況所知甚少，「至和姓氏風土，服裝物產，全無纂錄，世所弗聞」。並且，西域各國「兼併討誅，互有興亡。三十餘國，僅有十存」。裴矩對西域的信息開始有意識收集，凡見西域人，「矩誘令言其國俗山川險易」，最後寫成了三卷《西域圖記》。可惜，《西域圖記》三卷圖文也已佚失，唯一可以拿來研究的資料是收集在《隋書·裴矩傳》裏的《西域圖記·序》。序中記載了以敦煌為出發點，通往地中海東岸的三條大道，包括地中海東岸、鹹海以南的廣大地區：北道在天山北路，由伊吾（今新疆哈密縣）經蒲類海（今新疆巴里坤）、鐵勒等地到西海（地中海）；中路由天山南路的北道，由高昌（今新疆吐魯番）、焉耆（今新疆焉耆回族自治縣）、龜茲（今新疆庫車）等地至西海；南路是由天山南路的南道，由鄯善（即樓蘭，今新疆羅布泊西北岸）、于闐（今新疆和田）、朱俱波（今葉城地區）等地至西海。推測這三條道路在《西域圖記》中都有地圖來標明，因為寫作《西域圖記》一個重要的目的就是指明道路給人以嚮導。

唐朝由於國力強盛帶來了經濟、文化交往的擴大，對外域地形、軍鎮、風俗物產圖的編繪和情況的介紹也非常重視。這些工作一般由朝廷專管國家禮賓和接待外國使者的鴻臚寺卿官員負責。他們編撰圖志有兩種途徑：一種是向外域來唐使者詢問其國情況，然後製圖上奏。像是《新唐書‧地理志下》記載賈耽任鴻臚寺卿期間，繪製有通往中亞、印度甚至巴格達的交通圖，其圖上「山川聚落，封略遠近，皆概舉其目」。賈耽還採用了「古墨今朱」的兩種色彩對照的形式，繪製了包括中原和邊疆民族地區的《海內華夷圖》，成為我國歷史地圖的濫觴。如今，這些地圖都已不復存在，只能從唐宋時期的文獻著錄和宋人的改繪本中窺見一斑。除此之外，另外一種編纂途徑是派專使到西域各國訪問考察，然後將其山川道里情況編撰成圖志，上奏朝廷。如《新唐書‧藝文志二》所述：「高宗遣使分往康國、吐火羅，訪其風俗物產，畫圖以聞。詔史官撰次，許敬宗領之。」許敬宗編撰了 60 卷的《西域圖志》，現已不存。

　　總體上說，宋代之前的疆域圖實物流傳至今的非常之少。這是因為，宋代之前的文獻主要靠抄繪來傳播，而地圖的製作和抄繪相較文字文獻更為困難。還有一個原因是，西漢時目錄學家劉歆編《七略》的時候有「收書不收圖」的做法，這個編書的傳統也導致了中國古地圖的罕見。對於中國古地圖的留存來說，宋代是一個轉折點。這首先是因為進入宋代，雕版印刷術發展至全盛時代。再有，宋代社會某種程度上說是科舉社會，經學和史學是宋代科舉考試的重要內容，為了解讀《尚書‧禹貢》、《漢書‧地理志》等經典，宋代學者編繪了大量的歷史地圖和當代的疆域圖，這些地圖或被刻印成書，或被刻繪成圖碑，立於文廟、府學、縣學之內或者門口，供天下士子拓印，便於通經明史，參加科舉考試。與此同時，相較於唐代，宋朝政府軍力偏弱，兩宋先後與遼、金、西夏等民族政權並立，面臨嚴重的邊患危機。

　　「為了了解周邊部族政權的國情虛實，喚醒宋代士民對淪喪國土的記憶

並且塑造宋代完整的法統地域，兩宋政府也編繪了大量關於民族政權的疆域圖。」席會東說。

綜合上述幾個原因，我們能夠看到的一幅最早的反映西域面貌的地圖實物，就是南宋僧人志磐編撰的《佛祖統紀》中的紙本雕版墨印的《漢西域諸國圖》，它是一幅表現西漢時期西域諸國地理情形和佛教傳播路線的歷史地圖。

能夠繪製西域相關地圖的大概有三類人：第一類是政府官員，主要是有機會進入西域或者和西域使者打交道的邊臣或者「外交部」人員；第二類是致力於通經明史的學者或讀書人；第三類是宗教人士、佛教僧侶或者伊斯蘭信徒。學者或讀書人不一定有親自前往西域的經歷，他們的繪圖基本出於對古代文獻的考據。政府官員和宗教人士則多本身就有前往西域的經歷。因此由他們本人，或者別人根據他們親眼所見繪製成的地圖裏，還出現了一種細節更加豐富的、長卷形式的路程圖，不僅表現了沿途上山脈、沙漠、河流、湖泊等自然地理要素，還細緻繪有城池、關隘、廟宇、往來人物等人文地理要素。2002 年，由日本回流國內的明代 30 米長卷《蒙古山水地圖》就是其中的代表作。它以山水畫的形式再現了從明朝邊關嘉峪關到天方（今沙烏特阿拉伯麥加）的景象，反映了世界陸海時代轉換之際「陸上絲綢之路」最後的輝煌。根據北京大學考古系教授林梅村鑒定和推斷，該圖繪製的主要參與者應當是明嘉靖年間屬於「吳門畫派」的畫師謝時臣。地圖製作的主要依據，就有明初《陳誠西域使程記圖》以及明初傳安的西域見聞錄。

中國古代地圖的繪製，一直偏重實用性而非精確性。「在這一點上，與西方是截然不同的。古希臘的地圖一開始就重視數學要素，這和它是海洋文明有關，需要精確掌握位置，航行才不至於迷失。」席會東說。起始於宋代《禹跡圖》，明清時期的疆域圖有一些用到了「計里畫方」。所謂「計里畫方」，就是在地圖上按照一定的比例關係製作成方格座標網，並以此方格網來控制各地物要素方位和距離的一種製圖方法。很長一段時間，照搬西方標準，建

構在「科學性」和「準確性」上書寫的中國古代地圖學史，都賦予「計里畫方」相當高的地位。其實近年來，經過中國社會科學院歷史所成一農等學者的分析研究，「計里畫方」並不能使得地圖繪製得更為準確，只是能在繪圖時更好地控制地理要素的空間佈局。中國古代地圖的一大特點是圖文並茂，採用大量注記，比如兩地相距多少距離，直接用文字來形容。即使在「計里畫方」的方法出現以後，很多輿圖也沒有用到這種方法繪製。

明朝時，意大利耶穌會士利瑪竇由「海上絲綢之路」來到中國，帶來了實地測量和投影測繪的地圖製圖方法。清朝時，在康熙、雍正、乾隆三朝，清廷官員聯合來華傳教士一起展開了大型實地測量活動，並用經緯網座標和桑遜投影法繪製了疆域圖。但是，這些疆域圖在繪製完成後，一直深藏於內務府造辦處輿圖房，除了皇帝個人欣賞以及賜給少數朝臣和地方督撫外，沒有在中國社會廣泛使用，相關的近代測繪技術也未能在中國社會普及。清朝中期各級政府、官員和學者在繪製地圖時，仍然採用中國傳統的以文獻考據和綜合前圖的方法來進行操作，儘管在地圖疆域的變化上能夠反映出地理知識的擴充，追究其中的原因，並不是朝廷不重視疆域圖，而是認為傳統方法繪製的圖就足夠使用。這點直到光緒年間才得到改變——光緒年間，左宗棠平定「陝甘回亂」、收復新疆大部後，清廷光緒四年（1878 年）派崇厚為欽差大臣，赴沙俄首都彼得堡交涉收回伊犁事宜。在中俄雙方談判中，崇厚受到俄國人蒙蔽，誤判地圖，導致中國喪失大片領土，這讓清廷官員意識到傳統輿圖的隨意性和示意性使其無法作為處理邊界爭端的依據，因此在分界締約的過程中被迫使用國外地圖，使得中國在對外領土劃界糾紛中處於不利地位。從此，清朝洋務派學者開始系統翻譯西方地圖，官員也宣導「中體西用」式地引進西方測繪技術，培養測繪人員。在這個被迫接受西方話語體系的痛苦過程中，中國傳統「有邊疆無邊界」的狀態發生了改變。

絲路迴響：中西交流下的中國古地圖

文 ▲ 丘濂

　　從宋代開始，中國的古地圖開始大量以印書和刻碑的方式存留下來。它們中的一部分就成為「絲綢之路」開通後，中西文明交流的見證物。

宋 ──《漢西域諸國圖》

　　該地圖收錄在南宋僧人志磐於宋理宗景定年間（1260─1264 年）編撰的《佛祖統紀》中。這部書是一部百科全書式的佛教史書，以「釋迦牟尼佛本紀」寫起，包括了中國佛教歷代祖師的傳記。地圖長 28 厘米，寬 20 厘米，為紙本雕版墨印，主要表現了西漢時期西域諸國地理情形和佛教傳播路線。

　　《漢西域諸國圖》東起蘭州，西至西海（地中海）、大秦（拜占庭帝國），南到石山（今崑崙山），北抵瀚海（今蒙古高原大戈壁），形象繪出了天山、蔥嶺、北山、南山、石山和積石山等山脈，並用雙曲線畫出黃河上游河道，用魚鱗式水波紋描繪海洋、湖泊。蔥河位於全圖正中，由西向東流入蒲昌海。在蒲昌海的南北兩側清晰繪出中原通往西域的兩條路線，也就是「絲綢之路」。圖中的絲路開始於甘肅武威，經張掖、酒泉到敦煌，然後分為南北兩路：南路走蒲昌海南岸，經過陽關（今甘肅敦煌市西南南湖鎮破陣子），到于闐（今新疆和田），繞南山，過無雷（今新疆塔什庫爾干塔吉克自治縣內），沿蔥嶺南麓，往西可以達到大月氏（今阿姆河流域一帶）、安息（伊朗高原）、條支（今西亞兩河流域）；北路沿蒲昌海向北，經伊吾（今新疆哈密）、流沙（泛指我國西北沙漠），至車師前王（今新疆吐魯番市附近），再往西，過烏孫（今伊犁河、楚河、巴爾喀什湖、伊塞克湖一帶），越蔥嶺到

大宛（今費爾干納盆地），再往西北方向去最後可達奄蔡（在鹹海、裏海以北）。圖中相鄰兩個地名如果用細線連接，說明兩地之間有道路可通。除了 70 多處注記的地名外，圖中還有文字說明西域政區建制和交通路線里程。

▲ 南宋 《佛祖統紀》之《漢西域諸國圖》
（中國國家圖書館藏）

　　狹義的西域，也就是蔥嶺以東的新疆地區，是亞歐大陸上中國、印度、波斯和希臘四大文明的交匯之地，也是中國最早接受佛教的地方，在印度佛教東傳的過程中起着重要作用。西漢時期，佛教沿着絲綢之路傳到疏勒（今新疆喀什喀爾），然後再向東傳到龜茲（今新疆庫車）和焉耆（今新疆焉耆回族自治縣）。西漢末東漢初，佛教通過河西走廊傳入中原地區。因此，《佛祖統紀》收錄了描繪漢代西域佛教重鎮的《漢代西域諸國圖》。該圖是目前所見繪製時間最早的一幅關於西域諸國及其交通的地圖，雖然繪製內容比較簡略，但對研究西域地理沿革、僧侶取經求法的路線和古代絲綢之路都很有參考價值。

元 ——《廣輪疆理圖》

　　蒙元王朝是個橫跨歐亞大陸的大帝國，遼闊的疆域為東西方的科技文化交流創造了條件。東西方交通道路暢通無阻，不少出生於中亞、西亞的伊斯蘭學者陸續來華，將伊斯蘭地圖以及阿拉伯人乃至歐洲人的地理知識和世界觀念帶入中國。波斯人扎馬魯丁就是其中之一，1267 年天文學家扎馬魯丁沿着「陸上絲綢之路」來到了上都開平府，受到忽必烈的召見，忽必烈稱其為

「回回星學者」。他先後任職於司天臺和祕書省，主持製定了《萬年曆》、纂修《大元大一統志》、製作地球儀和彩色《天下地理總圖》，極大拓寬了中國人的視野。從此，描繪中原地區之外包括中亞、西亞、歐洲、非洲的地圖開始出現。

遺憾的是，無論《天下地理總圖》，還是另一位元人朱思本所編繪的《輿地圖》，或是元末李澤民的《聲教廣被圖》，都沒有存留下來。幸好在明代人葉盛所做《水東日記》的弘治和嘉靖版刻本裏，卷十七附有元末天臺僧人清浚的《廣輪疆理圖》摹本，並有詳略多種圖幅。雖然現存的《廣輪疆理圖》是明代人嚴貴中改繪的摹本，但經過學者陳佳榮將它與《元史‧地理志》的對比考證，可看出全圖 600 個地名中，除了 20 來個路府州名外，其他大致和《元史‧地理志》相同，而明初宋濂所修的《元史‧地理志》主要利用的就是扎馬魯丁編撰的《大元大一統志》的資料。陳佳榮認為，現在看到的《廣輪疆理圖》摹本，基本上可以當成元一代的輿圖成果來研究。它也是現存的最詳盡準確的元代疆理總圖，又是明代重要地圖《大明混一圖》的關鍵底圖。

該圖含有邊疆地理以及中外交通的可貴信息。地圖繪製範圍東起朝鮮半島、日本列島和琉球群島，涵蓋了高麗的北京、東京、南京、唐城、耽羅及三韓等，倭國的徐福祠及毛人等，還有大流球（今琉球）及小流球（今臺灣）。西北至西域，注明「自西寧西北五十餘里至金山，其西二百里即陰山也。其間皆崇峻嶺深絕澗。又西北數千里至鐵門」。西南至越南、印度，注有「自特摩（今道站）入交趾界」，並標出「占城」和「江頭城」（今緬甸），提到「北路往西域天竺諸國」。尤其值得注意的是，在東南的福建海岸外，明確記及「自泉州風帆，六十日至爪哇，百二十八日至馬八兒，二百餘日至忽魯沒思」，這是當時由海外與東南亞、南亞、西亞交通的明確記錄，也是泉州作為元代對外航海交通貿易大港地位的佐證。

由於是明代的摹本地圖，該圖經過嚴貴中繪製後，有些許改動。一個變

化是該圖省略了原圖中海島沙漠、絕域殊方等相關內容:「居海島沙漠,道里遼絕,莫可稽考者,略敘其槩焉。」這在某種程度上反映了明朝中期以後疆域的內縮。

明洪武 ──《大明混一圖》

　　元朝是中國歷史上第一個大一統的少數民族王朝,因此蒙元王朝特別強調「天下一統」,淡化了「華夷之辨」。「混一圖」開始取代唐宋時期盛行的「華夷圖」,成為當時人們所知天下總圖的主要類型。明初繼承了蒙元時代的地理知識和地圖遺產,地理視野基於整個歐亞大陸和非洲。洪武年間,明廷在元代疆域圖的基礎上繪製了涵蓋亞非歐三大洲的《大明混一圖》。

　　地圖東起日本,西達歐洲、非洲大陸,南至爪哇,北抵蒙古,全圖以大明王朝版圖為中心,着重描繪明王朝的疆域政區,突出表現鎮、寨、堡、驛、渠、塘、堰、井等人文地理要素,山川、湖泊、澤地等自然地理要素,注記地名千餘處。圖上有相對統一的圖例,明代的十三布政司及其所屬府、州、縣治用長方形粉紅色塊加注地名表示,其他各類聚居地直接以地名表示;「皇都」(今江蘇南京市)、「中都」(今安徽鳳陽市)用藍色方塊和紅書表示。圖中山脈以山水畫法描繪,除了黃河用粗黃曲線表示外,另用灰綠曲線描繪其他水體。現在所見絹本彩繪圖收藏於中國第一歷史檔案館。清人將圖中原有的漢文注記全部用大小不同的滿文貼籤覆蓋,方便清廷使用,也彰顯清朝對天下的治權。

　　在「華夷圖」的時代,中國古地圖都採用「內折外容」的方法來繪製,也就是中原地區的比例尺很大,而且相對關係按照一定比例折算,比較準確。但是「四夷」為了要容納進來,構建天下秩序,比例尺就會縮小。到了「混一圖」的時代,這個特點依舊延續下來:《大明混一圖》中,明朝疆域刻意放大,佔了地圖的三分之二還多。圖中的疆域和政區並未繪出疆域界線,

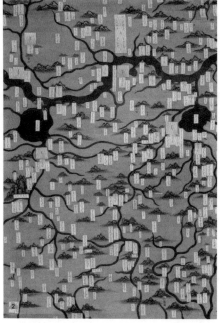

僅以不同顏色的地名方框區別境內域外。域外部分以中亞的描繪最詳細，其次是歐洲和非洲。非洲南部好望角方向較為準確，表明此圖受到伊斯蘭地理知識影響。

根據圖上內容和相關文獻，席會東推測，該圖的國內部分源自元代朱思本的《輿地圖》，域外部分可能受到扎馬魯丁地球儀、彩繪《天下地理總圖》等伊斯蘭地圖和元末人李澤民《聲教廣被圖》的影響，因此圖中的河流和淡水湖為藍色，海洋和鹽湖為綠色，與比該圖稍早的伊斯蘭地圖和地球儀的着色法相一致。蒙元時代伊斯蘭地圖傳入中國之後，中國才開始大量出現彩繪本地圖。

《大明混一圖》長 456 厘米、寬 386 厘米，是現存尺寸最大、年代最早、保存最完整的中文世界地圖。它在世界範圍內第一次較為準確地繪出非洲大陸形狀，在中國和世界地圖史上都有重要地位。

▲ 明洪武　《大明混一圖》局部（中國第一歷史檔案館藏）

▲ 明洪武　《大明混一圖》黃河河源部分

明嘉靖 ——《蒙古山水地圖》

20 世紀 30 年代，這幅《蒙古山水地圖》流散海外，一直被日本的私家博物館藤井友鄰館當作清代山水畫來收藏。2002 年，北京兩位收藏家從日本購回地圖，交由北京大學考古系教授林梅村來鑒定，最後得出結果 —— 這是一幅異常珍貴的反映明代陸上絲綢之路的古地圖。

《蒙古山水地圖》長達 30.12 米，寬 0.59 米，繪於縑帛之上，採用手卷方式。它的命名來自地圖背面「尚友堂」的題簽，它是一家清末民初北京琉璃廠的著名書肆。「蒙古」指的是曾經稱雄歐亞大陸的蒙古四大汗國的後續王朝。林梅村判斷「蒙古山水地圖」是地圖原名，「因為無論古董商還是收藏者，恐怕都沒有水平給它起如此儒雅而貼切的名字。」《蒙古山水地圖》覆蓋了從明朝邊關嘉峪關（今甘肅酒泉）到天方（今沙特阿拉伯麥加），共有 211 個西域地名，涉及今天的中國、烏茲別克斯坦、塔吉克斯坦、黎巴嫩、突尼斯、土耳其等十幾個國家地區。經過對比《蒙古山水地圖》的其他繪本和刻本，林梅村證實這其實是一幅剩下四分之三的殘卷，原圖長 40 米，一直到達東羅馬帝國首都魯迷（今伊斯坦布爾）。又根據地圖上嘉峪關西面不見「永興後墩」等長城烽火臺推斷，它的繪製時間應該在嘉靖三年到十八年間（1524—1539 年）。

之所以《蒙古山水地圖》長久以來被當作綠水青山的畫卷來收藏，和中國地圖的繪製傳統有關。「古代山水畫與地圖本就是同源。」林梅村説。由於古代許多具體的繪圖者是畫院的畫師，所以古代地圖缺乏科學性和準確性，而是具有藝術性，甚至因為繪製精美而列入藝術品。例如，《洛陽圖》以及許多江河圖就被唐代張彥遠收入《歷代名畫記》。林梅村認為，嘉靖初年，中國畫壇能創作「長卷巨幛」的唯有「吳門畫派」的謝時臣。有記載，謝時臣在嘉靖年間曾被「杭州三司請去作畫，酬以重價」。林梅村推測，他就是去協助宮廷畫師繪製《蒙古山水地圖》的。

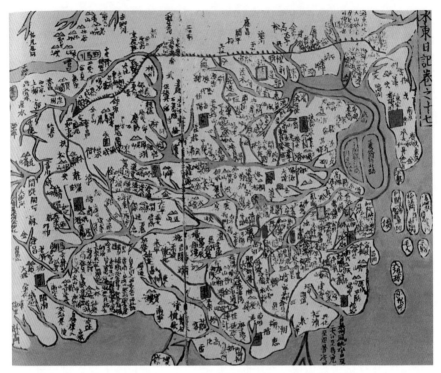

▲ 明嘉靖　刻本《水東日記》之《廣輪疆里圖》摹本（美國國會圖書館藏）

　　《蒙古山水地圖》的創作背景應當和明朝中葉之後的邊防危機有關。明朝立國之後，一直困擾統治集團的「北虜南倭」問題，在明代中期尤其突出。在這種刺激下，邊防史的著作不斷湧現。撰述圖籍的數量大，並且撰述時間相對集中，絕大部分作品產生於嘉靖至萬曆年間，正是邊防形勢處於危機的關頭。

　　經過比較研究，林梅村認定《蒙古山水地圖》的內容主要來源於當時可見的四種材料：一是元末李澤民的《聲教廣被圖》，二是洪武年間的《大明混一圖》，三是明初的《陳誠西域使程記圖》，四是明初傳安的見聞錄。另外，元代盛行伊斯蘭教，按照穆斯林尊奉的五行儀之一，凡有能力者，有生之年必到麥加朝聖。穆斯林到麥加的路線為傳統的「絲綢之路」路線：出嘉

峪關西行，經吐魯番盆地、塔里木盆地諸城，到中亞撒馬爾罕（今烏茲別克斯坦撒馬爾罕），然後從哈烈（今阿富汗赫拉特）西行，至波斯南部的失剌思（今伊朗設拉子），再經報答（今伊拉克巴格達），最後到阿拉伯半島的麥加。《蒙古山水地圖》所述西域地理的部分資料可能也出自到麥加朝覲的中國穆斯林。

《蒙古山水地圖》有兩個明代刻本傳世，一個是收入明嘉靖二十一年（1542 年）由馬理主編的《陝西通志》中的《西域土地人物圖》，另一個是收入明萬曆四十四年（1616 年）由陝西三邊總督劉寬敏所編的《陝西四鎮圖説》中的《西域圖略》。另外，還有一個臺北「故宮」收藏的彩繪本《甘肅鎮守圖略》所附的《西域土地人物圖》及其圖説《西域土地人物略》、《西域沿革》。林梅村認為，《蒙古山水地圖》是《西域土地人物圖》各種版本的母本。但其他學者也有不同意見，比如席會東就認為，《蒙古山水地圖》是在《西域土地人物圖》基礎上簡化、改繪而成的，僅具有較高的文物價值和藝術價值，而史料價值和研究價值都要遠低於《西域土地人物圖》的其他版本。

一個有意思的現象是，在彩繪本《西域土地人物圖》上繪製有人物和動物：圖上有牽馬或者牽駱駝的商旅，背着行囊的旅客，牽着貢獅往東朝貢的使者，頭戴蒙古帽騎馬飛奔的軍士，埋頭耕種的農夫，在氈帳中接受跪拜的貴族，等等。除了繪注「回回」、「纏頭回回」等信仰伊斯蘭教的民族外，圖中在西亞多個城鎮繪注有不少漢人聚居的信息。如在文谷魯城（今約旦安曼西南或埃及馬格里布）有「俱漢兒人，蓬頭戴帽，種旱田」，在魯迷城有「纏頭回回及漢兒人，有通事」等文字標注，這顯示了元明時期漢人在西亞遷居和生活的情況。繪製人物和動物都是《蒙古山水地圖》中所沒有的，這種製圖風格明顯是受到歐洲地圖繪製的影響。歐洲地圖上畫了許多人物和動物的形象，這樣做的一個目的是保密地理信息，因為反對偶像崇拜的穆斯林人就無法閱讀這些地圖。

▲➊「尚友堂」題記《蒙古山水地圖》卷首嘉峪關段

▲➋「尚友堂」題記《蒙古山水地圖》卷中撒馬爾罕段

▲➌ 明嘉靖 《甘肅鎮戰守圖略》之《西域土地人物圖》卷首段（臺北「故宮」藏）

▲➍ 明嘉靖 《甘肅鎮戰守略圖》之《西域土地人物圖》卷尾部分（臺北「故宮」藏）

　　15—17 世紀，是世界史上著名的「大航海時代」和「地理大發現時代」。海洋時代和海權時代的到來，意味着陸上絲綢之路的相對衰落。《蒙古山水地圖》恰好是在世界陸海時代轉化之際，描繪了西域蒙古化和伊斯蘭化大背景下多元文化互動的現實圖景，反映了陸上絲綢之路最後的輝煌。

明嘉靖 ──《廣輿圖》

　　《廣輿圖》是明嘉靖二十年（1541 年）由羅洪先以元代朱思本的《輿地圖》為基礎，綜合元明兩代其他地圖繪製而成的大型綜合性地圖集。圖集一共有 113 幅地圖，包括主圖 45 幅，附圖 68 幅。地圖可以分成四個部分：第一部分

是政區圖，包括《輿地總圖》和兩直隸十三布政司圖，這是整個圖集的基本部分。羅洪先將朱思本《輿地圖》大圖的形式縮繪分拆成一張總圖，又加上16幅分省圖。第二部分是邊防圖，包括九邊圖 11 幅和洮河、松潘、虔鎮、麻陽諸邊 5 幅。第三部分是專題地圖，包括黃河圖 3 幅、漕河圖 3 幅、海運圖 2 幅。第四部分是周邊地區和鄰國，包括朝鮮、朔漠（蒙古）、安南（今越南）、西域（新疆、中亞、西亞）「四極圖」各 1 幅，還有東南海夷圖、西南海夷圖（表現出非洲最南端）、日本、琉球、四夷總圖等，反映了當時對世界的認識程度。

「四級圖」是根據唐、宋、元、明時期的地理資料繪製而成的。比如，西域圖中主要標注漢唐以來西域和中亞的歷史地名，而較少表現明代西域的現實地理情況，也沒有標注蒙古語地名和突厥語地名，突出的是中原王朝經營西域的文治武功。

《廣輿圖》採用計里畫方的方法繪製，又製定有一套集合符號為主的圖例符號，全圖規範、精美、內容豐富，是一部古代地圖的集大成之作。從明嘉靖到清嘉慶的 200 多年中，該圖集被刻印多次，有大量不同的摹刻本，並衍生出和《廣輿圖》形式相近的系列地圖集。

該圖集的另一影響深遠之處在於改變了歐洲人的中國地理觀。明朝晚期開始，中國和西方之間的地圖知識交流是雙向的，在利瑪竇等耶穌會士將歐洲近代地理知識體系和製圖方法傳到中國的同時，意大利耶穌會士羅明堅、衛匡國和波蘭耶穌會士卜彌格等人陸續沿着「海上絲綢之路」來華，將明代的《廣輿圖》等中國圖籍帶回歐洲，並在此基礎上編繪《中國地圖集》、《中國新圖志》等拉丁文中國地理圖集，促進了歐洲人對中國地理知識和地理圖籍體例的了解。

在此之前，16 世紀歐洲學者採用新方法和新技術編繪出囊括新舊大陸的世界地圖，開啟了歐洲地圖學的近代化大門。1584 年，比利時人奧特柳斯編

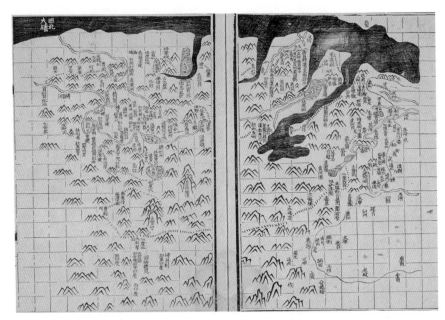

▲ 明嘉靖　羅洪先《廣輿圖》中「四級圖」之「西域圖」（中國國家圖書館藏）

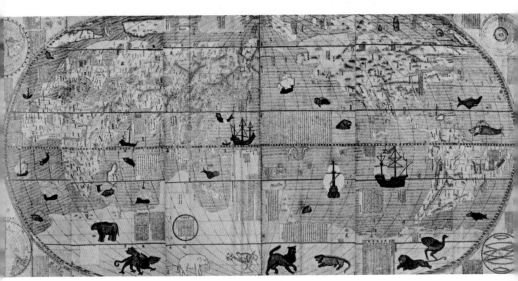

▲ 明萬曆　利瑪竇《坤輿萬國全圖》（南京博物院藏）

繪了歐洲第一部近代地圖集《寰宇大觀》，其中收錄了葡萄牙地圖製造商巴爾布達編繪的《中國地圖》，該圖是歐洲最早的單幅中國地圖，在問世後的60年裏一直是歐洲所繪中國地圖的藍本。圖中描繪的中國是一個混合了歐洲古典地理知識、中世紀《馬可·波羅行記》傳說和近代歐洲殖民者在東南亞探險成果的產物，中國的輪廓、水系都嚴重失真。

1655年，衞匡國在荷蘭阿姆斯特丹出版《中國新圖志》，這本地圖志在《廣輿圖》基礎上增加了經緯度和礦產資源的信息，內容更加完善，它不僅表現了中國整體輪廓和沿海地區，還描繪了中國各省邊界和政區，使得歐洲人第一次看到中國內地地理狀況。同時，該圖集還是第一次較為準確地描繪出朝鮮半島和日本列島的歐洲地圖，增進了歐洲人對東亞的了解。該圖集從問世直到1736年法國地理學家在康熙《皇輿全覽圖》基礎上所編《中國圖集》的出版之前，一直是歐洲人所繪中國地圖的藍本，在東西方地圖交流史上具有重要地位。

明萬曆 ——《坤輿萬國全圖》

這幅藏於南京博物院的《坤輿萬國全圖》是明萬曆三十六年（1608年）根據意大利耶穌會士利瑪竇的原圖描繪而成，長346厘米，寬192厘米，是一幅採用西方地理觀念和圖式並融合中國地圖資料繪製而成的中文世界地圖。

《坤輿萬國全圖》採用等積投影、經緯網和東西兩個半球的橢圓形圖式，描繪當時已知的世界五大洲：亞洲、非洲、歐洲、美洲和南極洲。其中，亞洲、歐洲、非洲和美洲的陸海輪廓線經過歐洲航海發現的實際探測，比較準確；南極洲根據當時歐洲的傳說繪製而成，比實際面積要大不少；大洋洲當時還沒有發現，所以沒有繪製出來。在圖框四角，分別繪有一幅圓形小圖，作為五大洲的補充，其中右上角為九重天圖，右下角為天地儀圖，左上角為北半球圖，左下角為南半球圖，反映了當時歐洲人的地球觀。

▲ 明萬曆　利瑪竇《坤輿萬國全圖》（南京博物院藏）

　　圖中用三種色彩來描繪五大洲，用藍綠色立體形象繪法表現山脈，用雙曲線描繪河流，用淺藍色水波紋描繪海洋。同時，該圖採用同時期歐洲地圖的典型繪法，在大海中繪製帆船和巨鯨、海怪等海洋動物，在南極洲繪出想像中的獅子、大象、犀牛、鴕鳥等熱帶動物。圖中用字體大小區別五大洲和其他地名，每個地名之下附文字注記，敘述各地的歷史、風俗和特產，讓讀者能夠迅速了解當時的整個世界概況。

　　該圖是以歐洲盛極一時的奧特柳斯《寰宇大觀》等拉丁文世界地圖為藍本，結合明代的《廣輿圖》、《大明一統志》、《古今形勝之圖》等中國地理圖籍編繪而成。為了便於中國官員和學者接受地圖，利瑪竇改變了歐洲世界地圖以大西洋為中心的繪法，將明代中國繪製於全圖的中央，對東亞地區的描繪也非常詳盡。萬曆二十九年（1601年）利瑪竇赴京觀見，向萬曆皇帝進呈《坤輿萬國全圖》，受到中國官員和學者的重視。受其影響，一些中國學者陸續編繪了一系列圓形世界地圖，如《山海輿地全圖》、《兩儀全覽圖》等。

　　《坤輿萬國全圖》在中國的刊印和傳播極大地開闊了中國人的地理視野，將「地圓說」、歐洲地理大發現成果、五大洲、四大洋、氣候帶等地理觀念、知識以及實地測量和投影測繪等方法傳入中國，在學者中產生了一定影響。利瑪竇在地圖中翻譯的「亞細亞」、「地中海」、「尼羅河」、「南極」、「北極」和「赤道」等地理概念術語也沿用至今。《坤輿萬國全圖》同樣彌補了當時歐洲世界地圖中東亞部分不準確的缺憾，推動了中國地圖學發展和中西文化交流。

清 ——《乾隆內府輿圖》

　　該圖是在清朝康熙《皇輿全覽圖》和《雍正十排皇輿全覽圖》的基礎上，由乾隆皇帝主持、清朝官員領銜、中外測繪人員通力合作，於乾隆二十年到二十七年（1755—1762 年）完成的大型實測疆域政區總圖。它繪製的範圍東北起庫業島（今俄羅斯薩哈林島），東至東海，西至波羅的海、地中海和紅海，北到北冰洋，南到印度洋，涵蓋了半個亞洲大陸和歐洲東部地區，在北部和西部比康熙與雍正時代的輿圖更加廣闊。

　　清朝康熙中前期，平定南方「三藩」之亂、收復東南臺灣、平定西北準噶爾部噶爾丹叛亂之後，清朝統治逐漸鞏固，康熙將治國中心轉移到測繪疆域、繪製全國地圖上來。由康熙開始，他建立了西方來華傳教士和清朝官員共同協作的工作方式。他們採用西方近代三角測量法對清朝全境進行大規模測量，其範圍南到海南島，東北到黑龍江和朝鮮，東南到臺灣，西至新疆和西藏，最後用經緯度座標和桑遜投影法繪製成《皇輿全覽圖》。雍正時代是清代官方實測「皇輿全圖」由全國總圖向「天下圖」轉變的階段，之後無論是《雍正十排皇輿全覽圖》、《乾隆內府輿圖》，還是同治《大清中外一統輿圖》繪製範圍均超出清朝的疆域，體現了政治和疆域上天朝一統的觀念。

　　康雍乾三朝都十分重視對西域的測繪。康熙五十年（1711 年），康熙派法國耶穌會士杜德美、奧地利耶穌會士費隱領隊，出長城至哈密一帶，測繪蒙古地區和甘肅、陝西、山西等地。由於未能徹底平定噶爾丹叛亂，他們只測繪了新疆東部的哈密地區。康熙五十五年（1716 年），康熙再次派費隱前往新疆，測繪哈密以西地區，直到伊犁河谷和喀什地區，繪製成《哈密喀思圖》和《雜旺阿拉布灘圖》，最後納入總圖當中。雍正年間，隨着進一步平定噶爾丹貴族叛亂以及和俄羅斯訂立西北界約，清廷對《皇輿全覽圖》做了一些修正：嘉峪關以西的西域部分全用滿文注記；西部疆域遠達黑海與地中海一帶；更正、增加了一些地名，並用虛線繪出了中原通往西域各地的交通

道路。雖然有清廷完全掌握，中亞和西伯利亞不少地方都淪為沙俄控制的事實，但清廷仍將其繪入《雍正十排皇輿全圖》之中，以彰顯天朝一統觀念。

　　乾隆年間的西域大測繪是在平定北疆準噶爾和南疆回部的背景下進行的。乾隆年間的西域測繪分兩次完成：第一次開始於乾隆二十一年（1756年）二月，由何國宗總負責測繪，從巴里坤分南、北兩路，北路測繪天山北麓至伊犁地區，南路由測繪吐魯番地區；第二次主要測繪南疆、中亞，開始於乾隆二十四年（1759年）五月，由明安圖、德保、烏林泰及歐洲耶穌會士傅作霖、高慎思、劉松齡等人前往今新疆、中亞地區進行測繪。通過兩次測繪，清政府獲取了哈密以西、巴爾喀什湖以東、天山南北兩路廣大地區90餘處經緯度數據，因此《乾隆內府輿圖》中西域部分地名的密度和準度都要高於《皇輿全覽圖》和《雍正十排皇輿全圖》。

　　乾隆將由最後確立清政府統治的地區稱作「新疆」，當時被清政府稱為

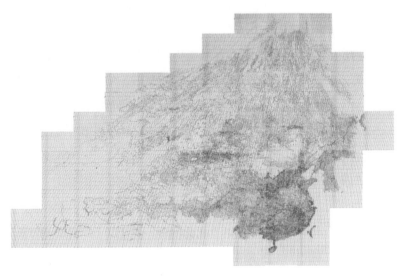

▲ 清乾隆　《乾隆內府輿圖》局部（北京故宮博物院藏）

「新疆」的地區還有雲南烏蒙地區，貴州黔東南古州一帶、安順與鈦寧附近，四川大渡河上游的大、小金川地區。清政府平定準噶爾部的叛亂以後，也將古稱西域的天山南北地區稱為「新疆」。在全面掌控新疆的基礎上，清廷在新疆建立起完善的臺站體系和駐防體系，並陸續設置政區、營建城池。《乾隆內府輿圖》在滿語、蒙古語、突厥語林立的新疆地區突出標繪了迪化城（今烏魯木齊市）等諸多新建漢語城池，並用象形符號放大繪製了多方乾隆皇帝的御製碑，彰顯了清王朝和乾隆帝開拓新疆的文治武功。在此，地圖成為疆域的標識與權力的象徵。

康熙是位願意了解西方文明，也尊崇科學精神的皇帝。當時決定進行全國大測繪之時，就是因為在簽訂《中俄尼布楚條約》時，康熙就認識到西方耶穌會士帶來的西方地圖較中國地圖更為精準。另外，任職於清廷的比利時耶穌會士南懷仁，法國耶穌會士張誠、白晉等人向康熙講授西方的天文曆法、數學和地理知識，也讓他感到西學的博大精深。但到了康熙的子孫雍正和乾隆那裏，他們就缺乏這樣的訴求了。「他們進行大型測繪活動，多半是為了仿效先輩的遺志，」席會東說，「就像康熙在地理測繪時已經搞清楚了黃河的源頭，但是到了乾隆那裏，他又回歸到了《漢書‧地理志》中『伏流重源』說的經典描寫。」所以，清朝前期實測地圖中已經廣泛運用的經緯網和投影技術被束之高閣。清朝中期的各級政府、官員和學者在繪製地圖之時，主要運用中國傳統形象繪法，採用以文獻考據和製圖綜合為主要手段的傳統繪圖方式，傳統地圖仍然是清代地圖的主流。倒是像《乾隆內府輿圖》這樣的地圖被傳教士帶回歐洲，促進了歐洲對中亞的了解，具有一定的世界意義。

（部分古地圖資料編輯自席會東著作《中國古代地圖文化史》，感謝席會東為採訪和寫作提供的幫助。其他參考書：《歷史上的中國：中國疆域的變遷》，葛劍雄著；《中國地圖學史》，盧良志編；《蒙古山水地圖》，林梅村著）

THROUGH
THE SILK ROAD

中西風物：
文明的交融

第二章

II

概述

文 ▲ 王星

「東方」與「西方」，在漢語中原本就可以化為雙關的「東西」，因此橫亙在歐亞大陸及其海岸線外絲綢之路本身的走向自己就可以道出它最主要的用途。

為什麼漢語中只有買賣「東西」而沒有「南北」？《辭源》裏的標準解釋是：「此義云物產於四方，約言之曰東西，猶記四季而約言春秋。」《辭源》的解釋來自清代梁章鉅《〈浪跡叢談〉續談》，但民間流傳更廣的解釋來自清代翟灝的一則筆記，大意是：明崇禎帝向輔臣周延儒提出這個刁鑽問題，周延儒答：「南屬火，北屬水，若在黃昏做晚飯時向別人借水借火，沒有不給的；『給』不能叫交易，因此交易物只能叫東西。」這一說法後來衍生為更加通俗的「東木西金」版本：東屬木，西屬金；木、金可以放在籃子裏，而火、水不能用籃子裝，所以「物」稱「東西」，不稱「南北」。

至於「東西」何時開始成為「物」，中國學術界至今難以定論。最早的定於漢代，但更集中的意見是唐代，當時東、西所以成為「東西」則被解釋為：唐有「洛陽」、「長安」東、西二京，長安又有東、西二市，「東西」作為俗語完全可以再現商賈或市民逛市場時東張西望的景象。不過，這種說法近年受到了挑戰。有學者提出：宋以前文獻中「東西」一詞出現的頻率遠不及更傳統的「物」，「動使」反倒在五代時期頻頻被用作「物」的同義詞，因此「東西」更可能是北方民族南下造成的「動使」口音訛傳。

事實上，就「貨物」含意而言，中國史籍中最早的其實多是「南北」。南北朝就有《北史·魏收傳》載：「南北初和……求南貨於收。」至今一些懷舊的店鋪還有「南北行」、「南貨店」等名稱。倘若依據出現在文獻中的頻率判斷，明代之後其實是「東西」更安全的時期。明代張燮《東西洋考》中說「西產多珍，東產多礦」。「東礦西珍」不久超越「南北」成為明代海外貿

易方言中的「東西」，並進而引申為市肆交易「四方物產」的專稱。至少到嘉靖年間蘇祐撰寫《逌旃璅言》時，已經出現這種今人看起來有些古怪的說法：「世稱錢物曰東西，稱男子曰南北。……意蓋鄉語相傳有自來矣。」

即便漢代北方陸上絲綢之路開闢時很可能暫且只有東、西之說，絲綢確實都被路途兩端視為好東西，以至於當 1877 年德國探險家與地理學家李希霍芬（Ferdinand von Richthofen）首次為這片貿易區命名時，他也使用了「絲綢」。李希霍芬很細心地在著作中對「絲綢之路」採用了「Seidenstrasse」與「Seidenstrassen」單複數兩種說法，而且並沒有用該術語指稱漢代之外的情況，但「絲綢之路」已經如同代替了「南北」的「東西」一樣，成為描述歐亞貿易史最常見的詞語。

絲綢甚至原本不是「絲綢之路」上最早流通的物品。倘若溯本清源，在東方語彙之外，陸上絲綢之路應該因馬匹與皮毛交易而被稱為「馬毛之路」，海上絲綢之路也該稱為「胡椒之路」。出現在貿易線路上的還有比馬匹、駱駝或山羊更不能稱為「東西」的奴隸交易。探尋「絲綢」這種人與自然共同成就的物品何時成為絲綢之路上的主導貿易砝碼，實際上也是在探尋東西方以心靈而不是純粹足跡丈量彼此間隔的過程。千年間商隊們走過的路並非偶然地覆蓋了──20 世紀初英國地理學家麥金德在《歷史的地理樞紐》（*The Geographical Pivot of History*）中所說的──歐亞大陸「樞紐地區」。實現麥金德「樞紐地區」假說的核心條件是物資的流動。一方面歐亞間的地理樞紐為商隊們提供了便利，同時他們攜帶的貨物也成為這一樞紐最核心的推動力。

黃瓜、大蒜、芫荽、芝麻、核桃、蔥、石榴、無花果、蠶豆、豌豆、豇豆、葡萄、苜蓿、茉莉、檳榔、楊桃、柰、萵苣、蕪菜、菠菜、西瓜、海棗、扁桃、阿月渾子、玉米、番薯、馬鈴薯、花生等等，源於食物補給的貿易總是最容易被銘記，而香料、金銀器、玻璃、棉布、野生動物製品等更多帶有區域性人工附加值的貿易卻並非總有絲綢那樣的運氣。麥金德 1904 年提

出的歐亞大陸「樞紐地區」，同時代的英國科學技術史專家李約瑟（Joseph Needham）則提出「李約瑟之謎」（The Needham Question）：為什麼在前現代社會中國的科學技術非常發達？為什麼在現代社會中國又成為技術落後的國家，沒有繼續維持原來的領先？

「李約瑟之謎」顯然是東方在經歷「南北」出現「東西」後未必樂於看到的話題。不過，麥金德至少曾試圖以西方視角解決當時西方面臨的「李約瑟之謎」困境，進而提出「新地理學」：地理學的主要職能是「探索人類在社會中的相互作用，以及在局部發生變化的環境中的相互作用」，而地理學發展的最大隔閡來自「自然科學與人文研究之間」，「地理學家的責任是建立一座橋樑」，同時「地理學必須研究歷史以證實他所提出的關係」。對東方的好消息是：綿延千年的絲綢之路無可抗辯的物質存在已經提供了足夠的地理與歷史素材。

李約瑟曾將中國明代崇禎年間一位落魄舉人宋應星稱譽為「中國的狄德羅」。比法國的狄德羅（Denis Diderot）早半個世紀誕生的宋應星在閒暇寫成了中國歷史上的一大閒書：《天工開物》。成書後雖頗有「欄杆拍遍無人與共」之感，百年後卻在西方獲得了「中國 17 世紀的工藝百科全書」的美名。狄德羅亦因編寫《百科全書，或科學、藝術和手工藝分類字典》（*Encyclopédie, ou Dictionnaire Raisonné des Sciences, des Arts et des Métiers*）留名青史。在後世看來，狄德羅捎帶的諸如「物質和運動不可分」之類哲學論斷的《百科全書》使它堪稱「理工書本中最文藝的」，正如對程朱理學深有研究的宋應星那本《天工開物》在東方眼光看來是「理學書中最不文藝的」。中國明代之後講究「器以載道」，其出處源自宋應星同時代人顧炎武所說的「非器則道無所寓」，只不過在絲綢之路的貿易史上，更多時候不變的是器，常變的是人心中的道。如同東方古訓「工欲善其事，必先利其器」一樣，西方自古希臘始也有「認識你自己」。倘若時光迴轉，其實必先知東、西，始知東西。換而言之，當我們看到好東西，根底裏還應回歸東西的交往。

▲ 土耳其商人的絲綢店

東方絲與西洋鏡的平行宇宙

文 ▲ 王星

　　將東方與西方，替換成絲綢與玻璃，也未嘗不可。雖然，這兩者並不在我們的經驗與知識譜系內，但它們之間東西相向的旅行及其命運，足夠傳奇。

　　在最為「絲路繁忙」的大唐盛世過去 1000 多年之後，1851 年，以「世界博覽會」為名的另一場為展現盛世而集結的盛事在英國倫敦開幕。雖然出現在描繪開幕式的油畫上的那位神祕「希生老爺」實際上算不得真正的「中國嘉賓」，來自湖州的 12 捆「榮記湖絲」倒確實是中國商人徐榮村主動提供的展品。湖州自唐朝起就是重要的蠶絲產區，「榮記湖絲」最後獲得了世博會金獎的確實至名歸，但也該在意料之中：畢竟這是一場「日不落帝國」展示它光照寰宇能力的大慶典，而「絲綢」在當時的西方視野中依舊是完美的東方符號。英國對於自己的形象定位則毫不掩飾地以主展館「水晶宮」的方式彰顯在世界面前。直至此時，被獎項環繞的漂亮的中國絲還沒有完全意識到，「水晶宮」在以西方的方式炫耀着什麼。

　　水晶宮的主要構建材料是絲綢的老相識：玻璃。東方的絲綢與西方的玻璃在絲綢之路上曾多次相遇，這是確鑿的史實。然而，如同地球原本是三維的球體，地上的路在視覺中卻往往只剩下平面映射一樣，流轉在絲綢之路上的太多物品在書本歷史中也只留下平面化的符號：它們本應攜手同行，中途卻誤入時空蟲洞的平行宇宙。對於絲綢與玻璃這兩種東西方原本各自引以為榮的工藝來説，尤其隔膜如此。

▲ 1851 年倫敦世博會主場館「水晶宮」內的觀展

▲ 法國凡爾賽宮著名的鏡廳

織與造的神話

公元 1 世紀，古羅馬皇帝尼祿身披來自東方的奢華絲綢觀看鬥獸表演時，由於近視，他佩戴了另外一件奢侈品：用翡翠精心打磨的單目鏡片。雖然當時玻璃已經出現，而且是流向東方、對等於絲綢的貴重貿易品之一，但在燒製技術上還只限於製造裝飾品，不足以承擔如此精細的光學使命。尼祿時代的 1300 多年後，玻璃在西方羽化為「眼鏡」，又花費三個多世紀出現在同樣身着錦緞的清代皇帝康熙的鼻子上，卻只成就了清朝一段燒製如同絲錦般精緻的玻璃器的年代。耶穌會會士湯若望在康熙即位前帶來的天文望遠鏡和用中文撰寫的《遠鏡論》同樣不足以改變玻璃被視為「玩物」的命運，而與此同時，耶穌會在更早開拓的日本教區發展的生絲貿易卻已經成為西方擺脫傳統陸上或海上絲綢之路禁錮的一條捷徑。

即便如此，更寬廣的宇宙中似乎始終有種同時眷顧着東西方的力量。早在絲綢與玻璃這兩種人間技術可被考古發現驗證的存在證據出現之前，天上對它們都存在宿命感的一顆星辰已經存在，而這兩項技術又都不約而同地將自己的誕生神話放到了那顆星辰輝煌的年代。在東方絲綢王國的這一端，那顆星辰最常見的名字是織女星。

有關織女星的神話在中國可以追溯到上古年代。與「牛郎織女」這樣的七夕節小清新故事相比，上古傳說中的織女遠為彪悍。據傳，織女屬弇茲氏，是中國歷史上最早的女性首領，在距今 3 萬年前就發明了用樹皮搓繩的技術，更重要的是據說她與燧人氏首領的聯姻成就了伏羲與女媧的誕生。因人間盛名而命名天上星辰並非後世天文學的獨創，於是當時北半球夏季星空中亮度高且位置相對穩定的一顆星便被命名為「紫宮」，也即後世所說的織女星。織女後來又衍生為包括絲綢在內的一切東方紡織技術的守護神。按照天文學的術語，由於地球位移的「歲差」因素，織女星曾經在公元前 1.2 萬年以前的很長時間裏擔負着近似今天北極星的指路星任務。如果當時有橫貫

東西的商旅行進，他們依據的應當是「織女之路」。

從考古角度來看，「公元前 1.2 萬年以前」依舊是一個智人與洪水傳說糾纏不清的時期，對於當時東西交流的猜想還都只能在畫裏飛。幸好，作為天空星辰亮度的標準星，織女星是地球上東西方除太陽之外被最早密切關注的恆星之一，因此它早在古希臘的神話時代就已得到了自己的西方命名：「天琴座阿爾法星」。天琴座的希臘命名得自於俄耳甫斯棄世後的那把詩琴。天琴座與玻璃間在西方的音樂關聯直到 18 世紀後半期玻璃琴的出現才有所回應，但玻璃誕生的東方故事似乎早在織女星作為指路星的年代已經出現：中國上古傳說中，織女的後代女媧「煉五彩石以補天」，五彩石落入人間後便成為「琉璃」。

▲ 收藏在耶路撒冷的公元前後的玻璃小瓶，用於盛裝香精和香水

關於「琉璃」是否就是「玻璃」，這是一樁考古界至今糾纏不清的公案。單純從名稱上看，類似現代玻璃的物件在戰國後的中國歷史中還曾有過「陸離」、「流離」、「瑠璃」等別名，宋代之後「玻璃」一詞才逐漸佔據主導地位。清代初年，經歷過「琉璃瓦」這層最後的詞義混淆，「琉璃」在很長一段時間裏被視為建築構件術語，因皇帝喜好而興起的玻璃器工藝卻使「玻璃」成為「奢華」的代名詞之一。然而，風水輪流轉。「料器」原本是玻璃燒製工藝的一種，待 20 世紀這一稱謂成為玻璃器作為地方特產的代稱，「玻璃」在詞義上不再擁有昔日的華麗地位，以至於當 21 世紀中國開始興起藝術玻璃燒製工作室時，眾工作室紛紛以「琉璃」自名，以示與普通玻璃製品有別。

　　玻璃在漢語命名中的浮沉與它的誕生神話直接相關。早期，中國玻璃器與它們同期的西方小夥伴最大的外觀區別在於透明度。「壁流離」、「鑄玉」、「藥玉」、「罐子玉」，這些更具東方色彩的別稱暗示後人：無論是作為「琉璃」還是「玻璃」，這些人間燒製的物件都蘊含了近似於東方玉文化的天上夢想。女媧所煉之石又被稱為「五彩玉」，同時也被傳說為人間玉石的淵源。「玉」本為天然形成的「石之美者」，但傳說中的「煉」字卻足以留給後人無限的「人定勝天」的夢想空間。現實考古發現表明，中國早期玻璃的誕生與青銅器鑄造有關：燒鑄青銅器時範模中的沙礫在高溫下發生化學反應，原本平淡無奇的二氧化硅昇華為仿佛天賜的夢幻晶體。在「琉璃」或「玻璃」被納入佛教「七寶」之後不久，擅長煉丹的中國道士們也開始以「琉璃仙」或「琉璃師」自居。公元 86 年東漢王充所著的《論衡》中，直白記載了中國早期玻璃的東方式用法：「《禹貢》曰『琳琅』者，此則土地所生，真玉珠也。然而道人消爍五石，作五色之玉，比之真玉，光不殊別，兼魚蚌之珠，與《禹貢》琳皆真玉珠也。然而隨侯以藥作珠，精耀如真，道士之教至，知巧之意加也。」中國古人相信玉可使肉身不朽，而出自西域的「真玉」並不易得，中國早期玻璃器很自然地擔當了「仿玉」的責任。如同安家瑤《玻璃器史話》所述：

「葬玉在漢代玉器中佔很大比例，主要有玉衣、九竅塞、玉琀和握玉4種。作為葬玉的代用品，玻璃衣、玻璃九竅塞、玻璃琀和玻璃握玉也都出現了。此外，玻璃璧自戰國中期出現，漢代墓葬中還繼續使用，這些玻璃璧也屬於喪葬用玻璃。」

無獨有偶，中國絲綢在早期也被賦予了更為主導的「引領靈魂」的力量。袁宣萍、趙豐所著《中國絲綢文化史》中說：「絲綢業一開始就是一項宗教活動而不是純粹的經濟活動。……蠶是自然界中變化最為神奇的一種生物……這一自然界中生命的奇跡令遠古時代的人們無比敬畏。我們從哪裏來？我們又向何處去？這個問題是一切宗教的根本問題。蠶的一生仿佛提供了一個答案。」「既然蠶的變化如此神奇而重要，蠶賴以生存的桑樹就顯得十分神聖了。從古史傳說來看，桑林不啻是蠶的棲息地，而且與民俗活動有密切的關係。其中的活動主要有兩類：一是男女在桑林中幽會，祭高媒之神（即生育之神），以求子；二是在桑林中進行祭天求雨活動。」「由於蠶與桑的神聖性質，絲綢也不會是普通的織物。作繭自縛是模仿蠶蛹化蛾，是靈魂升天的必由之路。人們在死後直接用絲織物或絲綿包裹起來，等於用絲質的材料做成一個人為的繭子，在寂靜中等待新生。」成書於西漢時期的《禮記‧禮運》載：「治其麻絲，以為布帛，以養生送死，以事鬼神上帝，皆從其朔。」

在中國與絲綢起源相關的神話中，無論是黃帝元妃嫘祖、蜀地蠶叢氏或是被江浙一帶稱為「蠶花娘娘」的馬頭娘，都多少延續了這種「繭此生以求來世」的觀念。相形之下，西方對於玻璃的傳說遠為質樸，而對於絲綢來歷的傳聞更多幾分類似於中國《山海經》中「歐絲之野大踵東，一女子跪據樹歐絲」的迷幻色彩。西方有關玻璃誕生的最早記載源自古羅馬老普林尼（Gaius Plinius Secundus）於公元79年留下的《自然史》（*Naturalis Historia*），距離東方的王充記載「道人消爍五石」之時約10年。老普林尼的版本說：公元前3000多年前（也即中國神話中的三皇五帝時代），一艘腓尼基人

（Phoenician）的商船滿載着被稱為「天然蘇打」的硝酸鉀晶體在地中海沿岸航行，由於海水落潮商船擱淺，於是船員們紛紛登上沙灘，抬來大鍋、搬來木柴，並用幾塊「天然蘇打」作為大鍋的支架在沙灘上做起飯來；飯飽潮起、準備登船時，船員在

▲ 在絲綢之路上稍事歇息的駱駝商隊（19世紀版畫）

鍋下面的沙地上發現一些晶瑩明亮、閃閃發光的東西。老普林尼說：「其實腓尼基人發現的這種物質就是玻璃，它是岸邊的沙礫和蘇打在高溫燃燒中發生反應生成的物質。」

不過，後世的實證考據已經證明老普林尼的記載有誤，因為烹飪所需的溫度遠不足以煉成玻璃，而考古發現證實：遠在腓尼基人擱淺燒飯前，埃及與兩河流域已經具備成熟的玻璃燒製技術。西方玻璃的歷史因此從起源就缺失了根本的神話色彩，反倒是老普林尼延續他一個世紀前的前輩維吉爾（Publius Vergilius Maro）留下的絲綢故事成為影響西方很久的神話。維吉爾生活於公元前1世紀，恰逢張騫開闢絲綢之路而絲綢進入羅馬之時，也正值古羅馬發明玻璃吹製工藝、使玻璃容器日益成為民間消費品之時。古羅馬從古埃及與古希臘延續了玻璃燒製工藝且發揚光大，只是無論製造出多少精緻的玻璃器，在那個年代也抵擋不住維吉爾《田園詩》（Eclogues）中東方幻境的魅惑：「賽里斯人從他們那裏的樹葉上採集下了非常纖細的羊毛。」直至老普林尼的時代，這位死於實證的理工男還在《自然史》中頗具情懷地留下了這樣的描述：「人們在那裏所遇到的第一批人是賽里斯人，這一民族以他們森林

裏所產的羊毛而聞名遐邇。他們向樹木噴水而沖刷下樹葉上的白色絨毛，然後再由他們的妻室來完成紡線和織造這兩道工序。由於在遙遠的地區有人完成了如此複雜的勞動，羅馬的貴婦人們才能夠穿上透明的衣衫而出現於大庭廣眾之中。」

維吉爾所說的「樹上羊毛」正是蠶絲，而「賽里斯人」（Seres）雖然至今在考古學上仍定位不準，但指向中國。古希臘歷史學家克泰夏斯最早在他的著作中用「Σηρε」來稱呼產絲的國家，原意是「製絲的人」。在以引經據典著稱的 20 世紀美國學者拉赫（Donald F. Lach）的鴻篇巨製《歐洲形成中的亞洲》（Asia in the Making of Europe）裏，關於「Seres」與「中國」間的關係則有這樣的考證：「在公元紀年的第一個年代，中國被稱為『泰奈』（Sinae）和『賽利卡』（Serica），當然後者更為常用。當中國被視為海路的末端時，就被稱為『泰奈』，中國的北部被認為是遙遠的陸路末端的『絲綢之地』，它被奧古斯都時代的詩人彭波尼斯・米拉以及普林尼稱為賽利卡。米拉斷言，亞洲的最東部居住着三種人：印度人、賽里斯人和西徐亞人（Scythians），在這種劃分中使用的名稱大致相當於我們今天的稱呼：印度、中國和韃靼。賽里斯人居住的地方最明顯的特徵是那裏有絲綢。古代的作家們認為那裏是一塊位於有人居住的世界末端的幅員遼闊且人口稠密的陸地，居住在那裏的人們文明、公正、節儉。賽里斯人被認為不願同其他族群發生親密的關係，但是願意把他們的絲綢、毛皮和鐵器賣給外國商人。在奧古斯都時代，來自賽里斯的商人可能到達過羅馬帝國的領土，但是很明顯沒有中國的官方使團前來拜訪羅馬城。」

無論「Seres」是否為中國，傳承自拉丁語的「Serica」（絲綢）已經在西方話語間留下了難以更改的印記。直到公元 6 世紀蠶種外傳，有關「Seres」的歸屬才會引發更多的爭論，而在公元之前的年代，「從樹上梳出絲」確實更像對西方胃口的神話，其迷離不亞於「愛麗絲漫遊仙境」。以至於當神話已

▲ 蠶繭與被抽出的蠶絲　　　▲ 桑蠶

▲ 西方繪畫展現的 19 世紀中國蠶絲作坊

不存在的 1700 年後，英國派出馬戞爾尼使團探尋與傳說中的絲綢之國直接貿易時，帶來的是他們想像中堪與東方絲綢神祕感匹敵的西方玻璃工業精品：望遠鏡。只可惜當時東方仍處於入繭待生的狀態。20 世紀法國史學家佩雷菲特的一本《停滯的帝國》（*L' empire Immobile, Ou, Le Choc Des Mondes: Récit Historique*）已經寫盡當年的狀況，但「樹上梳絲」神話的破解還是從中國學者的筆下看來更有趣味。

《中國絲綢文化史》中載：「野蠶以桑葉為食，本是桑樹的天敵，與桑樹相伴相生，因此原始先民有機會接觸到自然分佈的大片野生桑樹與食桑為生的野蠶。」從桑樹的野蠶繭中抽絲挺符合「樹上梳絲」的童話意象，1926 年在山西夏縣西陰村發現的半個蠶繭更似乎給了中國蠶絲文化發源於公元前 3500 年前仰韶文化，也即與古埃及同學們大批燒製玻璃器同期的證據，只是這不利抽絲的半個蠶繭更容易讓人想起先古年代的另一種選擇：畢竟蠶蛹是可以吃的。因此《中國絲綢文化史》又有說：「與桑樹相伴的原始先民有機會接觸到自然分佈的大片野生的桑樹與食桑為生的野蠶。可能為了吃蛹或是占卜，或是什麼原因，他們切割、撕開蠶繭使得絲纖維鬆散，或蠶繭在雨水中浸泡導致纖維離解，種種機緣使得人們對蠶結繭、繭抽絲這一自然過程有了直觀的認識。」

東方絲國的琉璃夢

不管在東方是從樹上梳出來的還是吃出來的，絲綢在歐洲大部分地區都得到了與它原文發音類似的命名。玻璃卻在中國古漢語中別名眾多，這種現象在其他語言中絕無僅有。南宋之後，經歷過種種過渡，「玻璃」開始特指進口玻璃，「琉璃」或「藥玉」等更具東方玲瓏修辭方式的名稱留給了國產玻璃，直至清代初年。古羅馬留下了對絲綢最早的描述，並在本國玻璃業發展的盛期向正處於漢代與魏晉南北朝時期的中國出口了大量玻璃容器與玻璃珠

飾。然而，時至公元 12 世紀前後「番琉璃」一詞出現時，所謂的「番」卻已未必是羅馬，甚至很可能東方心目中的「番」從來就不是羅馬。

事實上，雖然早在公元前 1 世紀龐培就已將絲袍當作東方征戰的重要戰利品之一穿回了羅馬，中國古代是否與地中海意義上的羅馬有過直接文化與貿易交往，這是一椿和玻璃的漢語名稱一樣蕪雜的公案。20 世紀 80 年代，有新聞稱甘肅永昌鎮內的驪軒村曾為古羅馬兵團戰俘安置地，至今仍有古羅馬人的後裔和古羅馬的遺跡，此椿公案因此又添加了不少熱鬧。雖然這段「中國－羅馬交往佳話」不久就被學術界以各種論據證實為子虛烏有，但並不妨礙 2015 年初成龍主演的《天將雄師》上映時仍打着這樣的招牌：「影片根據真實的歷史故事改編，講述了保護絲綢之路和平的故事。」當年將驪軒與羅馬聯繫起來的「證據」之一是：「驪軒」的發音與中國史籍中對古羅馬的稱謂「大秦」與「犁軒」（黎軒）近似。然而，根據蘭州大學歷史學院汪受寬教授用 40 多萬字的專著《驪軒夢斷》論證出的結果，不僅「驪軒」與古羅馬毫無關係，「大秦」與「犁軒」（黎軒）也原本不是一家：「驪軒為西漢張掖郡所屬縣名，犁軒（黎軒）為《史記》、《漢書》所記西域安息國以北的亞美尼亞或塞琉西亞，大秦為東漢以後的中國典籍對羅馬帝國的稱謂。」

中國與大秦最近距離的主動接觸是在公元 97 年。《後漢書・西域傳》載：「和帝永元九年，都護班超遣甘英使大秦，抵條支。臨大海欲度，而安息西界船人謂英曰：『海水廣大，往來者逢善風三月乃得度，若遇遲風，亦有二歲者，故入海人皆齎三歲糧。海中善使人思土戀慕，數有死亡者。』英聞之乃止。」安息西界的西海就是今天的波斯灣。甘英究竟為何止步西海，至今是歷史謎案。激進如康有為甚至曾指責甘英膽小怕死，他的怯懦導致了中國近代文明的不發達，中立一些的學者則認為是當時安息國內的戰亂阻止了甘英西行的腳步。不過如今聽起來最為合理的解釋是：安息國是漢與大秦交易的中轉點，東方的絲綢與西方諸如玻璃之類的奢侈品都經安息商人周轉販

運，倘若漢直接開通與大秦的商路，安息就會失去對東西貿易的壟斷權。可以作為佐證的是：安息人一味強調渡海的艱難，沒有向甘英提供更直接的經由敘利亞抵達大秦的陸上路線。

西聯大秦受到阻礙，近一個世紀後，大秦的使者倒似乎來到了漢廷。《後漢書·西域傳》又載：「至桓帝延熹九年，大秦王安敦遣使自日南徼外獻象牙、犀角、玳瑁，始乃一通焉。其所表貢，並無珍異，疑傳者過焉。」「桓帝延熹九年」為公元 166 年。依據這一年份，如果真的是來自古羅馬帝國的使者，「大秦王安敦」就應該是有「帝王哲學家」之稱的羅馬皇帝馬可·奧勒留。「西方賢王遣使拜謁東方皇帝」，這聽起來在氣場上完全不亞於公元元年「東方三賢人」那場向西的朝拜。更能誘使人浮想聯翩的是：在使節拜訪漢廷約 4 年之後，馬可·奧勒留開始撰寫他的名著《沉思錄》。《沉思錄》以古希臘語成書，假如書中能尋得幾分東方儒家文化影響的確鑿證據，這部著作將成為集三大古文明精髓的奇書。然而，西方的史料中對此次遣使卻沒留下對應的記載，只記錄下馬可·奧勒留在公元 166 年正忙於征戰兩河流域一帶的塞琉西亞，也即中國史籍中曾與「大秦」混淆的「犛軒」（黎軒）。另有説「大秦王安敦」應指馬可·奧勒留的前任安東尼·庇烏斯。安東尼的名字固然在讀音上更接近「安敦」，只是這位皇帝在公元 161 年就已去世，除非那位忠誠的使者是此前就從羅馬出發、跋涉近 5 年到達中國。然而，「日南徼外」這一説法似乎又證明使者的出發地並非羅馬：即便與現今越南境內曾被西漢設郡的「日南郡」無關，但「徼外」畢竟是漢代對西南部以四川、雲南為代表的「荒夷之地」的通常説法，且「日南」即便不是專有地名，也是「在日之南」或者説在北回歸線以南之意。綜合以上，因此近年一些學者的猜度也許不無道理：使者並非真由羅馬皇帝派遣，不過是些打着御使的名義進入東方宮廷、試圖在貿易上獲得來自東方皇帝特殊優待的南疆商人。

「大秦王安敦」使者以「官方」身份獻上「象牙、犀角、玳瑁」，在中國

史書上得到的評價卻是：「並無珍異，疑傳者過焉。」有關「珍異」的傳言，理應來自之前周旋於羅馬與中國之間進行掮客貿易的商人，而他們曾為東方帶來的商品也確實遠比「象牙、犀角、玳瑁」琳瑯多彩。

《魏略．西戎傳》中就有記載：天竺「其西與大秦交市海中，多大秦珍物，珊瑚、琥珀、金碧、珠璣、琅玕、鬱金、蘇合」。「琅玕」是中國古代對玻璃的諸多稱呼中又一種，與它的很多小夥伴一樣，確切的含意已經湮沒在歷史的辭藻罐頭裏。漢語在奢侈品描述方面從來不乏創意，其實也早就為絲綢創造出同樣豐富的詞彙。東漢成書的《説文解字》「糸」部共收字 248 個，多與絲織品相關，依工藝不同劃分出的品種就有錦、綺、綾、紈、縑、綈、絹、縵、繡、縞等。由上古到漢代，中國絲綢業已經發展出一套當時世界領先的織紡技術，在提花織錦方面尤其堪稱一絕。可是，正如漢語中琳瑯滿目的絲織用詞到羅馬都簡化為以「Serica」為原型的各種相似詞彙，《魏略．西戎傳》中的這段記載銘記下了當年中國絲織品進入西方的古怪命運：「（大秦）又利得中國絲，解以為胡綾，故數與安息諸國交市海中。」《歐洲形成中的亞洲》一書中對此有更為通俗的描述：「雖然沒有確鑿的證據可以證明有哪個羅馬商人曾穿過其西部的入口到達了中國，或者有哪個中國人曾橫跨大陸到達羅馬意大利的邊界之內，但穿越大陸的要道仍然被有條不紊地開鑿着，以便於搬運着大量天然紡織絲綢的商隊通過，他們把這些絲綢運往黎凡特地區，裝載到去歐洲的貨船上。大批的中國絲綢在敍利亞和埃及被重新加工，以滿足羅馬人對於半透明的以及色彩豔麗的紡織品的嗜愛；顯然，沉重的、有圖案的中國絲織品對於羅馬人基本沒有什麼吸引力。」

除拆絲重紡，「重新加工」的另一重要環節是染成羅馬人「嗜愛」的「色彩豔麗的紡織品」。對於自先秦起就尊五行，相信君子只應服白、青、黑、朱、黃五種「正色」的中國人來說，龐培最初披回羅馬炫耀的那一襲紫色絲袍並不合禮儀，甚至不啻犯了《論語》中所説的「紅紫奪朱」之惡，也即用

「間色」以邪奪正。不過，公平些説，當源自中國的種種寄託有不死成仙夢想的雲紋絲錦在中亞被拆解以滿足古羅馬審美趣味的同時，古羅馬人引以為豪的手工玻璃器在當時中國市場得到的也是類似詭異的待遇。

在織女星已經不再是指路星時，連貫東西的路程出現迷亂也是正常的。古羅馬雖然不是玻璃誕生的故鄉，而且據美國學者恩格爾考證，中國最初玻璃器的出現實際與公元前 7 世紀伊朗高原上的胡里安人（Hurrians）有關，但古羅馬在公元 1 世紀發明的玻璃熔爐以及由此演化出的玻璃吹製工藝在世界玻璃製造史中被公認為是與蒸汽機出現同等的里程碑式事件：玻璃熔爐使大批量高質玻璃原料的生產不再困難，吹製工藝則賦予玻璃更多的造型與量產的可能性，更重要的是為大型透明平板玻璃的出現鋪墊了道路。傳說古希臘時代阿基米德曾用巨型玻璃凹透鏡聚集陽光火燒古羅馬艦隊，即便後來證實這不過是個比數世紀後東方「借東風」燒船更具美好想像力的故事，但是潛藏了西方比「織雲紋錦以近天」更執著的「探天」夢想。光學玻璃透鏡是包括天文望遠鏡等光學儀器得以發明的基礎，而透明平板玻璃是光學玻璃出現的先決條件。目前出土的文物中已經有公元 1—4 世紀的古羅馬平板玻璃殘片，更重要的是，他們造出了透光度能夠用於燈具的吹製玻璃。

德國藝術史學者、玻璃史專家薩爾登在其著作《古代玻璃》（*Ancient Glass*）中指出：吹製玻璃技術的發明無疑是玻璃發展史上的革命，而羅馬人對於吹製玻璃的貢獻並非僅限於技術上的革新，更重要的在於對它的推廣與普及。「在羅馬統治下，希臘玻璃中心生產的奢侈玻璃品很快就被新的玻璃形式所取代：容器和餐具，這完全是羅馬的發明。」「如果能夠看到一個典型的羅馬貴族從出生到死亡這一生中與玻璃結下的全方面的不解之緣，我們完全會得出這樣的結論：玻璃在古羅馬人生活中所扮演的角色可能要比在現代生活中的角色重要得多。（羅馬人）第一次洗澡就可能會用到貯藏在玻璃瓶中的橄欖油，甚至連喝奶的奶瓶都是玻璃製造的，這已經有考古發現為證。」

然而，陶瓷早已在中國搶佔了玻璃在羅馬的地位。至於玻璃本身，它的透光度、樣式與尺寸大小等等並不是當時中國市場所關心的。當中國的絲綢日益花團璀璨之時，卻恰值古羅馬追求絲織品如東方玉文化一般返璞歸真；同樣，當古羅馬燒製透明玻璃容器的技術益發成熟，中國卻依然還在糾結玻璃珠中哪些是天然的「真玉」。

玻璃最初在埃及和西亞誕生時主要被製成珠形飾品。目前，中國發現的最早的玻璃製品也是出現在春秋時期墓葬裏的玻璃珠，但這些玻璃珠出現得太過突兀，而且燒製技術過於成熟，因此更可能是貿易得來而不是本土製造。當中國戰國以及秦漢時期的玻璃工匠依據如同青銅器鑄造一樣的模壓成型技術試製「璧流離」，或是道士們用煉丹的方式「燒煉珠玉」，他們追逐的都是一個夢想：以人工技術仿造出西方天然出產的「真玉」。「東方琉璃世界」的概念在漢代還沒傳入中國，否則東方的夢想者們和傳說出產「真玉」的「西方極樂世界」裏的同行真應該坐在一起喝個茶、吃個麵包什麼的。公元三四世紀以後的中國魏晉文獻中曾比較明確地將「琉璃」與人工玻璃建立起關係，例如萬震的《南州異物志》載：「琉璃本質是石。欲作器，以自然灰治之。」只是即便在西域已通達的唐朝，仍有學者如顏師古在為《漢書·西域傳》作注時說：「《魏略》云大秦國出赤、白、黑、黃、青、綠、縹、紺、紅、紫十種琉璃。此蓋自然之物，采澤光潤，異於眾玉，其色不恆。今俗所謂皆銷治石汁，加以眾藥，灌而為之，尤虛脆不真，實非其物也。」

對於今人來說，古人對「琉璃」與玻璃之間的東西方誤讀可以很簡單地用化學常識解釋。中國古代玻璃是鉛鋇玻璃，西方則是鈉（鉀）鈣玻璃，差別在於燒製時因地制宜使用了不同的助熔劑。西方最早的玻璃配方來自亞述人的楔形文字記載：60 分砂、180 分海生植物灰和 5 分白堊。大量植物灰的使用與當地曾經豐盛的草木有關，而其中鉀離子的間或存在為數世紀後耐高溫的化學玻璃容器的誕生奠定了基礎。中國玻璃最初的配方則很大程度上源

自又被稱為「鉛汞之術」的煉丹術。成分的不同決定了兩種玻璃不同的特性，又因為中國古代玻璃屬於低溫燒成、退火工藝不成熟、輕脆易碎、不耐高溫、透明度差都成為它易被詬病之處；由古羅馬工匠將其工藝完善的鈉鈣玻璃則屬高溫燒成，是如今所稱的「普通玻璃」的前身，不過事實上兩種玻璃本無絕對的優劣之分。

19 世紀西方開始以「水晶宮」這樣的全平板玻璃建築來炫耀自己的工業技術，但也同時發現千年前中國燒製玻璃時使用的氧化鋇可以增強玻璃的折射率，是燒製光學玻璃的祕訣之一，雖然同樣的折射在當年中國道士眼中可能只是煉爐中珠玉一道無傷大雅的暈彩。

如同古羅馬的貴族最初只欣賞東方蠶絲的輕盈一樣，在絲綢與玻璃最初相遇的年代裏，玻璃註定要以更原始的狀態才能證明自己的身價。以 21 世紀的觀點來看，這種貿易頗似遠端相親。在 2000 多年前，東西間的遠程貿易也確實因為一股中間力量變得益發複雜。「安息」不只是一個在甘英止步於海邊才被中國史籍提到的地名，與它的漢語字面意思相反，安息是當時東西方貿易間最為活躍的代號之一。自從公元 224 年被波斯薩珊王朝（Sasanid Empire）征服後，地處伊朗高原的這片地區在史書中更多以「薩珊」名稱銘記，它目睹了東方自東漢經三國、魏晉南北朝、隋，直至唐代開國的歷史，也見證了古羅馬帝國的分裂與西羅馬的滅亡。雖然薩珊王朝止步於公元 621 年，卻為古代陸上絲綢之路東西兩端的新老客戶各自留下了「薩珊玻璃」與「波斯錦」兩種特產。

由於對「真玉」的膜拜，古羅馬吹製玻璃技術製作的容器在漢代難免有「匠氣」之嫌，雖有源自古羅馬的玻璃瓶在中國東南海沿岸出土，而且廣西出土過不少很可能效仿了古羅馬玻璃燒製配方與吹製技術的含鉀的本土玻璃容器，但目前考古發現的中原地區玻璃容器仍沿用了原有的鉛鋇配方以及澆鑄成型技術，河北滿城漢墓中出土的玻璃盤與玻璃耳杯就是典型代表。儘管

這些玻璃容器可以作為中國古代自製玻璃器皿的典型代表，它們的影響力至今也顯然遠不及同墓穴出土的金縷玉衣。真正將吹製技術與迥異於中原器型的玻璃器皿銷往東方的是薩珊。薩珊所承繼的是一個對於玻璃貿易原本就不陌生的文明，古羅馬帝國沒落之後，薩珊將本國原有的掮客角色改換為出品商。由於薩珊風格玻璃器的大量出現，雖然西方玻璃的成分不曾改變，但玻璃的用途在東方視角中日益固化為人工雕琢的奢華裝飾器。

最早借鑒薩珊玻璃燒製技術的是廣州的玻璃製造業，他們依照中東玻璃的配方製造出國內早期的單色或多色透明玻璃碗。葛洪的《抱朴子·內篇》就有記載：「外國作水晶碗，實是合五種灰以作之，今交、廣多有得其法以作之者。」考古發現表明，此時廣州的玻璃燒製業除透明玻璃碗外，也自行燒製過其他頗具創新器型的日用玻璃器，水平遠超過北方地區。然而，南方玻璃業大約在公元 4 世紀以後逐漸沒落，原因至今不明。

與此同時，中國北方的絲綢業也發生着微妙的變化。由於原料獲取不易、織製工藝煩瑣，絲綢自戰國後就被視為近似於黃金的貨幣替代品，恰如玻璃在古埃及與古羅馬曾被稱頌為貴於黃金。漢代出現了紡織效率更高、成品品質更好的斜織機，這本可以使絲綢如同玻璃一樣走向更加日常的領域，恰如羅馬玻璃獲得了高溫熔爐一樣，只是由於當時絲綢更經常地被中國皇帝頻繁用作賜予「番邦」或結交於「夷國」的禮品，中國織匠的心思也更多用於如何更加工巧地織就種種雲紋、祥獸與諸如「五星出東方利中國」之類的銘文。早在薩珊玻璃取代羅馬玻璃進入東方之前，東漢時期東方對於絲綢之路西端的影響力已經遠遠不如甘英出使之時，絲綢織造技術的發展倒似乎並未受到影響。《中國絲綢文化史》中記述：「東漢可能已出現花本式提花機……《西京雜記》中記載巨鹿陳寶光家用『一百二十躡』的織機織散花綾……各種織機都使用了踏板連桿裝置，有用踏板直接控制經絲提花的，也有用挑花方式先預製一個花本、用花本來間接控制經絲提花的。這種思路與

工藝實現手段，導致當時世界上最先進的提花機的發明。」

　　薩珊王朝崛起之時，中國正值各種心機遠超於織機上的經緯縱橫的三國時代。三國時不僅提花機得到再次改良，大批人口的南遷也將原本重心位於山東與中原的絲織業逐漸南移至四川與江南。曹操曾「遣人到蜀買錦」，諸葛亮說「今民貧國虛，決敵之資，唯仰錦耳」，孫權也在宮中設立了官營織造機構。絲綢曾經成為三國那個神奇年代縱橫捭闔的砝碼之一，也成就了聞名後世的蜀錦。然而，隨後的魏晉南北朝間更為輝煌的倒是因石崇、王愷等豪族鬥富而存史的薩珊玻璃器。《魏書·西域傳·大月氏》載：「其國人商販京師，自云能鑄石為五色琉璃。於是採礦山中，於京師鑄之。既成，光澤乃美於西方來者。乃詔為行殿，容百餘人，光色映徹，觀者見之，莫不驚駭，以為神明所作。自此，中國琉璃遂賤，人不復珍之。」大月氏在三國末期已被波斯薩珊王朝所滅，因此這種令「中國琉璃遂賤」的「五色琉璃」很可能就是薩珊玻璃。

　　在魏晉那段成就了種種名士的逸聞和玄言的「世說新語年代」，薩珊玻璃的出現卻也同時為各種豪富故事提供了材料。《洛陽伽藍記》載：「後魏河間王琛為豪富……琛常會宗室，陳諸寶器，金瓶銀甕百餘口，甌、檠、盤、盒稱是。自餘酒器，有水晶缽、瑪瑙杯、琉璃碗、赤色巵數十枚。作工奇妙，中土所無，皆從西域而來。」儘管西晉傅咸曾寫《污巵賦》，還在感慨心愛的玻璃酒具誤被頑童擲染塵埃，此後不能再似賞玉一般把玩，被素有潔癖的東方玉文化壓抑了數百年的西方玻璃器終於在此時獲得了一篇更直接的頌詞——與傅咸同時代的潘尼曾作《琉璃碗賦》。晉代張隱《文士傳》載：「潘尼與同僚飲，主人有琉璃碗，使客賦之，尼於座立成。」曰：「取琉璃之攸華，昭曠世之良工，纂玄儀以取象，準三辰以定容。光映日曜，圓盛月盈，纖瑕罔麗，飛塵非停。灼爍方燭，表裏相形，凝霜不足方其潔，澄水不能喻其清。剛過金石，勁勵瓊玉，磨之不磷，捏之不濁。舉茲碗以酬賓，榮密座

之曲晏，流景炯晃以內澈，清體瑤琰而外見。」

史載傅咸比潘尼大 11 歲，「剛簡有大節。風格峻整，識性明悟，疾惡如仇，推賢樂善」。比傅咸晚 7 年去世的潘尼「穩靜恬淡，不與人爭利」。所謂西方「真玉」與東方「琉璃」間的糾結難得地在那個糾纏不清的年代出現了東方式的拈花一笑，東方工匠也不失時機地在此時為源自西方的玻璃工藝敞開了大門。魏晉時期，玻璃吹製工藝進入中原，產生了大量產自本土的效仿薩珊玻璃的器皿，「吹製」更代替「模壓」成為北魏之後中國玻璃最主要的生產方法。從西漢到下一個堪稱「東方盛世」的唐代，中國絲綢的圖案與花紋排列方式中經常也可以看出西域的影子，只是已經很難說這期間東西方到底各自影響了誰。因為考古發現和史籍證明：先於薩珊王朝時期，蠶的繁殖以及蠶絲獲取的知識已經被絲綢之路西端的許多國家以及中國東面的朝鮮和日本共同分享。

開放的蠶種與隱祕的鏡廳

談及中國絲綢，很多中西書本上都會出現這樣的說法：「中國對育蠶術嚴格保密。」但實際情況卻很有可能與此大相徑庭。從史書上看，至少中國對於自己的東鄰沒有保密。《漢書‧地理志》記載：「殷道衰，箕子去朝鮮建國，教其民以田蠶織作。」因此，早在殷商時期，中國的蠶桑技術可能就傳到了朝鮮。傳入日本的具體時間暫無史料可查，不過《三國志‧東夷傳》記載：「正始四年（243 年）倭王派使八人，來獻倭緞。」由此看來，絲綢技術傳入日本的時間不應晚於漢代。

中國歷史學家雷海宗在 1954 年提出：「中國向來對養蠶法沒有保守過祕密，日本以及所有遠東國家的桑蠶業，都是傳自中國，今日全世界的養蠶技術，也無不直接或間接導源於中國。至於拜占庭在 6 世紀中期如何由中國學得此術，在當時中國並未注意及此，中國任何方面不反對外人學習養蠶法，

也無人主動地向外傳播養蠶法。此事在拜占庭恐怕也只有少數人知其內幕。這少數人編造這樣一個故事，一方面是故意神祕其說，以抬高桑蠶的地位；一方面是賊人喊捉賊，是他們自己一個不可告人祕密的惡意反射，因為他們學得飼蠶術後，立即定為國家的祕密，禁止外傳，以便拜占庭政府可以壟斷。拜占庭統治集團中少數人編造的這樣一篇徹頭徹尾的胡謅，歐洲的歷史學者不做思考地傳抄了 1400 年。」

忽略種種文字上的鏗鏘，有關絲綢外傳，在中國史籍上其實真有一個久已流傳的「東國公主」故事。故事的最初來源是玄奘《大唐西域記》卷十二，其中記載：西域瞿薩旦那國原無絲織業，國君求婚於「東國」，央求「東國公主」將「東國」禁運的蠶種暗藏於帽冠帶入瞿薩旦那國，由此獲得絲織的祕密。後世考證「瞿薩旦那」是梵文「Gostana」的音譯，地處今天新疆的和□，古代又稱「于闐」。于闐最早的歷史可追溯至公元前 3 世紀，也即秦統一中原前後，立國則在公元前 2 世紀、中國的西漢年代，特產東方夢想中的玉石。20 世紀初，匈牙利裔的英國探險家斯坦因（在和田東邊的丹丹烏里克）一處佛寺發現的木版畫似乎證實了這則故事，故事又因該版畫聞名於世。儘管如此，現代中國學者對於玄奘記載中「東國」的考據卻產生了另一種說法。拜占庭史專家、清華大學歷史系教授張緒山在 2008 年的論文《中國育蠶術西傳拜占庭問題再研究》中提出：「玄奘記載中的『東國』是否指當時的中原王朝？中原王朝嫁公主於西域是國家大事，史書必有記載，而中原王朝史書無公主下嫁于闐的任何記載，說明故事中的公主並非來自中原王朝。」「歐陽修《新唐書·西域傳》記于闐也提到此故事：初無桑蠶，丐鄰國，不肯出。其王即求婚，許之。將迎，乃告曰：『國無帛，可持蠶自為衣。』女聞，置蠶帽絮中。關守不敢驗。自是始有蠶。女刻石約無殺蠶，蛾飛盡得治繭。」「將『東國』改作『鄰國』，說明作者已經明白公主和蠶種都不是來自中原王朝。有的學者認為『鄰國』很可能是樓蘭（鄯善），是有道理的。」

有關蠶種西傳的西方故事始於玄奘在譯經業餘寫下《大唐西域記》之際。玄奘卒於公元 664 年，次年武則天登基，依稀讓人想到織女星曾為天之「紫宮」的年代，只是之前西方已經出現關於絲綢的另一些傳說，也即那些被雷海宗斥責為拜占庭「編造」的故事。不過張緒山在論文中提醒：「毫無疑問，雷先生指出中國從來沒有保守過養蠶法的祕密的事實，是正確的，因為中國文獻中找不到禁止養蠶法外傳的記載。不過，他斷言是拜占庭帝國的少數人『編造這樣一個故事』、『故意神祕其説』、『賊人喊捉賊』，則是不確切的，從拜占庭原始史料中並不能得出這樣的結論。」關於東方育蠶術傳入拜占庭帝國這一事件，存世的拜占庭文獻中有三處記載，其中以查士丁尼大帝（Justinian I）的重臣、公元 6 世紀初的拜占庭歷史學家普羅可比在《查士丁尼戰記》中的記載最為詳細。張緒山根據希臘原文譯出了這段故事：「大約在同一個時候（注：公元 552 年前後），幾位來自印度人（居住區）的修士到達這裏，獲悉查士丁尼皇帝心中很渴望使羅馬人此後不再從波斯人手中購買絲綢，便前來拜見皇帝，許諾説他們可以設法弄到絲綢，使羅馬人不再受制於波斯人或其他民族，被迫從他們那裏購買絲貨；他們自稱曾長期居住在一個有很多印度人、名叫賽林達的地區。在此期間，他們完全弄懂了用何種方法可使羅馬國土上生產出絲綢。查士丁尼皇帝細加追尋，問他們如何保證辦成此事。修士們告訴皇帝，產絲者是一種蟲子，天性教它們工作，不斷地促使它們產絲。從那個國家（賽林達）將活蟲帶來是不可能的，但可以很容易很迅捷地設法孵化出活蟲，因為一個絲蠶一次可產下無數蠶卵，蠶卵產出後很長時期，以廄糞覆蓋，使之孵化──廄糞產生足夠熱量，促成孵化。修士們做如是解釋後，皇帝向他們承諾，如果他們以行動證明其言不妄，必將酬以重賞。於是，教士們返回印度，將蠶卵帶回了拜占庭。他們以上述方法培植蠶卵，成功地孵化出蠶蟲，並以桑葉加以飼養。從此以後，養蠶製絲業在羅馬領土上建立起來。」

在普羅可比之後，拜占庭還有兩位歷史學家記載過此事，分別是公元 6 世紀末的賽奧凡尼斯和 12 世紀的佐納拉。佐納拉的記述極其簡單，賽奧凡尼斯的版本倒是為學者考證東方蠶種的輸出途徑提供了不少有趣的佐證：「查士丁尼執政時，某一位波斯人在拜占庭展示了絲蠶孵化之法。此前羅馬人對這件事一無所知。這位波斯人離開賽里斯國時，以手杖盛蠶卵，將它們帶走，安全地攜至拜占庭。陽春告始，他將蠶卵置於桑葉上。蠶以桑葉為食。蠶蟲食桑葉後長成帶翅的昆蟲並完成其他任務。後來查士丁皇帝（查士丁二世，565?—578 年在位）讓哈薩克和烏茲別克人觀看育蠶吐絲之法，哈薩克和烏茲別克人大為吃驚，因為當時哈薩克和烏茲別克人控制着賽里斯人的市場和港口，這些市場和港口從前曾為波斯人所控制。」（張緒山譯文）

在這一版本中，不只是神祕的「賽里斯」再度跟隨更加曖昧不清的「賽林達」出現，而且幾位「印度修士」變成了一位頗具「世界貿易大同」精神的波斯人。「賽里斯」與「賽林達」的定位問題在挑戰度上堪稱中亞史學領域的哥德巴赫猜想，這兩個地名如同哥德巴赫猜想中那兩個不拘管轄的質數一樣，至今不肯就範於史學家們為它們劃定的任何區域。在 19 世紀後期，也即來自中國的生絲出現在倫敦第一屆世博會後的那些年代裏，包括德國地理學家李希霍芬、英國漢學家裕爾乃至探險家斯坦因在內的西方研究者都普遍認為：「Serinda」是一個類似印度支那（Indo-China）的複合詞，表示介於「賽里斯」和印度之間的中間區域，很可能是和田。近一個世紀後，中國學者季羨林也附議：「所謂賽林達就是指的新疆一帶，再縮小一下範圍，可能就是和田，因為和田是最先從中國內地輸入蠶種的。在古代，和田一帶的確住過印度人，那麼印度人從這裏把蠶種輸入羅馬也就不足怪了。」然而，這並不能阻止「賽林達」們開始各種如同「克里克里巴巴變」一般的變身。美國歷史學家赫德遜在 20 世紀初提出：賽林達指的是交趾支那（Cochin-China），更確切地說是柬埔寨。同時代的法國東方學家戈岱斯則認為賽里斯人居住的地區

應在「突厥斯坦」。不僅如此，在大量輯錄和研究古希臘羅馬古典作家有關東方的記載後，戈岱斯得出了一個更具東方色彩的結論：「如果這一名詞明顯起源於東亞，那麼它就是相繼或者同時泛指許多部族——對於西方人來說，所有生產和販賣絲綢者都是賽里斯人。」

張緒山在 2008 年的論文中則提出：「就普羅可比和賽奧凡尼斯的記載而論，關鍵問題在於賽里斯地望的考證，因為普羅可比的『Serinda』實際上是由『Ser（es）』和『Ind（i）a』兩部分構成，它的前一部分也就是賽奧凡尼斯記載中的『Seres』。」「普羅可比提到由米底（Media）進口到拜占庭的『米底布』時寫道：『這就是絲綢，人們現在習慣於以它製造衣裝，從前希臘人稱之為米底布（Medic），現在稱之為賽里斯布（Seric）。』從前希臘人稱絲綢為『米底布』，說明直接經營絲綢貿易的中介者是波斯西北部的米底人（Medians），是他們將絲綢賣給希臘人；後來拜占庭人稱之為賽里斯布，說明當時他們知道賽里斯人是絲綢的主人，米底人不過是居間經營者，並非生產者。」米底人公元前 9 世紀為亞述的臣民，公元前 6 世紀被波斯擊敗後與波斯人融為一體。時至賽奧凡尼斯書寫歷史的公元 6 世紀後期，米底人似乎在商業上也遭受了挫折。賽奧凡尼斯的蠶種故事暗中引出了一個即將在陸上絲綢之路貿易上具有舉足輕重作用的族群：粟特人（Sugda）。查士丁二世向突厥人展示「育蠶吐絲之法」，更多近似某種外交上的實力炫耀。拜占庭曾長期掙扎在波斯對東方絲綢貿易的壟斷之下，突厥的崛起給了拜占庭「鷸蚌相爭，漁翁得利」的機會，只是在此之後仍未突破與突厥聯盟的粟特人的貿易網。當代希臘歷史學家科爾多西斯認為：「鑒於白匈奴人控制的地區為波斯人和突厥人所瓜分，前者得到了巴克特里亞（Bactria），後者得到了粟特地區，合乎邏輯的結論是，賽奧凡尼斯的賽里斯國（普羅可比的賽林達）應是粟特地區。此外，根據拜占庭史家彌南德的記載，突厥統治時期，主要是粟特人居間將絲綢賣給拜占庭。」

「突厥」本身就是又一個身份混亂的名詞。因此，儘管 19 世紀後期的英國漢學家裕爾已經相信賽奧凡尼斯的記述可視為「考定賽里斯人和中國人為同一民族的最後一個環節」，21 世紀中國學者張緒山的論文在累牘考證後仍只能得出這樣的結論：「在這樣的地域範圍內，我們知道已有幾個地區早已掌握了育蠶術：和田在 419 年掌握了育蠶術；6 世紀初葉，這項技術不僅已傳到拔汗那（費爾干納）和粟特地區，而且還傳入了木鹿綠洲和裏海東南岸的古爾甘。因此，無論認為從和田還是中亞其他地區獲得育蠶術，都是可能的。至於具體地點，根據目前的資料，我們尚無法做出更進一步的考訂。」

東方蠶種在中西史料中的走向幾乎像陸上絲綢之路裏的沙丘一樣飄忽不定，不過側面留下的好消息倒是：中國真的向來對養蠶法沒有保守過祕密，否則很難如此四面開花。普羅可比版蠶種故事中「印度修士」的出現給這一原本可能不是祕密的謎案籠罩上另一層迷霧：蠶種西傳或許根本源於海路。18 世紀英國歷史學家吉本因一部《羅馬帝國衰亡史》（*The History of the Decline and Fall of the Roman Empire*）而為後世敬仰，但書中對蠶種西傳的記述倒更近似於詩而不是史。在吉本筆下，「印度修士」與「波斯人」被融合為「波斯教士」，他們「對宗教或利益的追求超越了對其祖國的熱愛」，「騙過了一個富有嫉妒心的民族」，從當時東方絲國的都城南京出發，借海路千里迢迢完成了「手杖偷運蠶種」的使命。故事的大結局是：「查士丁尼之後即位的皇帝時期，出使拜占庭的粟特使節承認育蠶製絲業方面羅馬人並不遜色於中國人。」

在吉本生活的年代，歐洲人還想像不到將蠶種藏在手杖中長途跋涉的成活率，因為歐洲再度嘗試重現這種神話還要等到近 100 年後。20 世紀初中國歷史學家齊思和對比吉本的描述及依據的拜占庭史料後得出結論：吉本的記述「開啟了後來學者的普遍性偏見」。吉本的影響甚至延續至 20 世紀前期法國著名漢學家安田樸的著作中，在他 1988 年的名著《中國之歐洲》（*L' Europe*

Chinoise）裏仍可見到這樣「鏡中世界」般的文字：「如果在 6 世紀中葉，絲綢的祕密已洩露給西方，那是由於兩名景教修士蓄意所為。他們以非法走私偷運的方式把珍貴的『蠶種』藏在一根空心竹杖中，成功地把活蠶種一直帶到君士坦丁堡，從而使查士丁尼皇帝創建了養蠶業，由此而誕生了歐洲的絲綢工業。正如我們今天各個國家都爭相利用間諜詭計而竊取核武器或電子電腦的機密一樣，當時的基督教修士們的情況也如此，他們無疑都有意冒着被處死的危險而完成慈善事業，因為中國的法律要懲罰那些洩露製造最漂亮絲綢祕密的人。」

　　普羅可比曾說有「來自印度人（居住區）的修士」，間隔 2000 多年後安田樸又提到的「景教修士」，這些確實能頗具誘惑力地今西方設想早年東方已對西方信仰有所崇敬，恰似當時東方夢想西方的「真玉」世界。公元 431 年，聶斯脫利派被羅馬教會斥為異端，教徒陸續遁入東方避難，正值「才高八斗」的謝靈運開創山水詩，卻不能善終於山水間的中國南北朝時期。公元 6 世紀初，聶斯脫利派已在現今的印度及其鄰近地區頗具影響，傳入中國則是在唐貞觀九年（635 年），後來的中國史書稱其為「景教」。《中國育蠶術西傳拜占庭問題再研究》中考證：「聶斯脫利派教徒向東逃亡，經敍利亞、兩河流域和波斯向東傳播。5 世紀末景教已在中亞的嚈噠人中發展起來。498 年，波斯王卡瓦德與其兄弟爭奪王位失敗逃亡嚈噠，受到嚈噠人景教徒的善待和幫助。5 世紀末 6 世紀初，出生在埃及的希臘商人科斯馬斯在遊歷印度和錫蘭（斯里蘭卡）時，曾聽到巴克特里人、匈奴人（嚈噠人）、波斯人

▲ 英國歷史學家吉本

和其他印度人中大量基督徒活動的情況。549 年，嚈噠統治者曾派遣一名基督教教士前往薩珊朝首都，請求波斯境內的景教首領馬爾‧阿布哈一世（536—552 年）任命這一教士為所有嚈噠基督教徒的首領。景教徒活動的地區，正是傳統上希臘羅馬人稱之為『賽里斯』的地區，將這一地區發展起來的育蠶術傳達到拜占庭，是可能的；而且他們長期活動在波斯境內，有資格被稱為『波斯人』。景教初傳中國時，景教徒曾被稱為『波斯僧』，景教被稱為『波斯經教』，可以為證。事實可能是，景教徒在得到拜占庭皇帝的許諾之後，從中亞某地得到蠶種，然後從裏海北岸的南俄草原之路到達拜占庭人控制的黑海港口，再將它們帶到君士坦丁堡。因此，我們不妨推斷，這些活動可能就是十餘年後西突厥與拜占庭帝國建立聯盟的先聲。西突厥與拜占庭帝國聯盟期間（568—576 年），突厥－粟特人使節的往來穿梭正是沿着這條道路完成的。」

　　西方史籍中「賽里斯」與「賽林達」的糾纏足夠彰顯印度在東西方早期貿易史上的特殊地位，因為此地不止牽涉「景教」。耶穌十二門徒之一的聖多默據傳曾於公元初年傳教至印度，而且留下了一批被稱為「聖多默基督徒」的追隨者。因此，在早期羅馬教會心目中，傳說中的印度不僅是神祕的香料產地，更是天賜的傳教福地。當時香料從東方向西方轉運還需要陸路的支援，但密藏在陸上絲綢之路下的海上香料之路已經具備了除商業價值之外更多的精神附加值。15 世紀開始的大航海年代間，印度成為西方世俗力量與教會共同窮追不捨的目的地，原因正在於此。早年來自印度的任何信息都會被羅馬重視，方濟各會與耶穌會的教士先後都選擇以這片陸地作為向遠東傳教的跳板也就不足為奇。

　　與海上香料之路相伴的是包括羅馬玻璃器皿在內的西方奢侈品的輸出，這種輸出或許同時促生了中國南部沿海的仿羅馬玻璃器皿製造業，卻未必幫助中國絲織品鞏固自己在西方視野中的神話地位。「絲綢」是現今漢語對於西方語言裏「silk」之類稱謂習以為常的譯法，但「silk」原本並不包括織成的

「綢」，仍停留在普林尼的「樹上羊毛」原材料範疇。

　　1851 年在倫敦世博會水晶宮的玻璃映照下奪得金獎的「榮記湖絲」只是生絲，沈壽以中國生絲為材料創作的刺繡作品在舊金山世博會上得獎還要等到 1915 年，因此，當公元 6 世紀那些神祕的「來自印度人（居住區）的修士」力阻來自波斯的絲綢貿易時，他們想到的更可能是以中國生絲織造的更為廉價的薩珊或粟特絲綢。

　　所幸，無論是否有薩珊或粟特絲綢混雜其間，而且無論中國的蠶種已經以何種渠道外傳，事實是當拜占庭以各種方式維護自己的絲織市場之時，唐代的中國絲織業反而因與西方的交流而達到前所未有的頂峰。在紋樣上，出現了對後世中國絲織品影響深遠的「聯珠動物紋」；在織造上，則出現了結合西域技術的益發堂皇的斜紋組織和緯線起花。中唐或晚唐周昉繪製的《簪花仕女圖》描繪了一眾身着絲羅的唐代仕女，有學者認為她們臂上若隱若現的鐲子實際為薩珊玻璃。倘若確實如此，這張畫本應成為東方絲綢與西方玻璃器珠聯璧合的絕好例證。

　　在包括張緒山在內的很多現代中國學者看來，無論何朝何代，中國從未有記載禁止育蠶術外傳的律法和政策，西方史籍對東方蠶絲的神祕印象更可能來自於當時這一行業本身與出口貿易無關的種種民間禁忌。地處長江以北的中國蠶絲發源地原本就有蠶神崇拜與禁忌，當蠶絲業因北方戰亂不得已進入氣候條件更加莫測的長

▲ 唐　周昉《簪花仕女圖》（局部）

江中下游地區，此類禁忌益發瑣碎。據《西吳蠶略》、《吳興蠶書》、《廣蠶桑說》等書記載，不論蠶室內外，禁忌名目極多：蠶初生時忌室內掃塵、忌炙爆魚肉、忌油火紙於蠶室內吹滅、忌側近舂搗、忌敲擊門窗、忌槐錫箔、忌蠶室內哭泣、忌穢言淫辭、忌未滿月產婦作蠶娘、忌灶前熱湯潑灰、忌產婦孝子入家、忌燒躁腥爵香等物、忌當日近風、忌西曬日照、忌溫熱時猛風驟寒、忌寒涼中突然過熱、忌不潔淨人入蠶室、忌蠶室近污穢、忌吸煙、忌油漆，並忌一切煙熏等。諸多禁忌原本旨在維持蠶室整潔安靜，保持蠶室最佳溫度與濕度、預防傳染蠶病，只是在不明根底的外人看來，未免有些莫名的古怪。

中國在盛唐有詩人說「相看兩不厭」，拜占庭帝國乃至後來西方世界對玻璃技術的種種保密行為在東方看來也未嘗不能被相看為「怪力亂神」。拜占庭在 20 世紀之後的西方史學家眼中向來有「專賣制和特權的天堂」之名，不僅竭力把控東西方之間絲綢的專賣，對金銀器、羊毛、陶器乃至日常食品的進出口也採取嚴格的配額管理。即便有薩珊玻璃的存在，拜占庭繼承的羅馬玻璃仍是重要的出口奢侈品。在查士丁二世驕傲地向突厥人展示拜占庭從東方獲取的蠶絲業祕密之際，亞得里亞海北端隸屬於君士坦丁堡的一座城市也正在崛起。剛經歷過查士丁尼大帝盛世的拜占庭帝國此時當然不會預想到 800 年後帝國將滅亡，更不會料想這處名叫「威尼斯」的海港城市即將接管自己的玻璃製造祕密。英國歷史學家洛佩茨的著作《中世紀的商業革命》（*The Commercial Revolution of the Middle Ages*）中記載：公元 8 世紀中葉，威尼斯從對拜占庭的依附關係中解脫出來，與拜占庭帝國的從屬關係逐漸轉變為對等關係，成為地中海地區一支強大的商業力量，或從事東西方商品貿易，或將歐洲基督徒販運到阿拉伯帝國賣為奴隸，但仍然通過提供海上支援以效忠拜占庭帝國而引以為豪。英國拜占庭學者唐納德·尼科爾的《拜占庭與威尼斯：外交與文化關係研究》（*Byzantium and Venice: A Study in Diplomatic and*

Cultural Relations）中更加直白地分析了君士坦丁堡與威尼斯這兩個行政等級似乎並不平級的城市間的互利關係：「在追求實際利益方面，威尼斯人充當了當代商品經營者的先導和楷模。儘管羅馬教皇三令五申，不許基督教世界的商人與阿拉伯人做生意，但威尼斯人卻從來不受這條禁令的束縛……同阿拉伯人的貿易活動，為威尼斯人帶來了大量財富，使他們有大量金銀貨幣去君士坦丁堡市場換取東方的奢侈品……另一方面，君士坦丁堡和東地中海的拜占庭港口是威尼斯貿易的財富之處，威尼斯需要拜占庭帝國作為它的同盟者以抵制西方皇帝不斷增長的野心。反之，拜占庭也需要有威尼斯國家這樣一個同盟者，幫助它在亞得里亞海一帶維護帝國海岸線的安全。因此，在 13 世紀以前，威尼斯一直是拜占庭帝國可靠的合夥人。」

每個地方都會有幾座在心理歸屬與地理歸屬上不太一致的城市，自公元 7 世紀末就自立為共和國的威尼斯之於意大利也是如此。不過，這畢竟是一座西羅馬難民在潟湖上不得已人工建造的城邦，在心理上偏向拜占庭也無可厚非。不管拜占庭的皇帝對威尼斯存有多少戒心，君士坦丁堡的平民對於威尼斯顯然抱有親近感。當 1204 年君士坦丁堡因第四次十字軍東征陷落時，包括玻璃工匠在內的大批城中工匠逃往威尼斯，「威尼斯玻璃」由此成名。1291 年，威尼斯議會頒佈法令，以「玻璃熔爐會引起城中火災」為名，下令所有玻璃廠遷往威尼斯潟湖北端的穆拉諾島（Murano）。無論這一法令的初衷是否純為避免火患，它改變了這座原以漁業與鹽業為生的無人問津的小島的命運。遷自拜占庭的玻璃匠們曾被給予種種特權，例如：允許佩劍，免予被威尼斯政府起訴，他們的女兒也可嫁入威尼斯豪門。穆拉諾的玻璃匠們迅速成為島上最顯赫的公民。然而，與特權同期而至的是嚴格的人身限制：為防止玻璃吹製技術外泄，玻璃工匠被嚴禁離開威尼斯甚或穆拉諾。1300 年威尼斯議會下令：「禁止販賣水晶玻璃的仿製品。」當 1453 年拜占庭帝國滅亡，更多的玻璃工匠湧入威尼斯並被送至穆拉諾島。1454 年，威尼斯議會下令：「對

▲ 意大利穆拉諾島上的玻璃工匠以傳統吹製法燒製玻璃器皿

洩密的玻璃工匠施以酷刑直至死刑。」「威尼斯玻璃」至此在西方改以神祕的「穆拉諾玻璃」而聞名。

在製造各種精巧的玻璃器皿的同時,穆拉諾島也繼承了看似平淡的延續自古羅馬時代的平板玻璃工藝。以金箔作為底襯的小型玻璃鏡子始見於公元77 年老普林尼的《自然史》中,更接近於現代意義的玻璃鏡子最早記載於 11世紀摩爾人統治西班牙之時。時至 16 世紀,玻璃鏡子卻已經昇華為穆拉諾的絕學,以至於 17 世紀法國路易十四年代不得不從威尼斯的穆拉諾島偷技,恰如傳說中從東方竊取蠶種。只是史學的發展使這番「玻璃偷技」遠比蠶種西傳記錄得詳細。作為 16 世紀法國與意大利半島戰爭的殘留影響之一,源自意大利的奢侈品愛好決定了法國宮廷的趣味。法國國王路易十四熱衷於使用

鏡子裝飾室內，卻值威尼斯壟斷着鏡子製造業，法國一直無法模仿製造出同等品質的產品。為國為王，時任法國財政大臣的柯爾貝（Jean-Baptiste Colbert）決定不惜代價招攬威尼斯製鏡工匠，兩次成功地派人從威尼斯偷運高級製鏡工匠前往法國。

1665 年，法國在諾曼第開設了皇家製鏡廠，待法國工匠已掌握核心技術才放走全部威尼斯工匠。1672 年，法國取消鏡子進口，徹底實現國產化；1682 年，凡爾賽著名的鏡廳揭幕，使用的都是皇家製鏡廠的產品；1687 年，新的製鏡技術在法國誕生，自此法國徹底超越威尼斯，成為當時歐洲在品質與產量上都堪稱第一的鏡子製造國與出口國。

▲ 喀布爾地區發現的公元 1 世紀大型玻璃酒杯

「法國」成為與「時尚奢侈品」對等的符號肇始於此。凡爾賽的鏡廳保留至今成為不只是吸引觀光客的炫技符號。

然而玻璃依舊是件西方祕物。在 17 世紀鏡廳似乎已經可以公開展示之時，玻璃在西方頂級的表現，也即光學玻璃仍被作為祕密隱而不傳。拜占庭帝國衰亡之際，東方玻璃工藝反倒因薩珊代表的伊斯蘭玻璃器而延續，避免了西方隱祕鏡廳的命運，但也走上了一條迥異於西方的東方錦緞式路途。

當鏡片映照出織女星

祖先會有各種糾結，後輩的取捨卻很簡單。東西方的玻璃因為不同的成分而命運各異，東西方的絲綢則在近似的原料上擺開了不同的道場。目睹過玻璃與絲綢在中國唐代之前的糾葛，看到它們在唐元之後的種種興盛和沉默

也就不足為奇。

致使中國早期玻璃品質不及西方同類的重要原因是助熔劑，但西方記載的「海生植物灰」或者説「草木灰」其實也早潛藏在中國古代的絲綢業內。成書於戰國時期的《考工記》就載有「草木灰浸泡兼日曬法」：把業已繅製的生絲放進楝木灰與蜃灰的溫水中浸泡，然後取出在日光下暴曬，曬乾後，再浸再曬，如此連續數日，一方面利用水溫和水中鹼性物質脫掉絲上多餘的絲膠和雜質，另一方面利用日光紫外線的漂白作用使生絲產生獨特的光澤和柔軟的手感。這種練絲工藝在中國歷史上沿用時間最長，幾乎歷代均曾採用，直至現代大部分生絲的精煉，使用的仍然是鹼性藥劑。

類似的物質在中西相遇而不相逢，其間的錯過令人想起曾經令東西方都多少有些錯覺的「東方琉璃世界」。東方琉璃世界的藥師琉璃光如來據佛經載「身藍琉璃寶色」。關於「玻璃」一詞，曾有中國科技大學教授李志超提出對應於拉丁語的「vitrum」，中國古籍中的諸多譯法（「吠琉璃」、「毗琉璃」、「髀頭梨」、「頗黎」）都是「vitrum」及其派生字在漢語中音譯加上了意譯的結果。語源學總是一種多少有些占星式的學問，遇到跨語系的詞彙時更是如此。恰如東西方早就各自看到頭頂星空中的織女星，卻衍生出了不同的神話。不過，「契合」或者説「偶遇」也是確實存在的，比如「vitrum」原意本為「靛藍色」。

無論是琉璃還是玻璃，在中國都曾被賦予過一項中國特有的使命：作為舍利容器。「舍利」俗稱「佛骨」。據文獻記載，中國最早建塔安奉舍利始自三國時期的東吳。有關東吳至唐代建塔安奉舍利的制度，安家瑤的《玻璃器史話》中曾説：「建塔安奉舍利的制度是從印度傳入中國的，但玻璃舍利瓶的採用，卻是中國的創造。據日本學者高田修對印度、阿富汗境內100座安置舍利的佛塔考察研究，盛放舍利的容器都是用陶、木、金屬、石、水晶等材料製成的，沒有一例採用玻璃舍利瓶。」「用石函銅函、金棺銀槨、玻璃瓶的

舍利瘞埋制度是前所未有的，改變了印度用瘞壇瘞埋的方式，更符合中國的習慣。」

中國文化的東傳也將這套舍利瘞埋制度傳遞到了朝鮮半島和日本，正如之前中國傳播了源自西方與本土的玻璃燒製技術。《藥師琉璃光如來本願功德經》中說，藥師琉璃光佛為度眾生發了十二大願，其中第二大願是：「願我來世得菩提時，身如琉璃內外清澈，光明廣大遍滿諸方，焰網莊嚴過於日月，鐵圍中間幽冥之處互得相見，或於此界暗夜遊行斯等眾生，見我光明悉蒙開曉隨作眾事。」漢傳佛教諸經籍關於佛家七寶的記載各有不同，但一般都把「琉璃」列入其中。唐代慧琳編纂的《一切經音義》中記載：「吠琉璃，寶名也，或云毗琉璃，或但云琉璃。須彌南是此寶也。其寶青色瑩徹有光，凡物近之皆同一色。帝釋髻珠云是此寶。」直至唐代，中國對玻璃是天然形成還是人工合成仍存混淆，但中國獨有的舍利瘞埋制度無形中與佛經中的「琉璃」形成了某種默契。其間隱含的另一層與西方的契合卻不知是有意還是無意：公元 1—2 世紀，玻璃骨灰瓶開始在羅馬流行，這正是羅馬帝國開始施行火葬的時期，也正值中國最熱衷以絲織品入殮佑護亡者升天的兩漢時期。

君士坦丁堡的玻璃工匠紛紛逃亡至威尼斯時，中國也早已遠離了曾經「天下朋友皆膠漆」的「開元全盛日」。在曾經隸屬唐代的疆域中，這段時期即將留在史書上的至少有四個政權的名稱：南宋、金、西夏、西遼。承繼自羅馬的拜占庭玻璃工業在君士坦丁堡陷落後曾一度面臨危機，中國的絲綢業雖在此之前就經歷了唐衰落後五代十國近一個世紀的戰亂，以及北宋到南宋的變遷，卻變得益發繁榮。

如同很多事情一樣，唐代也是中國絲綢業的巔峰期之一。史載唐武則天時織染署有織工 365 人、內「作」使有綾匠 83 人、掖庭局有綾匠 150 人；唐玄宗時，貴妃院中有 700 名織工為楊玉環織繡服飾，諸州官錦坊人數則難以統計。私營紡織作坊中不乏「貲財巨萬，家有綾機五百張」，絹、錦等絲織

品被納入「租庸調制」更使得官府倉庫「繒帛如山積，絲絮似雲屯」。但唐代對中國絲綢業的意義遠不止於數量，更關鍵的是為絲織技術帶來的西域色彩濃厚的變革，不計工藝煩瑣、但求華麗為上的「錦」可稱為絲織品中的王者。趙翰生著《中國古代紡織與印染》中記載：「唐代的錦分經錦和緯錦兩類。經錦是唐以前的傳統織法，蜀錦即其著名品種之一，是採用二層或三層經線夾緯的織法。唐初在以前的基礎上，又出現了結合斜紋變化，使用二層或三層經線，提二枚、壓一枚的夾緯新織法。以多彩多色緯線起花，比之經錦能織製圖形和色彩都大為繁複的花紋。」「緯線起花」是蠶種西傳後典型的西方織錦技術。以唐代為界，中國的織錦技術由此劃分為兩個階段：唐以前是經錦為主，緯錦為輔；唐以後以緯錦為主，經錦為輔。恰如薩珊玻璃器在公元 651 年薩珊王朝衰亡後仍對中國本土玻璃器製造留下濃厚的伊斯蘭風格影響一樣，中國絲綢以盛世的氣度接納了來自西方的繁華。

純粹從絲綢史上看，北宋與南宋發揚光大了唐代的絲織業傳統，尤其在數量上達到了又一登峰造極的階段。《中國古代紡織與印染》載：「宋代的官營絲綢生產組織形式與唐代相似，但規模遠勝唐代。其時的官營絲綢生產作坊除京城之外，還遍及全國主要絲綢產地。」「綾錦院在端拱元年（988 年）有 400 多張綾錦織機，1034 名匠人。淳熙十四年（1187 年）文思院年織綾 1100 疋，用絲 3.5 萬餘兩。元豐六年（1083 年）成都錦院有 117 間場房，154 臺織機，共用工人 449 人，共用挽綜工 164 人，織工 154 人，染匠 21 人，紡繹工 110 人，每年用絲 11.5 萬兩，染料 21.1 萬斤，生產錦 1500 疋。」同時宋代還出現了數以萬計的專門從事紡織的家庭機戶，他們由官府統一提供原料，產品同樣由官府統一收購。

宋代的絲織品數量如此巨大，其走向卻未必是一個說起來同樣華麗的問題。先是向遼，後是向金，宋代輸送了大量作為「歲貢」的絲織品。

1004 年宋遼簽下的「澶州之盟」除「貢銀 10 萬兩」之外，包括歲貢「絹

20 萬疋」，不久又增加為 30 萬疋。絲綢早在唐代以前就因「保值」而被作為實物貨幣廣泛使用，自唐開元二十年（732 年）正式頒佈法令「綾羅絹布……與錢貨兼用」後，絲綢更成為當時東西方交易的合法貨幣，只是當時正意氣風發的唐玄宗絕不會想到中國的絲綢會被兼用作「歲貢」的貨幣。

1204 年君士坦丁堡淪陷時，南宋正值宋寧宗在位的嘉泰四年。就在十字軍洗劫君士坦丁堡的那個 4 月，36 歲的宋寧宗採納韓侂冑的建議，崇岳飛貶秦檜，追封岳飛為鄂王。次年，宋寧宗改元「開禧」，取宋太祖「開寶」年號和宋真宗「天禧」的頭尾兩字，以示恢復北方江山之志。

1206 年，宋寧宗下令削去秦檜死後所封爵位和諡號，下詔追究秦檜誤國之罪。同年 5 月，宋寧宗下詔北伐金朝，史稱「開禧北伐」。然而，這場戰爭於第二年以宋朝戰敗而結束。1208 年，宋金簽訂「嘉定和議」，「增歲幣為銀帛各三十萬」。絲綢在宋代又一次印證了「化干戈為玉帛」的典故，只是已經少了該典故原本在西漢《淮南子》中的雍容：「海外賓服，四夷納職，合諸侯於塗山，執玉帛者萬國。」

時局的變遷成就了中國絲綢業的全面南移，江浙地區至此完全取代北方山東、河南等傳統絲織業中心的地位，以致江浙成為後人心目中絲綢的理所當然的代名詞，而幾乎忘卻當年在陸上絲綢之路上傳送的絲綢其實原本與江浙無關。唐代奠定的「緯錦」技術在絲綢業南移後仍得到進一步的提高，只是驅動力中多了一層來自北方的需求，「織金錦」的出現就是典型的例證。此前宋代文獻中也多次出現過「撚金錦」，即在織物中加入金線，因過於奢華而屢遭禁止。但金色飾物卻是北方遊牧民族的最愛，因此織金錦便屢屢現身於絲綢的歲貢之路中。對於南宋本國的子民來說，風土的變化倒使紗羅織物大為流行。如同《中國絲綢文化史》中所說：「宋地的人對紗羅與羅縠似乎更為迷戀，此類織物的輕靈飄逸更能體現文人士子的風采，而南宋政權建在南方，炎熱的天氣也使得紗羅織物大行其道。」

兩宋是公認的「文人畫」興起年代。「舉之若無，裁以為衣，真若煙霧」的紗羅與羅縠也確實更能映襯文人畫中那些欲説還休的雲水迷蒙。絲綢北貢的同時，宋倒也享受着來自三佛齊王國之類南方「蕃國」的進貢。三佛齊王國位於蘇門答臘島，自唐初開始與中國有貢奉與貿易往來。《宋會要輯稿》記載，三佛齊王國經常進貢玻璃器，僅南宋淳熙五年（1178 年）正月一次就進貢了 200 多件。南宋泉州市舶司提舉趙汝適 1225 年著成的《諸蕃志》中記載：三佛齊王國大部分物產來自大食，也即來自阿拉伯伊斯蘭世界。當拜占庭的玻璃隱退入威尼斯、日益神祕之時，延續自薩珊玻璃的伊斯蘭玻璃卻正毫不拘謹地步入東方的殿堂，只是此時中國人對於玻璃的心態已經產生了微妙的變化。

在中國與「玻璃」或「琉璃」漫長的接觸史中，南宋是最早徹底分辨清楚玻璃與玉石差別的時代。南宋學者程大昌在《演繁露》中清楚指出：「鑄石為器，古已有之」；「雖西域琉璃，亦用石鑄，無自然生成者」。玻璃的神話色彩消除後，在那個特別的年代獲得了「番琉璃」、「藥玉」、「假玉」等不太恭敬的別稱。「番」字在兩宋時期已經不大能全現「萬邦來朝」的氣魄，反倒多了些防範的意味。「藥玉」意指玻璃是以「鉛和諸藥」人工燒成，「假玉」則將「藥」這一諱稱也直接省略了。蘇軾作有一首標題經常被簡化為《獨酌試藥玉滑盞》的五言詩，起首是：「熔鉛煮白石，作玉真自欺。琢削為酒杯，規摩定州瓷。」從純理科的角度看，蘇軾準確描摹了一隻以鉛為助熔劑燒製的仿定窯瓷國產玻璃杯；但倘若換作宋代文人的眼光去看，「作玉真自欺」才是核心，而且原標題「有懷諸君子」諸字不應省略，後面的「曹侯天下平，定國豈其師」等句也不該被忽略。事實上，蘇軾的友人陳師道不久就回過一首《次韻蘇公獨酌試藥玉滑盞》，起首是：「仙人棄餘糧，玉色已可欺。小試換骨方，價重十冰磁。」

當玻璃與玉劃清經緯，它在中國市場上的命運也就可想而知了。安家瑤

《玻璃器史話》中總結：「中國人自古形成的價值觀和審美觀都是非常重視材料本身的真實純正，例如人們一直在追求足赤之金、無瑕之玉，而對於一些仿造材料則不屑一顧。當宋代的人們認識到以前被看作至寶的玻璃是用一錢不值的石頭之類熔製而成時，一種受騙上當的感覺油然而生。」儘管宋代同時有伊斯蘭玻璃料塊進口，而且目前中國境內發現的最早的玻璃作坊遺跡為宋代遺存，但上層社會對玻璃的冷落決定了這些作坊不會費力燒製成工過於複雜的高級玻璃器。另一方面，距離古羅馬人 1000 多年之後，日常玻璃器皿終於在宋遼時期大量進入當時人們的生活。即便如此，在中國古代世界裏，玻璃器皿始終沒有像在西方一樣成為日常用具，除去瓷器這一勁敵的因素，中國鉛鋇玻璃器自身的不耐驟冷驟熱的弱點也決定了它難以進入中國人充滿了開水與熱菜的生活。

程大昌在《演繁露》中對東西玻璃器做過比較中肯的對比：「中國所鑄有與西域異者，鑄之中國，色甚光鮮，而質則輕脆，沃以熱酒，隨手破裂。其來自海舶者，製差鈍樸，而色亦微暗。其可異者，雖百沸湯注之，與磁銀無異，了不復動，是名番琉璃也。」趙汝適《諸蕃志》另有記載：「琉璃出大食諸國，燒煉之法與中國同，其法用鉛、硝、石膏燒成，大食則填入南硼砂，故滋潤不烈，最耐寒暑，宿水不壞，以此貴重於中國。」同出自南宋的這兩份文獻表明，當時中國已經清楚本國玻璃與伊斯蘭玻璃在物理特性與燒製方法上的區別，但無論是文獻還是出土實物中都不曾顯示中國曾在此時試燒過「滋潤不烈，最耐寒暑」的玻璃器，反倒是有一些關於中國向南洋諸國出口中國玻璃器的記載。這些玻璃器多為玻璃雕成的鳥獸、花卉盆景等小擺件，秉承了中國善雕玉石的傳統，且造價頗為低廉。

「嘉定和議」簽訂 68 年後，從亞洲北部崛起的另一個強悍民族結束了南宋與長江以北地區在軍事與貿易上的拉鋸戰。強大的元帝國設立了大都織染局、成都綾錦局，將中國傳統絲織業中的織金錦進一步升級，成為大量使用

金箔、伊斯蘭風格濃郁的「納石失」。與此同期，如《玻璃器史話》所述：「1401 年，蒙古軍隊攻下敍利亞的大馬士革，破壞了伊斯蘭玻璃的製造中心，並將玻璃工匠擄到中亞的撒馬爾罕，伊斯蘭玻璃從此一蹶不振，只生產普通的生活用品玻璃，已沒有高品質的玻璃製品。」元朝的確設立過製造玻璃的官辦作坊，但其地位與影響力極其低微。

當馬可·波羅到訪中國，被綿延數里的織金營帳閃耀得眼花繚亂時，意大利最先擁有絲織業的城市盧卡剛利用水車完成了拈絲工序的自動化，成為 13—14 世紀意大利絲織業的霸主；馬可·波羅的故鄉威尼斯借助生絲轉運貿易的有利條件興盛絲織業，還要等到一個多世紀以後，而當時已是中國的明代。元、明兩代官辦或民間從事絲織業的人數在歷史上達到了頂峰，與此形成映照的是當時中國玻璃業的狀況。自元代以後，以廣州、泉州、寧波為主要港口的海上絲綢之路日益取代陸上絲綢之路。據鞏珍所著《西洋藩國志》記載，除絲綢、瓷器等傳統外銷品外，鄭和下西洋時最受南洋各國歡迎的中國商品之一是「硝子珠」，也即玻璃珠。中國自先秦時期就對舶來玻璃珠抱有種種夢想，似乎終於在此時完成了與「東方琉璃世界」的對接。

另有清代醫家汪汲《事物原會》載錄：「三寶太監出西洋，攜燒玻璨人來中國，故中國玻璨頓賤。燒者有氣眼而輕。」甘肅學者馬建春所著《古代西域玻璃器物及工藝的輸入與影響》中認為：「這說明在鄭和出使西洋期間，有阿拉伯伊斯蘭地區的玻璃工匠跟隨寶船來到中國，他們乃在國內傳授了燒製鈉鈣玻璃的製作工藝。於是，能適應驟冷驟熱的各種玻璃製品被大量生產，並銷往全國各地，玻璃器物遂也開始進入尋常百姓家，不再為皇室後宮、達官貴人所專屬特有。這應是繼葛洪於 4 世紀稱交、廣仿製中東水晶玻璃，《魏書》、《北史》云 5 世紀西域大月氏燒鑄五色琉璃於洛陽後，又一次關於西域玻璃工藝的記載。」

三寶太監的「玻璨人」固然神奇，有關明朝的玻璃，更神奇或神氣的名

詞是「博山」。1982 年,現屬山東淄博市的博山發現了元末清初的玻璃作坊遺址,這也是中國第一次發現生產玻璃的遺址。山東本為中國最早的絲綢原產地之一,《漢書·韓安國傳》中「強弩之末,不能入魯縞」便是借當時山東絲織品的精細以比喻。由淄博市博物館撰寫的《淄博元末明初琉璃作坊遺址》刊登在 1985 年第 6 期《考古》雜誌上,文中根據挖掘發現與民間記史推斷博山琉璃的起源應在元代以前。後世對博山玻璃的文字考證主要基於清康熙三年(1664 年)孫廷銓纂修的博山最早的地方志《顏山雜記》。孫廷銓出身玻璃燒製世家,《顏山雜記》中記述:「余家自洪武垛籍所領內官監青簾世業也。」孫廷銓後代編纂的《重修顏山孫氏族譜序》中更明確記載了博山玻璃的主要產品:「應內官監青簾匠,業琉璃,造珠燈、珠簾,供用內廷。」作坊遺址出土的玻璃樣本經化驗與西方和中國早期的玻璃都有所不同,但《顏山雜記》中記載的玻璃配方倒顯示出元、明兩代中國本土經過改良的玻璃配方延續到了清代早期。然而,即便是有所改良,倘若放在 15—16 世紀的國際玻璃舞臺上,當時東方的玻璃也已經如同南宋絲綢業中的紗羅一樣,自「臥看」於一隅。

　　1280 年前後,也即蒙古軍隊在歐亞的疆域達到鼎盛之時,意大利發明瞭一種後世稱為「眼鏡」的基於玻璃鏡片的製品,這開啟了西方磨製玻璃鏡片的歷史。該行業最初興盛於商業嗅覺敏感的威尼斯與佛羅倫斯,儘管威尼斯在 1301 年頒佈法令試圖限制這一技術的輸出,但它仍在拜占庭滅亡前蔓延至更有耐心的現今荷蘭與德國領域。當 16 世紀中國本土的玻璃業還沉醉於「珠燈、珠簾」,士大夫們調侃自廣州進口的玻璃器「其制不一,奈無雅品,惟瓶小者有佳趣」時,最早的顯微鏡已經在荷蘭出現,能更清晰地看到中國所稱「織女星」的天文望遠鏡也在孕育之中;當孫廷銓纂修《顏山雜記》之時,列文虎克的顯微鏡和伽利略的天文望遠鏡早已在探尋天地珠簾之外的祕密。

　　沒有人會懷疑明、清兩代中國絲綢業的成就,只是此時孜孜於絲綢貿易

的早已不只是原來的老客戶。無論之前蠶種西傳故事中身份不明的修士究竟是誰，秉承了梵蒂岡意願的耶穌會修士終於在 17 世紀初進入了傳說中的東方絲國。湯若望 29 歲抵達中國，歷經明、清兩個朝代，在中國度過了近 47 年生涯，他編撰了《時憲曆》，第一個將天文望遠鏡引入中國。然而，他的出現並未使他去世

▲ 伽利略和他製造的天文望遠鏡

百年後的 1793 年英國外交使團來到中國時更加容易，馬戛爾尼近 600 人的團隊帶來的禮品據説是經過了充分調研，包括天體運行儀、地球儀、先進的鎗炮、利劍、望遠鏡、碼錶、試探氣候架、火鏡、軍艦模型、鋼鐵製品、紡織機、布料和油畫等，其結果也無非「封存」二字。湯若望秉承了前輩利瑪竇的夢想，而利瑪竇又秉承了前輩范禮安的追求。時至中國康熙年間，源自西方玻璃工藝、代表西方見識的眼鏡終於如范禮安所願架到了中國皇帝康熙的鼻子上。

　　康熙的眼鏡帶來了一個意料之外的結果。美國漢學家艾美麗 2000 年的著作《清內務府造辦處玻璃廠雜考·虹影瑤輝》中有這樣的記述：「康熙三十四年（1695 年），紀里安奉召赴京，留居法國神父居所，即西安門內蠶池口之天主堂。康熙三十五年，洪若翰致函法國。10 月 17 日函：我們的居所正在製造玻璃。10 月 31 日函：由於紀里安神甫的緣故，皇上正於我們居所旁的一幅大地方上建造玻璃廠，乞請我們法國玻璃廠選派一位或兩位熟練玻璃工匠來華，以便製造出如同我國的玻璃盒水晶，以致鏡面釉彩，亦請選派琺瑯

▲ 描繪 1793 年清朝乾隆皇帝前往承德萬樹園接見英國使者馬戛爾尼的水彩畫

匠一名。」紀里安為德國巴伐利亞人，1655 年出生，1694 年經澳門抵華，在京師任職直至 1720 年。德國人向法國請教技術，如今聽起來有些怪異，但在 17—18 世紀卻是理所應當。自威尼斯「偷師」之後，法國已經成為歐洲數一數二的玻璃製造大國，這種狀況直到倫敦世博會之後、第一次世界大戰前夕才有所改變。更適合望遠鏡的光學玻璃 18 世紀初在歐洲出現，首先擁有這項技術的正是法國，隨後相繼被英國與德國掌握。燒製光學玻璃的祕訣之一恰在於中國本土玻璃中一直不被看好的鉛。早在 1684 年，康熙就曾派比利時傳教士柏應理等人前往法國，尋求精通科技與各種技藝的法國傳教士。雖然是德國人，但紀里安「奉召赴京」也是源自於此。不過，紀里安留下的玻璃廠並不曾「與時俱進」地燒製多少光學玻璃，這其中或許有法國向來對外界

封閉自己的光學玻璃燒製技術的原因，或許也有典型東方式的偏好因素。清內務府造辦處玻璃廠最輝煌的時期是在康熙至乾隆三朝，自嘉慶之後日益衰落，光學玻璃已不敢奢求，連皇室日用玻璃器皿都日漸粗糙，至同治、光緒年間連皇帝都忍不住下旨訓斥。雍正對玻璃器的燒製比康熙還要上心，甚至在自己常居的圓明園開設了玻璃廠分部，頗令人想起中國玻璃器最初與煉丹的血緣。乾隆時期自是盛世，當馬戛爾尼攜帶以英國燒製的光學玻璃製造的望遠鏡到來時，中國宮廷玻璃工藝的最高成就「套玻璃」，也即以多色套彩再加雕琢的裝飾器皿正達到高峰。時隔百年之後、倫敦世博會前後，同治年間的清代學者趙之謙仍在《勇廬閑詰》中回味：「時（康乾之時）天下大定，萬物殷富，工執藝事，咸求修尚。於是列素點絢，以文成章，更創新制。謂之曰套。套者，白受彩也。先為之質曰地。則玻璨車渠珍珠。乃白色明玻璨，康熙中製有之，後不復見。其後尚明玻璨，微白，色若凝脂。或若霏雪，曰藕紛。套之色有紅有藍……更有兼套，曰二彩、三彩、四彩、五彩或重疊套。雕鏤皆精絕。康熙中所製渾樸簡古，光豔照爛如異寶。乾隆以來，巧匠刻畫，遠過詹成。矩鑿所至，細入豪發，捫之有棱。」趙之謙是鼻煙壺鑒賞大家，而鼻煙壺也是清內務府造辦處玻璃廠最知名的特產。回想起來，宋代文人對已明身份的玻璃不屑，卻對舶來盛放「薔薇水」的小型香水玻璃瓶網開一面；明代文人繼承了宋代文人的清高，甚至連進口玻璃器都不再入得法眼，卻也「惟瓶之小者有佳趣」。

在清內務府造辦處玻璃廠燒製諸般精巧的鼻煙壺時，法國已經將絲織業與玻璃製造一樣納入自己的專有製造範疇。即便同在一個半球，東西方頭頂的天空也可能不同，何況歷史中的星空從來就沒有固定的指路星。當西方的路易十四與東方乾隆的帝國夢想交相輝映的同時，天空的織女星早已偏離東方詞彙中作為「紫宮」的北極指路星之位，與銀河另一岸的牛郎星相望，成為更為家園化的神祇。中國學術界傳統觀點認為「牛郎織女」的故事產生於

西漢，但現在也有觀點説它早在戰國時期就已誕生。作為亮度頗高的一顆星，牛郎星在古希臘時代同樣得到過自己的西方命名：「天鷹座阿爾法星」（Altair α）。古希臘神話中天鷹座是宙斯化身的雄鷹升天而成，天鷹座旁邊的天瓶座（Aquarius）則是宙斯化身雄鷹虜上天宮的侍酒童子迦尼美德（Ganymede）的象徵。玻璃酒杯是古希臘較晚出現的酒具，但在古羅馬已成標配奢侈品，由此才奠定了現代葡萄酒杯的標配材質。同在北半球，當古希臘人以及以「特洛伊人後裔」身份延續了地中海古代傳説的古羅馬人

▲ 法國國王路易十四

仰望中國稱為「七夕」的那片晚夏星空時，他們看到的會是一幅集合了詩琴、主神、童子的宴樂場景，而不是一派不經隱忍的悲悲切切。

　　1840 年 7 月 17 日，中國清代道光年間，西方第一次用得益於玻璃透鏡的相機拍攝星辰，主角就是織女星。在中國生絲出現在首屆世博會的 28 年後，西方天文學家憑藉玻璃棱鏡分光儀又拍攝下織女星的光譜照片，再經 20 多年後這一發現將掀起一場名為「量子物理」的物理學革命。21 世紀初，天文學家已經通過天文望遠鏡觀測到：織女星並不孤單，它的周圍很可能圍繞着一個星團。在天文望遠鏡發明近一個世紀之際，西方已經有詩人以帶有東方禪意的語言寫下這樣的詩句：「從一粒沙看世界，從一朵花看天堂，把永恆納進一個時辰，把無限握在自己手心。」

絲路之絲：一種重新認識世界的方式

—— 專訪中國絲綢博物館館長趙豐

文 ▲ 王愷

從絲綢認識世界，是一個全新的系統。

2009 年，第一次在新疆考古所看到大批的絲綢織物的遺存，這個以往不算珍貴文物的東西，在現在的考古研究中越來越發揮重大作用。之後，在中國絲綢博物館的敦煌絲綢遺存展覽上，見到了中國的絲綢學者趙豐，他向我介紹了絲綢文物的價值，以及世界各地的大博物館裏存留的絲綢文物的狀況，這時候才真切感覺到：原來，絲綢之路上的「絲綢」部分，是活生生的，並非抽象意義上兩個字，從這些文物上，既可以看到東西方怎麼交互影響，又可以從這些絲綢，包括毛織品和麻織品的遺存物上，全面觀察人類文明史上「衣」的發展進程。

後來才知道，趙豐從小在海寧長安鎮長大，那裏曾經建設有浙江繅絲一廠，所以他從小就從在絲綢廠工作的父母親身上獲取了很多關於絲綢技術的基礎知識。大學時期，他學的是絲綢工業技術，後來又轉學絲綢科技史，加上成年後在世界各地漫遊的經歷，使他成為兼具絲綢工藝專業知識及專研物質文明史的專家。在研究文化史的專家中，這種文理兼通的學者並不多，採訪他數次，他從文獻結合考古實物的講述，幫我理清了關於絲綢的許多困惑。

絲綢之路上的絲綢，這是個龐大的課題，剛剛興起，很多研究成果尚無定論，但是成果顛覆了很多以往的認識：比如絲綢之路很早就開始，甚至在中國剛出現絲綢的時候，草原遊牧民族就開始使用了。再比如，絲綢傳播並不是單向的，粟特帝國的粟特錦，就曾經反向傳播到中國，影響了唐代的絲綢製造。

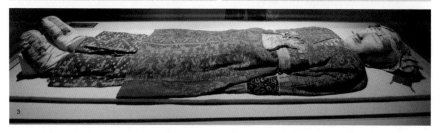

⬥ 從左到右從上到下排列：1. 漢晉　「無極」錦（中國絲綢博物館藏）。2. 北朝　龜背紋錦（中國絲綢博物館藏）。3. 魏晉　人物獸面鳥樹紋錦（新疆營盤出土）。

⬥ 從左到右從上到下排列：1. 北宋　飾絳絲邊緣絹棉袍（新疆喀什麥蓋提縣採集）。2. 東漢　絲質繡花粉袋（新疆民豐縣尼雅遺址 1 號墓出土）。3. 北朝　牽駝紋錦緣馬面（中國絲綢博物館藏）。4. 東晉　彩色絲履（新疆吐魯番阿斯塔那 305 號墓出土）。5. 北朝　木頂錦帽（中國絲綢博物館藏）。6. 唐　套環寶花紋綾風帽（中國絲綢博物館藏）。7. 北朝　「大王出由」錦枕套（中國絲綢博物館藏）。

⬥ 9 月 15 日，中國絲綢博物館 2015 年度「絲路之綢」特展展出一具身着綢衣的「新疆營盤男屍」。

絲綢是從何處起源的

2009 年，在新疆和闐的達瑪溝文物挖掘現場，看到了很多壁畫的殘片，色澤鮮豔，很多已拼接不出當年的樣子，不過上面還是有各種人物線條，依稀可以猜測當年的故事，比如《大唐西域記》裏面記載的東國公主將蠶種帶到瞿薩旦那國的故事。當年東國公主將蠶的種子私藏在花冠裏，然後偷偷帶到瞿薩旦那國，在路過關卡的時候，因為檢查人員不敢搜她的花冠，所以順利地將蠶種帶到了她出嫁的瞿薩旦那國，當地的絲綢業因此發展起來。

這個題材，在新疆很多地區的壁畫上都有反映。最有名的一塊，現存大英博物館，目前新疆博物館裏面有它的複製品。畫面的正中央是東國公主，頭戴非常漂亮的花冠，右邊有侍女正在用梭機紡紗，而另外一邊的侍女則用手指向公主的帽子，似乎暗示帽子裏面藏有玄機，在公主前面，還有一隻碗，碗裏面有一顆顆圓形的物質，很像蠶種，畫面展現得很詳盡，幾個畫面聯繫在一起，故事就完整化了。

按照《大唐西域記》的記載，當時位於現在和田地區的瞿薩旦那國後來學會了養蠶，但是因為當地是佛國，不肯殺生，所以沒有學會中原地區的繅絲工藝。當地都是將破了的繭子抽鬆，然後進行紡線，和棉紡織類似，但是這樣就不能抽出長絲來了，與中國做法完全不同；另外一種說法是，當地珍惜來之不易的蠶種，所以不肯殺死繭蛾，一定讓它飛出來，再產卵，進入下一輪培育新蠶中。

斯坦因在新疆找到的不少版畫上面，都有絲綢織造的過程，包括用竹片工具，也有拿割刀割斷絲綢的，但是這個故事的真實原型是什麼？文獻並不清晰，《大唐西域記》的記載很多只能算是傳說，按照趙豐的分析，這個東國公主應該是當時絲綢之路上一串小國的某國公主，有可能是樓蘭公主，但應該不屬於中原體系。

「當時中國對絲綢技術的封鎖並不嚴密，所以不太會出現這種故事。相

反，絲綢之路上各個國家為了從絲綢貿易中抽取高額稅收，所以嚴格控制蠶種往西邊傳。」

這個故事，也反映了中國絲綢傳播的不易，先可能是絲綢實物傳播，然後慢慢是技術傳播，但最早技術可能用於紡織棉毛等製品，之後是蠶種、桑樹等的傳播，落地生根後，當地有了自己的絲綢製造產業，再之後才是雙方藝術風格的相互影響。

中國是最早發明桑蠶絲織的國家，這在歷史上已經有定論，因為中國內陸廣泛存在桑樹和野蠶，所以能結成各種野生的蠶繭，人們再慢慢馴化成家蠶，從考古學、民族學和人類學的大量資料來看，這個應該不會有誤。

趙豐說，1926 年中國早期的考古學者在山西夏縣西陰村找到一個存在於仰韶文化時期的半顆蠶繭，因為被刀刃切去了一半，所以一直被稱為半顆繭，當時出土就轟動了國內外學術界，考古學家李濟找許多學者看了蠶繭，開始既沒法確定是，也沒法確定不是。後來，找到中國昆蟲學的創始人劉崇樂先生，才確定是桑蠶繭，但因為距離今天有 5000 年，所以人們很難相信那麼早中國人就已經掌握了養蠶技術，也有人認為這個繭是食用的，並不能證明當時中國人已經會養蠶了，這半枚繭現存臺北「故宮博物院」。

1958 年，在湖州錢山漾地區找到了半筐絲綢織物，一下子把中國的蠶桑文化提到了 4000 年前左右；1980 年，在鄭州青石村又挖掘出一些絲織品的殘物，發現是典型的桑蠶絲紡織品，還有染色痕跡，絲綢在中國的起源被推到距今 5000 年左右，這個是沒有問題的了。而早期的希臘文明也記載了中國的絲綢，不過他們完全不知道這種絲綢的製造過程，他們把絲綢誤認為羊毛樹上採集的羊毛紡織成的漂亮織物，一直到公元 2 世紀才慢慢弄明白真相。

這並不能怪希臘人，即使在中國早期，因為蠶的複雜習性，人們對它寄託了很多神祕含義，首先認定蠶不死，破繭化蛹是羽化的意思，甚至羽化一詞都是從這裏面來的。而桑林也被賦予了複雜的含義，包括人們在裏面舉行

生殖狂歡，而紡織成的絲綢早期也只作為屍體所穿的衣服，卻不是悲哀的含義，而是吉祥的意思，認為只有穿上這種衣服才能升天，這也是早期中國的墓葬群中發現大量絲綢織物的原因。

從現在的考古資料看，中國的蠶桑絲綢生產肯定早於西方沒有問題。因為，只是到了拜占庭時期，波斯僧人才把中國的蠶種帶到西方，西方國家才明白絲綢的由來 —— 此時距離絲綢之路的開通已經有了一段時間，因為當時波斯人不希望西方國家與中國直接做生意，這樣他們可以控制中間商的巨額利潤，所以一直控制着絲綢之路。以至於有段時間，為了避免被波斯人盤剝，很多商人開闢了北方絲綢之路，而不再走歐亞草原。這時候，西方有了相對準確的絲綢知識，查士丁尼大帝向突厥人講了蠶的相關知識，非常準確。

但是，絲綢之路上靠近中國的國家，包括當時的西域諸國，以及中亞國家，是否原本就擁有蠶種和桑樹？這個疑問是我在新疆碰到的。新疆有很多古桑樹，當地人對桑樹的利用有漫長的歷史，不僅僅提供養料給蠶，也用桑樹皮造紙，和新疆鄰近的中亞國家如烏茲別克斯坦也是蠶桑絲綢的重要產地，現在當地也還留存大量古老的桑樹。趙豐說，他在當地一些 13 世紀的遺址上，也看到很多古老的桑樹。那麼，這些桑樹是原生種嗎？還是從中原而來？

另外，在絲綢之路上，蠶種就一定來自中原嗎？印度有學者認為，印度的野蠶也曾經影響過絲綢之路。的確，無論是希臘書籍的記載，還是玄奘的記錄，都曾經提到過野蠶絲的紡織品。但是，這些野蠶絲在多大程度上影響了絲綢之路？

趙豐說，光靠文獻記載已經難以辨別真相。唯一的方法是科學地分析出土的絲綢之物的遺存，他們找了很多遺存的絲線，發現家蠶絲和野蠶絲確實不同，家蠶因為營養豐富，吐的絲粗壯，而野蠶絲偏細，結果發現，很多絲路上的絲織物的成分很複雜，裏面既有家蠶絲，也有野蠶絲，很多絲綢製品不是從中原運過去的，而是在當地生產的。這點很容易看出來，因為當地

生產絲綢，是先把絲打成棉線，再用平紋重組織生產，和內地的織法不太一樣。但是，即使是這種在當地生產的絲綢織物，也會發現裏面既包含有家蠶絲，也有近乎野蠶絲的很細的蠶絲，這就更增加了複雜性：並不能就認定當地也有野蠶絲生產，也許是傳過來了蠶種吃了當地的桑葉後，吐出了細絲？中亞等地的絲綢，究竟是受中國工藝的影響學會了生產，還是整體傳播，連物種、植物群落一起從中原移植而來？這還是個無法特別清晰化的問題。總之，在沒有更大量的物質材料前，中國和印度，包括中國和中西亞之間的絲綢交流，還是個說不清楚的問題，要進一步下結論，需要更多材料。

絲綢之路上著名的絲綢文物

在新疆和中亞尚未出現絲綢生產的早期，也就是中國的戰國時代，就有絲綢輸送到西方了，當時的路徑已經很難徹底清晰化，但是根據猜測，基本上走的是草原絲綢之路，主要是指東起大興安嶺西到喀爾巴遷山脈、橫貫歐亞大陸的草原通道。這條通道緯度平直，北有森林，南為耕地，最早活動在這裏的是遊牧民族，但是因為交通不便利，所以基本上不屬於後期頻繁的絲綢貿易，大約起止時間為公元前 2000 年到公元前 300 年左右，也有學者把這段文明稱為「庫爾干文明」時期，「庫爾干」指的是草原文化中特有的用石頭壘起來的巨大的墓葬群，中國的新疆北部、北面的俄羅斯，還有蒙古和哈薩克斯坦等地，都有這種墓葬群，說明在阿爾泰山兩側早就有交流，絲綢也就是順着這條道路流傳出去的。

戰國時期，中國已經發明了提花織機，能夠織出精美圖案，刺繡也很發達。當時，北方地帶、中原，包括長江流域都能生產出絲綢，也就是因為絲綢的流行，才可能一直被販賣和饋贈到那麼遙遠的阿爾泰山北側。靠近阿勒泰的冰雪覆蓋的深山，也就是巴澤雷克的谷地，從 1929 年開始，蘇聯的考古學者一共挖掘了六座大墓葬，一般認為，這裏是早期遊牧民族斯基泰人的墓地，一

共發現了五片絲綢，其中三片是比較普通的平紋織物，另外還有織錦，以及一片蔓草紋刺繡，當時只有中國有這種技術，趙豐在聖彼得堡的博物館看過這幾片殘片，整個巴澤雷克墓葬群的珍寶都收藏在這裏，包括大量的馬具，還有完整的馬車，裏面還有佈滿刺青的人皮，墓頂上吊着幾隻天鵝標本，這是當時在墓葬中流行的意向，就像在草原中天空真實飛翔的天鵝一樣。但是這幾片絲綢絲毫不弱於這些珍貴文物，那件蔓草鳥紋刺繡非常漂亮，應該是在絹上刺繡，用的是中國傳統繡法 —— 鎖繡。之後，在天山的吐魯番地區，也出土了鳳鳥絲綢刺繡，而且和內陸的鳳鳥形狀很類似，可以肯定，戰國時期，這一類絲綢就到了新疆，然後再通過阿爾泰山，到了另外一側。

除了絲綢，在這裏流通的還有其他的紡織品，比如世界上最早的地毯，也是巴澤雷克墓葬中出土的，細部的圖案很漂亮，包括草原民族喜歡的高帽子，説明當地的紡織技術也很成熟，有沒有受到中原影響尚不清楚，但是草原民族流行的動物捕食圖案也確實在中原出現過，包括草原流行的鹿、獅子等，説明絲綢之路從來不是單向的，反過來也在影響中國。

中國的絲綢遺留，在西漢和東漢之間發生了巨大的分野，原因在於墓葬結構的變化，西漢之前，內地的墓葬基本都有大量木頭做棺槨，外加挖得很深，所以保存的絲綢都比較好。但是西漢後期，因為內地改成了磚室墓葬，保存狀況就很差，這時候，能保存下來的絲綢製品基本都在乾燥的西北地

▲ 唐　托盞侍女絹畫（吐魯番阿斯塔那 187 號墓出土）

方，加上之前也出土的西北地方的一些絲綢殘片，構成了中國絲綢文物最重要的組成部分。

中國的大部分絲綢製品，都出現在新疆和甘肅地區，因為這裏極其乾燥，使這裏的絲綢製品在千年之後仍然保存了原來的許多特徵。這裏也是當時漢朝的勢力所在，在嘉峪關外的陽關和玉門關，有許多烽火臺，附近有很多垃圾坑，考古學者在這些坑裏發現了很多絲綢製品，玉門關附近的花海墓地，也發現了很多漂亮的絲綢文物，包括用扎染工藝製造的絲綢，這屬於漢人地域所發現的絲綢文物。玉門關以西，就是傳說中的樓蘭地界。1900 年，斯文·赫定重新發現了樓蘭，之後是斯坦因的進入，他在高臺墓地裏面發現了大量的絲綢織物，包括各種錦囊，其中一件毛織品上面還有希臘神像。說明早期這裏屬於東西方交流之所在；斯坦因把大量絲綢文物放了在英國和印度；在他之後進去的只有少數日本人，如桔瑞超等人；1949 年之後這裏被設立為禁區，一直到 2003 年，新疆文物部門才再次進入，發現了樓蘭王陵，裏面有大量保存不錯的服裝，後來經過考古學界復原後發現，與壁畫上面的古人服裝非常類似，都有寬大的袖口。

樓蘭附近的營盤和尼雅也發現過大量的絲綢文物，尤其是尼雅墓地，十幾具棺木裏面發現了大量的漢代織錦服裝。根據專家研究，這系列墓主人裏面很可能包括精絕國王。這裏面發現的大量漢錦很多屬於東漢和魏晉時期，一般稱為「雲氣動物紋錦」，這是在早期東周織錦圖案上發展而來的，但更加自由多變，在各種雲氣造型中間穿插有神氣的動物紋樣，並且還有帶有吉祥意義的漢字。

1959 年，當時的考古學家在尼雅墓地短暫挖掘過一次，挖掘出一件漂亮的雲紋服裝，沒有動物，裏面穿插了漢字「萬世如意」，所以叫萬世如意錦，這和史書記載的「雲錦」有所類同；之後在樓蘭出土的很多錦上面也有各種形狀的雲紋，有團狀，也有小朵狀，裏面穿插有神奇的動物，應該是漢代求

仙理想的反映。在動物之外，也有文字出現，比如斯坦因帶到印度新德里的一件雲錦。這和後面的很多雲錦圖案可以對照觀看，但是這件相對完整，之所以存放在新德里博物館，是因為當時印度資助了斯坦因到中國的考古，所以也有部分存在了那裏。

趙豐看到了這件，大為欣賞，整個雲錦非常完好，上面有完整的圖案和銘文，是我們第一次在絲綢文物上看到了人名，上寫「韓文繡文佑子孫無極」。後來，1995 年再次在尼雅墓葬群挖掘，陸續發現了一批有銘文的錦繡，基本都是東漢生產，陸續運到西域國家的，不少是漢室賞給當地國王的。

隨着時間推移，尤其是從東漢到魏晉時期，圖案也在變化，尤其是雲的形狀，後期的山狀雲越來越多，而且銘文也有了變化，除了祈福文，也有一些表達特殊含義的銘文。比如 1995 年在尼雅墓葬群出土的著名的「五星出東方利中國討（誅）南羌」，這是一塊五色錦，和漢代流行的五行包括五味觀念相符合，用四重絲線在不同區域變化，最後就變成五種顏色。這是一塊長條狀的物品，發現的時候，分成兩段，上半段是「五星出東方利中國」，按照我們當代人的理解，這句話聽起來很吉祥，和現在五星紅旗暗合，而且又有「利中國」的字樣，因此被定的文物級別很高，在新疆博物館也有了重點待遇。

但是真實的情況沒這麼簡單。考古學者在附近發現了紋樣一樣的小織錦，上面有完整的「南羌」，還有半個言字旁，所以學者們推斷這應該是同一塊織物。整句話應該是「五星出東方利中國討（誅）南羌」。按照考古學家，也是墓葬的挖掘者于志勇的研究，當時打仗時候要觀察星向，這應該是一句鼓舞士氣的話，儘管「五星出東方」的例子在天象上極其少見，但是當時很多文書有記載，應該是統治者鼓舞人心的話。後來，趙豐又在國外的私人藏家手中看到了類似的殘片，均為五色織錦，非常精美，在文物價值上，可能五色織法的重要性，比那句吉祥話的意義更大。

根據學者研究，這塊織物整件應該是護膊，纏在胳膊上，供老鷹站住，所以使用者是出外狩獵所用。

在這個階段，絲綢之路上的文化交流也並非單向，而是雙方互相影響的。公元前 300 多年亞歷山大大帝的東征，導致了漫長的希臘化時代，約在公元 2 世紀開始，絲路上的希臘文化開始顯現，而犍陀羅藝術的影響持續更為深遠，在絲綢之路上發現的絲綢文物，充分顯示了這一特徵。

趙豐説：「比如尼雅出土的蠟染棉布，同樣是 1959 年那次考古挖掘的結果，一開始大家都沒有注意，後來在給紐約大都會博物館做走向盛唐的展覽的時候，我才發現這兩塊棉布應該是一塊，裏面的主題很受西方的影響，裏面的半裸女神也許是希臘女神提喀，或者也説是中亞當地的女神阿爾多喀灑，而棉布中間的圖案，應該是希臘神話中與獅子搏鬥的大力士赫拉克勒斯。這是一塊中國發現的早期棉布，也是中國發現的最早蠟染作品。」

1995 年在營盤發現的一件錦袍，更能説明這點。營盤屬於大羅布泊地區，靠近樓蘭，整個墓葬在一片戈壁灘上。1995 年在其附近的一片山脊上，發掘了 15 號墓葬，考古人員立刻覺得很不一樣，挖掘出一具戴有麻面具的男性屍體。1996 年運到上海的絲綢之路展覽上展示，立刻震動世界，被稱為「營盤美男子」。他的面具上面有白色塗層，表情很安詳，面部表情俊朗，眉眼細長，額頭上面還有金箔，最引人注目的是他的衣服，非常鮮豔，保存完好。因為後來要把他的衣服剝離下來，趙豐看到過他的屍身處理，很奇特，用絲綢捆綁，像處理木乃伊一樣，手指上也捆綁絲綢，為什麼這麼處理，沒有答案。因為當地的考古發現中沒有這種處理方式，現在也沒有辦法弄清楚他的真實身份，國際上通用「營盤美男子」來代稱他。他身上的褲子本來以為是毛的，後來發現是當地的絲製造的；而衣服是雙層錦，正面是紅地黃花，反面是黃地紅花，上面的童子圖案，按照專家的考證，有可能是希臘神話裏的愛神厄洛斯。但手中拿着武器，是盾和劍，比較奇特；另一件在附近

發現的錦袍，上面也有厄洛斯的形象。事實上，不僅有愛神形象，在青海都蘭墓地發現的北朝晚期的織錦中，還發現過太陽神的形象，不過是接近印度傳過來的太陽神形象了，用中國技術完成，並且添加了一些中國的想像，和希臘的太陽神已經不太一樣。

從西方倒過來傳播的絲綢文化

絲綢之路上的絲綢傳播，先是實物傳播，後來是原材料和技術，再後來，是整體的藝術風格。生產技術落地在中亞和新疆一帶的時候，慢慢形成了自己的特點，最典型的是中亞的贊丹尼奇，也稱為粟特錦，大約是中國唐代開始生產，隨着粟特人的遷移居住，慢慢地從烏茲別克斯坦，反過來影響了中國的西北和內陸地區，他們的織錦和中國傳統的紡織技術互相影響，提升了雙方的絲綢生產技術。

根據中亞史料記載，在烏茲別克斯坦的布哈拉附近的贊丹那，一直到很晚還生產贊丹尼奇。趙豐去到那裏的時候，只發現很多幾百年歷史的古桑樹，可是已經沒有人會紡織絲綢了。之後又去了鄰近的庫卡村，在那裏找到一位老農，才知道附近的村落在過去分工合作，都生產絲綢，有的村莊負責紡織，有的村莊負責染色，但是隨着蘇聯十月革命的到來，要求停止私營經濟，贊丹尼奇的生產在當地就停滯了。

現在只能從遺址裏發現關於贊丹尼奇的奧祕了，粟特的都城雖然被毀滅，但是考古學家發現了很多精美的壁畫，比如布哈拉附近的瓦沙拉遺址，上面的壁畫裏面所繪的紡織品有明顯的贊丹尼奇的聯珠花紋，另外在撒馬爾罕的宮殿遺址裏面，也發現壁畫上的人們穿着粟特錦，上面的圖案有綬鳥，有長着狗頭和翅膀的怪獸，還有雙人騎駱駝的圖像，駱駝鞍和馬鞍上也有大量的聯珠紋。隨着粟特人的遷移，在中國敦煌的壁畫上也出現了類似圖案，比如隋代洞窟裏就出現了類似的圖像，但是在其他年代洞窟則沒有，聯珠紋

畫得很精細，裏面還有馴虎圖，説明當時很多人已經習慣於粟特錦的存在，而且基本就是那個時代開始傳入，畫工覺得精美，所以用在壁畫裏面。

中國管粟特錦叫波斯錦，西方卻習慣叫贊丹尼奇，主要是因為在比利時的輝伊大教堂發現團窠對野山羊紋錦，上面直接寫贊丹尼奇，因當時中亞最著名的生產村落贊丹那而出名。

贊丹尼奇紡織方式很有特點，與中國傳統紡織方式完全不同，一看就能看出來。在中國吐魯番的阿斯塔那墓地，發現了大量的波斯錦，其中野豬和馬鹿造型都很流行，而在敦煌的藏經洞裏也發現了大量波斯錦，不過目前，價值高的基本藏於英國。趙豐去看過很多次，發現了敦煌波斯錦很多不同的特點，有的完全是波斯傳來的，比如一塊分藏於英法的野外山羊紋錦，和著名的輝伊教堂的那塊很相似，有的是中國唐代自己製造的，比如一塊紅地團花錦，織法是波斯的，圖案風格卻是唐的，説明在隋唐的時候，中亞的紡織技術已經反過來影響了中原地區。最後，中原的絲綢織品吸收了中亞風格，又促進了大唐新樣，其中有兩位工匠何稠和竇師綸，在其中功不可沒。

最早的傳播，應該是在中國的絲綢生產上，有了很多胡風題材，包括獅子、大象和大角羊，這是照西方人的圖樣來生產的，慢慢的，開始在技術和藝術風格上形成自己的特點，逐漸把外來文化吸收成為自己的東西。在這個過程裏，生長在中亞何國的何稠起了很大作用。何國靠近粟特，何稠的父親是玉雕大師，他自己到長安後，先在隋朝做到太府丞，後來在唐為將作少匠，管理絲綢生產的諸多事宜，最早是仿製波斯錦，後來使用了很多中國技術，織出來的錦繡比粟特錦要精細。在新疆墓葬裏發現過這種中原織錦，也有傳到日本，收藏於法隆寺的「四天王狩獅錦」，非常精美：騎士頭戴裝飾有日月紋的皇冠，馬有翅膀。這件唐聯珠紋錦是波斯風與唐風的結合，據説7世紀由遣唐使帶回，做過聖德太子的御旗。

傳説中李世民的表兄竇師綸，被封爵為「陵陽公」，他所創造的很多樣

式，也就成了「陵陽公樣」。樣，指的是風格和模式。當時唐流行的變形聯珠紋、寶相花外環，還有動物紋夾纈，都是他設計並突出的。而且，不僅僅在絲綢製品上，慢慢還在金銀器物上顯現，特別具有唐代特點。

在他的領導下，大唐創造出很多新樣，在很多詩人的詩歌裏都有提及。不過保存大唐新樣最多的，還是敦煌。敦煌的絲織品，先是被斯坦因帶到英國和印度，然後又被伯希和帶往法國一部分。其中，日本大谷探險隊拿走的絲綢文物在大谷破產後，賣到韓國，也有部分後來輾轉流到了中國旅順，所以有部分後來收藏在了旅順博物館，也算是幸運。這些絲綢文物，大部分趙豐都觀摩過。敦煌的絲綢文物，以幡為最多，幡分為幾部分，頭、面、手、足和身，每部分都有不同的圖案和紋飾，其中法國的吉美博物館收藏了許多，很多都有精美的花朵圖案，其中有一只上面的花鳥圖樣，和詩人王建提到的「蝶飛參差花婉轉」是近似的。花鳥圖樣在唐晚期，已經是敦煌絲綢的主角，敦煌的絲綢文物可以和壁畫形成對應關係，是一種豐厚的遺存。

法門寺地宮裏的絲綢品也為數不少，可是很多尚未整理出來，有很多被包起來的尚未打開。其中有一包從側面看足足有幾百層，因為當時一件服裝就有多層，表裏墊、多件層就更多了，很多還能看出花樣。比如一件蝴蝶和穗狀花卉對排的，也算是大唐新樣。按照發掘人員的說法，剛進地宮的時候，發現有很多金線，一碰就會斷，應該是地宮裏懸掛着大量絲綢帳子，織進了金線，絲綢因為潮濕而腐爛，但是金線沒有爛，所以出現了這種情形。

地宮旁的物賬碑上面有詳盡的記錄，說地宮有多少寶物，但是目前尚無法一一對應。其中，工作人員整理出來的一件繡裙，說是武則天的繡裙，但是根據趙豐的研究，這件團花紋樣的精美織物更可能是件包裹皮，近年和德國科學家合作打開的裙子與此完全不同，腰部的織金錦繡一對喜相逢的鳳凰，下面用銀手繪了裙腳，已經氧化發黑了，但是還可以想像這些裙子當年的豔麗。

尾聲：日本留存的中國絲綢名物

隋唐年間，中國的絲綢開始向日本傳遞，使日本成為絲綢之路的最東端。遣唐使帶回大量的寶物，很多都存放在正倉院和東大寺裏，中國由於改朝換代的頻繁，導致很多文物都被破壞，許多絲綢文物都是通過考古挖掘而出現的，而且集中在西部地區，但是日本因為自己的系統，保存比較完好，在正倉院能看到很多唐代的絲綢文物，尤其是聖武天皇年代正好是唐鼎盛年代，所以能看到很多唐物風貌。

在「國家珍寶賬」裏面，記載有袈裟，其中有件仿照樹皮色製造的，造工非常考究；裝載正倉院紫檀琵琶的寶花織錦袋子，也是一件傳世文物；屏風是另外一件與絲綢有關的珍寶，現在保存的山水夾纈屏風十二疊，屬於唐代的夾纈，這種特殊的夾纈織物，既有屏風作品，也有普通作品。除了山水外，還有鹿紋，鹿頭上戴有花盤，應該也是受中亞風格的影響，說明胡風跨越了整個中國，又傳到了日本。

夾纈屬於一種唐代宮廷發明的特殊印染工藝，傳說是唐玄宗宮廷裏柳才人的妹妹所發明，最初是祕密製作，後來傳遍天下，在絲綢之路上逐漸流行。日本保存的這些夾纈非常珍貴，因為在中國只能找到若干不完全的類似文物，但是日本在盛唐時代只派遣了兩次遣唐使，何以有這麼多夾纈絲綢製品，實在難以明白，日本並沒有自己的夾纈工藝，所以這些製品應該明確來自唐。

另外一個藏有大量絲綢文物的地方是法隆寺，正倉院有 17 萬件染織品，法隆寺只有 3000 件，但是裏面也不乏珍品，比如懸掛的 3 米左右的幡，雖然緯線都斷了，但是經線還在，還能窺探出原來的面貌。目前法隆寺的展品基本都在東京國立博物館收藏，因為保存條件更好，所以定期會拿出展覽。其中有幾件特別能看出中國、日本和整個絲綢之路的關係：比如一件黃地龜背紋綾，和青海都蘭出土的很相似；另一件獸面紋綾，上面有飛天的形象，這

應該是北魏時期的產品，何時去了日本，並不清晰；還有一件著名的佛殿紋綾，上面織有少見的建築物形狀，周圍還有幾個人，可能是早期佛教題材。很多紋樣在當時廣泛流行，在日本的絲綢文物和新疆出土的文物上都能看到，可見當時絲綢之路上的文化傳播的廣泛性。

　　還有一些絲綢製品，也能說明各個不同區域文明複雜聯繫。比如，新疆現在還在織的艾德萊斯，是一種扎經線的染色綢緞，但是在日本被叫作廣東裂，說明當時是從廣東一帶傳入的。東南亞也有類似的紡織方法，朝鮮也生產類似的織錦，還專門進貢唐朝。但是據考證，這種織法的起源地可能是在印度，說明某種絲綢文化的流行，在當時是席捲整個亞洲大陸的。

東西物流中的早期創業者

整理▲王星　插圖▲老牛

魏徵：葡萄酒宗師

但凡對中國歷史有些許了解，都不會不知道魏徵。作為唐初「貞觀之治」時期的一代名相，他留下了從「以人為鏡」到「夢中斬龍」的一系列故事。不過，在朝廷之外，他還有另一個身份：葡萄酒釀酒師。

中國葡萄酒最著名的宣傳詞至今仍是唐代王翰的「葡萄美酒夜光杯」，只是「葡萄」、「美酒」、「夜光杯」這樣的斷句並非沒有可能，而且三件東西在中國史籍中的記載都有些模糊不清：「葡萄」恐怕不是如今人們想當然的紅葡萄，「美酒」未必是想像中的葡萄酒，「夜光杯」也很可能並非如同今天的玻璃酒杯一般晶瑩通透。

▲ 唐朝一代名相魏徵

提及中國葡萄酒釀造史，有人很樂意說：「絲綢之路八千里，葡萄美酒三千年。」對仗是否工整到打油暫且不說，後半句可惜很可能不是事實。中國歷史太習慣「上下五千年」的說法，以至於但凡好點的東西不加個三五千年就對不起祖宗，中國葡萄酒釀造史中就藏着這樣的陷阱。《詩經》

▲ 葡萄

中的一些詩句似乎證明中原地區在殷商就有了葡萄，但正如煎雞蛋和雞蛋不是一回事，有葡萄並不意味着有葡萄酒，何況中原土生的葡萄並不適合釀酒。周穆王見西王母也不過得了個身份曖昧的「水精」夜光杯。《周禮》中提到天子的果園有一句「樹之果蓏、珍異之物」，被鄭玄注為「珍異，蒲萄、枇杷之屬」。且不論這依舊不算有葡萄酒的證明，《周禮》成書於戰國、鄭玄是東漢人物，兩者都難算作「目擊者證詞」。

西域葡萄酒東傳史中最「文藝」的傳說是根據《史記·大宛列傳》的記載衍生的「宛左右以蒲陶為酒，富人藏酒至萬餘石，久者數十歲不敗。俗嗜酒，馬嗜苜蓿。漢使取其實來，於是天子始種苜蓿、蒲陶肥饒地。及天馬多，外國使來眾，則離宮別觀旁盡種蒲陶，苜蓿極望」。在民間葡萄酒故事中，「漢使」被演繹為張騫，而且補充說「在引進葡萄的同時，還招來了釀酒藝人」。事實是這位漢使出使時張騫已經故去至少 10 年。張騫在世時，有關葡萄酒只對漢武帝簡略提到，他與漢武帝的興趣顯然更多集中在大宛的「天馬」上。作為「天馬」的飼料，在漢武帝心目中苜蓿其實比葡萄重要，宮苑遍種的葡萄和苜蓿也更近似向「外國使」炫耀的「景觀工程」。至於傳說中的「釀酒藝人」，《大宛列傳》通篇從未提到。

據張玉忠《葡萄和葡萄酒傳入我國的考證》，葡萄酒釀造技術在東漢時期才由西域粟特人經營的酒坊帶入，但由於中原民間偏愛傳統米酒，該技術直至南北朝都只限於粟特人所知，葡萄酒都被視作珍異品獨為貴冑享用。中原真正開始從西域引進葡萄酒釀造技術，正是魏徵所在的唐初，隨即在宋代出現近千年的斷層期，以致出現了仿造黃酒釀造法的加麴發酵法。西域葡萄酒釀造法再度進入中原並達到鼎盛是在元代，但明代再度沒落，直至清末略有恢復。葡萄酒在中原的命運延續着簡單而殘忍的模式：倘若政權掌握了對北方與西域民族的控制權，葡萄酒就會興盛，反之沒落。經過如此的起伏，中國古代葡萄酒能夠與 1892 年張弼士的「張裕」葡萄酒直接對接的歷史甚至不到 200 年。

正是由於這些原因，如今可以在史料中知道魏徵釀造葡萄酒，但他的釀造技術卻早已失傳。傳為柳宗元所撰的《龍城錄》有記載：「魏左相能治酒，有名曰醽淥翠濤，常以大金罌內貯盛，十年飲不敗，其味即世所未有。太宗文皇帝嘗有詩賜公，稱『醽淥勝蘭生，翠濤過玉薤。千日醉不醒，十年味不敗』。蘭生，即漢武百味旨酒也；玉薤，煬帝酒名。公此酒本學釀於西羌人，豈非得大宛之法，司馬遷謂：『宛左右以蒲陶為酒，富人藏酒至萬餘石，久者數十歲不敗。』」一般認為魏徵釀的是「醽淥」與「翠濤」兩種葡萄酒，不過從字面上看，與今天常見的紅葡萄酒與白葡萄酒不同，魏徵所釀是一種「綠葡萄酒」。

「醽淥」早在晉代就被作為「美酒」的代稱。《本草綱目‧酒》中解釋：「酒，紅曰醍，綠曰醽，白曰醙。」「醽淥」正是一種綠酒。清末吳趼人筆下還有「燈紅酒綠」的詞句，可見當時綠酒常見，反是如今只剩下「竹葉青」、「楊林肥酒」等少數代表。然而，傳統的「醽淥」是用米釀造的，魏徵的「醽淥」脫穎而出則是因為使用葡萄。關於葡萄的東傳，北宋《南部新書》中的這段記載經常被引用：「太宗破高昌，收馬乳葡萄種於苑，並得酒法，仍自損益之，造酒成綠色，芳香酷烈，味兼醍醐，長安始識其味也。」唐太宗因此被視為中原釀酒第一人。但對比史料可以發現，「太宗破高昌」是在 640 年，而魏徵任左相是在 633—642 年，643 年魏徵病故。一般葡萄種植 3 年後才開始結果、5 年後才適合釀酒，就算唐太宗心急，葡萄剛結果就拿來釀酒，魏徵恐怕也喝不上了。因此，更可能的是魏徵釀酒在先。至於魏徵從何處學的技術，據岳東《魏徵與葡萄酒釀造術的傳播》一文考證，應該於魏徵出身漠北遊牧民族高車有關。高車與粟特人來往密切，比較其他史料中對粟特葡萄酒的記載，魏徵顯然是得到了粟特人的真傳，然而高車這一卑微的出身使得魏徵不便向唐太宗透露，以至於高昌戰後唐太宗才得「酒法」。唐太宗親自釀酒，其實也可視為向故去的心愛大臣兼一代釀酒宗師致敬。

儘管有皇帝親釀，魏徵的綠葡萄酒仍然在中國絕跡了。「醽渌」一詞雖然仍然大量出現在唐以後的詩文中，但明顯指的是米釀綠酒，與魏徵無關。「馬乳葡萄」學名「馬奶子」，原產西亞與中亞、公元前後由粟特人引進新疆，如今只用於食用，很少用來釀酒。現在全世界只有葡萄牙尚存綠葡萄酒（Vinho Verde），其釀造史可追溯到古羅馬，實際上是一種清淡、酸度高、略帶起泡的白葡萄酒，因酒液略帶綠色反光而得名。葡萄牙釀造綠葡萄酒最主要的葡萄品種名為阿爾巴厘諾（Alvarinho），字面意思是「來自萊茵的白（葡萄）」。基因測試表明：阿爾巴厘諾與德國著名品種雷司令（Riesling）有親緣關係，而雷司令的母本之一是在法國汝拉山區用於釀造以耐存放著稱的黃葡萄酒（vin jaunes）的薩瓦涅（Savagnin），薩瓦涅的故鄉則已接近東歐，遙望「馬乳葡萄」的故鄉。這恐怕也是魏徵的「醽渌」與「翠濤」留給今人最後一點可幻想的痕跡。

粟特人：小人物的大時代

1999 年，英國歷史學家惠特菲爾德出版了一本貌似虛構小說的作品：《絲路歲月》（*Life along the Silk Road*）。書的副標題是「從歷史碎片拼接出的大時代和小人物」。全書的第一個出場人物是「納奈反達克」，一位虛擬的粟特商人學徒。將粟特商人置於卷首是理所應當的，沒有粟特商人，隨後士兵、馬夫、公主、僧侶、藝妓、尼姑、寡婦、官吏、藝術家在絲路上的故事就不可能發生。倘若說絲綢等商品是絲綢之路必不可少的養料，粟特商人就是推動這些養料流動的「絲路之血」。

大約在公元前 6 世紀波斯帝國時代，粟特（Sugda）人就已經在中亞阿姆河、錫爾河之間的狹長谷地索格底亞那（Sogdiana）定居，並因居住地得名，使用一種源自中古東伊朗語的語言。粟特人最初臣服於波斯帝國，公元前 4 世紀後俯首於亞歷山大大帝，公元前 3 世紀又被併入希臘化的「大夏－希臘

王國」。200 年後匈奴人在北方崛起、大月氏西遷，索格底亞那地區陷入戰亂，粟特人一度從歷史記載中消失。直到張騫從西域帶回康居國的情報，粟特人才重現史籍。

戰亂成就了粟特人敏銳的外交直覺與卓越的語言才能，兩種能力合在一起就成為精明的經商本能。粟特人最初不過是把持着西域商業的貴霜王國（今阿富汗與北印度）商業網絡

▲ 粟特人

中的區域性「業務員」，公元 3 世紀，貴霜與漢王朝都開始衰落時，粟特人卻逐步擺脫舊東家的控制，通過納貢等方式連通東方中國走馬燈般輪換的政權、北方各遊牧汗國和西方的羅馬帝國，逐步建立起自己龐大的商業網絡，使這些威加海內的君主事實上成了在日常所需上聽命於粟特商人的忠實顧客。

粟特商人的主要「經營範圍」是從中原購買絲綢，自西域運進玻璃珠、玉飾、瑪瑙、珍珠等價值高而體積小的商品。粟特商人以善於鑒別寶物著稱，但也不放棄因地制宜地做一些技術含量較低的「短線」買賣，例如在新疆販賣牲畜。粟特商人曾有過販賣奴隸的不大光彩的歷史，而且幾乎每個粟特商人都放高利貸，不僅貸錢，還貸放絹帛。魏晉南北朝時代，中國境內政權林立，粟特商人一方面業餘做些各政權間的翻譯工作，另一方面將商業網絡突破到絲綢之路東西兩極：他們將中原進貢給突厥的絲綢低價收購，躲開波斯的監控、成功進入拜占庭，在拜占庭與北突厥之間直接建立起絲綢貿易線路，打破了以往波斯對這一高利潤貿易的壟斷。

然而公元 7 世紀，阿拉伯也即中國史籍中「大食」的興起，終結了粟特商人的黃金年代。為避戰亂，大批粟特人遷入中原。最初他們還利用隋唐推

行胡漢有別、嚴禁漢人從事國際貿易的政策，為獨霸中原的絲路貿易而不肯入漢籍。待公元 8 世紀以康國為宗主的各粟特城邦被阿拉伯所滅，粟特人逐漸入籍中原，開始在中國史籍中以「昭武九姓」、「九姓胡」或「胡」留名。中國盛唐前後種種與「胡風」相關的器物、習俗大多與粟特人相關。

「粟特」是《魏書》中的譯名，漢魏之間史料中也有譯作「粟弋」的。名為「粟特」時是粟特商人最意氣風發之時，卻沒有留下任何著名商人的名姓，20 世紀歷史學家如惠特菲爾德在試圖書寫他們的故事時，也不得不用一個虛擬的名稱代替。如同其密集的商業網絡一樣，粟特商人在世界歷史中留下了一個小人物組成的大版圖，但在中國歷史中，卻有一個粟特人因為拆散一幅歷史版圖而準確無誤地留下了他的名姓。白居易在《胡旋女》中慨歎：「天寶季年時欲變，臣妾人人學環轉；中有太真外祿山，二人最道能胡旋。」「胡旋」就是來自粟特的舞蹈，擅長此舞的安祿山正是粟特人，同時也正是安祿山挑起了長達 8 年、造成唐王朝元氣大傷的「安史之亂」。

安祿山的名字在粟特語中意為「光明」。粟特人多信祆教也即中原所稱的「拜火教」。由於其教義相信「黑暗」與「光明」會不停戰鬥，因此「光明」同時具備了「戰神」的意味。安祿山的母親是一個突厥女巫，生父姓康，也即「昭武九姓」中的宗主大姓。父親去世、母親改嫁安延偃後，安祿山改姓「安」。安祿山沒有辜負他的粟特血液，由於「能説六種番語」，很快得到了邊境互市的中介與翻譯工作。粟特人祖祖輩輩以血汗換來的大國外交意識則使安祿山在與上司的應對上進退自如，很快便因「商業才能」得到賞識，成為節度使的義子。如果沒有唐玄宗重用胡將的策略，安祿山或許會滿足於做一名「節度商人」。然而，因為有戰功，而且善於在不損失雙方商業利益的基礎上調停紛爭，安祿山成了黃河北部最有權力的節度使。

此後有關「安史之亂」的種種早已見諸各類漢語史籍，天生善言的粟特人卻選擇了沉默。戰守雙方都有粟特人，戰事平定後很多粟特人選擇了改

姓，因為中唐以後出現了強烈的排胡情緒，甚至在戰亂並未波及的揚州也出現了殺胡事件。中原史籍中的「昭武九姓」包括康、安、曹、石、米、何、史、穆、畢，這些姓氏有的流傳至今，有的為避禍而改姓泯然於眾多漢姓。曾經叱吒絲綢之路的粟特人最終卸下了他們的行囊。最後的粟特人據信是塔吉克斯坦的雅格諾河谷中一個被稱作「雅格諾比人」（Yaghnobi）的族群。當20世紀末語言學家們找到這一族群時，他們正過着半定居的放牧生活。他們仍保有自己的語言，但因不常與外界交流，曾經以「語言天才」聞名絲路的粟特後裔們已經喪失文字。

汪大淵：東方的馬可·波羅

祖籍江西南昌的汪大淵初次從福建泉州搭乘商船出海遠航時不滿 20 歲，正值元代至順元年（1330 年）。汪大淵被西方譽為「東方的馬可·波羅」，或許因為他與馬可·波羅隨叔父前往東方時歲數相仿，而且見識頗廣。但汪大淵與馬可·波羅的不同不只在於出發的時間間隔了超過半個世紀，而且在於汪大淵走的是海上絲綢之路，馬可·波羅走的是陸上。兩者取向的不同顯示出東西方同樣精明的商人對於當時有利可圖的商路的類似判斷。《馬可·波羅遊記》為早已熟諳海上抵達東方路線的西方奠定了突破陸上商路的信心，汪大淵留下的《島夷志》則為 75 年後東方的鄭和下西洋繪製了藍圖。

史料記載：汪大淵首次從泉州搭乘商船出海遠航，歷經海南島、占城、馬六甲、爪哇、蘇門答臘、緬甸、印度、波斯、阿拉伯、埃及，

▲ 汪大淵，被西方譽为「東方的馬可·波羅」

横渡地中海到摩洛哥，再回到埃及，出紅海到索馬里、莫桑比克，橫渡印度洋回到斯里蘭卡、蘇門答臘、爪哇，經澳大利亞到加里曼丹、菲律賓返回泉州，前後歷時 5 年。此後至元三年（1337 年），27 歲的汪大淵再次從泉州出航，歷經南洋群島、阿拉伯海、波斯灣、紅海、地中海、非洲的莫桑比克海峽及澳大利亞各地，至元五年（1339 年）返回泉州。

與鄭和七下西洋相比，汪大淵只出海兩次，不過，閒散人方能成就雜學，汪大淵雖然沒有馬可·波羅那樣桎梏於獄中的不得已時光，在著書前也散漫了 10 年。元末供職朝廷並因戰事隨元順帝「北巡」的劉佶在《北巡私記》中記載：「《島夷志略》一卷，原名《島夷志》，現存諸本並作今名，當係明人抄本所改。作者汪大淵，曾兩次隨商船遊歷東西洋許多國家，所到地方，皆記其山川、習俗、風景、物產以及貿易等情況。至正己丑（1349 年）冬，大淵路過泉州，適泉州路達魯花赤偰玉立命吳鑒修《清源續志》（清源，泉州舊名），遂請熟悉東西洋諸地情況的汪大淵撰《島夷志》，附於《清源續志》之後。次年，作者攜《島夷志》歸南昌，單獨刊印以廣流傳。」

因為是記載元末元順帝最後時日的唯一漢語文獻，《北巡私記》自從清代起就被稱為「希世之祕笈」。然而，所記內容遠多於《島夷志略》的《島夷志》的散佚對於後世才是更大的損失。如今我們只能從尚存的《島夷志略》中猜想汪大淵的眼界：澎湖、琉球、三島、麻逸、無枝拔、龍涎嶼、交趾、占城、民多郎、賓童龍、真臘、丹馬今、日麗、麻里魯、遐來忽、彭坑、吉蘭丹、丁家盧、戎、羅衞、羅斛、東沖古剌、蘇洛鬲、針路、八都馬、淡邈、尖山、八節那間、三佛齊、嘯噴、浡泥、明家羅、暹、爪哇、重迦羅、都督岸、文誕、蘇祿、龍牙犀角、蘇門傍、舊港、龍牙菩提、毗舍耶、班卒、蒲奔、假里馬打、文老古、古里地悶、龍牙門、東西竺、急水灣、花面、淡洋、須文答剌、僧加剌、勾欄山、特番里、班達里、曼佗郎、喃誣哩、北溜、下里、高郎步、沙里八丹、金塔、東淡邈、大八丹、加里那、土塔、第

三港、華羅、麻那里、加將門里、波斯離、撻吉那、千里馬、大佛山、須文那、萬里石塘、小唄喃、古里佛、朋加剌、巴南巴西、放拜、大烏爹、萬年港、馬八兒嶼、阿里思、哩伽塔、天堂、天竺、層搖羅、馬魯潤、甘埋里、麻呵斯離、羅婆斯、烏爹。雖涉及亞、非、澳各洲的國家與地區達 220 多個，汪大淵著《島夷志》時說，書中所記「皆身所遊焉，耳目所親見，傳說之事則不載焉」。

因為汪大淵的自信，《島夷志》留下的名冊本應成為幾個世紀東西方地理或歷史學家考察的密碼，其中記載也說泉州有過海外貿易的國家達到 98 個、物資品種達 250 種以上。泉州作為「天下之貨倉」的概念本應因汪大淵而起。然而，歷史記載上最早的《島夷志略》的元代版本今俱佚，「明代未聞有《島夷志》刻本」，「錢氏《述古堂》還藏有元人鈔本，天一閣則藏有明抄本。此外，明《文淵閣書目》、晁氏《寶文堂書目》、《袁宇通志》、《大明一統志》、《東西洋考》、《古今圖書集成》等，都引用過《島夷志》，而明抄本今已亡失」。

1324 年，距汪大淵出海前 6 年，馬可·波羅病逝。汪大淵離世的時間至今是個問號。清代《四庫全書》中有《島夷志略》抄本。《四庫全書總目》中說：「諸史外國列傳秉筆之人，皆未嘗身歷其地，即趙汝適《諸蕃志》之類，亦多得於市舶之口傳。大淵此書，則皆親歷而手記之，究非空談無徵者比。」然而，汪大淵自海上西遊著書後早已遠遊，無人知其蹤跡。與馬可·波羅在病逝前遣家人找教士相比，這也可能是某種東方式的自求仙境。

物種輸入，1500年的歷程

文 ▲ 陳曉

中國對國外植物的引進是一場歷時 1500 多年的傳輸運動。

花園

　　我的植物啟蒙是從四川老家的院子開始的。這是一個看起來並不精緻甚至有些雜亂的小院落，在住房外用圍牆圈出的一溜狹長土地上，見縫插針種着各種植物。貼圍牆根的是薔薇和玫瑰，荊棘枝幹交錯纏繞了整面牆體，圍牆拐角處是幾株夾竹桃。為了遮擋夏季的太陽，住房的每扇窗戶下都有一株葡萄，藤蔓順着竹架彎彎曲曲爬上窗櫺，再爬滿整面房牆。在葡萄架和薔薇花牆之間，種着些零碎花果：幾樹柑橘，一株無花果，一株石榴，還有一叢茉莉。每年初夏，薔薇開瘋了，滿牆搖曳，然後翻山越嶺垂到牆外，像給牆頭搭上了一疋厚重的花毯子。薔薇開之前是玫瑰，薔薇開完之後就輪到葡萄。夾竹桃和無花果的花果期最長，從初夏開始，牆角就開出幾朵白花，幾天後花瓣轉黃萎謝，新的花苞又次第綻放，能從 6 月一直默默開謝到 10 月。這個時候，秋風送爽，該石榴成熟了。院子談不上什麼園藝佈局，植物之間也沒什麼呼應，只是各自按照自己的花期，寒來暑往次第開放、凋謝。

　　但如果從一個對植物頗有些研究的學者，比如美國東方學家勞費爾的眼光來看，這樣的院子就不那麼簡單了，可以説是中國引入外國植物物種史在市井民間的縮影。勞費爾曾經盛讚中國有着世界上最為傑出的對植物物種的吸納能力：「中國人是熟思、通達事理、心胸開豁的民族，向來樂於接受外人所能提供的好事物。這個國家擁有世界上最富戲劇性的自然景觀，其變動範圍從世上最高的山峰到最低的地表凹地 —— 吐魯番盆地，從南方的熱帶雨林至喜馬拉雅高山上的冰河期地貌，這種跨度無他國能及。而且他們的位置處

於東南亞豐富的珍稀植物與近東古代農業發源地之間，屬於世界上借用模仿的最佳位置。」到今天，即便是一個普通的西南住家院落中，也遺留着這場歷時千年的植物傳輸運動的蛛絲馬跡。

比如石榴。原名安石榴，是伊朗至阿富汗一帶非常流行的物種。古代波斯人不僅把它當水果食用，還把籽取出來開發出各種用途，以此經營很大的買賣。他們用石榴做醬油，先把它浸在水裏，用布過濾，可使醬油有顏色和辣味。還把石榴汁煮滾用來在請客時染飯，為飯食添色增香。石榴傳入中國時間很早，在北魏時期的洛陽都城就流傳着一句話：白馬甜榴，一實值牛。意思是白馬寺的石榴，一個就抵得上一頭牛的價值，可見其珍奇程度。千年以後，石榴已完全融入中國的農業生產體系，成為非常家常的水果。

葡萄被認為是最早引入中國的物種。《漢書·西域傳》中記載，葡萄不喜多雨濕潤的環境，因此剛傳入中國時，僅在長安一帶氣候乾燥的地區種植。但如今，葡萄已經能在多雨的西南普通院落中茂盛地生長起來。我記得家中院落中的葡萄有四個品種，能結出紅、紫、綠、綠白四種不同顏色，不同口味的果實。不僅能吃果實，葡萄葉也有用處。它既柔軟，又大小適中，而且沒有異味，每到夏季，挑選出成熟度中等的葡萄葉，用清水洗淨，刷一遍白酒消毒添香，然後裹上醃過的肉塊，扔到燜飯的鍋底，就能烤出噴香的肉塊，是童年時最樂此不疲的廚事。後來在梅村著的《飲食界之植物志》看到，葡萄葉的用處還不止於此，它可以代替煙草，洗淨煮熟後可以吃。還有一種葡萄葉，因為含有糖質，是兒童喜歡的食物。

無花果更是一種完全源自西域的舶來品。它在伊朗高原蔓延之廣，不

▲ 美國東方學家勞費爾

下於安石榴，但最初西域種植的無花果都是早熟品種，也叫新疆早黃，完全成熟後果皮呈黃色，有白色橢圓形果點，果頂不開裂，果肉淡黃色略呈淡紅色。後來，李時珍在《本草綱目》中記載，在他那個時代，中國南方已經普遍種植無花果，種植的方法是將樹苗栽在地上。這一點特別引起了勞費爾的注意——「因為它說明中國人一直不知道用早熟法。他們的著作裏就沒有提過早熟法。」我家院子中那株無花果樹，就是用中國南方的培育技術栽種出來的。無花果從初夏開始成熟，果皮由青轉紅，果體慢慢變軟。到臨近採摘的幾天，日日都要去小心巡視幾遍。沒有熟透的無花果，中部果粒板結成一團，果汁呈白色，淡而無味。但熟起來非常快，硬邦邦的果實會在一夜間通體柔軟，裂出淌着蜜黃色濃稠果汁的大口，採摘稍晚就會被螞蟻昆蟲捷足先登。能成功地摘到一枚全身紫紅、光滑圓潤、柔軟豐盈、咧開大口淌着蜜汁卻還沒有被螞蟻搶食的無花果，是童年夏天在院子裏得到的最好饋贈。

茉莉是另一種被考證來自西域的植物。它又名悉耶茗花，晉代嵇含的《南方草木狀》上如此記載：「耶悉茗花，末利花，皆胡人自西國移植於南海，南人憐其芳香，競植之。」陸賈的《南越行紀》中也寫道：「南越之境，五穀無味，百花不香。此二花特芳香，緣自胡國移至，不隨水土而變，與夫橘北為枳異矣。彼之女子以彩絲穿花心，以為首飾。」茉莉花期也很長，從 5 月帶花苞，能一直開到晚秋，於是整個夏天和秋天，都能帶着茉莉穿成的手串，至今能記得白色小花貌不驚人，卻散發出沁人心脾的芳香。

幼時記憶中四時更替的園圃之樂，映襯着中國人自漢唐以來在植物物種上相容並蓄的歷史。勞費爾曾寫過一本《中國伊朗編》，詳細考證了中國對國外植物的採納和吸收過程，書中認為中國對國外植物的引進是一場歷時 1500 多年的植物傳輸運動。「在植物經濟方面，中國人是世界上最前列的權威。他們的經濟政策有遠大眼光，採納許多有用的外國植物以為己用，並把它們併入自己完整的農業系統中去，這是值得我們欽佩的。」如果要回溯這

場歷時千年的植物拿來運動，就要從張騫出使西域的漢朝說起。

植物的引進

如果身為一個漢朝的農民，應該是相當有自豪感的，因為他代表着當時世界最先進的農業生產水平。美國學者尤金・N. 安德森曾比較過同一時期中國與歐洲的農業生產力：「根據封建時代的標準，漢朝農業產量高於中世紀的歐洲。歐洲每英畝 500 磅的產量就被視為高產，而且由於種植的穀物品種產出率低，收成中的 1/3 必須留做種子。中國人留種少得多，得到的回報卻多得多。」安德森認為漢朝農業生產力領先的原因在於自秦帝國形成以來，政府對農業的支持和重視。公元前 221 年，秦統一中國後貫徹法家理念，將農業與食物生產置於重要地位，並視為增強國力的關鍵。在那場著名的大焚書中，明確赦免的類目唯有農業與醫學。漢朝後，農業越發精耕細作，官家用各種手段勸課農桑，以養活日益增加的城市居民。帝國政府在田租、公共水利，及對小農階級維護上的一系列發展農業的政策，在中國導致了一場真正的「綠色革命」。

西漢末期的重要農學著作《氾勝之書》記述了漢朝農耕的詳盡過程，表明了當時農業是何等精耕細作。漢朝的農民會將種子浸泡在煮過的骨頭、糞肥或者蠶屑製成的人造肥料裏，這種肥料還要加入一些植物毒素。種子被反覆覆以一層這類糊狀物

▲ 唐代宮廷對藥材的需求量很大，許多外來物種都聲稱具備藥用價值

體，必須小心地將裹在薄薄表皮中的種子弄乾，使它們不會腐爛——這些手段是西方人在現代科學實驗室裏才摸索出來的。政府主導修建的水利工程不僅使稻子得到灌溉，稻田得到平整，而且每年還通過變動水道來改變水流，使水溫春天暖和，夏天不熱。在缺水的北方，土壤會在夏季被反覆弄碎，形成一層蓄水的覆蓋土。冬天，農民會將雪被壓實，以免被風颳走，用這樣的方法凍死在冬天倖存的害蟲卵。在一些潮濕的區域，每個過大的果實下都會墊以葉秸，使瓜不會因接觸濕土而腐爛。任何含氮的作物都被小心存作肥料……

植物在漢朝的生活體系中如此豐富，不僅體現於食物，還有藥物，在當時的《神農本草經》中，論述了大約 365 種藥。「偏愛植物的成見在此書中有所顯露：67 種是動物藥品，42 種是礦物藥品，246 種是植物藥品。」通過這些史料可以有一個大致的輪廓，漢朝已是一個植物物種的盛世：有大量土地用於種植，有足夠精細的耕作技術，有重視農業的政策。因此，當出使西域的使者或者遠征大宛的將軍，將新鮮物種帶回國土時，這裏已經具備接納豐富外來物種的能力。

苜蓿被認為是最早經絲綢之路傳入中國的西域物種。它是漢朝帝國軍事意圖和國家安全的副產品。漢武帝時期一直在尋找善於作戰的良馬，聽說伊朗高原上有純種駿馬，體格比蒙古種的小馬魁梧，全身勻稱，四足纖細，胸、頸、臀部都很發達，善於征戰。於是常派遣使者到伊朗諸國遍尋好馬，最多的時候一年中派遣求馬使節十幾次。最初找到的良馬得自烏孫，後來張騫走到了大宛，發現這裏的馬種更為優良，因為馬奔跑後流的汗是紅色，因此被稱為「汗血馬」。汗血馬所吃的飼料就是苜蓿。史書稱張騫為人重實際，處理經濟事務非常有見地。他斷定這渴求已久的好馬如果要在中國保持健壯，就要把它的主要食糧一並帶回。於是，他將大宛的苜蓿種子，帶回國獻給武帝。武帝命人在宮旁廣闊地面遍植這新奇的植物。不久，這種飼草從宮中迅速地蔓延到了民間，遍佈華北。

張騫是出使西域並生還歸漢的第一人，也被認為是開啟物種輸入的第一人，因此成為引入物種傳說的中心人物。大部分帶「胡」字植物，都被認為是張騫周遊絕域後帶回來的物種。比如胡豆。《齊民要術》引《本草經》的說法：「張騫使外國，得胡豆。」還有胡麻，《太平御覽》也引用《本草經》，認為是「張騫使外國得胡麻」。還有胡蒜、胡瓜、胡蘿蔔……一些近代的外國史學家已紛紛否定了這種說法。德國地理學家李希霍芬專門撰文指出，張騫無法以一人之力完成那麼宏大的物種傳輸運動。因為他出使西域時並不是以搜集物種為己任，而且途中險象環生，還被匈奴囚禁了一年，是乘隙逃走才得以生還，但植物種子細小，在逃難過程中並不易保管。但就如謝弗在《唐代的外來文明》中所說，舶來品最真實的活力和樂趣在於它來自那些令人心馳神往的遙遠地方，承載着人們對未知之地生動活潑的想像。張騫「鑿空西域」的行為，本身就開啟了人們對於外域的想像力。眾多的駝隊貿易商人沿着被打通的絲綢之路來到長安，新的物種因此接踵而至。

移植技術

743 年，在西京長安以東的地方建起了一座人工湖，實際上是一個海外貿易貨物的轉運潭。來自各地的貿易船隻都聚集在這個轉運潭裏 —— 來自北方的紅氈鞍韉、來自南方的紅橘、來自西域的奇花異果……所有貨物要在這裏被換裝到小斛底船上。大批外國商人也隨貨物而至，長安城的納稅人口將近 200 萬人，居住在長安城中的外來居民數量也相當龐大。突厥、回鶻、吐火羅和粟特的商人們聚集此地，其中來自伊朗的居民佔有重要的地位，唐朝政府甚至專門為伊朗居民設置了一個叫「薩寶」的官職來監管他們，薩寶的意思是「商隊首領」。

張騫之後開啟的漢土與西域的相互貿易，在唐朝時達到一個高潮。紛至沓來的外國商隊不但帶來了很多新奇古怪的奢侈品，也促進了西域庭院植物

的栽培。因為對這些遠道而來的異族人來說,「沒有他們深深眷戀的故土植物,簡直就無法生活下去。就如同前往美洲的歐洲移民也將他們故土的石竹、櫻草、鬱金香留在美洲一樣」。但要讓植物在氣候、土壤條件完全不同的漢土存活生長,並不是件容易的事情。早在 304 年,古人嵇含就在一篇文章中描述了物種移植的種種難處:北方的大頭菜引種到南方後會變成芥菜,因為沒有冬季的地方不會生出肥大的塊根。而南方的橘引種到北方後會變成低級的枳。柑橘被嫁接到較硬的三葉砧木上以後,在寒冷乾旱的天氣裏,插入的樹枝往往會變得虛弱或者死去。

後趙武帝石虎在引種西域植物上取得了一些難得成功的範例。《鄴中記》記載,石虎的私苑中有「西王母棗,冬夏有葉,九月生花,十二月乃熟,三子一尺。又有羊角棗,亦三子一尺」,還有可以結出重達兩斤巨果的句鼻桃,「子大如盂椀」的安石榴樹……這位羯族君王在歷史上留下了殘暴嗜殺的惡名,但同時也是一位功勞不小的西域植物推廣者。他將許多來自西域的植物、食物改名,起因雖在於對胡字的忌諱,但在客觀上,卻減輕了中原居民對這些外域植物的陌生感。

為了引種這些中原本無的植物,石虎花了極高的代價琢磨移植技術。他御使匠人精心圍起苑圍,取名華林苑,運來土壤,引水澆灌,以期創造適宜西域果種的生長條件。《鄴中記》記載:「華林苑在鄴城東二里,石虎使尚書張群發近郡男女十六萬人,車萬乘,運土築華林苑,周圍數十里,又築長牆數十里。張群以燭夜作,起三觀四門,又鑿北城,引漳水於華林苑。虎於苑中種眾果。」為了讓這些物種能儘早同中原的水土相合,石虎還下令做了一輛大車作為培植這些作物的試驗田。大車名為蝦蟆車,「箱闊一丈,深一丈四,搏掘根面去一丈,合土載之,植之無不生」。在國君之力的強力推動下,自石趙之後,西域作物移植漢土的技術漸漸成熟,開始在中國北方普及。安石榴在河北地區開始有了優良品種,而在北魏時的洛陽,就有大面積的西王

母棗與句鼻桃的種植。

到唐代後，從物種的傳輸到物種的分類管理和種植上，都形成了一個包含相當多細節的技術體系。人們發明了各種各樣的方法來保證植物物種輸入的安全運輸，最常用的是用蠟將植物的根莖密封起來，再在上面覆蓋幾層綠色的蔬菜葉，這樣就能避免顛簸搖晃，幼苗在幾天之內也不會枯萎。植物在細緻的保護下運送到長安後，一部分進入「藥園師」掌管的藥園——唐朝對草藥的需求量非常大，藥園是由太醫署令管轄，專門負責種植、採集草藥供太醫署使用的庭院。但更多的物種會進入上林苑——這是一個皇家專門管理植物物種的機構，坐落在一座巨大的苗圃和庭院中，世界各地的各種庭院果木經過長途跋涉來到漢土後，都將先匯集在此苑中。上林苑中不乏技藝高超的園丁，他們的職責是研究將這些外域植物安置成活的方法，既供給皇室新鮮的珍奇水果，還要為唐朝各地營林植樹提供樹種來源。740 年，唐玄宗曾發起過一場美化唐朝北方大都市的運動，要求在「兩京以及城中苑內種果樹」。果樹的樹種，就來自上林苑。有些植物在苑中移植成功，並長久地流傳下來，成為中國龐大植物譜系的一部分，也有的植物因為技術不成熟，只存在了很短的時期。這是讓人遺憾的物種流失，比如來自撒馬爾罕的金桃。

據說這金桃是將桃樹的枝條嫁接在柿子樹上長成的，大如鵝卵，其色如金。7 世紀時，撒馬爾罕的國王曾經兩次向唐朝宮廷貢獻這種珍異燦黃的桃子作為貢品，專供皇室成員享用。金桃的樹種也被長途跋涉穿越西域荒灘戈壁的使臣商隊帶入唐朝境內，並且移植進了長安的宮廷果園。但或許因為移植技術不成熟，金桃並沒有在漢土流傳下來，但後世的人們用想像力來彌補了移植技術上的缺憾。美國學者謝弗在寫作唐代中國的外來文明時，將撒馬爾罕的金桃作為書名：「金桃究竟是一種什麼樣的水果，這種水果的滋味到底如何，我們現在已無從推測。種種奇妙的傳說，使這種水果罩上了一層耀眼迷人的光環，從而也就成了唐朝人民所渴求的所有外來物品以及他們所希冀

的所有未知事物的象徵。」

植物的繁榮

　　德國學者維爾納·桑巴特曾說過：宮廷的歷史就是國家的歷史。如果從植物傳播的角度來理解這句話，唐代皇家林苑中的植物物種，就像最新的審美和消費時尚一樣，經年累月後會慢慢傳遞到民間。晚唐時期，在一些文人墨客的私苑中，已經能看到源自西域的物種，白居易就被傳為是白蓮的民間推廣者。9 世紀以前，洛陽還沒有白蓮，直到白居易在洛陽任太子賓客分司時，才將白蓮從蘇州移植到了洛陽。白居易在一首詩中描繪了自己在洛陽履道坊私宅中的園池景色，就專門提到了白蓮：「五畝之宅，十畝之園，有水一池，有竹千杆……靈鶴怪石，紫菱白蓮，皆我所好，盡在吾前。」

　　在唐代，蓮花還保持着外國的風韻，以紅色和白色為主，黃蓮非常少見，而青色的蓮花被認為只有在近於巫術的藝術作品中才能看到。唐代藥物學家陳藏器在《本草拾遺》中寫道：「紅蓮花，白蓮花生西國，胡人將來也。」這說明原本從西域傳來時，自然界並沒有青蓮。但在民間園丁們的奇思妙想下，唐宋時期已經能通過人力配置出青蓮。有一部宋初的類書中轉引了一個湖州的染戶家的故事：湖州有一戶染戶的池塘裏種有蓮花，刺史命收蓮子歸京，種於池沼，發現開出來的是蓮花是紅色的。這在當時非常罕見，刺史便寫信問染工怎麼回事。染工說：我家有口世代用於染布的靛甕，把蓮子浸於甕底，大概一年後，再種植，就能開出紅色的蓮花。如果在花根部附近的土壤裏埋下舊鐵釘、金屬罐，向花的根部輸送鐵鹽，就能使繡球花變成青色。

　　物種繁榮與民間智慧相互激發，成就了一些頗受歡迎的著名園丁，郭橐駝就是留名後世的一位。他是一位駝背園丁，家在長安城西邊的豐樂鄉，以種樹為業，擅長移植。經他手種的樹都長得高大茂盛，掛果早且數量多。於是，長安城中的富豪人家、從事園林遊覽和做水果買賣的人，都爭相聘請

他。柳宗元寫過一篇《種樹郭橐駝傳》，裏面談到郭橐駝種植的祕訣講究「順木之天以致其性」，後來元朝的一本種樹書還託名於他。

展示新奇漂亮的植物物種成為長安城中的一種時尚。擁有罕見物種的多少，以及通過技術革新將新植物栽種成活的成果，成為當時長安城中富家豪門「炫富」的方式。史書記載，楊國忠家的年輕人在園林藝術的革新上頗為擅長，他們建造了一種可以移動的木製花園，叫作移春檻 —— 將花園安置在木輪上，園中種植了名花異木。每逢春和景明，就推出這種可以移動的花車上街，車子一邊前行，一邊還可以緩慢地旋轉，使街邊路人都可以詳細地看到車上的奇花異草。

但真正的物種繁榮還是來自更底層的民間。石虎這些來自異域的君王，對後世植物經濟的影響，不僅僅在於技術創新和物種引進。他們在統治時引入了中亞土地共有的觀念，將其與中國古代均分土地的慣例相調和。北魏時期的均田制，製造出了廣大的自耕農小農階級，他們在小塊土地上辛勤地耕作，盡其所能地將最實用的物種栽種進自己的庭院中。陶淵明就是這樣一名小自耕農。他棄官歸隱後，在魏朝統治的華中務農度過了餘生。雖然生活並不寬裕，收支僅能勉強相抵，但他在田地間創造並書寫了自己的生活美學。陶淵明的詩歌寫出了中國人自己的《園圃之樂》，也可作為當時魏朝小自耕農田莊的全景圖。

陶淵明的田莊分為田地、果園和菜園，種植的作物有粟，可能還有小麥、大豆、桃梅、桑、麻、葵，以及一些別的蔬菜。他還栽培了自己喜愛的松和菊，還有梨、柳、竹子等別的植物。在陶淵明留下的詩作中，我們還不能看到多少西域的物種，但一個擁有小塊自己土地的農夫，可以在方寸之地上按自己的意願種植，是物種流傳非常重要的條件。隋唐時代延續了北魏的土地均分政策。在尤金·N. 安德森的考證裏，當時一位普通的男性戶主受露田 80 畝，一生均可耕種，年滿 60 歲時還給國家。同時，還受永業田 20.3

畝，可以終身擁有並傳給後代。在配給的份額中，20 畝應種植桑麻，餘下的 1/3 則為宅基和菜田。「雖然面積不大，只是一些小的農莊，但已經比大多數亞洲農民的處境要好。而且中國人植桑非常緊湊，很會利用土地，外觀上修建得像叢林一樣，因此幾英畝的土地已經可以頗有作為。」尤金·N. 安德森曾這樣寫道。

到唐代時，植物移植技術的成熟，以及多年土地均分造就的小農階級，促成了植物物種的大繁榮。近東的農作物菠菜、甜菜、萵筍、扁桃、無花果開始廣為人知。來自南亞的農作物，海棗、小豆蔻、山扁豆等植物也開始廣泛傳播。闊葉的甘藍、類似萵苣的苦菜，以及帶香味的胡芹，這些有實用價值的草木，大多被文人墨客忽略，也不太可能出現在達官顯貴的私邸花園中，但卻在民間自耕農們的土地上獲得了實實在在的生命和傳承。

大眾的物種

勞費爾認為中國的物種輸入是一個延續 1500 多年的過程。陸陸續續進入漢土的各類植物，開啟了人們對化外之地的好奇，豐富了宮廷和民間的世俗生活，但直到宋朝，才出現了真正能稱得上革命性物種的輸入。宋朝是一個艱難的王朝。北方胡族入侵，導致南北國土分裂，戰亂不斷。壞天氣與帝國遭受的磨難相輔相成。在北宋末年與南宋末年之間，氣候變得寒冷乾燥，偏偏此時中國還迎來一個人口攀升期。人口在北宋期間超過 1 億，南宋和金朝的總人口超過 1.1 億。在生態環境惡化，以及北方國土喪失的情況下，用農耕充實倉廩成為朝政大事。不管是軍糧徵集還是平民生計，政府在農桑上都承受着巨大的壓力。

一場新的農業革命應運而生，它被一些外國學者描述為中國自秦漢以來的第二次綠色革命：新的知識和工具進一步改良創新，農業知識得到進一步的改良；新的材料，糞肥，以及河泥、石灰等肥料的推廣，使農民學會了有

效地保持地力；水利技術日臻完善，使空前複雜的灌溉網絡得以建成。但更重要的是，一些高產、耐旱的早熟糧食品種被引入。這些革命性的物種不再只是滿足小農自給自足的園圃之樂，或者達官貴人炫耀的奇花異草，

▲ 印度果阿的集市販賣咖喱等各種香料

而是對國計民生都影響頗大的糧食物種，其中最出名和意義最大的是來自安南占城的生長季短的稻子。和唐代貿易主要經由西北的沙漠綠洲不同，宋朝的對外貿易主要在海上。宋朝社會可以說是一個水上社會，它的國道是長江，它的國門是中國海。占城稻就是經由海上到達的。

中國是個吃米的民族，因此在尋求國外物種時，稻米是一種天然能引起中國人好奇心的品種。張騫出使西域時，曾細心記錄下了在大宛、安息和條支種植大米的情況。在他的親身經歷和聽聞傳說裏，庫車、疏勒、和田，和蔥嶺以北的漕國，還有石國等地都產米甚豐。但這些地方的大米並沒有進入中國，因為中國本身就是一個稻米種類非常豐富的國家。據史書記載，光是旱稻就有 6 種，晚稻有 10 種，早熟的、晚熟的，耐旱的、耐澇的，有黏性的、偏硬朗的……種類繁多。占城稻能在如此龐大的中國稻米體系裏佔得一席之地，主要因為它順應了宋朝天時。占城稻有「百日黃」之稱，甚至有的地方可以兩個多月就成熟，被稱為「六十占」。對當時正遭受乾旱侵襲的北方來說，占城稻「高仰處皆宜種植，謂之旱占」。種植上也不因遠道而來就需要特殊待遇，「其耕，鋤薅、拔，一如前法」，和通常粒小性硬的高產稻相比，占城稻的口感相對更好，「米粒大而且甘，為旱稻種甚佳」。

宋真宗趙恆是占城稻最大力的推手。佛教作者釋文瑩在《湘山野錄》卷

中記錄了《真宗求占城稻種》：「真宗深念稼穡，聞占城稻耐旱，西天菉豆子多而粒大，各遣使以珍貨求其種。占城得種二十石，至今在處播之。」占城稻種到中國後，真宗先是在皇家農苑中嘗試種植，然後命令轉運司將稻種與種植方式寫成榜文，在山地多的地區推廣種植。1011 年被朝廷分發推廣後，到 1012 年占城稻已經廣泛傳播。因為它的高產量和易耕種，在「物以稀為貴」的市場上並不如低產量的品種那樣受到尊重，但卻在災荒年間，為萬千窮人提供了得以果腹的食糧。

棉花是宋朝的另一個重要大眾物種。實際上，早在公元 3 世紀時，棉花就通過西域和印度兩條不同的道路傳入中國，中唐時由高昌人種植棉花，然後紡織而成的棉布非常知名，但當時僅是一種新奇之物，就像一隻來自西里伯斯的白鸚，一條拂菻國的小狗那樣，是高官顯貴間流傳的奢侈品，並不為民間大眾所享用。宋朝時對棉花的利用有了革命性創新。擅長拿來主義的中國人，結合中國歷史悠久的絲綢衣服縫製技術，將棉花填入衣服中。棉花傑出的吸存熱氣的功能，對農耕國度的重要性是毋庸置疑的。尤其在民生艱難的年間，棉花在縫紉方式上的突破，使在田間勞作的大眾得到保暖，使冬季勞動無與倫比地擴大。這些無可替代的社會功能，確立了棉花在中國這個農耕國度重要農作物的地位。

香料與味道

13 世紀，意大利人馬可‧波羅沿陸上絲綢之路來到中國時，對這個東方帝國富足的物產感到震驚。他看到中國最繁華的城市杭州有「十個大市場」和「大批其他市場」。十個大市場都每周開市三天，吸引了「四萬到五萬人」。在這些市場上可以買到小種牡鹿、大赤鹿、黃鹿、野兔、家兔、鷓鴣、鵪鶉，以及多得不可勝數的鴨、鵝等普通家禽，還有「應有盡有的蔬菜和水果」，甘藍、大蔥、大蒜、菠菜、蕪菁、胡蘿蔔、黃瓜和葫蘆、茄子、

水芹……其中特別值得注意的是一些形體巨大的水果，最大的梨「每個有 10 磅重」。當馬可·波羅看到這些物質極大豐富的市場時，外國植物物種輸入已進行了上千年，絕大部分流傳到現代的物種已經進入中國，並完成了本土化的過程，與中國人世俗生活中最重要的餐桌緊密聯繫在一起。

唐朝行僧義淨在求法印度時，很細緻地觀察了南亞的食物，並將它們與唐朝的飲食進行了比較。他在書中寫道：「東夏時人，魚菜多並生食，此乃西國咸悉不餐。凡是菜茹，皆經爛煮，如阿魏，酥油及諸香合，然後方啖。」通過這段記述，我們大致可以推知，唐朝早期的飲食與現代日本頗為相似，以清淡的食物為主，有不少生食，只是在飲食中添加了少量的佐料或者醬油。另一位考證中國食物史的學者尤金·N. 安德森也認為，中國烹飪豐盛香醇的特點，是在宋代才開始確立的。「食物被輔以當地佐料，特別是生薑、肉桂和胡椒、肉豆蔻，也被輔以各種印度與近東的香料果實及種子。糖已用來保存食物，並製作種種甜食與糖果。」這些來自西域的重要佐料，在商人和地方精英的宴席上得到創造性運用，大大豐富了中國世俗生活的味道。

胡椒是最為著名的異域香料。馬可·波羅曾記錄過元朝時中國人對胡椒的巨大需求量：「只要把一船胡椒運往亞歷山大或別的什麼地方以供應基督教世界，就有一百船胡椒運抵中國的一個主要港口泉州。」它不僅是深受中國人喜愛的佐料，還是財富的象徵。777 年，唐朝宰相元載被貶賜而死，在抄家時發現，元載家中有 800 石胡椒——這既被作為元載驕奢貪賍、聚斂財富的明證，也從一個側面窺知當時人對胡椒的喜愛。除了胡椒之外，肉豆蔻也是一種被吸納進中國烹飪體系的香料。這是一種像杏一樣球根狀的橘黃色果實，收穫時用長杆將果實打落枝頭，在太陽下曬乾後，肉豆蔻皮與仁剝離，顏色由深紅變為棕紅，燉肉時加入一點，會給食物增加帶鹹味的辛香。

甘蔗的輸入則為中國人的食譜增加了一種新鮮的甜味。甘蔗大約在公元 5 世紀時就從東南亞傳到了波斯，再經由伊朗進入中國。唐代時，四川中

部、湖北北部以及浙江沿海地區都有甘蔗種植。但當時在北方仍然不常見，唐太宗曾經將 20 根甘蔗賞賜給他的一位大臣，可見這個物種的珍貴。在甘蔗輸入之前，中國人已經從蜂蜜和穀物產生的飴糖中得到了甜味，但蔗糖才是所有植物糖中最受歡迎的。它最早被稱為「石蜜」，製作方法是在日光下將甘蔗汁曬乾製成糖，然後再將糖加工成石蜜。在 8 世紀時，安國和火尋國都曾經向唐朝貢獻過石蜜，康國也出產石蜜。因為西域的石蜜質地優良，唐太宗曾經派遣使臣去摩揭陀國學習當地的製糖祕笈。他們的製作方法不僅是依靠天然的植物，還依靠更多的配料，比如與牛乳、米粉和煎成塊。最受後世歡迎的製糖法是將甘蔗汁提純後，結晶成純潔雪白的顆粒狀，不易變質，適合儲藏。這種蔗糖結晶的技術，在唐代時還是祕術，到宋朝時已經被普遍利用於甜食的製作。馬可·波羅在杭州的市場上就看到新鮮水果被曬乾，用白砂糖醃漬後，做成各式各樣的蜜餞出售。

在研究中國食物的學者尤金·N. 安德森的眼裏，宋朝是一個美食頻出的朝代，菜餚種類根本難以勝數。光一次宴會就可能上 200 多道菜，從許多不同的米製食品到「基於水果和甜食的菜餚」，現在具有中國特色的每一種湯、餡餅、湯糰、麵條和小吃，在宋朝幾乎都能找到接近於現代的形式。歷時1000 多年的外國植物物種傳輸已完成最重要的部分漸進尾聲，而中國的農業和食物烹飪體系在此時也基本成形。

絲綢之路的植物

整理 ▲ 李偉、付雪航、呂慧

苜蓿

苜蓿是世界上分佈最廣，栽培歷史最古老的牧草，有着「牧草之王」的美譽。每到夏初時節，根系發達、莖高尺餘的苜蓿草，便在光滑細緻的莖梢處，悄悄開出紫色的簇狀小花，結出如螺旋般的果實和似腎形的種子。這種最早被人類馴化的飼料作物，起源於古代波斯。直到公元前 500 年波斯入侵希臘，士兵們用苜蓿餵戰馬和駱駝，才把苜蓿種子傳入希臘。公元前 200 年，苜蓿種子傳入意大利和北非。隨後，隨着「絲綢之路」上駱駝隊曠日持久的長途跋涉，苜蓿種子也在向東方傳播。

公元前 138 年，漢武帝派張騫出使西域，在烏弋、安息、大月氏、大宛等地（今中亞地區包括中亞五國、喀什米爾、伊朗、阿富汗等地），見到大片種植的苜蓿。公元前 119 年，張騫再次出使西域，從大宛（今烏茲別克斯坦）帶回大宛馬和苜蓿種子。據《史記・大宛傳》記載：「大宛國左右……馬嗜苜蓿。漢使張騫取其實來，於是天子始種苜蓿、葡萄。」當時將天子所乘之馬稱之為「天馬」，常嚼嚼着苜蓿莖花而進出皇城內外，故有「天馬常銜苜蓿花」之説。

苜蓿的傳播及馴化是一個漫長的歷史過程。自漢朝引入後，苜蓿先在京城長安的皇家苑囿內試種。由於關中地區與西域皆

▲ 苜蓿

位於北半球中緯地帶，氣候和水文條件相似，苜蓿很快便適應了這裏，並逐漸向隴東、陝北甚至西北地方傳播開來。唐代顏師古為《漢書．西域傳》作注：「今北道諸州，舊安定北地之境，往往有苜蓿者，皆漢時所種也。」自漢朝之後，關於苜蓿的種植便屢有文字記載。《齊民要術》是北魏時期主要記載黃河中下游地區農業生產的綜合性農書，作者賈思勰在其中詳細記載了苜蓿的栽培方法和利用價值：「土宜良熟。七月種之。畦種，水澆，如韭法。」這說明，最晚在北魏時期，苜蓿種植已推廣到黃河中下游流域。

到了唐朝，苜蓿的栽培更加普遍。《新唐書．百官志》記載：「凡驛馬，給地四頃，蒔以苜蓿。」也就是說，當時驛站用的官馬，都有規定數量的苜蓿地或苜蓿園作為飼料基地。唐代《薛令之傳》中還提到了苜蓿能充當人類的食糧，而南朝《述異記》則記錄「張騫苜蓿園在今洛中」，並明確指出「苜蓿本胡中菜，騫始於西國得之」。北宋《本草衍義》說苜蓿盛產於陝西，用以飼馬牛，人亦有食之者，但不宜多吃。而元朝為了防饑荒，甚至下達了種植苜蓿的法令。《元史．食貨志》中記載：「至元七年頒農桑之制，今各社佈種苜蓿以防饑年。」

到明清時期，苜蓿在華北地區已普遍種植，呈現出王象晉在《群芳譜》中所描述的「三晉為盛，秦齊魯次之，燕趙又次之」的局面。李時珍在《本草綱目》中記載，苜蓿「處處田野有之」，連遙遠偏僻的地區都有。淮河流域地區也有了一定範圍的栽種，但此時的苜蓿大概還沒有擴種至江南地區，所以才有「江南人不識也」的記載。而據乾隆時河南《汲縣志》記載，「苜蓿每家種二三畝」，反映出華北、西北地方幾乎每戶農家都有種植。清朝農學著作《農蠶經》、《民圃便覽》等均對苜蓿的食用方法、飼用價值、栽培技術等做了較全面的論述。

除了種植範圍的擴張，古人對苜蓿的利用方式也在豐富。苜蓿含水量較高，草質柔嫩，適口性好，是飼用價值最高的牧草。在畜禽生長發育所需要

的 13 種維生素中，苜蓿就含有 10 種，又被稱為「維生素飼料」。更獨特的是，苜蓿所含的粗纖維，在反芻動物瘤胃內的消化速度很快，容易使家畜產生空腹感，從而刺激食欲，增加採草量。另外，苜蓿的植株生長點位於枝條頂部，刈割後再生能力強，可利用期長。而這個特點在苜蓿傳入之初就已經被古人發現，據《齊民要術》記載：「（苜蓿）長生，種者一勞永逸。都邑負郭，所宜種之。」

除了充當飼料，苜蓿還是保持水土、防風固沙和改良土壤的理想植被。清代《增訂教稼書》記載，鹽鹼地上「宜先種苜蓿，歲夷其苗食之，四年後犁去其根，改種五穀蔬菜，無不發矣」。清朝道光時期河南《扶溝縣志》也記載：「唯種苜蓿之法最好，苜蓿能暖地，不怕鹼。」事實上，這類記載在北方的地方志中比比皆是。而從今天的研究來看，苜蓿屬於深根系植物，根系入土深度通常為 2~6 米，最深可達 39 米，強大的根系及其分泌物能為土壤提供大量的有機物質，改善土壤的理化性狀。

苜蓿還常常與糧食作物輪作或混作。《群芳譜》指出：苜蓿地「若墾後次年種穀，必倍收，為數年積葉壞爛，墾地復深，故今三晉人刈草三年即墾作田，亟欲肥地種穀也」。明代《養餘月令》、《群芳譜》和清代《農圃便覽》、《農桑經》等都記載苜蓿與蕎麥混作是歷史上的普遍經驗：「夏月取子和蕎麥種，刈蕎時，苜蓿生根，明年自生。」這說明古代農民已經利用苜蓿根系的固氮能力使穀物豐收。恰如北方流行的一則農諺所說：「一年苜蓿三年田，再種三年勁不完。」

除了用作飼草外，苜蓿還可供人做菜食用。在《四民月令》中，就有苜蓿作為蔬菜來栽培的記載，《齊民要術》也稱「春初既中生啖，為羹甚香」。但在太平年月，一般很少有人拿它當飯菜，只有在糧食缺乏時，才被當作「救荒之奇菜」，以至於苜蓿甚至成了生活清貧的象徵。唐朝薛令之在《自悼》中寫道：「盤中何所有？苜蓿長闌干。」宋朝陸游在《書懷》之四中亦稱：「苜

蓿堆盤莫笑貧，家園瓜剁漸輪困。」除此之外，苜蓿還有一定的藥用價值。

作為一種域外引進植物，苜蓿能在中華大地上傳播開來，除了其固有的自然生態因素，也有深刻的社會經濟原因。在古代，馬是重要的農用動力和交通工具，戰馬更是戰爭的神經中樞，直接關係到國家的軍事作戰能力，因此歷代王朝都很重視苜蓿這一重要飼料的種植和推廣。唐玄宗時，官員王毛仲「初監馬二十四萬，後乃至四十三萬，牛羊皆數倍」，要保證數量如此龐大的牲畜群體的生存絕非易事，所以「蒔莳麥、苜蓿千九百頃以禦冬」。明朝嘉靖年間，軍隊在九門之外種植大量苜蓿，用於餵養皇家御馬。為了保證飼草的充足供應，國家還專門設置官員掌管苜蓿的種植和管理。正因如此，「植之秦中，後漸生東土」的苜蓿，歷經 2000 餘年而繁衍不息。

石榴

深秋時節，霜林盡染，紅豔豔的石榴也悄悄綻開果皮，露出一顆顆晶瑩剔透的榴子。當人們細細地吸吮着清甜的榴汁，任瓊漿玉露般的汁水沁入心脾，是否會想起遙遠的絲路上關於石榴的傳說？「石榴酒，葡萄漿，蘭桂芳，茱萸香。」從長安到羅馬的漫漫絲路上，一路傳唱着這樣的唐人歌聲。

石榴原產於古波斯到印度西北部的喜馬拉雅一帶，即現在的伊朗、阿富汗等中亞地區。古波斯人稱石榴為「太陽的聖樹」，是多子豐饒的象徵。大約公元前 2000 年，航海的腓尼基人將石榴種帶往地中海沿岸。在西亞，古以色列的所羅門王就愛飲用石榴汁榨的香酒，據說連他的王冠也用石榴紋裝飾。

▲ 石榴

在希臘神話中，石榴被稱為「忘憂果」，人們相信它的魔力會令人忘懷過去。

在遙遠的東方，榴花與天馬，則成了漢朝天威遠播流沙的標誌。一般認為，石榴是在漢武帝時期，與葡萄、苜蓿等同時經由西域傳入中國內地的。西晉張華的《博物志》記載：「漢張騫使西域，得塗林安石國榴種以歸。」「安國」即今天烏茲別克斯坦的布哈拉，而「石國」則是塔什干，故當時石榴大多被稱為「安石榴」。雖然缺乏西漢時期對石榴傳播史的直接文獻記載，但已有文獻對石榴在漢代由西域傳入中國內地的描述則是確鑿無疑。

石榴引入之初，漢武帝就下令遍植長安城。「漢家天馬出蒲梢，苜蓿榴花遍城郊。」據史書記載，當時石榴作為珍樹奇果，被栽植在首都長安御花園的上林苑和離宮驪山溫泉宮，專為帝王享用。東漢魏晉時期，石榴的種植以河南最盛，而都城洛陽是石榴種植的中心。這一時期，石榴由皇家宮苑開始進入士人階層乃至普通民眾的生活，並開始形成本土化的優良品種。

北魏楊衒之的《洛陽伽藍記》記載：「白馬寺，漢明帝所立也……浮屠前茶林、葡萄異於餘處，枝葉繁衍，子實甚大，茶林實重七斤，蒲陶實偉於棗，味並殊美，冠於中京。帝至熟時，常詣取之，或復賜宮人，宮人得之轉餉親戚，以為奇味。京師語云：白馬甜榴，一實直牛。」文中「茶林」即石榴，可見在漢明帝時期（58—75 年）洛陽已有石榴栽培，尤以白馬寺品種最為優異。

東晉南北朝時期，石榴以河南為中心，向北、向南繼續傳播。《齊民要術》對石榴繁殖、栽種技術和加工利用有詳細記載，表明北方石榴的種植更加普遍，栽培技術已臻成熟。而南方石榴也開始見諸文獻，蜀地和長江中下游等地始出現地方名優品種。《樂府詩集》收錄的《孟珠》詩云：「揚州石榴花，摘插雙襟中。葳蕤當憶我，莫持豔他儂。」

隋唐時期，石榴的栽培得到快速擴展。《封氏聞見記》卷七記載：「漢代張騫自西域得石榴、苜蓿之種，今海內遍有之。」隋大業元年於洛陽故王城營建東宮時，以櫻桃、石榴作為行道樹。唐時華清宮有七聖殿，繞殿長滿石

榴，據稱是楊貴妃親手栽種。《酉陽雜俎》中記載：南朝梁大同年間，東州後堂的石榴都是結成雙子；南詔的石榴果實飽滿、皮薄如藤紙，味道更勝於洛中石榴。可見在唐代，人們對各地石榴的不同特點也都瞭若指掌。

宋元時期，石榴的栽培、採收、儲藏和加工技術日趨精細，並得到全面推廣。宋代石榴品種明顯增多，僅《洛陽花木記》就記載了九個不同的品種：千葉石榴、粉紅石榴、黃石榴、青皮石榴、水晶漿榴、朱皮石榴、重臺石榴、水晶甜榴、銀含棱石榴。人們對石榴利用價值的認識也加深了：「多食其實則損人肺。東行根並殼，入殺蟲及染鬚髮口齒等藥。其花百葉者。主心熱吐血及衄血等。乾之作末。吹鼻中立差。」

明代是石榴種植業發展的高峰，這與明代士風不無關係。明中葉以後，私家園林進入全盛期，時人謂：「凡家累千金，恆屋稍治，必欲營治一園。」同時，士子編撰類書、譜錄成一時風氣，必多方搜求園藝作物尤其是新奇種類。從文獻記載來看，儘管南方普遍有石榴種植，但明清石榴的分佈仍以北方為重，尤其是品質優良的佳種多出自北方。

石榴在我國悠久的栽培歷史中，形成了眾多別名，如若榴、安石榴、榭榴、海榴、丹若、海石榴、金龐、金罌、天漿等。如此豐富的詞彙，既說明古人對石榴的熟悉與重視，也表明古人對石榴的廣泛用途逐漸掌握。

石榴初春新葉紅嫩，入夏繁花似錦，仲秋碩果高掛，深冬鐵幹虯枝，是中國古代重要的庭院樹種。古詩有云：「春花落盡海榴開，階前欄外遍植栽。紅風滿枝染夜月，晚風輕送暗香來。」石榴種植在皇家園林中尤為盛行。李唐時期，因女皇武則天的極力推崇，曾出現「榴花遍近郊」的盛況。在明朝人的插花「主客」理論中，榴花總是列為花主之一，稱為花盟主，可見古人對石榴的推崇。

石榴籽實多汁，酸甜可口，營養豐富，自古被視為珍貴果品。除鮮食外，用石榴釀酒在古代較為普遍。梁元帝蕭繹有詩句云：「西域移根至，南方

釀酒來」;「樽中石榴酒,機上葡萄紋」。石榴還被加工成石榴汁飲用,「北人以榴子作汁,加蜜為飲漿,以代杯茗」。石榴還有醒酒之功,潘岳在讚美石榴時說它有「禦飢療渴,解酲止醉」的作用,清代陳扶搖在《花鏡》中也有「其實可禦飢渴、釀酒漿、解酲、療病」的記載。

除觀賞、食用外,石榴還被用作藥物、染料、胭脂等。在唐代醫學家孟詵的《食療本草》裏記載,石榴可以治療腸肚絞痛、持久瀉痢等病,還說到把石榴花陰乾碾碎呈末狀,混合着鐵丹服用一年,即可白髮轉黑、氣色紅潤。這意味着早在此時,石榴的美容功效已被人們所認識。石榴還是製作胭脂的原料,《北戶錄》云:「石榴花堪作煙支。」此外,石榴的根皮、樹皮及果皮富含鞣質,可作為黑色染料,給玉器描黑、染墨、染髮等。

石榴和中國的服飾文化也有着緊密聯繫。古代女子愛戴石榴花,到南北朝時還很風行,南朝梁簡帝蕭綱就有「鬢邊插石榴」之句。古代婦女着裙,多喜歡石榴紅色,而當時裙子染色的染料便是從石榴花中提取,古人由此把紅裙子稱為「石榴裙」。久而久之,「石榴裙」就成了古代年輕美貌女子的代稱,而「拜倒在石榴裙下」則成了求愛的代名詞。

石榴身上寄託了古人太多美好的願望和無盡的遐想,從而使石榴文化在華夏大地影響深遠。農曆五月,是石榴花開最豔的季節,五月因此又雅稱「榴月」。在石榴花盛開的五月,瘟疫流行,人們常會請來鍾馗像鎮守,而民間所繪的鍾馗像耳邊常戴着一朵石榴花,有「榴花攘瘟剪五毒」之說。在我國民間,還有以石榴圖案祝子孫繁盛的習俗。人們常用「連着枝葉、切開一角、露出累累果實的石榴」圖案,象徵多子多孫,謂之「榴開百子」,是新婚時窗花、幔帳、枕頭等新房陳設中常見的圖案。

黃瓜

原產於印度熱帶潮濕森林地區的黃瓜,距今已有 4000 年的種植歷史。早

在漢武帝時期，張騫出使西域帶回苜蓿和葡萄，接着通過「絲綢之路」引進紅花、石榴、核桃、胡麻、黃瓜、蔥、蒜等經濟植物。黃瓜通過絲路傳入我國後，便在此安家落戶 2000 多年，成為家喻戶曉的瓜類作物。

黃瓜傳入之初，原名胡瓜。因古代稱聚居於西北的民族為「胡人」，黃瓜原為「胡人」所種，故有胡瓜之名。而更名為黃瓜，則緣於一個流傳甚廣的傳說。西晉末年天下大亂，匈奴、鮮卑、羯、氐、羌等少數民族紛紛進入中原，建立自己的政權。319 年，羯族人石勒建立後趙王朝，立都於襄國（今河北邢臺）。他對自己國家的人稱呼羯族人為胡人大為惱火，便制定了一條法令：無論說話寫文章，一律嚴禁出現「胡」字，違者問斬勿赦。

有一天，石勒在單于庭召見地方官員，當他看到襄國郡守樊坦穿着打了補丁的破衣服來見他時，很不滿意。他劈頭就問：「樊坦，你為何衣冠不整就來朝見？」樊坦慌亂之中不知如何回答是好，隨口答道：「這都怪胡人沒道義，把衣物都搶掠去了，害得我只好襤褸來朝。」他剛說完，就意識到自己犯了禁，急忙叩頭請罪，石勒見他知罪，也就不再指責。

等到召見後例行「御賜午膳」時，石勒又指着一盤胡瓜問樊坦：「卿知此物何名？」樊坦看出這是石勒故意在考問他，便恭恭敬敬地回答道：「紫案佳餚，銀盃綠茶，金樽甘露，玉盤黃瓜。」石勒聽後，滿意地笑了。自此以後，胡瓜就被稱作黃瓜，在朝野之中傳開了。

不過，這個典故疑似是後人附會的。實際上，胡瓜改稱黃瓜的確切年代應該在隋代。隋煬帝楊廣的母親獨孤氏是鮮卑人，因此隋煬帝有一半胡人血統，但他

▲ 黃瓜

本人十分崇尚華夏，蔑視胡夷。根據唐代吳兢《貞觀政要》中的《慎所好》記載：「隋煬帝性好猜防，專信邪道，大忌胡人，乃至謂胡牀為交牀，胡瓜為黃瓜，築長城以避胡。」另有唐代杜寶的《大業雜記》記載：「（大業四年）九月，（煬帝）自幕北還至東都，改胡牀為交牀，胡瓜為白露黃瓜，改茄子為崑崙紫瓜。」

可在現代人看來，我們平時食用的黃瓜明明是碧綠清脆，為何不叫綠瓜反而叫黃瓜呢？事實上，現在我們吃的都是還未真正成熟的黃瓜。綠皮黃瓜在它老熟之時，才會露出「本色」：皮色由綠變黃，肉質變老變酸，種子硬挺。據《齊民要術》記載，北魏時，黃瓜要等色黃後才採摘。但後人發現，黃瓜未成熟時吃着更脆、更香，慢慢地便在黃瓜尚綠之時摘下食用。

引種黃瓜早期，所見文字記載很少，及至南北朝時才有了相關論述，到了唐朝，黃瓜已成為南北常見的蔬菜。唐代《本草拾遺》和宋代《嘉祐補注本草》皆著錄了黃瓜。南宋詩人陸游更有七言絕句讚美黃瓜：「白苣黃瓜上市稀，盤中頓覺有光輝。時清閭里俱安業，殊勝周人詠採薇。」

到了明清時期，黃瓜的栽培技術獲得很大的發展。《本草綱目》中記載：「胡瓜處處有之，正二月下種，三月生苗引蔓，葉如冬瓜葉，亦有毛，四五月開黃花。結瓜圍二三寸，長者至尺許，青色，至老則黃赤色，其子與菜瓜子同。一種五月種者，霜時結瓜，白色而短，並生熟可食，兼蔬菰之用，糟醬不及菜瓜也。」

王象晉的《群芳譜》對黃瓜的形態特徵描述得更為詳盡：黃瓜「蔓生，葉如木芙蓉葉，五尖而澀，有細白刺如針芒，莖五稜亦有細白刺，開黃花，結實青白二色，質脆嫩多汁，有長數寸者，有長一二尺者，遍體生刺如小粟粒。多『謊花』，其結瓜者即隨花並出。味清涼，解煩止渴，可生食」。黃瓜為雌雄異花植物，此處的「謊花」是指不能結果實的雄花，數量多於雌花達10倍以上。儘管當時的學者不知花有雌雄之別，但兩者之差異能被觀察和記

載確是難能可貴。

對於黃瓜種植技術的研究，也有久遠的歷史。《齊民要術》卷二種瓜篇中記載：「種越瓜、胡瓜法：四月中種之。胡瓜宜豎柴木，令引蔓緣之。收越瓜，欲飽霜，霜不飽收爛。收胡瓜，候色黃則摘。若待色赤，則皮存而肉消也。」此處已論述黃瓜的播種採收時期和基本種植法。事實上，黃瓜種法有地黃瓜和架黃瓜之分：地黃瓜適於少雨地區，不搭支架，任瓜蔓於田間伏地生長，栽培管理較粗放；架黃瓜則適於溫暖多雨地區，在瓜蔓伸長以前，用竹木搭成人字架，使瓜蔓攀緣其上，栽培管理則較精細。

在浩如煙海的唐詩中，不難發現諸如「暖房」、「溫室」等字眼，這說明唐代除花木之外，已掌握了黃瓜的溫室栽培技術。唐代詩人王建在《宮前早春》詩中云：

酒幔高樓一百家，宮前楊柳寺前花。
內園分得溫湯水，二月中旬已進瓜。

明代王世懋在《學圃雜蔬》中提道：「王瓜出燕京者最佳，其地入種之火室中，逼生花葉，二月即結小實。」

經過長期實踐，古人逐漸認識了黃瓜既喜溫又怕酷暑的特性，設法滿足它對溫度的要求，使其早上市、多次上市，甚至周年供應。根據記載可以窺見，當時的主要農業措施是根據各地的氣候特點，錯開播種日期，進行露地栽培或溫室栽培，提前或適當推遲採收，以延長上市日期。當時就已經有春黃瓜、夏黃瓜、秋黃瓜和冬黃瓜之別。

黃瓜適應性強，易種易活，瓜可鮮食，亦可醃漬、曬乾貯藏。尤其在災荒年間，瓜乾可代食糧度過荒年，這恐怕也是黃瓜受古人歡迎的原因之一。

菠菜

北方苦寒今未已，雪底菠薐如鐵甲。

豈如吾蜀富冬蔬，霜葉露芽寒更苣。

宋代詩人蘇東坡在這首七言散聯中所指的「菠薐」，就是我們今天所說的菠菜。這宛如「鐵甲」的美味佳蔬，又名波斯菜、菠斯草、赤根菜、鸚鵡草、角菜等，是藜科菠菜屬的一二年生草本綠葉類蔬菜，以嫩莖葉及根供食用。

菠菜原產於亞洲西部的伊朗高原，唐初經尼泊爾傳入我國。據《新唐書》的西域傳記載，唐太宗時曾派遣官級為從六品的衛尉承李義表出使天竺國（今印度），途經泥婆羅國（今尼泊爾）時通過訪問活動，加強了兩國的友好聯繫。到貞觀廿一年（647年），泥婆羅國國王特地派使節來到長安，貢獻波棱等蔬菜，「葉類紅藍，實如蒺藜，火熟之能益食味」。其後散見於諸書所著錄的菠薐、波棱、頗陵、頗菜和波菜都是引入地尼泊爾語菠菜（palinga）的漢字記音。

其實早在隋代，菠菜從其原產地經民間渠道就已引入中國。唐代韋絢在《劉賓客嘉話錄》中曾說過：「菠薐種出自西國，有僧將其子來。」西國當指原產地伊朗，因其古稱波斯，故菠菜又有波斯草和菠斯等別稱。直到現在，福建福州、泉州等地區仍將菠菜稱之為菠倫。泉州有這樣一句俗語：「要食着食菠倫，要穿着穿綢裙。」意思是，吃菜菠菜最好，穿衣綢裙最中意。

▲ 菠菜

菠菜傳入中國後不久，便引起了唐代研究草藥的醫學家孟詵的注意，在他所著的世界現存最早的食療專著《食療本草》中，論述了菠菜的藥性。其「菠薐」條曰：「冷，微毒。利五臟，通腸胃熱，解酒毒。服丹石人，食之佳。北人食肉面，即平。南人食魚鱉水米，即冷。不可多食，冷大小腸。久食令人腳弱不能行，發腰痛。不與蛆魚同食，發霍亂吐瀉。」這是菠菜見於我國典籍的最早記載。

　　柳宗元的《種樹郭橐駝傳》約作於唐德宗貞元十九年至二十一年（803—805 年）。郭橐駝在書中說：「菠薐菜過月朔乃生，今月初二三間種與二十七八間種者，皆過來月初一乃生。驗之，信然。蓋頗棱國菜。」這意味着，到 8 世紀末，菠菜的栽培已推廣至長安西部的農村，郭橐駝不是道塗，而是自己有種菠菜的實踐，才能知道菠菜的生長習性。

　　自郭氏而後，唐代典籍中就沒有關於菠菜的記錄了，愛寫詩的唐人也沒有提到過這種新奇的蔬菜。杜甫困頓時常食菜蔬，連山野間的雜草苦蕒都寫進詩裏了，卻從未提過菠菜。由此可見，菠菜在唐代栽培並不廣，且因並非富貴菜，常食還有「令人腳弱不能行」的副作用，唐代的文人墨客並未注意到它，只有一些本草學家、煉丹術士和因經濟匱乏而種來聊以添菜的農民對它感興趣。

　　到了宋代，菠菜在典籍中的記載就多了起來。這一方面是由於宋人喜著述，另一方面也是由於菠菜的廣泛栽培。大約在南宋孝宗淳熙（1174—1189 年）以後，著錄菠菜的地方志數量便急速增長，這意味着菠菜的廣佈應在南宋以後。而《中國外來植物》的「菠菜」條目也稱：「至宋元方廣為種植，成為冬春季節常見蔬菜。」

　　這也與菠菜在文學中的地位變化相吻合。宋孝宗時期的詩人員興宗在《菜食》中寫道：「員子一寒世無有，愛簇生盤如愛酒。菠薐鐵甲幾戟脣，老莧緋裳公染口。駢頭攢玉春試筍，招指探金暮翻韭。達官堂饌化溝坑，我誦菜君人解否。」員興宗在詩前小序中將菠薐等蔬菜與竹君並提，賦予了蔬菜

人文的內涵，在精神層面上推動了菠菜「中國化」的進程。

《全宋詩》中寫到菠菜的詩共計 8 首。有些詩中提到了菠菜的一些吃法，比如菠菜粥和菠菜餅，還有些詩中提到菠菜在僧侶中很受歡迎，出家人似乎是菠菜的主要消費者。

菠菜是一種味道很有爭議的蔬菜。經霜經雪的菠菜發甜，口感好，而其他季節的菠菜比較澀口。正因為菠菜有甜澀兩種口感，所以，愛吃的人極喜，而不愛吃的人視若凡品。宋代陶谷在《清異錄》中記載了這樣一件事：五代時期做過南唐戶部侍郎的鍾謨，特別愛吃菠菜，他把菠菜視為天上降下來的「雨花」，並把菠菜、蔞蒿和蘿蔔看作是無可比擬的佳餚而稱之為「三無比」。相傳乾隆皇帝下江南時，鎮江有一農婦為他做了「菠菜燒豆腐」，還美其名曰：「金鑲白玉版，紅嘴綠鸚哥。」乾隆吃後，覺得味道很好，且清淡素雅，便封農婦為村姑，菠菜為村姑菜，並經常叫御廚做這道菜給他嘗鮮。而明代王世懋在筆記《蔬疏》中則說：「菠菜，北名『赤根』。菜之凡品，然可與豆腐並烹，故園中不廢。」可見他並不推崇菠菜。

蘇門四學士之一的張耒在一首專寫菠菜的詩篇題解中道出了菠菜的來歷及其食療功效：「波棱乃自波陵國來，蓋西域蔬也。甚能解麵毒，予頗嗜之，因考本草，為作此篇。」所謂「麵毒」，古時候小麥多用石磨磨成麵粉食用，因而石頭中的一些粉末也進入麵裏，當時的保存技術又不過關，放置久了便有些泛灰的毒素，人吃了就會發熱毒。古人很早就知道菠菜宜與麵同食，消解「麵毒」，利於五臟，效果頗佳。

除此之外，《本草綱目》在「菠薐」條下云：「凡人久病，大便澀滯不通，及痔漏之人，宜常食菠薐、葵菜之類，滑以養竅，自然通利。」《滇南本草》稱菠菜：「味甘微辛，性溫。入脾、肺二經。祛風明目，開通關竅，傷利腸胃，解酒，通血。」《食療本草》說菠菜：「利五臟，通腸胃熱，解酒毒。服丹石人食之佳。」

豌豆與蠶豆

歷史上，曾有兩種從西域傳來的豆科植物被稱為「胡豆」，一種是我們現在説的豌豆，另一種則是蠶豆。豌豆的傳入時間較早，《管子》裏面即有「山戎出荏菽，佈之天下」之語，根據李時珍在《本草綱目》中的記載，「戎菽」與胡豆同義，即是豌豆，因為「種出胡戎」而被稱為胡豆。

豌豆之名則最早見於三國時期張揖所撰的《廣雅》，得名是因為「其苗柔弱宛宛」。原產於中亞地區的豌豆向東傳入中國後，由於對生長環境沒有過高要求，得以在中國大面積種植，加之其性耐寒、耐乾燥，在北方地區分佈尤多，目前，我國是僅次於加拿大的世界第二大豌豆生產國。豌豆很早就走上了人們的飯桌，《本草綱目》中稱其「煮、炒皆佳」；由於磨粉細膩潔白，豌豆被用於製作古時洗漱沐浴用的澡豆。同時，豌豆也是戰馬的主要飼料之一。

被稱為胡豆的豌豆早早就在中國的百穀之中佔有了一席之地，然而到了明朝，普及較晚的蠶豆卻後來居上，佔據了胡豆之名。蠶豆起源於地中海沿岸和中東地區，關於意指蠶豆的「胡豆」較早的記載來自成書於宋朝的《太平御覽》──「張騫使外國，得胡豆種歸」，指明蠶豆是張騫通西域時帶回的物產。但直到宋朝，蠶豆種植一直未能大範圍普及開來，北宋宋祁描寫蠶豆的《佛豆贊》中寫道，蠶豆「農夫不甚種，唯圃中蒔以為利」，説明它此時並非大規模生產的糧食作物，而是只種在農人自家的菜圃中。蘇軾曾有一次讀到「豆莢圓而

▲ 豌豆

小，槐葉細而豐」之句，不知其所指，詢問一位四川來的友人後方才知道詩中所寫的是蠶豆。由於早年種植範圍主要在雲南、巴蜀一代，人們借雲南的「佛國」之稱，稱蠶豆為佛豆。

「蠶豆」的名稱則最早見於楊萬里的七言詩，這首詩寫於一次楊萬里與友人小酌之時，友人指着佐酒的蠶豆説：「未有賦者。」楊萬里於是當場戲作《蠶豆》一首，詩中讚歎：「翠莢中排淺碧珠，甘欺崖蜜軟欺酥。」

這一名稱是其在長江流域大量種植後在當地產生的，因為它豆莢如老蠶，而又「蠶時始熟」。至於蠶豆取代豌豆的胡豆之名，也是其種植範圍逐漸從四川向外擴散之後的事。《本草綱目》中記載：「蓋古昔呼豌豆為胡豆，今則蜀人專呼蠶豆為胡豆，而豌豆名胡豆，人不知矣。」即因為四川人慣於將蠶豆喚作胡豆，使其他地區的人也漸漸受到影響，叫蠶豆的多、叫豌豆的少，進而人們便忘了豌豆也是胡豆。

在古代農耕社會，農家每年最困窘的便是舊糧已盡、新糧未下的青黃不接之時，而蠶豆因為成熟期在初夏，恰好能在這個階段充作主食，幫助農人頂過最為難過的季節，《農書》稱其為「百穀之先，最為先登，蒸煮皆可便食，是用接新，代飯充飽」；歷朝所作《救荒書》也對其多有提及。因為量多而便宜，蠶豆在平日也被一些地區當作主要的糧食，《天工開物》就記載在湖北，蠶豆充飢果腹的價值不遜於當時普遍的主食黃米和小米。曾經重慶街頭的「棒棒軍」就常吃蠶豆，一方面是因為它是一種難得的便宜耐吃的下酒菜，另一方面是因為它充飢效果很好，能維持重體力勞動所需的體能和耐力。

在從絲綢之路傳入中國的眾多物產中，蠶豆並不引人注目，然而它的價值卻不容忽視。清人葉申夢的詠蠶豆詩是對這種植物最好的寫照：「蠶豆花開映女桑，方莖碧葉吐芳芬。田間野粉無人愛，不逐東風雜眾香。」直到現在，蠶豆在四川等地還保留着「胡豆」的古稱，宣示着它從絲綢之路上千里而來的西域血統。

睡蓮

浮香繞曲岸，圓影覆華池。

常恐秋風早，飄零君不知。

　　初看或許會以為這是一首題詠荷花的詩，其實這卻是唐人盧照鄰所作的
《睡蓮》。古今的人們往往將荷花與睡蓮這兩種同屬於睡蓮科的水生花卉一
概通稱為「蓮」，但比起荷花借《愛蓮說》得封「花中君子」的聲名赫赫，
睡蓮卻顯得不那麼引人注目。荷花生長於中國本土，周朝時便已有「山有扶
蘇，隰有荷華」之句，而睡蓮一般被認為是自佛教從印度傳入後才在中國普
及開來。

　　李時珍曾引撰寫《本草拾遺》
的唐人陳藏器所言，寫道：「紅蓮
花、白蓮花，生西國，胡人將來
也。」據學者考證，繪製於北魏時
期的敦煌莫高窟壁畫中存在花瓣密
集細長的蓮花圖樣，而類似的形式
在中國兩漢以前從未出現過，反而
能在公元前 1 世紀的印度石窟中找
到參照，可見這一圖像並非傳統的
荷花，而是印度傳來的睡蓮圖樣。

　　睡蓮得名於其朝開暮合的習
性，因其「日沉夜浮，必雞鳴採之
始得」，故又名子午蓮。關於睡蓮
的描述曾見於唐代段成式著《酉陽

▲ 睡蓮

雜俎》,「南海有睡蓮,夜則花低入水」;明代王圻著《三才圖會》,「曉起朝日,夜低入水」;清朝吳其濬著《植物名實圖考》,「內舒千層百花,如西番菊,黃心。亦作千瓣,大似寒菊」,等等。據《嶺南雜記》、《大觀錄》等書記載,睡蓮可採而食,「葉類慈菇,根如藕條」,「清香爽脆,消暑解酲」,然而食之令人思睡。當時廣州有諺語稱:毋佩睡蓮,使人好眠。此外,睡蓮入藥可治小兒急慢驚風,據《本草綱目拾遺》記載:「杭城張子元扇店,施此救人多年矣。」

疊山理水是我國園林造景的基本手法,而作為一種常見的水生觀賞植物,睡蓮在園林的理水造景中也有着重要的運用。據說,早在漢代,霍光的私家園林中就有一片五色睡蓮池,而後來的各類皇家和私家園林中也多栽有睡蓮,頤和園的諧趣園中、圓明園的鑒碧亭下都能看到大片睡蓮,配以一池靜水、一座小亭,營造寧靜安詳的氛圍。

蓮花是佛教中極具象徵意義的重要形象,其花萎而根不死、來年又得重發的特徵符合佛教輪迴生滅的觀念,而其清淨超脫的形象也與佛法要求的清淨無礙的境界相合。佛教典籍本身並不區分荷花與睡蓮,但在佛教起源的印度,睡蓮的存在遠比荷花更為普遍,所謂的「七寶蓮花」,其中五種屬睡蓮,剩餘兩種才是荷花。因此,睡蓮從一開始就作為宗教象徵符號出現在藝術品中,寓意着聖潔、吉祥,典型例證便是敦煌石窟的壁畫,北魏時期壁畫中的蓮花圖樣大多是睡蓮的形象。此後,隨着佛教影響力的擴大,睡蓮紋樣也在越來越多的地方出現,到明清時,「子午蓮」、「纏枝子午蓮」紋樣已經成為瓷器、絲織品上常見的紋飾,其含義也脫離了宗教的範疇,被附加上生生不息、清正廉潔等更多意味。

開心果

開心果為阿月渾子屬漆樹科(Anacardiaceae)黃連木屬(Pistacia)植物,

約有 20 多種，分為中亞類群和地中海類群兩類，其中 50% 左右是堅果，其仁可食用。

俗名開心果，一般認為這是古時的國人對這種堅果的古波斯語名稱的音譯。這一譯名充滿詩情畫意，現已鮮為人知。現代波斯語稱其為「pista」，英文拼寫為「pistachio」，而在古波斯語中則稱「agoza」。在我國的古籍中，這種堅果被稱為「胡榛子」或「無名子」。人們知道的只是「開心果」這一俗稱。這一俗稱的緣由：一是這種堅果的形似人的心髒，成熟後上端自然爆開，因稱「開心之果」；二是有一則來自伊朗的民間故事說，一對年輕情侶在這種果樹下談情說愛，正談得熱烈之時，樹上成熟的果實叭一聲裂開口，展露出里裏面微紅的果仁，情人們認為這是吉兆，彼此以身相許。因此，樹梢頭倒掛的果實被稱為「開心果」。

阿月渾子（Pistaciavera）原產中亞細亞和西亞的乾旱山坡和半荒漠地區，經伊朗逐漸傳入地中海地區，後經地中海地區傳至中東、南亞、羅馬、英國、美國等。開心果的野生種見於敘利亞、土耳其、伊朗、阿富汗以及前蘇聯西南部的半沙漠地帶，是中亞最古老的樹種之一。在 4000 萬年前第三紀時期，開心果是亞熱帶旱生森林乾燥帶中的一個樹種。開心果人工栽培的歷

▲ 開心果

史，在西亞約有 3500 餘年，在中亞約有 2000 餘年，在地中海沿岸約有 1500 餘年。

這種堅果何時傳到中國，說法不一。一般認為，唐朝時期，中國同波斯和其他西亞國家交往頻繁，這種堅果通過絲綢之路傳入中國。

唐代陳藏器在開元年間（713—742 年）撰寫的《本草拾遺》中提道：「阿月渾子生西國諸番，與胡榛同樹，一歲胡榛子，二歲阿月渾子也。」唐代段成式在大約 860 年所著《酉陽雜俎》中也有類似說法。兩相印證，阿月渾子大概是在唐朝中期傳入中國。可是，也有人認為，阿月渾子傳入中國遠在唐朝之前。唐朝的李珣在 8 世紀後半期所著《海藥本草》中說：「按徐表《南洲記》云：無名木生嶺南山谷，其實狀若榛子，號無名子，波斯家呼為阿月渾子也。」《南洲記》成書於何時不詳，但是，6 世紀三四十年代，南北朝時期北魏的賈思勰在其所撰《齊民要術》中引用過此書。由此推斷，阿月渾子可能在 6 世紀前後已傳入中國。

▲ 紅藍花

紅藍花

關於紅藍花（胭脂）起於何時，後唐馬縞的《中華古今注》中有記載：「燕脂蓋起自紂，以紅藍花汁凝做燕脂。以燕國所生，故曰燕脂。」說的是從商紂王時期，胭脂就已經出現了。但這本書在另一處說：「燕支，西方土人以染紅，中國人謂之紅藍，以染婦人面色。名燕支粉，亦作焉支。」於是後人多以為胭脂確是一種植物，即紅藍。但是用它做化妝品起源於商紂時期的說法是錯誤的，因為先秦文獻

中沒有關於胭脂的記錄，甚至胭脂的那些異名在先秦古籍中也未曾出現。

有據可查的胭脂的異名最早出現在西漢。《史記·匈奴列傳》裏寫作「焉支」、《漢書·司馬相如傳》裏寫作「撚支」、「煙肢」等，而「胭脂」一詞，則遲至唐代才出現。據文獻記載，先秦婦女的化妝品只有脂、粉、澤、黛等。這裏所謂的「脂」，說的只是動物體內或者植物種子內的油脂，不是紅色的胭脂。先秦時期的面部裝飾以粉（白）和黛（黑）為主要色彩，即用白粉敷面，用青墨顏料畫眉，不盛行臉上抹紅。

中原人開始使用胭脂一般認為是從漢代初年開始的，最初這種化妝品和化妝方法是由匈奴傳入中原地區的。在公元前 139 年，漢武帝為了加強漢朝與西域各國的聯繫派張騫出使西域。胭脂的引進，也在這個時候。成書於宋代的《續博物志》中說：「出於閼氏。」漢代民歌《匈奴歌》中也唱道：「失我祁連山，使我六畜不繁殖。失我閼氏山，使我婦女無顏色。」閼氏山在今甘肅省永昌縣西，綿延於祁連山和龍首山之間，胭脂與閼氏讀音相似，它是因為出於此地而得名。大約閼氏山上盛產這種被當地人叫作「閼氏」，而中原人叫作「紅藍」的植物，這種植物的花朵可以塗於面部增加桃紅潤澤之色，所以受到了當地婦女的喜愛，其後又逐漸傳到中原，並迅速由北向南推廣開來。

紅藍花的花瓣中含有紅、黃兩種色素，花開之後被整朵摘下，然後放在石缽中反覆杵槌，淘去黃汁後即成鮮豔的紅色顏料。之後人們又發現了紫茉莉也可製作胭脂，因此這種花又叫作胭脂花。紫茉莉夏季開花，有紅、白、紫、黃等多種顏色，其中紅的可以製成胭脂。再後來，人們也用杜鵑花粉或杜鵑花汁製成胭脂。唐代王建《宮詞》中寫：「收得山丹紅蕊粉，鏡前洗卻麝香黃。」山丹，即杜鵑花，唐人通常稱其為山石榴花或山榴花，明代宋應星在《天工開物》中也說：「胭脂，古造法以紫茆染棉者為上，紅花汁及山榴花汁者次之。」

胭脂不但製作原料多樣，而且製作工藝也比較複雜，一般要經過採摘、

殺花、揉花、晾曬等數道工序。以紅藍花為例，每年在它開花的季節，要在一天中最涼爽的時候去採摘，然後「杵碓水淘，絞取黃汁，更搗以清酸粟漿淘之，絞如初，即收取染紅，然後更搗而暴之，以染紅色，極鮮明」。這是宋代的《爾雅翼》中記載的殺花程序。殺花之後就可以製作胭脂了，先要取落藜和蒿等草灰，「以湯淋取清汁」，用以揉花，此過程要反覆十幾次。最後，再用布袋絞取淳汁晾曬即成。

胭脂在使用時通常先暈於手掌，再勻於臉頰。唐代宇文氏《妝臺記》中說：「美人妝，面即傅粉，復以胭脂調勻掌中，施之兩頰。濃者為酒暈妝，淺者為桃花妝。薄薄施朱，以粉罩之，為飛霞妝。」《紅樓夢》在第四十四回中寫寶玉和平兒談胭脂的用法，與此大致相同：「（平兒）看見胭脂，也不是一張，卻是一個小小的白玉盒子，裏面盛着一盒如玫瑰膏子一樣。寶玉笑道：『鋪子裏賣的胭脂不乾淨，顏色也薄。這是上好的胭脂擰出汁子來，淘澄淨了，配上花露蒸成的。只要細簪子挑一點兒，抹在唇上，足夠了；用一點水化開，抹在手心裏就夠拍臉的。』平兒依言妝飾，果然鮮豔異常，且又甜香滿頰。」這樣的方法不僅塗抹均勻，而且簡便易行，所以流行了很長時間。

那些來自異域的動物

整理 ▲ 陳曉

宮廷舞獸

宮廷舞獸是唐代宮廷的一個特殊物種。那些在宮廷宴會上跳舞的動物，並不是在中國從未見過的稀罕物種，它們更多代表的是外來的捕捉和馴養技術。在宮廷舞獸中，舞馬的姿態是最精細優美的，據説它們不僅可以口銜酒杯向君王敬酒，還可以邊醉邊舞，但大象和犀牛卻是舞獸中最引人注目的。

對中國人來説，大象並不算外來之物。在青銅時代，大象就是黃河流域常見的野獸，隨着中國北部森林的減少和人口增加，這種龐然大物逐漸遷移到南方。美國學者謝弗曾考證，雖然中國境內有這些動物，但可以用於表演的大象卻是外來的異物。犀牛和大象一樣，在史前時代就是中國北方常見的動物，唐代時活動在長江以南相當廣闊的地域。但或許是沒有掌握捕捉方法，唐朝人沒有捉到過境內的這種原始動物來加以訓練。段成式是一位專門搜集奇聞逸事的學者，他在《酉陽雜俎》裏記載了來自非洲的客商如何用「狙杙」來捕捉犀牛。所謂「狙杙」，就是拴猴的木樁。在犀牛出沒的地方埋下木樁，犀牛喜歡伸起前腳，靠着木樁休息。一旦木樁倒折，犀牛就仰面倒地，不能翻身起來，這時候最易被捕捉。

馴犀和馴象都是異域獻給唐朝皇室的禮物，它們被關在唐朝宮廷的獸苑之中，每天供給定量的大米和豆米食物。在嚴寒的冬天裏會被披上羊皮和毛氈，瑟瑟等待參加大唐朝廷的慶典活動。這些巨獸都怕冷，被貢獻到中國北方後，每年冬天都是它們難挨的日子。史書記載，一頭在796年送到京城的犀牛，到第二年冬天就因為忍受不了嚴寒的天氣而死在了唐朝的獸苑之中。活下來的犀牛和大象們，會一起在大型宮廷宴會上表演助興。705年時，唐

▲ 忽必烈大汗坐在一個由四頭象載着的木製亭子中（《馬可·波羅遊記》插圖）

中宗就曾經在洛陽南門觀看鬥象表演，但是最有名的還是玄宗統治時期的舞象表演。「大象入場，或拜或舞，動容鼓旅，中於音律。」在大象表演的同時，還有舞馬、山車、陸船，以及散樂、雜戲的演出。

朝廷的奢侈與禁止奢侈之風一直在相互交替着。每次風向有變，首先就表現在這些舞獸的命運上。當朝廷提倡克勤克儉的時期，這些舞獸就成了被輕蔑的對象。它們要麼被關進獸苑，棄而不用，要麼被放逐鄉野，以安民生。780 年，唐德宗繼位時，為了表明他的簡樸，下令釋放了 32 頭大象，一起被釋放的還有鷹犬和 100 多名宮女。這些大象全都被送到了荊山之陽，這裏正是長江中游中國種黑象的棲息之地。這些土生大象因為顏色黝黑、身體醜陋，因此被稱為江豬。

留在宮廷中的舞獸，在朝代更替時結局大多都相當悲慘。「安史之亂」不僅生靈塗炭，也禍及這些動物。史書記載，當安祿山攻克洛陽之後，在洛陽大宴群臣，要利用大象率舞來表明自己是受命於天的真命天子。他於是仿效唐代的朝政文化，想在那些沒有見過大唐文化的幽燕部落首領前，來一場百獸朝拜的聲樂表演。表演前，安祿山對這些塞外的胡人誇口：「吾當有天下。大象自南海奔走而至，見吾必拜。鳥獸尚知天命有所歸，何況人乎？」可當舞象們被牽引至大殿上後，卻並沒有朝拜起舞。「祿山大懷慚怒，命置於檻阱中，以烈火爇之，以刀槊，俾壯士乘高投之洞中，胸臆血流數丈。鷹人、樂工見者，無不掩泣。」自唐代以後，鮮有再見到這些宮廷舞獸的身影。

獵禽獵獸

伊朗裔法籍史學家阿里・瑪扎海里在其名著《絲綢之路——中國・波斯文化交流史》中陳列了很多珍貴的波斯文獻，其中一位波斯商人的旅遊日記記錄了明代的宮廷中，獅子、獵豹和猞猁都是重要的貢物。「在第五道宮苑內，他們養着一些獅子、豹子、獵豹、猞猁猻以及吐蕃狗。吐蕃狗是一些長

毛的身材巨大的動物，如同獅子一樣勇猛。土耳其算端（蘇丹）有一大群這樣的狗，民眾稱之為薩姆松狗。但它們是來自吐蕃的一種犬類，漢人於吐蕃附近的山上捕捉這種狗。」這些動物都是由近東的國家進貢奉獻的，那裏的人們善於捕捉和訓練這些兇猛的動物，其中尤為著名的是具有神話色彩的君王塔赫穆拉斯：「由於長期觀察森林中的野獸，他選中了猞猁猻和獵豹。他在荒涼的地方以陷阱捕獲了它們，訓練它們為自己狩獵。在那些兇猛和疾飛的禽類中，他選中了雄鷹和大隼，把它們訓練得如此之好，以至於全世界都對此感到驚奇。」

　　猞猁猻又稱大山貓，比家貓略大一些。據說，在大自然中它是獅子的盟友，為獅子充當嚮導並以獅子吃剩的殘餘物為食。而吐蕃狗，則是獵取麝麂的好手，它們長着一顆碩大的頭顱，有如同盾牌般的耳朵，尾巴像獅子一樣剛硬有力，甚至攻擊老虎也不畏懼。獵豹幾乎與獵兔狗的大小一樣，據說在波斯，人們用白乳酪這樣的高級食物來馴養它。對於一頭「豹」來說，獵豹的體形太瘦小了，但它在狩獵時卻能很快抓住獵物。它速度快，頭腦靈活，不是直接追趕獵物，而是左右奔馳，跑「之」字形路線驅趕獵物。獵豹的使用在西亞和南亞非常普遍，蘇美爾人就曾經使用過獵豹，勇敢的赫梯人甚至馴化了真正的黑豹，並將其用於狩獵。蒙古汗在一些大型狩獵活動中曾使用過上千頭獵豹。

　　到唐代時，這些兇猛但善於捕捉獵物的馴獸被作為西域貢品進入漢土。在 713 年的史籍中，將康國的貢物形

▲ 猞猁，別稱「猞猁猻」

容為狗豹之類。實際上，狗和豹在外形上毫無可比之處，它們唯一的共同點是都可以馴服用於狩獵。在唐中宗李顯的長子懿德太子墓的壁畫上，能看到若干狩獵遊戲的內容，其中還有罕見的馴豹圖。幾個馴養人各牽一豹，手執錘形器，列隊而行。馴豹實心黑斑的身上穿着釘有鉚釘的鎧甲，在一眾鷹、鶻、犬、馬中顯得威風凜凜。

除了獵豹外，鷹也是從近東傳入中國宮廷的重要獵禽。唐朝皇宮中的大鷹坊緊鄰狗坊。鷹坊裏養着至少四種獵鷹。最稀有、最顯貴的是雕，尤其是金雕；最高雅、最具有貴族派頭的是隼；特別受珍視的是白色的格陵蘭鶻。唐太宗本人就有一隻格陵蘭鶻，起名為「將軍」。只要進入皇宮中的鷹，都要被裝上玉或者金以及其他雕鏤金屬做成的尾鈴，而鶻子則佩戴上刺繡的項圈，所有獵禽都配有皮革、青絲或雲錦的腳帶，戴有玉旋軸的皮帶，鍍金的棲木以及雕刻油漆而成的鷹籠。在宮廷狩獵時傾巢而出，頗為壯觀。

這些善於狩獵的猛禽猛獸，還挾帶着異域的神祕色彩，成為軍隊中勇猛善戰的圖騰。唐朝曾經將被稱為驍騎的戰士重新命名為豹騎，威衞也就相應地成了豹韜衞。古代兵書《六韜》中，其中一章命名為「豹韜」，論述在各種特殊地形下如何作戰的戰術問題。在武則天統治時代，幾組侍衞將軍的紫羅衫上都飾有獅、虎、豹，以及鷹、鶻等生性兇悍的禽獸形象。鷹還被納入唐朝醫藥的用藥範疇，成為中藥房中的藥材：將鷹爪燒成灰，和水服用，可以治療狐魅；將鷹糞燒成灰，調入一勺酒中，就成了一劑解毒藥。

猛獸獅子

貞觀九年，唐太宗得到了一頭康國貢獻的獅子。太宗命令大學士虞世南作賦讚譽，這位詩人寫了一篇辭藻華麗的「獅子賦」，敬畏地稱讚它是「絕域之神獸」，「瞋目電曜，發聲雷響。拉虎吞貔，裂犀分象。碎道兕於齦齶，屈巴蛇於指掌。踐藉則林麓摧殘，哮吼則江河振盪」。這篇文章形象生動地

表達了中世紀時中國人對於獸中之王的敬畏態度。康國貢獅這件事還被載於史書《實錄》，可見在當時被認為是一件很值得紀念的事情。

　　除了康國外，在公元七八世紀，向唐朝皇帝敬獻獅子的西域國家為數不少。吐火羅國、波斯、大食都曾用獅子作為貢品，其中大食國貢獻獅子時被唐中宗拒收。皇帝拒收貢品通常被認為是表現德政的姿態，比如唐肅宗就曾經在安史叛軍攻陷兩京的危難年景時，發佈了一條詔令，停貢鷹鷂、狗豹。而唐中宗拒收獅子，除了表現德政的良善意願，還有一個客觀原因是一位大臣提出來，餵養獅子這樣的巨獸的費用是非常高昂的。

▲ 雄獅

李肇在《唐國史補》中記載了一則有關獅子的軼事：「開元末（約 741 年），西國獻獅子。至長安西道中，繫於驛樹，樹近井，獅子哮吼，若不自安。俄頃風雷大至，果有龍出井而去。」《唐國史補》所載之事，説明古代中國人心目中的獅子，不同於尋常野獸，而具有某種靈性。它被認為擁有可怕的力量，哪怕是身上散發出的氣味，都讓蒼蠅和蚊蟲不敢落在獅子尾製作成的拂塵上。還有一種傳説是如果一位樂師用獅子筋製成弦來彈奏的話，其餘的琴弦就會斷絕，甚至連獅子的畫像也會使百獸敬畏。8 世紀的唐朝宮廷畫家韋無忝擅長畫異獸，他創作的獅子畫像，甚至能使其他野獸看了害怕。傳説與真實相互纏繞在一起，讓獅子成為身價最高的貢品。史書上記載明廷對朝貢者的待遇：「獅子比馬匹擁有十倍的榮譽和豪華。獵豹和作狩獵用的猞猁猻各自有權獲得相當於獅子一半的榮譽和豪華排場。」

　　但實際上，獻到中國來的獅子，主要是供皇家觀賞。這種獅子，是經過人工馴化，並沒有表現出多少傳説中的神威。意大利旅行家馬可・波羅在他的遊記裏，寫到韃靼皇帝身邊的獅子就十分馴良。馬可・波羅記述的是一次新年朝拜會，皇帝在接受王公貴族們的禮物後，請客人入席，由樂師和梨園子弟表演節目，招待眾位賓客……這時，有一頭獅子被帶到皇帝陛下跟前，十分馴良地躺在皇帝的腳下，當然它們也表現出過獸中之王的威風。在《馬可・波羅遊記》第十八章中，花了相當多的筆墨來描繪皇家豢養的獅子捕獵和生活的情景：大汗養着許多獵鹿用的豹和山貓，還有許多獅子，較巴比倫的獅子還要大。它的皮毛光澤，顏色美麗 —— 兩側有條紋，間以黑、白、紅三種顏色。這種獅子善於襲取野豬、野牛、驢、熊、鹿、獐和其他供遊獵娛樂用的走獸。獅子捕獵動物時的兇猛氣勢和敏捷靈快，使人看了讚歎不絕。但如果想欣賞到這樣的狩獵表演，最妥當的方法是牽着獅子逆風前進，使獵物無法嗅到它們的氣味，否則獵物會立刻逃得無影無蹤，這就失去了行獵取樂的機會了。

THROUGH
THE SILK ROAD

從長安到羅馬：融合之路

——民族、宗教、科學與藝術

第三章

概 述

文 ▲ 徐菁菁

　　2015 年 8 月初，我在米蘭待了 10 天，一面報導米蘭世博會，一面為認識羅馬做準備。最初，我試圖尋找 2000 年前，曾同時位於「絲綢之路」兩端的古羅馬與中華帝國交流的蛛絲馬跡。我請教了好幾位專家，結果令我失望。

　　羅馬國立東方藝術博物館遠東部負責人羅伯特・希亞拉在給我的信裏遺憾地説：「我花費了我一生的許多時間去尋找哪怕一件兩大帝國之間物質交流的確鑿證據，但是至今為止，我沒有找到，在中國，在歐洲，都是如此。我想善意地提醒你，無論是在我們的博物館，或者歐洲任何其他的博物館裏，你都無法看到這樣的證據。原因很簡單：羅馬和中國從未相遇。也許，羅馬人曾經知道，有一個偉大的帝國在中亞的東邊，絲綢從那裏出口到地中海的市場。但我們只能找到一些零散的文字資料和極為含糊不清的地理信息。」

　　至於絲綢，那些曾令古羅馬人癡狂的紡織品呢？它們確實到達過羅馬，但我無緣得見。考古學家在歐洲發現的最早的絲綢織物也只能追溯到中世紀。「從另一方面來説，蠶絲（也可能是柞蠶絲）在公元前第三個千年的末期已經在印度出現。6 世紀，君士坦丁堡開始生產絲綢，11 世紀意大利成為地中海世界的主要絲綢生產者。因此，面對考古現場出現的一小塊絲綢殘片，我們可能非常難以判斷它的出處。至於羅馬人，我們只知道，他們從東方進口絲綢。」

　　正當我感到走進了死胡同時，意大利古紡織技術專家弗拉維奧・克里帕（Flavio Crippa）盛情邀請我去參觀兩個博物館。他開車帶我從米蘭出發，一路奔向風光如畫的科莫湖。我們的第一站是寧靜的小鎮萊科。它位於阿爾卑斯山腳下，科莫湖東南支流的末端。

　　阿貝格絲綢博物館坐落在湖岸上。這是一棟有 400 年歷史的樸素的口字

▲ 8月14日，遊客在米開朗琪羅廣場等待觀賞佛羅倫薩的日落景象

▲ 8月10日，意大利古紡織技術專家弗拉維奧·克里帕在阿貝格絲綢博物館內
介紹部分展品

形的建築。院落裏栽種着茂盛的桑樹。17 世紀，這裏曾經是家絲織廠。

　　6 世紀，拜占庭帝國的底比斯、科林斯（今均屬希臘）成為絲織業中心。1147 年，東羅馬與佔領西西里島的諾曼人發生海上衝突，許多從底比斯、科林斯逃亡的希臘或猶太絲織技工來到諾曼王國，被全部招納到官辦工廠，為意大利南部絲織業的發展奠定了基礎。同一時期，佛羅倫薩附近的盧卡，與拜占庭有特殊關係的威尼斯都在絲織業上有所圖謀。但當時，拜占庭和伊斯蘭國家依然處於主導地位，這種局面在 13 世紀才發生轉變。

　　格局的變化與技術革命密切相關。阿貝格絲綢博物館並不展現精美的織物，它的主題是近 300 年來意大利絲織業所經歷的機械革命，展品維護得非常好。格外令人欽佩的是，所有展示的人力和電力機械都能夠使用。電源開關打開時，1800 年繅絲機的轟鳴聲會將人瞬間帶到 200 年前的絲織工廠裏去。

　　阿貝格絲綢博物館最令人印象深刻的展品是一臺可以由水力驅動的圓形撚絲機。弗拉維奧·克里帕告訴我，8 世紀，長方形的撚絲機從中亞傳入拜占庭和歐洲。後來被改成圓桶形，但一直由人力操作。13 世紀，盧卡人成功利用水利實現了撚絲工序的自動化。一部水車至少帶動 200 個錠子，是人工作業的兩倍以上。這直接促成了博洛尼亞、熱那亞、威尼斯、米蘭絲織業的相繼崛起。

　　我眼前的這個木質機械高 13 米，直徑 7 米，同時帶動 384 個錠子，每分鐘轉 1000 轉。它是在 1814 年建造的，現在依然能夠運轉。事實上，「圓形撚絲機是人類有史以來建造的第一個複雜的

▲ 8 月 19 日，梵蒂岡博物館的文物修復專家正在修復一個古傢俱上的彩色圖案

機器，這個發明在 1200－1900 年一直被應用，幾乎沒有發生變化」。有趣的是，達‧芬奇也曾對這個複雜的機械着迷。他描繪過一些構件的圖紙。博物館的牆上展出了其中一張的複製品。

在這個似乎與中國沒有多大關係的博物館裏，人們依然在最顯要的位置展示一幅宏大的「絲綢之路」地圖，介紹那個遙遠的東方起源。我不知道這個小鎮的博物館究竟接待過幾名中國訪客，但所有展品的介紹都盡心配上了中文，儘管可能並不通順和準確。而在 19 世紀末 20 世紀初，也曾有中國的絲織工廠，不遠千里將這裏展出的西方機械引回東方去。

我們的第二站是安東尼奧‧拉蒂基金會。安東尼奧‧拉蒂是 1915 年出生在科莫的絲織業大亨。1985 年，他出於個人對絲綢的興趣組建了這個基金會，舉辦展覽，為公眾和學者提供了解和研究紡織藝術的機會，他同時還是紐約大都會博物館的名譽董事。基金會設在科莫切諾比奧鎮的一棟湖濱別墅裏。從辦公室的每一扇窗子望出去都是一幅絕美的湖光山色。這兒收藏着 3300 塊紡織物和包含超過 2500 種紡織圖案的書籍，其涵蓋的歷史橫跨 3 世紀到 20 世紀。在 18℃ 的收藏室裏，館長弗朗希娜‧基亞拉打開一個個收藏抽屜。我看到 6 世紀埃及一件上衣黑白兩色的前襟，是用羊毛和麻織就的，圖案上的舞者形象和建築樣式有明顯的羅馬風格；一件 15 世紀的意大利織物；一塊 17 世紀上半葉中國佛寺中的絲綢裝飾布料和一套清代的服裝。

特別幸運的是，我到訪的時候，基金會正在舉辦一個名叫「絲綢花園」的展覽，展出以植物與鮮花為主題的藏品。展覽的主展區設在貝納斯科尼別墅，別墅是一棟建於 1905 年的新藝術風格建築，它能讓人一眼看出主人的身份：那些精雕細琢的裝飾石膏板和浮雕描繪的都是桑葉、蠶蟲、蠶蛾與蠶繭。

米蘭天主教聖心大學教授基婭拉‧巴斯同時研究意大利絲織業史與時尚產業。她告訴我，15 世紀米蘭所在的倫巴第地區成為絲織中心，成為意大利時尚設計潮流的源頭。當時的富人們開始以設計而非物質本身來評價一塊面料的價值。

在貝納斯科尼別墅，我邁入了意大利 20 世紀絲織業的殿堂。它們是過去一個世紀裏紀梵希、伊夫·聖·洛朗、華倫天奴、迪奧等品牌用意大利絲綢製作的窗簾、絲巾和高級定製禮服。源於中國的蠶絲、在歐洲得以改良的紡織技術和當代意大利的審美與時尚產業，共同催生了那絢爛得令人迷醉的美。

我朦朧地意識到，我應該以不同的眼光來看到文明的流動。無論在時間還是空間的坐標系上，它都不是單向度的，也並非直來直去。它像是星星之火，又如同草蛇灰線。無數的疊加和碰撞構成了我今天看到的世界。

以這種眼光看待羅馬城，我或許找到了一條不同的路徑來認識這種強勢文明。在被它力量磅礴的宏偉遺跡驚到的同時，我看到它那些精美絕倫的鑲嵌畫，閃耀着美索不達米亞廟宇的光芒；那些堪稱奇觀的巨大穹頂，來自亞述帝國對拱券結構的最初探索；那條條通向羅馬的大道蘊藏着波斯帝國的智慧。

《後漢書》説，大秦「與安息、天竺交市於海中，利有十倍」，它列出了大秦的 14 種奇寶。根據考古和史料研究，夜光璧、明月珠、駭雞犀等是在埃及或敍利亞加工的來自非洲等地的珍寶飾物或高級工藝品。此外，還有波羅的海的琥珀、紅海索科特拉島的朱丹、小亞細亞的青碧、小亞細亞和敍利亞產的蘇合香。剩下的 6 種輸出品都是織物，這些織物中的刺金縷繡、黃金塗等，以細金線織入或插繡、印染而成金光閃閃的衣料，歷來被認為是埃及亞歷山大里亞和敍利亞、小亞細亞的紡織作坊最負盛名的產品。火浣布則是愛琴海諸島所產的石棉在小亞細亞等地織成的防火布。

古代中國對羅馬的玻璃製品有特別的興趣。《後漢書》描述「大秦」，「以水精為柱，食器亦然」。在今天羅馬的眾多博物館裏，玻璃器皿都是一個必不可少的類別。我坐船去了威尼斯的穆拉諾島。這個 1.5 平方公里的小島上約有 100 家玻璃廠。7000 多人口裏僅玻璃料器廠工人就有 2000 多名。我在島上溜達，西南岸邊是大片的工廠和倉庫。一條沿着運河的主幹道由南向北延伸，兩邊全是玻璃製品商店，產品小至廉價的玻璃珠，大到數千歐元起價的

▲ 威尼斯穆拉諾玻璃博物館的現代玻璃藝術展品

玻璃藝術裝置。幾百年來被視為世界頂尖的威尼斯玻璃工藝品，幾乎全部來自穆拉諾。穆拉諾有一座特別值得一觀的玻璃博物館。博物館除了各個時代的玻璃製品展出，還有拍攝精良的視頻短片，讓我對那些匪夷所思的玻璃工藝品的製作方法恍然大悟。

古羅馬人幾乎知道古代世界關於玻璃工藝的一切祕密。尼祿皇帝在位時，曾付出 6000 塞斯特斯買了兩個小的吹製玻璃杯。它們使用了「千花」技

術（millefiori），是用不同色彩的玻璃棒熔合而成的。

但在博物館裏，對意大利玻璃工藝歷史的介紹並不是從羅馬開始的。傳說 3000 多年前，腓尼基人無意之中發現，在火焰的作用下，蘇打與石英砂發生化學反應會產生晶體。早在公元前 16 世紀，古埃及就出現了玻璃珠子和玻璃鑲嵌片。公元前 1550 年至公元前 1500 年，在古埃及和兩河流域都出現了玻璃器皿。公元前 4 世紀埃及又發明了玻璃鑄模工藝、車花、鐫刻和鍍金工藝。

在羅馬城，玻璃在人們的生活中扮演了重要的角色。他們一生中的第一次洗澡就可能會用到貯藏在玻璃瓶中的橄欖油，喝奶的奶瓶也是玻璃製造的。除了餐具與容器之外，羅馬人使用細長的壺頸，水滴形或塔柱形的玻璃夜壺。女士們則用精巧的玻璃瓶盛放香水和護膚品。他們甚至還用玻璃窗。

羅馬人之所以能大量消費玻璃和出口玻璃製品，得益於公元前 50 年左右出現在敘利亞－巴勒斯坦地區的吹製玻璃技術。公元前 31 年，奧古斯都將羅馬的統治擴張到了地中海東部這片玻璃生產的繁榮之地，根據羅馬帝國時期的地理學家斯特拉波的記載，奧古斯都時代羅馬有兩個重要的玻璃生產基地：一個是亞歷山大，一個是今天黎巴嫩的西頓地區。2016 年初，紐約大都會藝術博物館開始舉辦公元 1 世紀羅馬玻璃藝術大師埃尼昂的作品展，傳說他就是來自西頓的腓尼基人。

羅馬是一個世界性的城市，這並非僅僅因為它是一個龐大帝國的首邑。埃及與阿非利加省的小麥養育了它。小亞細亞、敘利亞和希臘的石料構築了它的城市。帝國領土的富饒物產使它蜚聲東方。更重要的是，它擁有非凡的羅馬人 —— 他們來自遠至美索不達米亞和不列顛的廣闊疆域。在「四海一家」的時代精神之下，他們將自己的神祇帶到「萬神殿」，共同成就了羅馬。

這並非完全是羅馬文明的特質。在「絲綢之路」的東端，我的同事造訪了河西走廊上的敦煌。漢代，這塊處沙漠邊緣的小綠洲向東可到達中原長安和洛陽；向西，則開始了「絲綢之路」的行旅。敦煌東部 61 公里處有懸泉置

遺址，這是一個驛站兼接待站。這裏出土的西漢昭帝（前87—前74年）以後的簡牘表明，敦煌曾接待過來往於漢王朝和西域之間的安息、大月氏、康居、大宛（今烏茲別克共和國境內）、龜茲、于闐、罽賓（今喀什米爾）等29國使節。

敦煌是一座偉大城市的前哨。公元前202年，漢朝利用秦朝在渭河南岸留下的宮殿，開始興建長安城；漢高祖劉邦始在渭河以南、秦興樂宮的基礎上重修宮殿，命名為長樂宮，後又命蕭何建造了未央宮；漢惠帝起修築城牆並建成；漢武帝繼位後，對長安城進行了大規模擴建，興建北宮、桂宮和明光宮，在城南開太學，在城西擴充了秦朝的上林苑，開鑿昆明池，建章宮等。

與羅馬一樣，長安是東方的奇觀，它有宏偉的城牆——全部用黃土夯砌而成，高12米，基寬12~16米，全城周長2.57萬米，有城門12座。其中，與未央宮相對的4座有52米之寬。在城內，8條45米寬主街相互交叉。宮殿集中在城市的中部和南部；貴族宅第分佈在未央宮的北闕；居民區分佈在城北。城南郊還有宗廟、辟雍和社稷遺址等禮制建築。最宏偉的未央宮的前殿位於龍首山丘之上，至今殿基遺址仍高於附近地面3~15米。殿基南北400米、東西200米。殿基之上自南向北排列着3座大型宮殿建築基址。其前殿遺址是目前我國歷史上保存最完整、規模最大的高臺宮殿建築遺址群。

在城市的西北有著名的「長安九市」。「九市開場，貨別隧分，人不得顧，車不得旋。」西市密佈着各種手工業作坊，東市則是商賈雲集之地。其間貨品雲集：南方的象牙、翡翠、黃金；中原的絲綢、漆器、鐵器；西域各國的土產、良馬、毛織物、樂器、奇獸珍禽。

5世紀，羅馬沒落。7世紀到8世紀初，長安成為當時世界之都。雲集在這座城市的不只是五湖四海的物質珍品。唐初所定十部燕樂中，天竺、康國、安國等樂種都是從蔥嶺以西地區傳入。白居易在《琵琶行》序中提到的三代傳承琵琶演奏家曹國（今烏茲別克斯坦境內）人曹保保、曹善才、曹剛，

是世居長安的演奏家。劉禹錫在《曹剛》詩中感歎說:「一聽曹剛彈《薄媚》,人生不合出京城。」天竺人瞿曇譔家族一家四代在長安司天監任職,多次參與唐代曆法的修撰。同樣在長安司天監任職的,還有來自天竺的俱摩羅和迦葉志忠家族,以及波斯人李素家族等等。唐代長安還是所謂「三夷教」即摩尼教、景教、袄教等外來宗教的重要傳播地區,以東、西兩市為中心,在長安里坊間分佈着大大小小的外來宗教寺院。

文明的界限遠比我想像的更為模糊。曹保保、曹善才、曹剛的演奏風格被唐長安的人們稱作「京都(即長安)聲」。在米蘭時,基婭拉・巴斯教授帶我去參觀波爾迪・佩佐利博物館。她向我展示一塊 16 世紀意大利出產的絲綢織物,紅底上面金線織就的雲團狀花紋取自中國漢代,毛尖狀的葉子是 16 世紀、17 世紀土耳其地毯和天鵝絨上的圖案,這一設計在當時的意大利十分常見。

在另一塊織物上,一隻鴿子環繞在六瓣花朵中,它生產於 15 世紀下半葉,這個花樣曾被用在米蘭統治者斯福爾扎家族教堂婚禮的華蓋上。正是在這一家族的大力推動下,米蘭成為新的絲織業中心。「這個圖案成為斯福爾扎家族的標誌。在今天意大利的人看來,它完完全全屬於西方。但我在查閱了許多歷史檔案後發現,它依然源自中國的傳統圖樣。」「我們為什麼要去探究這些?」巴斯教授說,「了解歷史的一部分原因是讓我們為祖先曾經創造的文明自豪。但更重要的是,我們要知道自己從哪裏來,知道我們從來不是孤立的存在。」

絲路起點，我們的長安

文 ▲ 朱步沖

　　絲綢之路，既是一條橫亘東西的貿易之路，也是人類文明的十字路口，沿途西域綠洲王國，一直對各種宗教信仰採取了寬容並蓄的態度，來自印度的佛教，波斯的祆教（瑣羅亞斯德教）、摩尼教，以至基督教東方教派一支的景教，都在這裏和諧並存並得到傳播，而作為陸上絲路東端的六朝古都長安，亦可以被看作是匯集各路宗教的信仰之都。

從草堂寺到小雁塔：佛教漢化的歷程

　　正如玄奘之於大雁塔，同為存留至今的唐代長安地標性建築小雁塔，是和唐代高僧義淨的名字聯繫在一起的。10月正是旅遊旺季，然而在熙熙攘攘的遊客與導遊中，這位法顯、玄奘之後最為著名的中國西行求法高僧的名字往往只是被一帶而過，多數人只知道這座現存 13 層、43.3 米高的青磚佛塔建於唐中宗景龍年間，起初是為了存放義淨從天竺帶回來的佛教經卷，然而遊客們的興趣更多是登塔遠眺，或者親手敲響寺院內那口複製鐵鐘，體味一下「雁塔晨鐘」的神韻。

　　佛教何時初入中原？是從海路最先抵達，還是陸路最先抵達？至今學界仍有所分歧。《魏書‧釋老志》記載：「及開西域，遣張騫使大夏還，傳其旁有身毒國，一名天竺，始聞有浮屠之教。」又說漢武帝時，霍去病討匈奴，所獲休屠王祭天之「金人」，即釋迦牟尼佛像，這些說法被今日歷史研究界看作後世佛教徒為使佛教傳入中國的年代儘量提早而作的穿鑿附會，最早可信的一條早期史料出自《魏略‧西戎傳》，稱：漢哀帝元壽元年（前 2 年），博士弟子景盧受大月氏王使伊存口授浮圖經。

▲ 存留至今的唐代長安地標性建築小雁塔

　　日本佛教史學者家本善隆認為，東西交通的開始，使佛教經由中亞傳入中國成為可能。追求利潤的西方商人和隨着佛教熱而勃興的佛教文化沿着已開闢的陸上絲綢之路，從 2 世紀開始漸次不斷地流入甘肅、陝西、河南。而白鳥庫吉更是斷言，佛教傳入的道路只有一條，即見於《漢書》的所謂「罽賓‧烏弋山離道」。湯用彤説：「佛教東漸首由西域之大月支、康居、安息諸國，其交通多由陸路，似無可疑。」

　　同樣，一些學者如梁啟超則堅持海路初傳之説：「佛教之來非由陸路而由海，其最初根據地不在京洛而在江淮。」西漢末年至魏晉，中原社會局勢動盪，西域交通道路斷絕，不少海外高僧取道海路來到中國弘法，而中國佛教僧人亦西行求法，絡繹不絕，往來於西域南海之間，東晉隆安年間，罽賓國僧人曇摩耶舍經來到廣州傳教，建立了光孝寺，直至唐代，在該寺傳教譯經

的有印度高僧求那跋陀三藏、智藥三藏、達摩禪師、波羅末陀三藏、般剌密諦三藏等。唐儀鳳元年（676年），禪宗六祖慧能在此削髮受戒，他後來開創佛教禪宗南派。

無論如何，在陸路，佛教信仰東漸的路線，大致與陸上絲路所開闢的貿易路線相同：由喀什米爾進入于闐，再由天山地區經絲路南北道。在公元前3世紀孔雀王朝阿育王時代，第三次佛教集結後，就有僧侶有末闡提等人抵達罽賓與犍陀羅、摩訶羅棄多等人前往大夏地區傳教。此時，佛教與西域塔里木盆地綠洲中間有帕米爾高原和崑崙山脈相隔，但其中依舊有多條小路交通線，諸如喀什米爾經皮山、子合至于闐一線。

在大月氏與後繼之貴霜帝國早期，第三代國王迦膩色迦二世（Kanishka，1世紀末或120－160年）皈依佛教，曾召集五百高僧於克什米爾舉辦第四次佛教集結大會。由於貴霜帝國地處絲路險要，於是大批中亞佛教徒得以進入西域，大約在公元前1世紀，越過蔥嶺，到達于闐。于闐之西，有疏勒國，根據《後漢書·西域傳》的記載，2世紀初，國王臣盤繼位之前，在迦膩色迦二世處曾為人質，耳濡目染之中皈依釋教，後返國執政，弘揚佛教，據說派兵護送其回鄉的貴霜亦為其建造了一所伽藍，玄奘在其遊記中亦對這座佛教建築有所記載。自此之後數個世紀，古代新疆綠洲王國，幾乎所有的國家都奉佛為國教。直至今日，絲路上留存的一系列佛教石窟，就是這條陸路傳教路線留下的堅實印記：從喀什的三仙洞，龜茲的克孜爾、焉耆的錫克沁、吐魯番的柏孜克里克，向東延伸到敦煌莫高窟，最終抵達大同雲岡與洛陽龍門。

兩漢之際，中原時代佛教影響主要在中原至齊楚江淮之間，影響力似乎只限於皇室與上層貴族，但到了三國兩晉時期，其影響逐漸下移，西北大學佛教研究所主任李利安認為，其原因不僅在於社會動盪、戰亂頻繁，亦在於佛教暗含的平等與救贖思想。他告訴我們，《三國志·劉繇傳》中，就記載了最早的民間奉佛運動「笮融祠佛」事件，笮氏曾為徐州牧陶謙部將，初平四

年（193年），笮融花巨資在下邳修造浮屠寺。浮屠寺建在下邳城南，寺中有塔，上有金盤，下有重樓，塔為九層八角，每層皆有飛簷，每面鑲有銅境，塔頂亦有一面銅鏡朝天，稱為「九鏡塔」。據說，堂閣周圍可容納3000多人在其內課讀佛經，佛像外塗黃金，披着錦彩的袈裟。每到浴佛會時，在路旁設席長數十里，置酒飯任人飲食。來參觀、拜佛的百姓達萬人之多。

不僅如此，西來的大乘佛教般若論，與當時門閥士族崇尚的老莊玄學，有頗多相似之處。李利安說，玄談之核心在於「有與無」，而佛教哲學之核心問題為「空與有」。西晉時貴霜僧人支孝龍與名士阮瞻、庾凱交遊深厚，世人稱為「八達」，東晉名士孫綽，曾做《賢道論》，以佛教七道人比附「竹林七賢」。

佛教信仰既入中原，則不可避免地要「入鄉隨俗」，逐步中國化，其過程亦由多位西來高僧與本土僧侶推動。從西安市中心駕車出發，從河池寨立交橋出口，沿G5國道向西南方向行駛30餘公里，就來到了以小吃「攪湯麵」而聞名的戶縣。當地人說，此時清晨黃昏，正是觀賞「潼關八景色」之一「草堂煙霧」的最佳時刻。

清代詩人朱集義曾賦詩：「煙霧空濛疊嶂生，草堂龍象未分明。鐘聲縹緲雲端出，跨鶴人來玉女迎。」說的是「草堂煙霧」的觀賞地，即位於戶縣東段路北，圭峰山北麓的著名佛教遺址草堂寺，其北院有一口古井，由於地熱效應，秋冬之時常有白色雲氣起於井底，蔚為大觀。五胡十六國時期，中國北方社會動盪，而外來佛教信仰則被歷代少數民族政權所推崇，以求鞏固統治基礎。後秦第二代統治者姚興，出兵涼州迎來西域龜茲高僧鳩摩羅什後，曾多次迎來長安僧侶聽其演說佛經，亦大興土木，修建佛教建築以配合此類活動。長安城北，位於戶縣的草堂寺就是此時修建的佛教建築之一，曾於唐代更名為棲禪寺。此寺屢遭兵火，宋初重修，更名為清涼建福院，但草堂、棲禪兩名，在金元至清代被當地人沿用。最初的草堂寺，初建於後秦弘始三年（401年）。根據《晉書·鳩摩羅什傳》記載，姚興迎鳩摩羅什入京，即在

弘始三年。

　　今日的草堂寺，大部分建築為清代以後所建，廟門寺名匾額為趙樸初所題。現存最大的殿堂，是原為清代天王殿的「逍遙三藏殿」，供奉有明代施金泥塑如來佛像，佛像前安放着日本日蓮宗奉送的鳩摩羅什坐像。大殿西側，有一六角形護塔亭，不斷有遊人在此駐足麕集，亭中就是被俗稱八寶玉石舍利塔的「姚秦三藏法師鳩摩羅什舍利塔」。在當地民間傳說中，草塔寺也被認為是鳩摩羅什圓寂之處。現存舍利塔高約 2.33 米，八面十二層，每層石色不同，有磚青、玉白、乳黃等色，下層為浮雕的須彌山座，三層雲臺，蔓草花紋，中間八角形佛龕其上，為圓珠浮雕頂，蓋下有陰刻佛像。專家認為，按照造型與紋飾斷代，應該為唐代遺物，其造型很可能為參照後秦長安城中的須彌山造型。《長安志》上曾說，須彌山造型為「四面有崇石峻壁，珍禽異獸林木極精奇，現仜佛像俱有人所未聞」。

　　戶縣周邊，與鳩摩羅什相關的佛教建築遺存並不僅僅草堂寺一處，在戶縣南七里的羅什堡村，有羅什寺遺址，也曾是後秦皇帝姚興迎接鳩摩羅什所蓋的寺院與寓所。據說鳩摩羅什入秦後，姚興待以國師之禮，過往甚密。為了便於自己在長安與戶縣之間往來，他還特地在灃河上設置渡口，即今日的秦渡鎮，以小吃「秦鎮米皮」而聞名，唐代高駢寄李遂良詩中佳句「吟社客歸秦渡晚」，就是指的此處。鳩摩羅什在羅什寺西明閣中翻譯出經文達數百卷，包括《般若》、《法華》、《維摩》以及《三論》等，在今日羅什寺的殿堂中，還留有唐代特點的鴟吻，直徑 1 米，周有蓮花的大型石磉，以及殘存達到 3 米高的大殿臺基，這些唐代寺院遺跡也間接證明了當時建築之雄偉宏大。

　　如果說，鳩摩羅什所駐蹕的戶縣是長安的西南門戶，佛教中國化的起點，那麼義淨歸國後駐蹕的小雁塔，則是長安佛教信仰的中心、佛教中國化的奠基石。在這裏，義淨先後翻譯出了《浴象功德經》、《稱讚如來功德神咒經》等經文，其譯經總數達到 61 部，可謂卷帙浩繁。

❶ 草堂寺內的佛像

❷ 草堂寺內姚秦三藏法師鳩摩羅什舍利塔

❸ 草堂寺北院的古井，秋冬之時常有白色雲氣起於井底

❹ 草堂寺內姚秦三藏法師鳩摩羅什舍利塔題刻

根據史籍記載，我們可以知道義淨的西行求法之旅何等坎坷艱辛，在僧人善行的陪同下，他於咸亨二年十一月從廣州出發前往南海，20 天後，抵達室利佛逝（今印尼蘇門答臘島），義淨在此停留 6 個月，同行的善行因病返程回國。義淨在室利佛逝王的幫助下，漸次經歷末耀瑜、揭荼、裸人國，來到東印度的耽摩立底，在此遇到玄奘弟子大乘燈禪師，住了一年，學習梵語等，然後跟隨商隊前往中印度，沿途遇到各種危險。周遊各處聖跡後，義淨於 675 年來到那爛陀寺，在此居住、學習 10 年。685 年，義淨帶着諸多梵本經書準備返程，先經過耽摩立底，再過揭荼，在此居住近一年時間，證聖元年（695 年），義淨回到洛陽，參與《華嚴經》翻譯，先天二年（713 年）正月，辭世。

　　義淨在歸國途中，曾有反覆，並在廣州滯留一年之久，才返回長安。今天學界認為義淨擇機歸國，當與武周革命有關。他從室利佛逝暫回廣府，可能是打探局勢。等他確信武氏登基，才攜經北歸。這是呈獻給以奉佛為立國根本的新王朝的厚禮，故而得到天子親迎的特殊禮遇。

　　根據史籍記載，證聖元年（695 年）九月，躊躇滿志的武則天於南郊祭天，加號天冊金輪大聖皇帝，赦天下，改元「天冊萬歲」。為了給即將誕生的武周王朝增添天命所歸的合法性，在此前的五月，曾有官員聲稱於長安附近水中發現石函玉冊，經義淨本人釋讀，有「神聖萬歲忠輔聖母長安」字樣。這個舉動，顯示了義淨並非頑固不知變通，全然忽視現實需要的沙門高僧：武氏需要利用其取經東歸的高僧身份，通過釋讀玉冊樹立自己的權威，而義淨亦打算為了使武周朝廷不再延續李唐獨崇道家的信仰傾向，通過這一舉動，借助君王之威，為弘揚佛法打開方便之門。

　　同樣，回國後義淨與後續其他高僧翻譯《華嚴經》的工作，得到武后的贊助與大力支持，亦有現實政治上的考慮，陳寅恪在《武曌與佛教》中明白指出：「儒家經典不許婦人與聞國政。……此武曌革唐為周，所以不得不假託佛教符讖之故也。」北涼時代曇無讖所翻譯《大雲經》中即有「佛告淨光天

女言……即以女身當王國土」的受記，恰好符合武氏的政治需求。總之，高宗朝後期至武周統治時期，通過絲路的中西佛教交流驟然升溫，以及於長安興起的譯經、建寺運動，其實質在於創建以《華嚴經》為核心的佛學理論體系，借助朝廷之力和義淨等高僧的學行威望，建立龐大的佛教宗派，擴大武后統治的政治基礎。

陸路絲路之上，西行東來之佛教僧人，其沿途都曾受到西域綠洲各國招待，即便是在唐與吐蕃對峙時期，雙方也對他們的往來加以通融和保護，其中又以高昌國最為殷勤：吐魯番墓葬中出土了大量高昌國到唐代西州府時期的官私文書，使得我們對於它的供奉客使制度有細緻的了解。《大慈恩寺三藏法師傳》中記載，雖然身份是行腳僧，但玄奘在高昌依舊得到了豐厚的優待，包括撥給其 4 位侍從沙彌，黃金 100 兩，銀錢 3 萬，綾以及絹 100 疋，馱馬 30 頭，並派遣殿中侍御史歡信護送其至西突厥葉護可汗的王廷。

作為交換，這些絲綢之路上的東西往來的求法僧人，也曾將攜帶與抄謄的佛經留給敦煌沿途的信眾與官府。敦煌文獻 S.5981 號就記載了唐代僧人、酈州開元寺觀音院主智嚴，在同光二年（924 年）三月初，自印度求法歸來，到達沙洲後，巡禮敦煌佛教聖地，抄經贈予信眾的經歷，根據記載，智嚴隨身帶有玄奘所著《大唐西域記》，可見此書已經成為中土西行求法僧人的實用旅行指南。

西行求法道路的暢通，部分也要歸於盛唐時期對於西域的大力經營：顯慶三年（658 年），唐滅西突厥，將安西都護府遷址至龜茲，自高宗、武后至玄宗時期，唐代邊防體制從府兵輪番鎮戍，逐漸轉變成長期軍鎮駐防，軍鎮官僚以及其家屬，不少成為熱心的佛教信徒與寺廟供養人，他們與途經的西域異民族商人一起，支持起了這條橫貫東西的佛教信仰帶。不僅如此，唐代經營安西四鎮，也着手建立了一些官寺，包括龜茲大雲寺、龍興寺、于闐開元寺等，在其治理中心龜茲，還特地設立了掌管佛教事務的僧官「四鎮都

統」。20 世紀初，德國四次派遣吐魯番考察隊，在庫車曾發現一批漢譯佛教名典，諸如《金剛般若波羅蜜經》、《妙法蓮華經》，生動地展示了佛教信仰在中原內地興盛後，反哺西域，進行信仰傳播的盛況。

儘管如此，無論海上絲路還是陸地絲路，西行求法仍舊是風險頗高的苦旅：在敦煌文書 P.3931 號寫本中，存有關於印僧東來的牒言與遊記，往來絲路弘法的艱辛與苦楚，可見一斑：「登雪嶺，萬里冰山，曉夜豈辭於涼山之列，千重沙漠，春秋不憚於暑寒之苦。」在義淨所撰寫之《大唐西域求法高僧傳》中主體部分所記錄的 56 位僧人中：不知所終者 7 人，終老印度者 16 人，只有 5 人回到中國；中途未能成行返回者 2 人，赴印度途中死亡者 16 人；到印度不久即死亡者 5 人，回國途中死亡者 5 人，此種磨難與險情，在今日很難通過這些簡單的文字得以理解。

在此之後不久，「安史之亂」終止了唐代在西域的經營，強大的吐蕃在 9 世紀初佔領了全部河西之地，中原與西域的聯繫最終斷絕。經過「安史之亂」，李唐王朝元氣大傷，原本駐屯西域各地的重兵，被陸續調回內地勤王，吐蕃藉機大肆擴張，北庭（吉木薩爾縣）與西州（吐魯番）首當其衝，唐軍亦只能求助於回鶻汗國，從而使得後者逐漸在 8 世紀和 9 世紀之交，將北庭、高昌、焉耆、龜茲（庫車）、鄯善（若羌）等地區納入自己統治範圍。此時絲路交通的斷絕與西域唐廷勢力的削弱，不但使得西域佛教寺廟的供養失去來源，也使得中原無法再通過吐蕃佔據的河西走廊向西域繼續輸送典籍與僧人。而改宗摩尼教的回鶻，也被佛教信眾視為畏途。貞元初年，從印度取經回來的僧人悟空，甚至不敢攜帶經卷經回鶻返回中原，而是把經卷留在了北庭。不僅如此，隨着中土佛教理論體系的完善與提升，以及印度本土佛教信仰地位的下降，僧人西行求法不再被視為獲取真理的必經之路，而西域地區的逐漸突厥化與伊斯蘭化，亦使佛教信仰最終與它的典章文物一道，被逐漸遺忘，最終沉沒於茫茫沙海之中。

祆教與摩尼教：光明的信徒

位於小雁塔旁側的西安博物院地下展廳中，有一件珍貴的石槨文物，西安文保所考古隊專家楊軍凱告訴我們，它來自 2003 年在西安未央區井上村東出土的一座大型北周時代墓葬，墓主人是北周涼州薩保史君，根據銘文記載，史君出身粟特史國（Kish），入華後為涼州聚落首領——薩保，卒於 579 年。

經過清理後，我們能夠看到其表面鐫刻着彩繪猶存、豐富詳盡的浮雕圖案，栩栩如生地描繪了墓主人的生平事蹟。W1 號圖案中，描繪了一座形體宏偉、擁有背光的神祇，在蓮座上弘教説法，左側與下方，分別有供養人夫婦、信眾、動物等，神像有髮髻、鬍鬚，右肩袒露。法國敦煌學研究大家魏義天認為，這幅畫表現的是摩尼教主神摩尼在主持史君夫婦的懺悔儀式，日本漢學家吉田豐也持此觀點，認為史君曾在巴克特里亞地區經貿行商，有在其地皈依了摩尼教的可能。

然而，在石槨東壁描繪史君夫婦的喪葬和升天儀式的畫面中，這種説法受到了質疑和挑戰：楊軍凱告訴我們，在畫面上，史君夫婦帶着駝隊和代表家產的各種動物，行走在祆教中死者靈魂必經的篩選之橋「欽瓦特橋」上，橋頭燃燒着幫助靈魂越過黑暗的聖火。天空中，是粟特人崇拜的主神——風神，旗下是瑣羅亞斯德宗教中代替最高神阿胡拉瑪茲達審視人間的女神妲厄娜，在接引跪在面前的史君夫婦。最終，墓主人夫婦在伎樂天神的陪伴中，乘坐有翼天馬前往天國，而在石槨正面，是兩道石扉構成的石門，兩側有對稱的窗戶，上面刻畫着伎樂人物，下方則是瑣羅亞斯德宗教中半人半鳥的斯洛沙神，守護着火壇。這段形象生動的死者靈魂淨化升天之旅，與瑣羅亞斯德宗教文獻中的記載非常貼合。

唐代的長安，作為當時世界上最為發達興旺的國際化大都市，居住着來自各國的移民，他們帶來了自己的宗教信仰，其中也包括薩保義君這樣的波

▲ 西安博物院藏唐代彩繪騎馬狩獵俑（胡人）

▲ 西安博物院藏三彩武官俑

▲ 西安博物院藏北周史君墓石槨

斯與粟特移民建立的祆教寺院。其中長安崇化坊的祆祠有明確記載，建於唐代貞觀五年，建立者為粟特人穆護何祿，長安十字街南，儀鳳二年（677年），波斯王卑路斯奏請於醴泉坊建立波斯胡寺。根據專家考證，在唐都長安，有跡可考的祆教寺院共有 4 所，分別位於布政坊西南、醴泉坊西北、普寧坊西北，以及靖恭坊西北。這些外來移民雖然長期在長安定居，生活習俗逐漸漢化，但依舊保持其信仰，在西安出土的《蘇諒妻馬氏墓誌》證明，直到晚唐咸通十五年（874 年），薩珊波斯移民不僅保持着本民族的祆教信仰，而且還繼續使用本民族的官方文字婆羅缽文，只有對照漢文與婆羅缽文墓誌銘，我們才知道「蘇諒」一名，來自薩珊王族的姓氏「Suren」。

祆教始通中原，最早有確鑿證據可考的年代，是北魏與南梁時期。而「祆」字以宗教信仰之名在中國史書典籍中首次出現，是在唐代貞觀年間所撰《隋書》「西域傳」中。然而，有一種說法，即在三國時代孫吳黃武三年（224年），天竺祆教高僧維祇難，與同伴竺律炎即來到武昌。由於在絲路上，宗教僧人往往伴隨商隊而行，而 6 世紀前，波斯薩珊王朝商人、使節來華不乏記錄，而薩珊王朝又奉祆教為國教，那麼這些商團與使團之中肯定有祆教徒存在，只是來去匆匆，尚未於中原開展系統傳教與譯經行為。直至北魏統一中國北方，大力經略西域，社會生活趨於穩定之後，大批西域異民族長期定居中原的局面才逐漸展開。

相對於佛教、摩尼教、景教的積極向外拓展性格，祆教似乎顯得內斂封閉，不過典籍史料中依舊零星有中國本土居民信奉改宗的例子，例如後魏肅宗皇帝，即在身邊安排寵倖的祆教僧侶「蜜多道人」侍奉，唐人李朝威所撰《柳毅傳》中，亦提到過「太陽道人」，稱其信仰「以火為神」，既然傳奇小說中有祆僧出沒，則足見其在社會生活中之活躍。

祆教於 7 世紀因阿拉伯征服，以及晚唐社會動盪逐漸於波斯、中原兩地式微後，卻在絲路東端的綠洲地帶延續了相當長一段時間，在編號 P.2748 的

敦煌藏經洞文書中，就有一篇《安城祆詠》，其作者可能是五代時期一位漢族官員或者供養人，詩中有「安城版築日，神祠於此興」，在同一批文書中，還有一篇以漢文寫就的《儺安城火祆咒文》，肯定是為了方便其中原本土信奉者誦念所用。塔克拉瑪干沙漠腹地中，坐落着古老于闐王國遺址──丹丹烏里克。瑞典探險家斯文·赫定、英國人奧利爾·斯坦因，都在這裏發現過眾多雕塑、壁畫與木版畫等文物。唐代，這裏是隸屬於闐的傑謝鎮，在璀璨一時的宗教繪畫藝術中，印度教、祆教與佛教神祇的形象被融合在了一起。1998年瑞士人克里斯多夫·鮑默在遺址西南部發掘了一座斯坦因曾光顧過的殿堂式建築，發現了兩組三人組合的神像壁畫，在其中一組中，三位神祇分別是印度教神祇濕婆（佛教中的摩醯首羅）、佛祖釋迦之母摩耶·多利，以及梵天，然而其座下的神牛，以及梵天手中所握的日月與三叉戟，則是地道的祆教神祇元素，一種可能的解釋就是，聚居在這裏的粟特人，通過繪製這些形象混同的神祇，在勢力強大的佛教面前依舊在暗中保持着自己的原來信仰。

　　較之備受遊客矚目的薩保義君石槨，在少有遊客光顧的西安大唐西市博物館墓誌特藏館中，存有一座《回鶻米副侯墓誌》，誌蓋為盝頂，無題額，通體飾捲草花紋。墓主人米公是一名成功的粟特人，官至「回鶻雲麾將軍試左金吾衛大將軍」。不過，米公還有另外一重身份，誌文第5~6行稱墓主的身份為「清淨光明大師」，由此可知，他是一位級別不低的摩尼教僧侶。

　　米國（Maymurgh）位處中亞，首府為缽息德城，很

▲ 大唐西市博物館藏隋彩繪描金白石榻（局部）

可能就是今天塔吉克斯坦境內的片治肯特，係昭武九姓中的一個小國，《大唐西域記》卷一寫作「弭秣賀國」。根據記載，米公亡於「長慶癸卯十二月十六日」。按，長慶為唐穆宗年號，為 823 年。米公享年七十有三，則應生於天寶十年（751 年），其青壯年時代，正是摩尼教熾盛之時。

摩尼教，曾於 9 世紀至 10 世紀在西域輝煌一時，德國柏林民俗學博物館的格倫威德爾和勒柯克組織的第三次吐魯番考察隊，於 20 世紀初在高昌、柏孜克里克、吐峪溝的石窟中，發現了大量摩尼教文獻與繪畫殘片，包括波斯文與帕提亞文，以及粟特文摩尼教經典、讚美詩以及供養題記。摩尼教，由波斯人摩尼在 3 世紀創立後，由於其教義充滿了對現實世界的否定，遂被波斯薩珊王朝所禁，摩尼本人也被處以極刑。而在中亞地區，由於文化的交融與民族融合，以及貿易帶來的較高自由度，摩尼教因其與瑣羅亞斯德教（即祆教，俗稱拜火教）相同的二元論教義，而被迅速接受傳播，自波斯傳播至呼羅珊地區，再東進至粟特，吐火羅斯坦與西域吐魯番地區，而粟特語也逐漸成為其通用語言。

由於身為異邦宗教與後來者，摩尼教基本無法與拜火教，以及基礎深厚的佛教抗衡，只能通過借助政治實權統治者的權力而得以局部擴張，《冊府元龜》「外臣部 / 朝貢四」記載，唐玄宗開元七年（719 年），吐火羅國支汗那王帝賒上表獻解天文人大慕闍，意即吐火羅地區的支漢那國王前往唐廷表示友好恭順，並派遣懂得天文學知識的摩尼教法師前往唐朝宮廷提供服務。692年，唐朝收復安西四鎮，發兵 3 萬鎮守，不僅帶來了西域絲綢之路長達百年的穩定通暢局面，也為摩尼教進入中原提供了條件。

《佛祖統紀》卷三十九記載：「延載元年（694 年），波斯國人拂多誕持《二宗經》偽教來朝。」這裏佛教記載者筆下被蔑稱為「偽教」的信仰，即摩尼教，《二宗經》則是其基本教義經本。不過，我們可以藉此清晰地得知摩尼教正式進入中國的準確年份。在武后稱制時期，摩尼教被崇信彌勒教，而對其

「光明崇拜」頗有好感的武則天所接受，武周朝廷開始允許其在境內傳教。

然而好景不長，開元二十年（732年），摩尼教被唐朝政府明令禁止，雖然外來民族不在其列，但其影響力卻不可避免地迅速衰減，直至「安史之亂」後期，漠北回鶻可汗率軍幫助李唐王室收復洛陽、長安時，摩尼教僧睿息抓住時機，說服回鶻牟羽可汗皈依摩尼，稍後，睿息等殘留中原的摩尼僧人也被帶回漠北，一舉將摩尼教變為回鶻汗國的國教。現存於德國柏林印度藝術博物館的收藏中，有一件格倫威德爾和勒柯克在吐魯番發現的繪畫殘片，描繪了一位主教伸出右手，握住全副戎裝、雙膝跪地的回鶻可汗雙手，周圍有武士與僧眾環繞，右側則是自印度教信仰中引入、被摩尼教奉為四明尊的濕婆、梵天、毗濕奴與峨尼沙。學界確信，這一畫面正是在描繪了牟羽可汗皈依的場景。

米公墓誌中，記載米公「住於唐國，奉於詔命，遂和而相滋」。說明他是以回鶻使者的身份入住於唐都長安的，在漢文《九姓回鶻可汗碑》中有記載，回鶻可汗厚待摩尼教徒，其高級神職人員也得以參與國政，尤其外交事務「無論來朝，去國，非摩尼不能成行」。由此看來，米公的外交使節身份肯定得益於其摩尼教神職身份，而屆時回鶻國力大盛，先後出兵幫助李唐王朝剿滅安史叛軍，收復兩京，後又於西域助戰對抗吐蕃，唐王朝不得不厚結於彼，為了維護與回鶻的友好關係，所以對這些摩尼教徒格外重視，充分關照，以至於回鶻與粟特摩尼教徒在兩京形成了相當大的勢力：768年，唐朝允許摩尼教回鶻居民可以在長安與其他大城市傳教，寺院統稱「大雲光明寺」，「其在京師也，瑤祠雲構，甲第棋佈，棟宇輪奐，衣冠縞素……蠖蠹上國，百有餘年」。在這種背景下，米公得以客居長安，逍遙快活。《回鶻米副侯墓誌》記載，米公在長安娶妻，生有四男兩女，最終壽終正寢於異國首都，唐政府為他隆重安排了後事，葬之於布政鄉靜安里，「庚於上地，施設千功」，又「勅京兆府長安、萬年兩縣，官供棺槨、輴□（車），設饌列於街，給仰

街事」。

840 年，回鶻汗國內亂，勁敵點戛斯人自西北藉機入侵，回鶻汗國崩潰，有十三部南下歸附唐朝，正如史學家陳垣所言，回鶻與摩尼教的命運休戚與共，不久唐朝便下令關閉諸州摩尼寺。回鶻另外十五部西遷至天山東部地區，後創建高昌回鶻王國，摩尼教得以在此延續了一段時間，20 世紀初以來發現的吐魯番摩尼教文物，大多是 9 世紀到 10 世紀，高昌回鶻王國時期的遺物。

景教 —— 碑刻後的故事

位於西安市南城牆魁星樓下的碑林博物館，是本地書法與文史愛好者經常參觀的地方，尤其以第二陳列室最受歡迎，因為其中雲集了諸多唐代著名書法名宿與文學大家的手跡，諸如褚遂良的《同州聖教序碑》、歐陽詢的《黃甫誕碑》、張旭的《斷千字文》以及柳公權的《玄祕塔碑》。這些珍貴碑文的拓片，在博物館附帶的紀念品商店裏有售，其價不菲，但依舊供不應求。導遊帶領遊客進入陳列室後，通常只會花費幾分鐘，略為介紹一下進門後左手邊一塊字跡已經洇漫的碑刻：大秦景教流行中國碑，簡單地介紹它是「基督教於唐代傳入中國的證據」，其他再無多言。

「大秦景教流行中國碑」最初於明熹宗天啟年間（1623 年或 1625 年）發現於陝西周至縣，曾一度放置於西安金勝寺，碑高 2.36 米，上端刻有飛雲和蓮臺烘托的十字架，圍有一種名「螭」的無角之龍，左右配有百合花。碑底和兩側有 70 位景教教士的古敘利亞文題名。碑額作《大秦景教流行中國碑頌並序》，立於建中二年，碑文共 32 行，1780 字，字跡清晰，完好無損。碑文內容以敘利亞文和漢文書寫，分序文和頌詞兩部分。

碑文的作者，是一位波斯景教教士，名叫亞當，漢名為景淨，敘利亞碑文部分稱他的頭銜是區主教兼長老。這座碑刻的樹立，意在紀念一位景教徒

中的傑出人物，名為伊斯，他既是一名在俗景教信徒，也以客卿身份積極投身唐代中期的軍事政治活動，供職於朔方節度使郭子儀麾下，得以被唐肅宗李亨寵倖重用，官至金紫光祿大夫，同朔方節度副使，試殿中監，賜紫袈裟。伊斯曾於靈武五郡興建景教寺廟，並堅持對僧徒進行佈施，在介紹完伊斯的生平後，碑文中以用佛教經文式的語言，介紹了基督教的世界觀，上帝創造世界的經過，以及救世主彌師訶（彌賽亞）的生平與事業，要求教徒「不蓄臧獲，均貴賤於人，不聚貨財，示罄遺於我」。最終，出於對自身發展和生存的需要，碑文讚頌了玄宗、肅宗、德宗皇帝的英明與仁政。

景教，即基督教東方教會的聶斯托利教派，為敘利亞人聶斯托利所創立，聶氏曾擔任君士坦丁堡大主教。431 年，在以佛所宗教會議上，聶斯托利因主張基督兩性連接說，強調耶穌基督之人性，否認聖母瑪利亞的神性而被定為異端，最終被放逐埃及。然而，其建立的教派卻逐漸在中亞地區紮根發展，逐漸東進。到了 5 世紀，絲綢之路上的樞紐城市木鹿城（位於土庫曼斯坦的巴伊拉姆阿里城附近）已經成為聶斯托利東方教會的都主教區治理所在；6 世紀時，景教僧侶已經越過阿姆河進入巴克特里亞地區，促使西突厥人與絲綢之路商旅貿易的主力粟特人改宗。

8 世紀初，景教已經傳播至和田周圍的綠洲。在敦煌藏經洞十七窟，早期西方探險家、英國人奧利爾·斯坦因發現了一些用敘利亞文、粟特文以及回鶻文撰寫的景教文獻，包括《新約》、《舊約》以及

▲ 大秦景教流行中國碑局部

殉道者《使徒行傳》等，還有一幅繪畫上所繪的神祇，猶如于闐風格的佛教菩薩，右手舉起，做說法狀，但其背後的光環上帶有一枚十字架，其脖頸上的項鏈也有同樣的吊墜，證明繪像本人很可能是耶穌基督本人或者其他基督教聖徒。到了蒙古統治時期，大批蒙古克烈部、篾兒乞人亦改宗基督教，馬可·波羅在其《馬可·波羅遊記》中說，他在吐魯番絲路沿途綠洲見到過佛教徒、穆斯林與基督徒共生共處。

關於景教何時進入中原地區，西方研究者由於缺乏具體史料證據，曾一度對此爭論不休。羅馬作家阿諾比厄斯於 3 世紀末寫的《斥異端》說，在 3 世紀以前基督教已在中國傳教。16 世紀以後，耶穌會教士在印度宣揚，耶穌的十二使徒之一的多馬，曾從印度轉往中國傳教，並且建立了教會。這些傳說都沒有歷史依據，不足為信。今天，我們可以推斷，當哈薩克和烏茲別克人於魏晉南北朝之際進入中原時，一些改宗景教的哈薩克和烏茲別克人將這種信仰帶入。20 世紀 40 年代，河南洛陽曾出土過一方《翟突娑墓誌》：翟氏出生於并州太原，因軍功，官至除奮武尉，擬通守（相同於通守職位）。突娑，即波斯文「Tarsa」音譯，也翻譯為達娑，是對景教教徒的固定稱呼，翟突娑有可能是中原地區早期的景教教士，其父裴摩訶大概是北齊或北周時移居山西的中亞突厥人，擔任管理經商僑寓的中亞（波斯）移民的官員。

景教徒在中原出現，並不等於其信仰教義開始傳播並紮根。《唐會要》「大秦寺」條記載，貞觀十二年七月，波斯僧阿羅本來華傳教，並向太宗獻上了景教有關經典，李唐朝廷認為景教「詳其教旨，元妙無為，生成立要，濟物利人，宜行天下」，於是在義寧坊設立景教寺院一所，度僧 21 人。

對於這一歷史性時間，「大秦景教流行中國碑」對此有更詳細的記載，阿羅本來華，在西郊受到了宰相房玄齡的隆重迎接，從詔書中的用語可以看出，李世民對於景教教義的理解，頗類似於道教。李唐王室對於道教的推崇，也是景教能夠迅速在中原立足並能傳播的理由：開元年間，玄宗曾命

寧國等五王親自至長安景教寺院受洗,建立壇場,隨後還派其最為寵倖的宦官,加大將軍頭銜的高力士送來五聖(即高祖、太宗、高宗、中宗、睿宗五位皇帝)寫真置於寺內,賜絹百疋。天寶三年,更有大秦國景教僧侶佶和來到長安,並在興慶宮為皇室做功德祈福,信奉景教的波斯人李素(字文貞)亦以翰林身份供職司天臺。

有唐一代,景教僧侶在中國的經文翻譯活動亦從未停止,其中也以「大秦景教流行中國碑」的作者景淨譯作最多。敦煌17號藏經洞發現的眾多漢文景教文獻中,稱「大秦本教經」典籍多達530部,其中30部由景淨所翻譯,可能包括讚美詩《大秦景教三威蒙度贊》、《大秦景教大聖通真歸法贊》、《大秦景教宣元至本經》(殘片),以及《志玄安樂經》。《序聽迷詩所經》(迷詩所與彌師訶,都是彌賽亞的音譯)和《一神論》,據信出於阿羅本之手。這些文獻中闡述的教義,有鮮明的儒家、佛教化傾向,諸如稱上帝為「佛」,或借鑒自佛教經典中的「阿羅漢」稱為「景尊阿羅訶」。經文中,也有諸如「降筏使免火江」的詞句,「火江」即唐代佛教對塵世生活疾苦的指代,而用來形容佛祖對於信眾拯救的「降筏」,亦被用於描繪基督末日的救贖。

2006年5月,一座殘存的石製經幢在古都洛陽出土,後因拓本流入文物市場,其價值才為學者發現,現存於洛陽絲綢之路博物館。所鐫刻的經文,正是敦煌文書中所佚失的《大秦景教宣元至本經》,製作時間為唐文宗大和三年(829年),其形制功能頗似佛教經幢。根據銘文,經幢係為洛陽景教寺院的粟特信眾為其亡妣「安國安氏太夫人」所立,位置在其陵墓之旁,以解救亡者地獄淪陷之苦,在洛陽景教經幢中,其留名信眾者中多有官銜在身,如「敕東都右御林軍押衙陪戎校尉守左威衞汝州梁川府」,再次證明外來景教信眾,在唐代政治生活中十分活躍。

然而在會昌滅法運動中,景教與摩尼、祆教等一起遭遇了滅頂之災,845年7月,武宗下詔,勒令天下佛寺僧人還俗,景教與祆教教徒亦有3000餘

名教徒被迫還俗，寺院僧眾只能在廣州、沙洲、高昌等地倖存。而 878 年，黃巢起義軍攻陷廣州，曾屠殺寓居在此的阿拉伯、波斯與粟特等外籍客商達 12 萬人之多，包括穆斯林、祆教、景教徒，使得廣州這一曾經顯赫一時的海上絲路貿易港口與外來宗教信仰中心遭到毀滅性打擊。過度依附李唐朝廷扶持與善意的景教，亦隨着唐朝政權的衰亡而式微，10 世紀末，阿拉伯作家阿布·法拉吉在《書目》中提到，他曾於 987 年（回曆 377 年）遇到一位來自奈季蘭（Najran）的景教僧侶，後者云 7 年前曾受都主教之名，前往遙遠的中國傳教，然而當他們抵達時，卻發現信徒們已經紛紛改宗或者橫死，教堂也都被夷為平地，只好返回。

晚唐五代至宋，部分殘存景教信徒為了延續信仰，只能依附於道教或者佛教，而道教信仰亦部分借鑒了景教經文與教義。著名史學家羅香林指出，成書於晚唐的《道藏·天微章第一》每一段落的結句，都有梵音咒語：「唵，剎那，唎囉咩哆氳，嘛娑珂。」這一段落即是來自景教經典中頌詞「An Shana Lirabrbatha mashiha」的敘利亞文音譯，意為「誠哉，基督是從諸天降臨者」。久而久之，對於這種外來宗教，中國人只留下了一些模糊的記載與憑弔，例如蔡夢弼在《杜工部詩集》中，曾記載成都有「大秦寺」遺址：「曾有門樓十間，皆以珍珠翠寶貫之為簾，後摧毀墜地，唯故基在，每有大雨，其前後人多得珍珠、瑟瑟、金翠、異物等。」作為信仰的基督教，再度在中原腹地復興，則要等到元代，以及近代鴉片戰爭之後。

（感謝北京大學歷史系榮新江先生、西安美術學院麻元彬先生、西北大學佛教研究所李利安先生、西安文物保護考古研究院楊軍凱先生對本文提供的資料和大力幫助。部分參考書目：《絲綢之路與東西文化交流》，榮新江著；《絲綢之路佛教文化研究》，周菁葆著；《達伽馬之前中亞與東亞的基督教》，[德]克里木凱特著；《波斯拜火教與古代中國》，林悟殊著；《西域文化史》，[日]羽田亨著）

絲路盡頭，那座羅馬城

文 ▲ 徐菁菁

　　從長安到羅馬、從東方到西方的那條絲綢之路，所彰顯的就是古典的全球化圖景。這條道路上偉大的城市如羅馬，當然是各種文化融合的產物。

偉大屬於羅馬

　　公元 97 年，班超遣甘英出使「大秦」。他「懸度」帕米爾高原和喀喇崑崙山的高山峽谷，從今天伊朗的南部，經過巴姆、伊斯法罕、馬拉維進入伊拉克兩河流域，最後抵達波斯灣。甘英「臨大海欲度」，但安息人告訴他：「海水廣大，往來者逢善風三月乃得度，若遇遲風，亦有二歲者，故入海人皆齎三歲糧。海中善使人思土戀慕，數有死亡者。」結果，「英聞之乃止」。

　　東漢使節距離羅馬帝國只有一步之遙。如果甘英沒有聽從勸阻，他將會看到什麼？在甘英出使的同一年，羅馬皇帝涅爾瓦立圖拉真為繼承人，後者即將使帝國的疆域擴張到歷史上的最大範圍。自公元前 27 年奧古斯都稱帝以來，羅馬正走向繁榮的頂峰。

　　今天，人們在西安和洛陽已經很難感受到兩千年前東西兩漢都城的風貌。幸運的是，同時代的羅馬城依舊在迎接我這樣的朝聖者。

　　我住在臺伯河左岸佩特納里街一棟 18 世紀修建的公寓樓裏。順着狹窄的石磚小路走 300 米會到達百花廣場。廣場在清晨是一個興隆的早市，販賣果蔬、香料和服裝。從 1869 年開始，這裏就是著名的蔬菜和魚類市場。廣場周邊小街巷前的名字使用了幾百年：弩匠街（Via dei Balestrari）、製帽匠街（Via dei Cappellari）、鎖匠街（Via dei Chiavari）、裁縫街（Via dei Giubbonari）。

　　入夜，廣場熱鬧極了，附近街口賣藝人的吹拉彈唱都飄散到這兒，四周

▲ 古羅馬港口奧斯蒂亞城遺址內的劇場

食肆的露天座位裏觥籌交錯。數不清的遊走商販叫賣着會飛的發光玩具，弄得半空中滿是點點星光。燈紅酒綠中唯一的格格不入是廣場中央的那尊「躲在」夜色裏的塑像 —— 一個面容藏在斗篷裏的陰鬱男人。那是天文學家布魯諾，公元 1600 年，他正是被羅馬教廷燒死在這裏。

　　百花廣場是羅馬中心城區的一個縮影，縱橫阡陌的石磚路連接着一個又一個或大或小的廣場，人們圍繞着廣場居住、謀生、社交、娛樂、參與宗教和政治生活。這樣的城市骨架是在 15 世紀時搭建的。1420 年，教皇馬丁五世搬回羅馬時，羅馬只是一個 2 萬人口的破敗小城。為重新使它成為教皇的官方居住地，教廷開始主導大規模的城市建設。

　　從佩特納里街往另一個方向走，我很快會站在西斯托橋上。據説，在即將上映的第 24 部「007」電影裏，邦德就將跳傘降落在這兒。白天的西斯托

橋很平靜，晚上則會變身為一個龐大夜店的一部分。橋下，臺伯河河堤兩邊，綠樹黝黑的影子下燈火通明，羅馬人搭起延綿不絕的白色帳篷，數不清那兒究竟有多少間酒吧。微醺的人們心滿意足地從河堤爬上來，享受一天的最後時光，閃着銀光的臺伯河水向南流去。北面，一座燈光閃耀的建築掩映在右岸，那是梵蒂岡聖彼得大教堂恢宏的穹頂，米開朗琪羅的傑作。

15 世紀，為應對羅馬復興帶來的交通壓力和洶湧而至的朝聖者，教廷下令增建了西斯托這座四拱大橋。

「羅馬不是一天建成的。」在羅馬街頭的某個時刻，我突然想起這句西諺，瞬間感到沒有什麼言語能比它更加恰如其分地概括這座城市了。兩千年前的羅馬尚未死去，它還活着。

法國思想家蒙田曾說，在羅馬，自己就像行走在「所有房子的屋脊」及「古老的牆垣」之上。西斯托橋三個模拙的橋墩穩穩紮在臺伯河裏。建築師巴西奧・龐泰利（Baccio Pontelli）在修建它時，直接使用了古羅馬奧里利烏斯橋遺留的基座。在它的上游，鋪設着大理石表面的五拱聖天使橋把我直接引向聖彼得大教堂。我驚歎橋上 10 尊真人大小、精美絕倫的天使雕像，它們出自 17 世紀貝爾尼尼領銜的 9 位藝術大師之手。但更值得驚歎的是橋樑結構本身，聖天使橋是臺伯河上的第一座橋樑，公元 2 世紀的羅馬皇帝哈德良才是它的締造者，橋西端宏偉圓形的聖天使城堡正是他的陵墓。

羅馬城不缺乏這樣的例子。我好幾次路過百花廣場附近的法爾內塞宮，那是教宗保祿三世家族的宅邸，是包括米開朗琪羅在內的數位建築師的心血。現在，法爾內塞宮是法國大使館，遊客可以通過預約，一睹宮內 17 世紀的連環壁畫。但大概很少人會注意到法爾內塞宮門前廣場上兩個古樸的花崗岩噴泉池，那其實是古羅馬卡拉卡拉大浴場的澡盆。16 世紀，它們被改成噴泉安放到這裏。那時候，羅馬重新建設城市的輸水系統，各個廣場的噴泉池就是人們生活用水的源頭。

繞開人頭攢動的大鬥獸場，經過被遺忘的角鬥士訓練場遺址，順着拉特朗聖若望街往東走 500 多米，12 世紀的聖克萊門特小教堂安靜地立在路邊。若從規模、建築和裝飾藝術來看，它實在沒有特別的吸引力，但它的魅力藏於地下，從教堂大廳一側的樓梯走下去，我進入了另一個結構完好的磚混結構教堂，它建於公元 4 世紀羅馬帝國的晚期。借助幽暗的燈光，我還能看清牆壁上鮮豔的藍色、紅色和金色的基督教壁畫。我很快就聽到了流水的聲音，順着水聲走過去，聖克萊門特的地下還有一層祕密。在那兒，仿佛探險一般，我穿過一人寬的狹長走道，看到一座密特拉神廟的神壇。一間寬敞的屋子曾被用來當作神廟的教室，牆壁是用石灰華石砌成的，那是羅馬共和國時期常用的建築材料。相關考古研究說，神廟是由一位羅馬貴族的宅邸改建的，很可能廢棄於公元 64 年的羅馬大火。

　　神廟裏的空氣濕潤得似乎可以擰出水來。來自一條古羅馬引水渠的潺潺水聲環繞着我。羅馬這座城市每天需要大約 3.5 億加侖的水，大部分靠全城 11 個引水道從幾十公里外的山地把清水引入。水道有吸虹效果，可將水流引向高處。它們設計合理、維修嚴格，能夠始終保證水流的暢通和水質的潔淨。一位負責水道工程建設的帝國官員曾自豪地說：「我們有這麼多不可或缺的引水道結構，供給我們的水量是如此巨大，相比之下，您可以想像，那些呆笨的金字塔和那些無多大用處卻非常著名的希拉神廟，會居於什麼地位？」在一個小房間裏，我伸手觸摸敞開水渠中的冰冷水流，疑心它會嗖地把我捲回兩千年前去。

　　在來羅馬前，我走馬觀花地遊覽了亞平寧半島上三個最著名的城市。米蘭是帶着古典配飾的摩登女郎，威尼斯是社交舞會上花枝招展的公爵小姐，佛羅倫薩是穩重的貴婦人。她們姿態萬千，但都以精緻與典雅見長。羅馬不一樣，他周身洋溢着無窮無盡的雄性荷爾蒙，你或許可以用那些醜陋的詞語去形容他：骯髒、擁擠、破舊、喧鬧，但你無法抵禦他磅礴的力量。

▲ 古羅馬廣場遺址。廣場上的塞維魯凱旋門是為慶祝帝國在三世紀末兩次戰勝波斯而建造

▲ 聖天使橋是臺伯河上的第一座橋樑。公元 2 世紀的羅馬皇帝哈德良是它的締造者

15 世紀，教皇尼古拉五世頒佈了梵蒂岡聖彼得教堂的重修令。1626 年，新教堂落成。它給我的最直觀震撼就是非凡的宏大：5 層樓高的青銅華蓋，正殿盡頭彩色玻璃窗上翼展 1.5 米的聖靈信鴿，39 尊巨大的聖人雕像佈滿教堂正廳。人們為何要創造這些極致的景觀？1455 年，尼古拉五世在彌留之際叮嚀後人：必須建造能吸引人們注意力的東西，這樣才能夠維繫大眾的信仰。

在羅馬，我很快能明白其中的道理：如果不能建設比肩或者超越那個久遠帝國的奇觀，何以彰顯新時代與新信仰呢？帝國的古老首邑不僅活着，而且決定了羅馬的氣質：它只能選擇偉大。

不到 1 公里的帝國大道集中了大部分羅馬帝國古都的遺跡。圖拉真市場與奧古斯都廣場並肩而立，與它們隔街相對的是古羅馬廣場和 40 米高遍佈神廟與宮殿的帕拉蒂諾山。絕大多數遺跡只剩下了林立的柱子和孤零零的殘牆。然而，就像孟德斯鳩在《羅馬盛衰原因論》中所說：「這些營造物不僅在過去，就是在今天，依然也能使人對於它的強大產生一種極為崇高的念頭。」

在古羅馬廣場上，帝國末期的馬克森提斯殿留下來三個 39 米高的拱門，正殿的跨度達到了 25 米，這個紀錄是在 1000 多年後被聖彼得大教堂以 27.5 米打破的。在文藝復興時代，它的半圓形後殿和六邊形拱門是公認的古典對稱與高貴美的典範。馬克森提斯殿西側的半圓壁龕裏原本有一尊君士坦丁大帝的坐像，它的殘跡放在卡比托利歐博物館的庭院裏。沒有人會忽略它。皇帝留下了一隻 2.5 米高的碩大頭顱和兩隻 2 米長、長着老繭、血管突出的腳。這尊坐像高度至少應該在 12 米，白色大理石雕琢成了頭和四肢，身體的其餘部分是磚頭和木結構搭建的。外面曾經應該還有一層鍍銅，羅馬人鑄起青銅來也毫不含糊。卡比托利歐的內廳裏還有個 1.8 米高的青銅頭像，它應該屬於一尊立在馬克森提斯殿裏的塑像。拉特朗聖若望教堂是羅馬教區的主教座，它有一面 8 米高的青銅大門，是從古羅馬元老院挪來的。

在帕拉蒂諾山上，公元 1 世紀的弗拉維宮是最壯觀的建築。圖密善皇帝

的宮廷詩人馬提雅爾這樣形容它：「其崇高而龐大的體積似乎由七座山疊落而起，直入蒼穹。」根據語源學，意大利語的「Palazzo」、英語的「Palace」及法語的「Palais」（三詞皆意為宮殿）正是源自帕拉蒂諾山之名（Palatium）。在今天的弗拉維宮，人們還能看到精細的大理石鼓座，殘存的多彩大理石地面，巨大的石拱門，中庭一個八角形的精緻噴泉，以及一塊寬 48 米、長 160 米的宮廷運動場。

羅馬國家博物館的馬克西莫浴場宮分館幫我進一步了解帝國精英的審美趣味。博物館展示了幾個帝國別墅的考古成果。奧古斯都的妻子莉維婭顯然對自然充滿熱情，她的普利瑪－波爾塔別墅有一個房間，四面牆上全部畫着花園的景色，水果、鮮花和飛鳥映襯着繁茂濃綠的樹木，象徵着帝國的富庶。在她的另一棟別墅裏，畫師在平坦的白牆上描繪建築立柱，用陰影來製

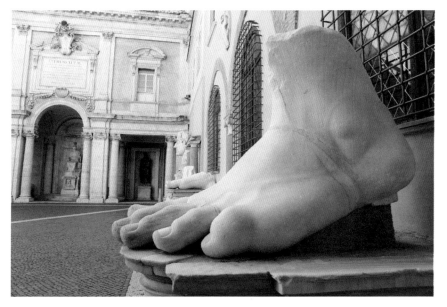

▲ 卡比托利歐博物館，一隻 2 米長的大理石腳來自馬克森提斯殿一尊君士坦丁大帝的坐像

造立體感。水果組成的花環圖案「掛」在這些柱子上，緞帶飄逸得好像要動起來。

幾乎所有博物館都有幾個輝煌的展廳羅列羅馬人的雕塑收藏，那些希臘時代最精美生動的作品以及它們的複製品曾經用於填滿羅馬的庭院和迴廊。

羅馬人也不會忘記每一寸地板。我以為威尼斯聖馬可大教堂那樣的大理石拼接地板已經足夠豪華，但我很快被古羅馬的馬賽克鑲嵌畫征服了。人物、靜物、動物，顯然，羅馬的工匠們能用彩色大理石小碎塊拼貼出任何立體生動的形象，滿足主人家從裝飾傢俱到鋪滿全部地板的各種需求。羅馬的鑲嵌畫藝術在公元 76 年哈德良皇帝繼位後發展到了頂峰。我在卡比托利歐博物館看到來自哈德良別墅的兩幅畫：兩隻羅馬喜劇面具；幾隻鴿子站在一個銅製水盆上。微鑲技術之精湛讓我差點就認定它們是兩幅油畫。可以想見，鑲嵌畫對材料、人力和時間成本要求極高，如此大規模地使用這種室內裝飾辦法，本身就是財富的表達方式之一。

但我眼前所能看到的，可能距離最繁華的羅馬依然相距甚遠。公元 68 年，皇帝尼祿因為暴虐驕奢被羅馬精英階層拋棄，被迫自殺身亡。他背負污名的營造物被後世抹去了。根據史料記載，尼祿的奧雷斯別墅僅建築物就佔地 9 萬平方米。一座巨大的公園環繞宮殿而建，裏面營造了花園、草地、魚池、狩獵場、鳥舍、葡萄園、小溪、噴泉、瀑布、湖泊及 3000 英尺長的迴廊。宮廷的內部閃耀着大理石、青銅器和黃金，還有數以千計的塑像、浮雕、繪畫以及購置或擄自古典世界的藝術品，其中包括現藏於梵蒂岡博物館的《拉奧孔》，它對後世意大利文藝復興雕塑產生了重大影響。宮殿的牆壁鑲嵌着珍珠母和寶石。大客廳的天花板上包了一層象牙花，當皇帝頷首示意時，一陣芬芳的香水便從象牙花噴落在賓客身上。餐廳有一個球面的象牙天花板，上面繪着代表天空和星辰的色彩，並且用隱藏的機器使它不停地慢慢轉動。

▲ 羅馬國家博物館的馬克西莫浴場宮分館，陳列着古羅馬收藏的希臘雕塑及羅馬複製品

▲ 羅馬國家博物館的馬克西莫浴場宮
　分館，來自哈德良別墅的一幅馬賽
　克鑲嵌畫

「羅馬變成了一個人的居處。」羅馬公民抱怨說。為吸取尼祿的教訓，他的繼任者轉而熱衷於用精妙的建築技術和無窮的財富去娛樂自己的臣民。

在古羅馬留下的無數奇觀裏，人們特別鍾愛帝國大道盡頭的鬥獸場——它恰好坐落在尼祿宮一個人工湖的原址上。我疑心，全世界再不會有哪個古跡有如此之多販賣自拍神器的小販了。那些忘記預約門票的遊客，絕不在意為它排上幾個小時的隊。如果不在鬥獸場前面和裏面留下一張照片，似乎就等同於沒有來過羅馬。

拜倫曾經說過：「幾時有鬥獸場，幾時便有羅馬。」公元 5 世紀後，外族對羅馬的每次入侵幾乎都對鬥獸場造成了相當的破壞。它「被時光改造成了一個遍長着野橄欖樹、番櫻桃、無花果樹的石頭小山，其間穿插的小道蜿蜒於廢棄的臺階及漫無邊際的廊道」，據說曾有人就此寫出了兩本植物學專著。小商販佔據了下層的柱廊，流浪漢和馬車夫把上層改為寄居所和牲畜圈，它甚至還被用作堆放臭烘烘的糞肥。但它先進的疊拱結構及混凝土工藝挨過了這一切，讓它從中世紀起就成為人們狂熱愛好的弔古傷今之地。

我找到了為羅馬元老們設置的大理石座位，上面還刻着一些座位主人的名字。直到 19 世紀，鬥獸場一直是全球最大的圓形劇場。基於現代體育場的經驗，我並不難想像 8 萬羅馬人在這兒激情吶喊的情形。公元 80 年，鬥獸場的落成「表演」持續了 100 天，格殺了 9000 隻牲畜；為慶祝圖拉真在達契亞戰勝巴比倫人，上萬角鬥士和上萬頭動物奮力廝殺。但我還是很難想像，公元 248 年，為慶祝羅馬建成 1000 周年時，人們如何能夠在這兒引水成湖，表演海戰。

老實說，我在鬥獸場並沒有湧起太多弔古傷今的情懷，這兒太擁擠、太喧鬧了。一個雨後初霽的黃昏，我避開人頭攢動的鬥獸場向南走去，寬闊的卡拉卡拉浴場大道上幾乎沒有行人。斜陽的金光穿過清透的空氣，投下道旁意大利五針松的巨大樹影。這種地中海原生的樹木長到 15~20 米高，頂着寬

▲ 建於公元 212 年的卡拉卡拉浴場是羅馬第二大浴場

至 8 米的散裝樹冠。大概也只有它們的體量能夠襯得上羅馬的建築了。

卡拉卡拉浴場靜悄悄的，一隻兔子坐在草坪上一動不動地發呆。當我繞過高達 37 米的殘牆進入長 218 米、寬 112 米的遺址內部時，我迅速被它俘虜了。我完全能夠想像羅馬的公民們以怎樣的自豪感享受這一帝國福利。他們先在健身區裏強健體魄，然後進入中廳，那裏依次排列着拱頂高 38.1 米的冷水浴區、熱水浴區和 36 米寬的蒸汽室。人們還可以選擇游游泳，泳池 50 米長，兩頭淺，中間深。池邊的一塊大理石地板上留有二十幾個小坑 —— 游累了的人們可以到這兒停下，玩一輪時髦的桌上遊戲。

有人曾説：「在一座現代大型火車站的中央大廳，數以千計的旅客忽然之間開始沐浴，那就是古羅馬公共浴場的光景。」但它遠不會有卡拉卡拉那麼豪華。據史書記載，這裏的地板和浴池全由彩色大理石和玻璃馬賽克鑲嵌畫組成。我能看到健身房是紅、綠、白、黃拼接的幾何圖案，游泳池裏是黑、白兩色的抽象波浪。走道上還有當時最著名的運動員們的鑲嵌畫像，現在存在梵蒂岡博物館裏。

卡拉卡拉浴場的其他裝飾連同它的屋頂一並不復存在了，只有一些巨大華麗的科林斯柱頭和浮雕裝飾板被擱在地上。那不勒斯國立考古博物館裏有一尊高 3.17 米的大力神赫丘力斯像。曾經，像它這樣的塑像沿着一條中軸線擺放開去，人們從浴場的一端望過去，就能看到通道裏的它們。所有的高牆也曾貼滿大理石，每一個巨大的壁龕都有精美的塑像。在卡拉卡拉浴場的繁榮年代，每天它會接待 5000 名帝國公民，他們在這兒娛樂、健身、社交。供應餐食的服務生以各種不同的叮噹或敲擊聲吸引人們注意，提供除體毛服務的人會發出疼痛時的驚呼聲，以此表明身份，招攬顧客。

我沒能到地下一觀卡拉卡拉長 3 公里、3 層網架結構的地道。曾經，上百名奴隸避開洗浴者的耳目，沿着地道來往疾行。水渠從城外引水而來，無數的手推車載着數噸柴火排起長龍，奴隸們用 50 個火爐把水燒到沸騰。考古

學家還在探索臺伯河的龐大下水管道，那是污水的去向。

門獸場和大浴場都是為了證明，羅馬有足夠的能力和財富服務於它數量龐大的公民。帕拉蒂諾山南側，弗拉維宮宮牆下有一片長 600 米、寬 200 米，長滿荒草的巨大空地。公元前 7 世紀，羅馬人在這兒建立了馬西莫競技場。直到奧古斯都時代，人們都在這兒舉行馬車賽，它的階梯式座位可以容納驚人的 18 萬名觀眾。

4 世紀，帝國政府對羅馬城市設施進行過摸底調查，統計全城共有庭院式樣的貴族宅邸 1797 座，中下階層居住的公寓樓房 4.6602 萬棟、磨坊 254 所、穀倉 190 處，另有橋樑 8 座、大市場 8 個、廣場 11 個、凱旋門 36 座、自來水泉 1152 個、圖書館 28 家、賽馬場 2 個、圓形競技場 2 座、浴場 2 座及 856 間私營小浴室。那個時候，羅馬早已是一個人口超過百萬的大都市。在羅馬城衰落以後，100 多萬人口規模的城市，在未來很長一段時間再沒有出現過。歐洲等待了 1600 年，終於迎來了 19 世紀工業革命後的英國倫敦。在東方，北宋汴梁人口達到 140 萬左右，距離古羅馬帝國的頂峰，也已經是 800 年後了。

帝國的血管

羅馬何以成其偉大？答案當然不在羅馬城本身。

孟德斯鳩說，羅馬是為了收藏戰利品而修建的。這真是個一針見血的評論。最初的羅馬只是一個建在 7 座山丘上的村落聯合體，統治着 350 平方英里的小塊土地。不斷的侵略征服使小城邦走向帝國，這種征服一直持續到帝國的晚期。當它無法再支持軍事行動並獲得勝利時，它的政治生命就終結了。

羅馬人最早發明了凱旋門這種紀念戰功的建築形式。在帝國大道一線的遺址中我們還能夠看到三座凱旋門：提圖斯凱旋門紀念公元 1 世紀對猶太戰爭的勝利；塞維魯凱旋門慶祝帝國在 3 世紀末兩次戰勝波斯；君士坦丁凱旋

門則是為了表彰君士坦丁大帝消滅他的挑戰者，恢復帝國的完整。

在羅馬城，一位將軍領導戰爭的勝利，迎接他的將是一次群眾歡呼和一頭羊的獻祭。如果他殺敵 5000 以上，則有資格享受一次真正的凱旋 —— 他和他的隊伍通過凱旋門入城，喇叭手領銜，後面是代表攻佔城市的遊行車以及表示勝者功績的種種圖畫。再往後是滿載金銀、藝術品及其他戰利品的隆隆馬車。70 頭白色公牛走向祭臺，它們身後是所俘敵人的頭目、持棒清道的小吏、豎琴樂隊、奏笛隊及持香的人群。將軍本人乘坐在一輛華麗戰車上緊隨其後。他身穿紫袍，頭戴金冠，攜着一根象牙杖、一根象徵勝利的桂樹枝，佩戴一個霍韋神（朱庇特）的徽章。

古羅馬從公元前 5 世紀開始向外擴張。公元前 270 年，它控制了整個亞平寧半島。公元前 264 — 前 146 年，羅馬通過三次漫長艱難的布匿戰爭打敗迦太基奪取了地中海的控制權。此後，它接連滅馬其頓、吞併古希臘、擊敗以今天敍利亞為中心的塞琉古、拿下高盧，將版圖擴至大西洋。公元前 30 年，奧古斯都滅托勒密王朝，吞併埃及，使小亞細亞的諸多小國紛紛歸附。

圖拉真是最後一位成功的擴張者。他把羅馬軍團擴大到 30 個，將羅馬人聚居點推至多瑙河上游北岸，這就是今天羅馬尼亞的前身。公元 114 年，圖拉真派兵東征亞美尼亞，進而兵分兩路，齊頭並進，抵達底格里斯河和幼發拉底河，佔領了上美索不達米亞，並最終在公元 116 年攻下波斯帕提亞帝國的首府泰西封。這年年底，羅馬軍隊第一次兵抵波斯灣。圖拉真面對波斯灣熱淚盈眶，悲歎自己年事已高不能重複亞歷山大征服印度的豐功偉績。帝國的版圖就此達到頂峰，它東起兩河流域，西及不列顛的大部分地區，南包埃及、北非，北抵萊茵河和多瑙河以北的達西亞。

帝國的肌體中有豐富的血管。最初，羅馬人築路是出於軍事征服的需要，當疆界基本穩定後，優良的道路成為維繫國家管理、創造財富、傳播風俗思想的基礎。帝國的主要道路有 372 條，總長達 8.5 萬公里。在卡拉卡拉大

浴場東南 10 公里處，人們可以踩着歷史的車轍，在石塊鋪就的阿庇亞古道上走一走。根據羅馬大道的標準，道路是筆直的，四五米寬，兩邊有水溝。路基上面鋪沙礫層，用打磨光潔的大石塊夯平。路面的石塊用石灰和沙混合成的砂漿粘連在一起，這樣鋪成的道路有 3~4 層，深 1.4 米。沿途佈有里程碑。

人們說「條條大路通羅馬」。事實上，最早以先進道路系統著稱的是波斯帝國。早在公元前 5 世紀大流士一世時，波斯就以首都為核心，形成了通向四面八方的驛道。從古都蘇撒直達小亞細亞以弗所城的「御道」，每 20 公里設一驛站及商館。驛站特備快馬，專差傳送公文。急件逢站換馬，日夜兼程，2400 公里路程可在 7 天內到達。因此，大流士一世誇口說，他能在蘇撒宮中吃到地中海捕來的鮮魚。羅馬人正是學習、繼承和改進了波斯帝國的道路系統。他們每隔 10 英里便設一個休息站，能夠僱到新換的馬匹；每隔 30 英里有一個客棧。警衛上兵在道路沿途巡查。人們購買「旅途指南」，上面標示着道路、驛站位置和路途距離。公元前 54 年，愷撒的信件能在 29 天之內從不列顛送達到羅馬的西塞羅手中。而在 1834 年，英國首相羅伯特·皮爾爵士從羅馬到達倫敦卻需要 30 天。

我向好幾位意大利歷史學教授請教在羅馬探訪帝國祕密的門道，他們無一例外地建議我到奧斯蒂亞古城遺址看一看。去奧斯蒂亞的那天早上，天降大雨。在去聖保羅門車站的路上，我順着臺伯河向南走了好一會兒。那天的臺伯河給我留下了特別深刻的印象，大雨中河水湍急，在河邊的巨石上激起白色浪花，連同陡峭河岸上蕪雜的植被，有一種格外蒼勁的古意。

從地理條件上看，羅馬所在的 7 座小山頭本不是一個適合人類居住的地方，這裏多雨，山腳下是一片片沼澤，河水容易泛濫。但同時，臺伯河提供了一個難得的機遇。它從羅馬南奔 50 公里後出海，這意味着羅馬能夠較為輕易地到達出海口，又不至於受到海盜劫掠。

阿庇亞是公元前 312 年古羅馬建立的第一條大道，它將羅馬城與亞平寧

半島「靴子跟」上的港口布林迪西連接在一起。腓尼基人向羅馬人展示了海路的重要性，他們的都城迦太基位於今天突尼斯首都突尼斯市附近。從公元前 9 世紀開始，迦太基就扮演海上貿易的中轉站。公元前 3 世紀，它是地中海最富有的城市，年收入是雅典頂峰時期的 20 倍。史書中描述迦太基港口的繁華：港口正面有兩個伊奧尼亞式的大柱，內港呈現出 440 個大理石柱構成的一個富麗堂皇的圓環。有一條很寬的大道，自港口通往會堂。會堂是一個列柱廣場，裝飾着希臘雕刻，內含行政大廈、商業公署、法庭及寺院。其鄰近的各街道，則為東方式的窄街，有 1000 間商號，經營着上百種工藝品，充滿着論價的嘈雜聲音——有趣的是，拋開一些建築細節，這些描述幾乎完全符合我在威尼斯聖馬可廣場看到的一切。當時，腓尼基人的商船往來於亞洲與不列顛之間約 100 個港口。他們控制西西里島，以其海軍封鎖西地中海，阻止羅馬通商，遂因此引起綿延百年之久的生死決鬥。

　　古羅馬時期，奧斯蒂亞正好坐落在臺伯河的出海口上，成為羅馬物資運輸的重要大門。羅馬帝國的第一任皇帝奧古斯都上任時，它就是羅馬帝國的海軍基地。克勞狄一世下令新建了一個更大的港口，並為此專門組建一支防火部隊。尼祿時期的錢幣，一面是尼祿的頭像，另一面是克勞狄時期的港口，可以看到完全的彎曲的防波堤、船隻和燈塔。後來圖拉真皇帝在海岸後挖了一個六角形的大池子，深 5 米，面積 32 公頃，同時挖了一條 40 米寬的運河直通臺伯河，從此羅馬城才算有了一個可以全天候、24 小時使用的外港。梵蒂岡博物館的一幅壁畫對這個多邊形港口有細緻的描繪。後來，由於海盜頻繁光顧、瘟疫等原因，奧斯蒂亞逐漸被廢棄。因淤泥堆積、海平面改變，現在古城遺址距離海邊已經有 3 公里了。

　　2014 年的考古發現證明，奧斯蒂亞的規模比龐培更大。但它仍是個冷僻的旅遊景點，高大的五針松遮蔽着磚紅色看不到盡頭的建築殘跡。一隻小貓坐在一人高的殘牆上打量我，耳邊只有雨聲、鳥鳴，實在太適合激發思古幽情了。

我踏着和阿庇亞古道類似的石磚路從城市的東大門進城，看到一個典型的公元 2 世紀羅馬城市。公元 64 年大火後，羅馬人意識到石灰華石也會燃燒，從此使用混凝土建築房屋，用磚來保護表面。整個奧斯蒂亞都呈現這樣的風貌。

　　東西大街是城市的主幹道。順着它往西，第一個興奮點是路北的一座浴場。浴場臨街的門廊原本應該有 155 米長，由 30 個拱門組成，開滿店鋪。浴場的地面都曾鋪滿馬賽克。通過梯子爬到拱門的頂上，能夠俯視整個門廳的黑白鑲嵌畫。海神尼普頓由四匹半魚半馬怪獸拉着穿過圖畫的中央，旁邊還陪伴着海豚以及其他一些海洋動物，它們有些身上還騎着愛神丘比特。畫的邊緣是些半人半魚的海神和一些神話中魚馬的形象，它們蜷曲的長尾巴同時起到了鑲嵌畫邊界的效果。浴場的北面有一個消防隊的營地。那兒有一塊 13 米長、9 米寬的馬賽克畫。畫面分成若干小塊，中間最大的一塊有 3 隻海豚代表海洋，它的周圍有 8 名男子像，戴象皮的男子是非洲，埃及的有一隻鱷魚，西西里的有三條腿，西班牙的頂着橄欖冠。再周邊，一些抽象圖案象徵不同的風向，它很可能是克勞狄皇帝新建港口時留下的紀念。

　　浴場旁邊有一個可以容納 2500 人的典型的羅馬半圓形劇場。劇場看臺正對的方向是方形的庫波拉則尼廣場。儘管地面建築已經消失，但不難看出它的四周曾環繞着一圈迴廊。龐培有同樣制式的劇院。在那兒，迴廊裏的小商鋪出售各種商品和紀念品，供人們在中場休息時走動放鬆。

　　但奧斯蒂亞有作為港口城市的獨到之處。迴廊一共有 61 家鋪面，它們的地面上鋪着各不相同的黑白馬賽克鑲嵌畫，有一些保存得相當完整。圖案都與海洋和進出口貿易相關，包括海豚、魚、大象、船隻、燈塔、面包爐等。一些殘留的名牌顯示着鋪面主人的身份，它們是販賣繩索、皮貨、木材、穀物和象牙的公司。帝國各港口船務公司的辦事處夾雜在它們中間。一塊地板馬賽克拼出河流與三角洲，很可能代表尼羅河。

再往西邊，南北大街和東西大街精準地交叉在城市中心，焦點就是城市廣場。廣場上有一座建在高高臺階上的神廟，頂已經沒了，殘存的牆壁並不是它原本的全部高度。奧斯蒂亞擁有一座宏大神廟的原因，一是它擁有 5 萬人口，二是城市曾經遍佈 4~5 層高的居民樓。

今天，羅馬城裏已經看不到帝國時代的普通居民的生活了，但奧斯蒂亞替它保留了下來。這些被稱作塞拉皮斯的建築群底層通常有寬大的門，門上有相對小一些的方形窗子，用作商鋪，往上幾層則用於居住。由於人口眾多，公寓樓利用了每一寸空間，只在樓梯中央開了一個天井用來取光，每兩棟有一個公共浴室。

類似的建築還用於做倉庫，西西里運來的穀物，在發往羅馬之前就儲存在這裏。有一處貨棧有顯眼的磚頭拱門，兩側附有科林斯式的柱子，上方有一面山牆。拱門兩邊是面向街道的商店，穀物則存放在中央庭院四周的房間裏。

奧斯蒂亞也有相當數量的酒館小吃店，保存最完好的一個恰好臨近一棟公寓樓，它的樣子很摩登，確切地說，這個酒館的樣子很羅馬。它門口的地板裝飾了黑白馬賽克鑲嵌，進門就是一個有凹槽的吧臺。室內牆上有一幅鑲嵌畫：一個石榴；一隻杯子，裏面漂着一顆顆鷹嘴豆似的東西；還有一碟蔬菜，包括一個胡蘿蔔。

文明的基礎

奧斯蒂亞的繁榮是羅馬的佐證。通過道路與內河外海的航線，遠至美索不達米亞和不列顛，帝國的遼闊土地都在為羅馬城的高度文明服務。如果沒有這些，羅馬早已出現饑荒。從共和國後期開始，羅馬城內的貧民（成年男性公民）可以以市場價一半的價格獲取糧食，後來完全免費。奧古斯都將其固定成了一種救濟制度。有 32 萬個成年男子領取救濟，每月發一次供應證。圖拉真時代乾脆改發麵包。奧古斯都時期，埃及每年要向羅馬輸送 1.8 億升

▲ 萬神殿。為至今完整保存的唯
一一座羅馬帝國時期建築，約
始建於公元前 27 年

▲ 羅馬街頭的遊客

小麥。1 世紀的歷史學家約瑟夫宣稱阿非利加省的輸送量是埃及的 2 倍。在奧斯蒂亞庫波拉則尼廣場，一個鋪子的地板上有黑白馬賽克拼的一條商用帆船，船上放着一個用來計量穀物和其他乾貨的計量器。來自埃及和北非的大型穀類運輸船能載 100 萬公斤的穀類。羅馬作家尤維納利斯描述碼頭：「佈滿了巨大的船舶，人比陸地上的還多。」到處是修船工、把糧食一袋袋卸下的裝運工、前去稱量糧食的小艇上的測量員。僅就運玉米的駁船，每天就有 25 艘之多被拖上臺伯河。

我無法想像有多少穀物被羅馬城消耗，但有一樣東西非常直觀，就在去奧斯蒂亞坐車的聖保羅門車站，西邊有一個高 34 米、周長 1 公里的小山頭。它距離臺伯河很近，過去這裏就是一個碼頭。泰斯塔西奧山完全是人工產物。葡萄酒和橄欖油被裝在細頸雙耳瓦罐裏，漂洋過海運到臺伯河口，轉到小型駁船上送入羅馬城。所有瓦罐在碼頭上倒空，酒和油儲存在一個個巨大的倉庫內，大部分空瓦罐直接扔掉。根據估算，泰斯塔西奧山是由 5300 萬個瓦罐的碎片堆成的，它們曾經裝運過 6 億公升的液體。

帝國初年，富有人家的餐桌上有來自希臘薩莫斯島的孔雀、土耳其安納托利亞的松雞，以及今天土耳其卡德柯伊的鮪魚、迦太基的魚醬、波斯的桃子、亞美尼亞的杏子、大馬士革的葡萄和李子、小亞細亞的梅子和榛子、希臘的胡桃、非洲的橄欖和無花果。

輸入羅馬的另一種大宗貨物是建築石料。羅馬臺伯河岸邊有一個貯藏進口大理石的倉庫。圖拉真廣場的綠色大理石來自希臘，黃色大理石來自突尼斯，紅色和紫色花紋大理石來自小亞細亞地區。整塊的埃及粉紅色花崗岩柱，每根重達 84 噸，用來裝飾羅馬萬神殿的柱廊。據說，在敍利亞巴爾貝克附近的採石廠，仍有一個整塊的石頭，重達 1500 噸。考古學家認為它是用來建造一個大神廟的。採石廠為羅馬提供石灰華和貢賓岩石，大部分羅馬城就是用這些材料建造的。

哈德良皇帝時代的雅典哲學家阿里斯提得斯説：「凡是想看盡天下萬物者，必須走遍世界或者留在羅馬。」古絲綢之路的商人帶來了中國的絲綢、阿拉伯的焚香、樹膠、沉香、沒藥、鴉片、生薑、肉桂和寶石。幼發拉底河到大馬士革之間有 450 公里的荒漠地帶，正在慘遭「伊斯蘭國」蹂躪的敍利亞古城巴爾米拉正是這條線路上最重要的綠洲城市，以帝國東方貿易樞紐的身份到達了繁榮的歷史頂峰。

儘管圖拉真沒有實現遠征印度的宏願，但有許多史料和考古發現證實羅馬與南亞次大陸之間有頻繁的往來。在羅馬國家東方藝術博物館裏，我看到一塊在巴基斯坦出土的公元前 1 世紀左右的石質建築裝飾件，上面的人物形象是東方的，但卻同時擁有伊朗和羅馬式的柱子。同一時期該地區出土的佛像，也帶有明顯的西方面容。在龐培古城也出土過印度的象牙小雕像。

正如甘英未能到達羅馬的原因一樣，帕提亞帝國對陸上貿易的阻斷，讓羅馬人以極大的熱情開拓了海上航線。公元前 31 年左右，航海家希帕盧斯發現了印度洋季風的機制，從而使船隻定期航行於印度洋沿岸成為可能。船

從印度經過印度洋、曼德海峽、紅海抵達貝倫尼斯，經過駱駝運輸將貨物運輸到科普托斯的帝國倉棧中，由尼羅河駁船轉運至亞歷山大港，之後再分銷到地中海沿岸。有文獻記載，在亞歷山大港，政府會對印度進口的貨物徵收25%的塔蘭特（希臘貨幣）關稅。

從南亞次大陸運來的貨物主要是香料，包括肉桂、胡荽、肉豆蔻、小豆蔻、沒藥、薑、甘松香，以及最著名的胡椒。圖密善皇帝專門修建了一個胡椒倉庫。公元 5 世紀初，當西哥特人包圍羅馬時，他們提出停止圍攻的條件之一就是獲得 3000 磅胡椒。同時輸入的，還有藥草、象牙、黑檀、檀香、靛青、珍珠、紅瑪瑙、條紋瑪瑙、紫水晶、紅玉、鑽石、鐵器製品、化妝品、紡織品，人們甚至運送鸚鵡。一些研究認為，羅馬鬥獸場裏出現的老虎也可能來自印度。

公元 1 世紀，一位姓名不詳的亞歷山大船長寫了一本書，名叫《厄立特里亞航海記》（*Periplus of the Erythrean Sea*）。它被當作商人們沿東非海岸至印度間的貿易手冊：貝倫尼斯港（今埃及巴納斯港）和米奧斯·赫爾莫斯港（今埃及庫賽爾港）是前往印度貿易的商船在紅海的起點。厄立特里亞馬薩瓦南部的阿杜利斯港運出黃金、象牙、犀角和玳瑁，進口印度的棉布、錦葵服、斗篷、鐵製品。索馬里的博薩索港是肉桂貿易中心。艾夫澤蒙·阿拉伯港（今亞丁港）除了中轉貨物外還出口沒藥與

▲ 建於公元 1 世紀的羅馬鬥獸場。它的建築結構對現代體育場產生了巨大影響

乳香。葉門比爾阿里的坎納港是印度洋上最大的乳香出口港。在航線的另一頭，現在巴基斯坦的卡拉奇港進口薄衣服、仿亞麻花紋布料、黃玉、珊瑚、蘇合香脂、乳香、玻璃、金銀盤子、酒、芳香樹膠、枸杞、甘松、綠松石、天青石、絲綢、棉衣等。印度喀拉拉是南亞次大陸西南部最大的貿易市場，商船靠泊後將大量的散裝胡椒粉、草藥三條筋樹葉裝上船。

羅馬人

越探究羅馬，我越有一個疑問：羅馬人究竟是誰？是誰創造了歷史上最具影響力、最迷人的城市，和那些瑰麗的造型、繪畫及建築藝術？

我無法為羅馬人追溯一個純正的血統。傳說，羅慕路斯建城時，拉丁人中缺少婦女，他便大張旗鼓地宣佈召開一次競技會，特邀薩賓婦女踴躍參觀，趁機將她們擄為妻室。這就是西方繪畫藝術中常見的「薩賓婦女被劫」題材。

羅馬的擴張本身就是一個人種不斷混雜的過程。圖拉真出生於西班牙伊大利卡的一個軍功世家。君士坦丁大帝出生在今天南斯拉夫的內蘇斯鎮。今天羅馬大街上來來往往的漂亮面孔，是由羅馬人、伊特魯利亞人、希臘人、日爾曼人、阿拉伯人等人種長期結合的結果。直到今天，亞平寧半島依舊是民族混合的大舞臺。北非和中東的難民試圖渡過地中海，在這裏尋求庇護，走進歐洲。旅遊景點外的小販有大半是印度面孔。在百花廣場上，每到傍晚，五個渾身肌肉、皮膚黝黑的小夥子就會繞廣場一周，表演雜耍討生活。他們是羅馬人嗎？或者未來，他們將成為羅馬人嗎？

帝國時代的羅馬有許多人來自昔蘭尼加（今利比亞）、埃及及小亞細亞，他們是商人、科學家、作家、教師、藝術家、醫生、音樂家、演員，也是行政官和財政家。敍利亞人及希臘人掌握了國際商業。諷刺詩詩人尤維納利斯評論說：敍利亞的奧龍特斯河正注入臺伯河。

在愷撒時代，猶太人已經成為都城中的主要分子之一，很多人都是公元前 63 年龐培戰役後被擄至羅馬的戰俘，他們很快因為勤勉克己重獲自由。公元前 59 年，西塞羅曾經記錄，民眾大會中的猶太公民極多。奧斯蒂亞的遺址中，有一座公元 1 世紀的猶太教堂，它是歐洲最古老的猶太教堂，也是以色列之外發現的全世界最古老的主流猶太教堂。在羅馬，許多猶太人成為學者、元老議員。此外，羅馬城還有非洲來的努米底亞人、努比亞人和伊索匹亞人，少量阿拉伯人、波斯人、卡帕多西亞人、亞美尼亞人、佛利幾亞人和比提尼亞人（小亞細亞）、由爾馬提亞人（南斯拉夫）、達契亞人（今羅馬尼亞）及日爾曼人。圖密善皇帝時代著名詩人馬提雅爾曾驚歎，羅馬的高等妓女為了取悅她們的客人會說各種各樣的語言。

這些人對羅馬意味着什麼？

在後世的眼光看來，羅馬的一切都是它的標誌。但實際上，以我造訪過的任何一棟典型的羅馬建築為例：科林斯柱頭的發明者是古希臘；鑲嵌畫出現在公元前 3000 年的美索不達米亞寺廟裏，蘇美爾人是這種藝術的始祖，古埃及和巴比倫文化將它發揚光大。至於羅馬建築的靈魂 —— 拱券，其結構的原理在古代東方文明中很早就已經被知曉。公元前 3000 年的亞述帝國時期，王宮的大門逐漸多用拱。希臘人從東方學到了拱券。而羅馬地區使用的拱券，很可能是公元前 5 世紀到前 4 世紀從希臘人那裏學到的。

威爾·杜蘭特夫婦在《世界文明史》中說：「一切文化，在少壯時都是折中的，正像教育始於模仿一樣；但當精神或國家一經成年之時，它便在它一切作品及語言（如果有的話）中留下特質。」

羅馬的偉大在於，它像一塊海綿，源源不斷地從各種先進的文化中吸取先進元素，而它來自五湖四海的人民在這兒把它們變成精華。所有人進入萬神殿都會發出由衷的感歎，它那直徑達 43.3 米的半圓穹頂威嚴地挺立了近 1900 年，依然牢不可摧。從穹頂中央直徑 8.9 米的圓洞照射進來的柔和的漫

射光，令整個開闊空間的內部充滿了神聖的宗教寧謐感。東方與希臘文明都對拱券結構淺嘗輒止，只有羅馬人革命性地使用它的原理，將它和用維蘇威火山灰製成的混凝土結合起來，開拓出人類文明史全新的建築樣式。

當年圖拉真皇帝在參觀巴比倫城廢墟、看見了 440 年前亞歷山大去世之處時，發出感歎：「聲名何所有矣，唯一堆垃圾、石頭和廢墟而已。」但在今天帝國大道，我走進他遺留下的圖拉真市場時，所見並不相同。圖拉真市場現在是一個博物館加展覽館，我去的時候，展覽的主題是時尚。於是，在過去帝國的大購物中心裏，摩登禮服和羅馬雕件、曾裝過橄欖和葡萄酒的細頸雙耳瓦罐並肩而立。這個市場是西班牙出身的皇帝和他信賴有加的敍利亞建築師的聯合作品。

來自大士革的阿波羅多洛斯曾隨着圖拉真遠征達西亞，擔任軍事工程師。他參與並完成了那個時代所有標誌性公共建築。在修建了 116 米 × 95 米的圖拉真廣場時，為給廣場提供平地，一座山丘的很大一部分被挖掉。為防止留下的峭壁因大雨導致滑坡，圖拉真市場被當成了解決問題的辦法。

市場的遺址有些像層層疊疊的迷宮。建築師使用了水泥結構。市場高五六層，巧妙地依照山勢而建。底層用水泥磚石築成拱門圍繞的鋪面，第二層則以開間較小的拱廊面向街道，店鋪在拱廊之後，第三層又通到廣場外面高地的另一條街。店鋪向此街又連接一座兩層的商場，即整個商場的第四層、第五層。它寬近 20 米、高近 30 米的十字拱頂尚保存完好，正好用作今天博物館的大廳，拱頂的規模與現代商場不相上下。這個大廳是建築史現存最早的以十字拱頂建造的大型建築物。下層開店鋪，上層則闢為露天走廊。在那兒，已經熟練使用混凝土磚面設計的人們甚至不再用牆壁來支撐穹頂，取而代之以柱子。這些柱子支撐的穹頂就像一把把傘，使得光能從旁邊的露天走廊從四面八方湧入一層。

圖拉真市場是羅馬城極少數能讓人想像人們日常生活的地方。它的底層

專售蔬菜瓜果和鮮花，第二層賣油、酒，第三層經營香料和進口的高級消費品，包括絲綢。第四五層除店鋪外，還設有政府向貧窮市民發放賑濟金和食物的機構。第五層的屋頂又闢為水池，用引水道提供的水養鮮魚，作為魚市。

圖拉真市場旁邊，敍利亞人還留下了一個精良的設計：29.77 米高的圖拉真柱。除了標榜皇帝征戰達西亞的戰功，它還被用來記錄從東部山丘上挖掉的土層高度。圓柱上刻畫了整個征戰過程和 2500 個人物形象的浮雕非同尋常。有一個容易被忽略的精妙細節：這些浮雕本身都被雕成螺旋形上升的條帶狀，其中底部的那些大約為 91 厘米寬，到了接近圓柱頂端時，寬度增加到 1.2 米，這成功地抵消了距離和視角所造成的影響。

四海一家

在羅馬的最後一天，我拜訪了浩如煙海的梵蒂岡博物館。那兒有幾個展廳，沿着走道擺放了好幾個文藝復興以後的地球儀，同時展出的還有許多老地圖。看到幾百年前的人們描繪這個世界的方式是件挺有趣的事。

羅馬帝國給後世留下了《地理學》。公元 1 世紀出生於小亞細亞阿馬西城的斯特拉波在臨終前完成了這部 17 卷的鴻篇巨製。他用第 3 卷到第 10 卷描述歐洲各地，第 11 卷到第 16 卷介紹亞洲、小亞細亞、兩河流域、敍利亞，第 17 卷談非洲。直到哥倫布發現新大陸以前，它始終是西方已知世界的全部。

我越來越相信，在所有壯麗奇觀的背後，羅馬的真正魔力在於它看待世界的方式，是一種「四海一家」的時代精神。

羅馬全盤吸收了古希臘文明，共同構成了今天西方文明的基礎。西方文明的種子是獨立存在的嗎？一個被廣泛接受的觀點是，兩河流域的古巴比倫、赫梯、亞述，以及古埃及都已經出現了相當高度的文明時，當時的歐洲還是一個未開化的蒙昧地區。希臘接受了他們的宗教神話和先進科學技術的

影響，才得以迅速發展，一躍而登上當時世界文化的頂峰。

蔣孔陽和朱立元在《西方美學史》中說，包括希臘在內的這種遠古地中海東部的文化，與其說是屬於歐洲的，不如說是屬於東方的更為貼切。荷馬史詩《伊利亞特》和《奧德修紀》（即《奧德賽》）裏的若干故事，在亞非文化中早就有所反映。從荷馬，到畢達哥拉斯、赫拉克利特和德謨克里特，這些希臘思想的大師都出生於愛琴海東岸或附近的殖民城邦，處在東方思想的洪流中。

從文明的角度說，亞歷山大大帝的東征創造了古代歷史上難得的大融合機遇。人們常用希臘化來解釋那個時代。但事實上，亞歷山大之所以能建立一個地跨歐亞非、版圖達 320 萬平方公里的大帝國，與他採取的一系列開明政策密不可分。亞歷山大到了埃及就自居為埃及阿蒙神的兒子，到了波斯就自封為波斯皇帝大流士三世的繼承人。英國希臘史學者伯里描述這個帝國的特徵：（亞歷山大）形成了這樣的一個帝國概念，在這個帝國中，亞洲人不應該受到歐洲入侵者的統治，歐洲人和亞洲人，同樣應該平等地受到一個君主的統治，對希臘人和野蠻人的區別不加考慮，波斯人和馬其頓人都要把這個君主看作自己的國王……打破了西方和東方之間的藩籬。

正因為如此，在希臘斯多葛學派的學說中，出現了「世界大同」和「四海之內皆兄弟」這樣的世界主義觀點。他們把整個世界看作一個大城邦，其中來自各民族的居民，都是平等的公民；各民族的神祇，代表同一個神聖的天命；並認為所有民族的道德倫理原則，都不應該承認種族或社會地位的差別。而羅馬帝國，將這些思想作為希臘的遺產繼承了下來。

羅馬人比希臘人更加務實與開放。今天人們去萬神殿，除了欣賞建築藝術，主要是為了瞻仰文藝復興畫匠拉斐爾的陵墓。「萬神殿」這個名字顯得不是那麼恰如其分了。而在帝國時代，它供奉羅馬的所有神祇。羅馬人習慣於把被征服者和外來移民所奉之神引進萬神殿；同樣，他們也允許遷入羅馬的

外地人帶着他們的神同來，以免新居民的精神道德之源被突然折斷，而無法適應新的生活環境。從某種意義上說，羅馬的萬神殿成了容納各民族文化的熔爐與庇護所。公元 3 世紀的基督教護教士米努西烏斯·費勒克司説：在羅馬人接受其他各民族宗教禮儀的同時，他們也就為自己贏得了一個世界帝國。

人們對羅馬帝國的衰亡提出了五花八門的解釋：窮奢極慾，瘟疫、戰爭和道德敗壞導致的出生率低等因素致使人力資源嚴重短缺，氣候變化導致饑荒與瘟疫……無論如何，從 3 世紀開始，危機波及羅馬全境：經濟凋敝、城市蕭條、政局混亂、官場腐敗、內戰頻繁、大批的日爾曼和匈奴等蠻族帶着渾身野性衝進帝國。

建於 315 年的君士坦丁凱旋門是帝國的最後一座凱旋門 —— 並非紀念對外征服，而是紀念一次內戰。在古羅馬留下的三座凱旋門中，它保存得最好。二門三拱，前後兩面分別以四根高大的科林斯式圓柱為襯，柱基雕花，柱頂立雕像，軒昂之中顯得華麗。許多參觀完鬥獸場的遊客，會選擇在這裏歇腳，或者以它為前景拍攝一張鬥獸場的照片。

朱龍華在《羅馬文化》中指出，君士坦丁凱旋門的浮雕裝飾表現出帝國的沒落 —— 它們中的絕大多數是從帝國初期的建築上搬過來的。從圖拉真廣場上搬來的兩塊表現圖拉真出征的浮雕，裝在中央拱門的內壁；從哈德良的建築物上搬來的幾塊圓形浮雕，擺在門上最顯眼的位置；簷壁上的好幾塊方形浮雕，是從馬可·奧理略的紀念碑上搬來的。真正屬於君士坦丁時期的作品，最有代表性的是兩邊小拱門上的兩幅橫浮雕，分別表現皇帝在羅馬廣場上發表演説和向群眾發放救濟糧款。圖拉真時代浮雕能夠生動地展示人物形象，並在很淺的浮雕上展現三維空間感。但在君士坦丁的演説場景中，皇帝能被辨認的唯一原因是他被放在正中央而且是唯一以正面表現臉部的人，構圖是簡單的一字排開，沒有空間和舒展的餘地。人物的頭部過大，與身軀失去了比例。

在崩壞的年代，一種新的宗教開始取代人們對帝國的信仰。基督教從帝國的東方行省流傳過來。基督教的洗禮、相信永生、天堂、地獄、在星期日舉行宗教儀式等元素深受公元 1 世紀盛行於羅馬帝國的波斯密特拉教的影響，它關於死而復生和追求美好來世生活的信條則和埃及、小亞細亞等地的宗教有關。聖母、聖子的故事也脫胎於埃及的伊西斯與荷魯斯的傳說。

基督教吸收了斯多葛學派的平等主義和世界主義普世精神，而斯多葛又為基督教在羅馬世界的傳播鋪平了道路。用英國歷史學家湯因比的話說：一個基督教世界，「從普遍化了的東方神學，特別是猶太神學和庸俗化了的希臘哲學，特別是斯多葛派哲學的混合中悄悄地產生了」。

3 世紀上半葉，基督教會主教與行省總督、財政官員等往來密切，一些基督徒也成為政府各級官員。到公元 286 年，基督徒士兵已經構成羅馬帝國西班牙兵團的主要成分。羅馬宮廷中的信奉者大有人在。皇帝亞歷山大·塞維魯的母親、戴克里先的妻子和女兒，以及皇帝周圍的一些重要官員都是基督徒。

這對羅馬意味着什麼？死亡、分裂，以及 6 世紀後羅馬廣場牛羊徜徉、帕拉蒂諾山可聞狼嚎的近千年？在今天依舊偉大的羅馬城，我更願意用一種浪漫主義情懷來理解它。在帝國衰亡的歷史車轍下，羅馬的時代精神為這座城市找到了出路。公元 313 年，君士坦丁大帝頒佈「米蘭敕令」，正式承認新的一神信仰。羅馬，從世界的首都變成了基督教的首都。

（參考資料：《世界文明史》，威爾·杜蘭特著；《羅馬藝術——從羅慕路斯到君士坦丁》，南茜·H.雷梅治著；《羅馬文化》，朱龍華著；《西方美學史》，蔣孔陽、朱立元著。）

莫高窟壁畫：中西融合之美

文 ▲ 丘濂、劉暢、陶玉榮

在完全漆黑的洞窟裏，借用一支冷光手電筒的光觀看壁畫，是一種奇特的感受。人物、故事、場景、山水、飛天⋯⋯它們從沉睡中漸次蘇醒，讓人意識到自己已經被各種美妙的圖案所包裹，置身於一個完滿安樂的佛國世界。

人物

手電筒光下，尸毗王的臉上仿佛有種安詳的微笑。他是莫高窟北魏 254 窟北壁牆上的中心人物。他坐在那裏，左腿盤起，右腿自然下垂，是種很隨意的坐相。仔細看，他的右手托着一隻鴿子，左手揚起，試圖要擋住空中那隻虎視眈眈的老鷹。接下來，他將割下自己的肉餵給老鷹，以此換來鴿子的性命。

他沒有絲毫畏懼。

這幅已經呈現出「小字臉」的人物畫像正是敦煌早期壁畫藝術的代表。受到印度犍陀羅藝術的影響，敦煌壁畫一開始就用「凹凸暈染法」來塑造人物。這種方法是「染低不染高」，即用筆暈染出面部諸如眼窩和鼻翼處凹下的線條，也包括軀幹上的肌肉線條，來形成一種立體的效果。用來暈染的顏料是鉛丹和白調和而成的土紅色，時間一久便產生氧化，因此人物就形成一種特別的「小字臉」，而身上暈染的線條也變色發黑，形成一個個分割軀體的圓圈，給人一種稚拙、粗獷的錯覺，這都是歲月為壁畫帶來的「第二面貌」。觀察便知，尸毗王的身體表現是經過了精心的暈染，即使變色也能夠感覺到豐富的色彩層次和細膩的刻畫。

中原的暈染方式相反，是「染高不染低」，也就是暈染面部突出的顴骨部分，來表現一種有生氣的紅潤。北周 461 窟對着佛龕兩側十大弟子和菩薩

的刻畫，就是把兩種暈染方式相結合的做法。但中原繪畫人物最突出的特點是線條的運用。西魏 285 窟與其他早期洞窟截然不同，它裏面也有用天竺凹凸法繪製的力士，關鍵是裏面出現了中原式的人物面貌。東壁和北壁的説法圖與供養人像中，能看出工匠在表現不同對象時通過線描的輕、重、疾、徐凸顯出不同的質感和性格。285 窟頂有天人和神仙在飛動的場景，他們的飄帶、衣裙在天空中飄逸，線條更是達到了行雲流水的程度。285 洞窟的佛、人物和菩薩看上去都造型修長，衣飾繁多。有南朝畫家陸探微筆下人物「秀骨清像」的特點，又能看出魏晉時代士人崇尚的「褒衣博帶」的服飾風尚。根據洞窟題記，這些都有可能是北魏晚期東陽王元榮出任瓜州刺史時，一並帶過去的中原風格。

進入隋唐時代，長安作為國都是佛教傳播的中心。敦煌畫匠的畫風更多地被中原畫師所影響，此時敦煌的洞窟藝術也進入最輝煌的時期。初唐 220 窟東壁門兩側畫有維摩詰和文殊菩薩進行辯論的場景。這是進入隋唐後反覆出現的一種經變畫題材。維摩詰是一位在家修行的居士，他有妻子兒女，也資財無量，提倡「出世與入世不二，有為與無為不二，工作與修行不二，自利與利他不二」的修行思想，很受到大眾歡迎。一次詐病在家，佛陀派了智慧第一的文殊菩薩前去探望，兩位便論説佛法，互鬥機鋒。維摩詰的聽眾裏有外國人的形象，文殊菩薩的聽眾則是漢族國王及其大臣。帝王形象普通民間畫工難以觀瞻，它和閻立本《歷代帝王圖》中的帝王形象非常相似。由此可知，閻立本所做的《歷代帝王圖》和反映使節朝貢的《職貢圖》都為敦煌畫工所見。

唐代是個重視造型的時代。根據對閻立本的記載，當時皇帝在進行接見國外使節的重大活動時，都會叫畫師在旁邊畫出情景，就好像今天的攝影一樣。《職貢圖》就是這樣誕生的。因此宮廷畫師都擔負着紀實重任，要求具有很強的寫生能力。李嗣真在《畫後品》稱讚閻立本「象人之妙，號為中興」，

説的是他寫實手法的高超。敦煌的畫工們便學習了閻立本的本領。220窟中的維摩詰展現出一名睿智長者正在高談闊論的狀態，他的對手文殊菩薩則神色安穩，仿佛早已洞察到維摩詰的全部心思。他們面前，大臣們對雍容華貴的帝王前呼後擁；各國王子們在交頭接耳，竊竊私語。這些神情各異的人物與早期洞窟中有些異國風情的西域人物相比，基本上已經放棄了凹凸暈染的技法，而是以線描為主，配合色彩。對於面部細微表情和神態，主要以線的輕重變化來表現。

體現出莫高窟中人物畫最高水平的形象依然是維摩詰經變中人物的描繪。盛唐103窟中的維摩詰目光炯炯，嘴唇微啟。他的鬍鬚用極細的線來畫，衣紋褶皺線條也充滿韻律。看得出畫家對線描筆法極有自信，除了衣服上有赭色、綠色和黑色的染色外，身體大部分都沒有色彩。這種流淌着氣韻和精神的筆法更像是唐代吳道子的筆法。吳道子的作品絕大部分都是寺廟中的壁畫，今已不存。《唐朝名畫錄》中說吳道子「寺觀之中，圖畫牆壁，凡三百餘間，變相人物，奇蹤異狀，無有同者」。站在這幅維摩詰面前，便可以遙想長安城中寺廟壁畫之精美。

▲ 初唐 220 窟東壁南側維摩詰經變中的維摩詰形象

故事

在北魏254窟裏，美術所的畫師趙俊榮正在實地臨摹南牆壁上的《降魔變》。這幅畫他斷斷續續臨摹有15年，中間也因為其他的臨摹任務中斷過。現在退休了，他可以心無旁騖地每天進

洞作畫。面對古人畫作，他看得如癡如醉，一天可以 7 個小時在洞窟裏不出來，經常連午飯都省略了。

《降魔變》講述的故事是釋迦牟尼在菩提樹下修行，即將成佛之時，魔王波旬帶着三個女兒和魔軍前來騷擾釋迦牟尼的決心。波旬的三個女兒幻化成美女想以姿色誘惑，魔軍則變成各種兇惡的魔怪以武力來威脅。然而釋迦牟尼泰然自若，美女瞬間凋零成老嫗，魔怪手中的武器也紛紛折斷。整幅畫面有一種動靜結合的美感：姿態誇張各異的魔怪形成一種騷動緊張的氣氛，佛陀的神情雖然淡然，但是構成一種威懾。

早期壁畫經過歲月打磨，形成一種沉凝厚重的色彩，臨摹時要反覆上色才可以達到效果；又因為年代久遠，顏色蓋住的輪廓線條早已漫漶不清，需要仔細辨識並與周圍壁畫相互比較，才可以完成線描圖。趙俊榮有意到臨近退休之時，才選擇臨摹這件複雜的作品。254 洞窟的特殊之處還在於俄國十月革命之後的 1920—1921 年，900 多個反對革命的俄國人跑到敦煌，當時政府有意縱容他們停留在此，於是他們在 254 等洞窟裏燒火做飯，濃煙熏黑了壁畫。所以趙俊榮堅持要在洞窟裏而不是對着數字列印作品來做臨摹，這樣才能仔細揣測已經丟失了的細節。他提醒我注意土紅色的底稿：「這說明古代工匠的造型能力非常強。底稿只是一個大概的輪廓，而不是像我們現在這樣把全部內容都勾描出來。工匠就在創作的過程中根據整體佈局邊畫邊做調整。」

通過講故事來說明哲理，是宗教宣傳行之有效的方法。佛教最原始的經典，主要是講釋迦牟尼的生平故事（佛傳），或者釋迦牟尼前世的故事（本生）和釋迦牟尼成佛後教化的故事（因緣）。《降魔變》屬於佛傳故事，它是一種「一圖一景」的表現方式，就是選取故事中一個代表性的場面，或者故事發展到某一瞬間來加以表現。這種方式在印度犍陀羅的雕刻中非常常見，因為雕刻無法做到像壁畫那樣細緻，雕刻者會根據自己對故事的把握程度，選擇他覺得最精彩，也能讓觀者聯想到前因後果的畫面。

就在《降魔變》的旁邊，是另外一種「異時同圖」表現形式的代表——薩埵王子本生故事，也是俗稱的《王子捨身飼虎》。如果不是事先在數字展示中心看到過講解這幅作品的影片，便很難將它還原：首先畫中央出現三位王子出遊，下方有飢餓待斃的母虎和七隻小虎，表示他們路遇老虎；右側畫王子讓兩兄弟先走，以竹刺頸投崖飼虎；下圖是餓虎母子咬食薩埵的場面；左下角返回尋找薩埵的兩兄弟看到屍骨感到悲傷，抱屍痛哭；最終在左上角親人們將遺骨起塔供養。畫面錯綜複雜，濃縮成一整幅圖畫，畫面中央最核心的老虎和王子，成為幾段情節共用的一組形象。不過即使看不懂畫面，也會對這幅畫的構圖和色彩感到贊歎——尤其是壁畫中大量存留的藍色，據考證，它是來自阿富汗的青金石礦石，經過絲綢之路運到了敦煌。

「異時同圖」屬於外來的藝術形式，並不符合中國人的理解力。這樣的表現方法儘管有很高的藝術價值，可是在敦煌的壁畫裏並不多見。它很快就被新的表現形式取代，這就是長卷式繪圖。北魏 257 窟的鹿王本生就是個流傳很廣的故事，上海美術電影製片廠當年正是從這幅畫中汲取靈感，製作了敦煌畫風的動畫片《九色鹿》。值得一提的是這幅畫採用的從兩頭向中間的發展順序。故事有兩條線索：一條是九色鹿拯救溺人，溺人感恩發誓而去；另一條是王后夢見九色鹿而要求國王捕殺，國王張榜，溺人見利忘義引國王入森林，九色鹿向國王控訴溺人忘恩負義，最後溺人惡有惡報渾身長瘡。某種程度上説，這樣的構圖仍舊具有單幅畫的意識，但卻是走向長卷畫之前的過渡階段。

同樣出現在 257 窟的《沙彌受戒自殺》就是標準的長卷式構圖。長卷當中拆分出一個個單獨的場景，分別是小沙彌受戒、被比丘遣去化緣，少女心生愛慕，沙彌自殺、少女驚異的畫面。中國漢代以來的畫像往往採用橫長畫面構圖，在祠堂或墓室的畫像磚、畫像石中可以看到很多例證，傳為顧愷之所繪製的《洛神賦圖》就是著名的長卷。敦煌故事畫在北魏以後較多採用長

卷式構圖，無疑處於中國傳統繪畫的審美習慣。到了北周時期，長卷故事畫發展到了空前繁榮的階段。像是 290 窟的佛傳故事，在長達 6 卷的畫卷中一共繪製了 87 個情節，詳細描繪了釋迦牟尼從出生、成長至看破紅塵出家並最終成佛的過程。這樣的鴻篇巨製在古代繪畫中非常罕見。

經變

隋唐時期出現了數量眾多的經變畫，每走進一窟，都覺得繽紛豐富，異彩紛呈。在莫高窟工作近 10 年的講解員李璐告訴我，她還是覺得盛唐 172 窟的觀無量壽經變最有意思。洞窟南北兩面牆壁上畫的都是同樣的題材，卻是各有特色：南壁以俯瞰的表現方法，描繪了阿彌陀佛、觀音以及眾位菩薩；又以俯視、仰視和平視的不同角度表現了中臺兩側和上方樓閣。如來身後大殿，廊柱近大遠小，屋簷上寬下窄，說明了畫工已經能夠運用簡單的透視原理。而北壁則是宮殿鱗次櫛比，人物佈局井然有序，着重表現建築物的宏偉。這組經變畫也許還說明了一個創作動機 —— 當時是南北兩壁各有一位工匠來創作，他們用對同一題材的闡釋來較量技藝的高超。

隋唐時期故事畫衰落而經變畫興起。究其原因，還是經變題材更能受到大眾的歡迎，適應佛教本土化的需要，佛教起源國家印度並沒有這樣的經變作品。經變畫的意思是用圖像的方式來演繹佛經。佛傳和本生故事畫是鼓勵苦修，但講求實際的人卻希望能夠有一種便捷實惠的修行方式。於是佛教的一個重要宗派 —— 淨土宗就應運而生。它影響最大的典籍包括「三經一論」：《無量壽經》、《阿彌陀佛經》、《觀無量壽經》以及《無量壽經論》。《無量壽經》中提出「一向專意，乃至十念，念無量受佛，願生其國」，也可以往生淨土。直到今天，人們便以口稱「阿彌陀佛」作為逢凶化吉的感歎詞。

淨土經變畫要體現西方淨土世界的完滿美好，所以畫匠都極盡才能和巧思。淨土變中通常都有較大的淨水池，大規模的宮殿樓閣立於水池之上，人

物像眾多，常常人數達到十幾人甚至上百人。由近至遠，從地面到空中，有主有次，表現如此紛繁的人物，體現着畫者的功力。

作為經變畫的背景，中國傳統山水畫也有了表現和發展。初唐 217 窟西側牆壁繪製的是《法化經變》中《化成喻品》的故事。它的技法正是畫史上所記載的「青綠山水」。唐代以畫青綠山水著稱的李思訓和李昭道父子並沒有畫作存留，但在 217 洞窟中卻能夠看到畫史所描述的青綠山水的特點：注重以線描勾勒，施以明亮色彩。而處於西北邊陲，敦煌不僅受到中原畫風的影響，還創造出了獨特風格的山水畫：172 窟東壁北側的《文殊變》中不自覺地把西北風光畫融入了青山綠水畫中，它的土地上有斷裂的溝壑存在，那是敦煌附近能夠看到的景觀。

裝飾

洞窟內佛國氛圍的營造與大量密集的裝飾圖案不無關係。三國時期何晏在《景福殿賦》中寫道：「不壯不麗，不足以一民而重威靈。不飾不美，不足以訓後。」敦煌壁畫的紋飾極盡華美，紋樣集合了花草、禽獸、雲氣、火焰、幾何、金釘等幾大類，在這些大類中又延伸出各種具體的紋飾。裝飾圖案反映了中外兩種文化在歷史演進中的激盪，忍冬紋和火焰紋便是其中翹楚。

忍冬紋源自西亞，在國外學者中被稱作莨苕紋或棕櫚葉紋，因形狀類似金銀花藤，在中國名為「忍冬」，是一種由三裂或四裂葉片組成的植物紋樣，有雙葉波狀、單葉波狀、雙葉環抱等樣式。它們約在 2—3 世紀經印度、中亞流入西域，4—5 世紀隨佛教傳入中國內地，日漸成為普遍流行的一種裝飾紋樣。

既名棕櫚葉紋，便可想見它肥厚的體態，但自從傳入敦煌，忍冬紋便輕盈飄逸起來。北魏時期忍冬紋開始在敦煌壁畫中興盛，吸收漢代雲氣紋的特徵後，紋樣趨向清秀瘦長。單葉忍冬紋，保有西域特徵，每片葉紋後面加畫

數條平行線，突顯凹凸有致。這些紋樣的葉片纖細，每葉四裂，兩色相間塗飾。相較而言，雙葉忍冬紋則更加活潑，兩葉反向相附於波狀莖上，形成莖兩側葉片相背而存，葉間空處隨意填充小花，淡赭色為莖，綠、褐色為紋，波狀起伏，簡潔明快。同時，忍冬紋又與蓮花紋結合，創造出忍冬蓮荷紋的形式，超越單純的裝飾功用，同化生童子集成一個主題，繪在人字披、龕楣等地方。

西魏時期，帶來了以覆斗形石窟為代表的中原風格，單葉忍冬紋，葉片分四裂、三裂，交錯排列，間有青綠、赭綠、淡紅等顏色迭暈塗飾，使得連波的葉紋呈現節奏韻律般的變化。雙葉忍冬紋亦已演變出葉片肥大，葉片少，葉裂淺，反向對稱排列，顏色迭暈清晰。

至北周時，敦煌的忍冬紋與中亞粟特風格的忍冬紋相結合，出現了一種多裂單葉的忍冬紋，其結構雖同屬於單葉紋類，已不同於北魏時的紋樣，這些由多裂葉片合成的忍冬紋，葉裂深及莖部，素地，黑線勾紋，繪製簡潔，有雕刻裝飾的神韻。

隋代是紋飾發展的高峰，忍冬紋在與蓮花組合的基礎上更進一步，融入纏枝紋的樣式，形成纏枝忍冬紋，主枝上的分支為集叢狀，大葉子保留忍冬紋葉形的遺風。更有忍冬禽獸的組合，禽獸形象由忍冬葉組成，動物的每個部分都是一片葉紋，遠望是一帶波連的忍冬葉，近觀又是姿態各異的動物形象。同時，忍冬紋首次用於佛背光，描繪手法也為之一變，先在色址上用白色線或黑線勾描葉形，再在葉內填塗一筆顏色，綠、墨、朱、赭相間填飾，兼用背光敷彩的技法，將地色塗成金色，或半綠半青，半朱半赭，達到熠熠生輝的效果。

隋代佛背光的熠熠生輝既有內環忍冬紋的作用，更是外環火焰紋的功勞。火焰紋最早為表現佛陀背後閃耀的光芒而出現，對光的展現可謂本職。而在敦煌壁畫中，火焰紋主要應用在兩處，一是佛背光，一是佛龕龕楣的邊飾。

敦煌石窟中最早出現火焰紋在北涼時期，為佛背光而畫的火焰紋，以寫實為主，為單頭、三頭、多頭的火焰形狀。而主佛像龕楣上也繪有簡易的火焰紋。這些紋飾只作為一道帶狀邊框畫在龕楣邊緣上。它們的使用避免了與龕內大面積佛背光火焰紋的重複，並使主題更符合主佛龕所要求體現的佛國淨土境界。北魏時，紋樣變化增多。佛背光外環層較寬，繪多頭火焰紋，為營造火焰閃耀時的節奏感，用石綠、白、淡赭、黑褐諸色反覆連續塗飾。西魏時期，受漢代絲織彩錦、刺繡雲紋的啟發，運用連續套聯法，在同一個環層中的前一個紋樣尾部與後一個紋樣首端塗飾同一種顏色，使前後紋樣連綿不斷，紋彩交織，形成熊熊之感。北周佛背光的火焰紋因顏料的原因，趨向簡單，繪有西域風格的齒條形火焰紋。

隋代的火焰紋在拜火教的影響下，極其風行，在佛龕龕楣的邊飾和佛背光的表現上均有大發展。佛龕龕楣是以火焰紋為主紋飾，不再是繪製單一的火焰紋龕楣。這裏的火焰紋與摩尼寶珠結合，用寶珠的光亮突出火焰的明耀。火焰紋本身的樣式傳自中原，結構簡潔，以一條線向上隨意彎曲迴旋畫作火焰之勢，不論是怎樣彎弧的線，都是並列一道接一道畫去，再用土紅、青、黑、綠諸色相間反覆塗飾，形成階梯狀層層迭壓，賦予其節奏變化。火焰紋在佛背光中與忍冬紋結合時，外環層的火焰紋，紋層甚寬，夾有摩尼寶珠紋飾，更與龕楣上的火焰紋內外相照。唐朝在表現佛背光時，火焰紋用於背光的最外層，由藍、綠、紅三色相間畫出，每層邊緣更用貼金表現光芒。而為強調典雅的裝飾風格，火焰紋的顏色多將青綠色間入紅色中，其動態特徵被有意減弱，終至被其他紋飾取代。

飛天

如果不是敦煌飛天的形象已經聲名遠播，第一次來到莫高窟參觀的遊客恐怕很難關注這個出現在藻井四周、人字坡兩側、平棋四角、龕頂、龕壁、

龕楣、背光及龕兩側的壁畫之上的「配角」。佛教尊像的繪畫講究比例尺度，而對於飛天，工匠們卻可以大膽發揮創造。

「飛天」的名字最早見於東魏《洛陽伽藍記》中的記載：「飛天伎樂，望之雲表。」歷經百年，「伎樂」的本分沒有丟失，而「飛天」本來卻是佛經中的乾闥婆與緊那羅的總稱。乾闥婆是古梵語的音譯，意譯當為天歌神，傳說他周身散發香氣，或飛遊於菩提樹下，或馳騁於雲霓之間，因此又叫香音神。緊那羅是他的妻子，「有微妙音響，能作歌舞」，是為天樂神。夫婦二人形影不離，每當佛講經說法以及最終涅槃之時，乾闥婆便飛翔於天宮之上，為佛獻花、供寶、作禮讚；緊那羅則在天宮中為佛陀和菩薩奏樂、歌舞。後來，二者的形象逐漸融合，功能也在「伎樂」上趨於統一。

同是「伎樂」，來到中原的飛天，更加注重音樂和舞蹈的表現。持起樂器，着上漢家衣裳，邁起中原的舞步，這一切都從十六國時期開始。北涼、北魏、西魏三朝被認為是敦煌飛天藝術的萌芽期，這時飛天多為男性，受印度形象和佛教儀軌的約束還十分濃重，高鼻深目，五官顯著，頭束圓髻，或戴花蔓，或頂三珠寶冠，上身半裸，腰裏長裙，肩披大巾，飛翔在本生故事的主要人物頭上禮讚。北涼的飛天用粗而重的線條勾出的橢圓來表現人體，用身體扭動表現飛舞，造型古拙。而所用來自西域的凹凸法最終演變成的「小字臉」，卻與本生故事悲憫、犧牲的場景渾然一體。北魏時飛天群像出現在龕頂，吸收漢晉畫風後的敦煌本土風格也開始形成，雖仍為「小字臉」，但飛天的臉形由橢圓變得條長豐滿，且眉眼愈見清秀。身材比例逐漸修長，而姿態亦多種多樣，在表現飛舞時，飛天起落處，朵朵香花滿天飄揚。西魏的飛天與道教的飛仙相融合，褪去頭光寶冠，束髮髻，着道袍，面貌、身形更加細長，一副「秀骨清像」的中原形象；且又有頭盤雙髻，着羊腸裙，彈奏箜篌、琵琶等樂器的具有女性特徵的飛天形象出現。

北周和隋朝是飛天藝術的轉型期，飛天的形象豐富多彩起來，而一大趨

勢是開始轉向世俗，女性特徵更加突顯，袒胸露背的赤足少女形象飛入畫中。北周時，來自龜茲的暈染法改變了西域飛天的形象，除了圓圈重疊暈染而外，還在面部和身體高明處都畫以白粉，既表現了圓潤的立體感，又富有光澤。而中原形象的女性飛天「面短而豔」，面頰、額際、下巴塗着赭紅，頭束鬟髻，身着漢式大袖長袍，頭一次以緊那羅的身份舉着樂器，樂舞相隨，飛翔在天宮之上。在中原影響益深，飛天的色彩更豔麗、線條更疏朗時，裸體飛天的出現，使中西交融呈現另一番魅力，這些出現在平棋岔角裏的飛天，性別分明，均圓臉、直鼻、大耳，頭頂類髻，下肢修長，他們揮臂扭腰，腳尖指地，展現出激情有力的舞姿。有隋一朝飛天形象最多，方形的藻井，圍繞着層層的飛天；這些飛天的描繪線色並用，大量顏色鋪排，色彩明豔。而洞窟四壁，環窟繪帶狀飛天一周，有天宮欄牆紋為界，以飛天代替過去的天宮伎樂，是隋代飛天變化的一大特徵。此時飛天多為中原女性造型，或清瘦或豐滿，皆穿漢裝。起舞時，成群而飛，裙帶曼舞。

唐、五代時期為盛期，受仕女畫「尚真」的影響，飛天由天神轉變為現實中的宮娥舞女，在升騰、屈伸、翻轉、俯仰中表現女性的婀娜身姿。初唐時，飛天的形象已具有彼時的時代風貌，髮式、服裝、衣裙皆當時着裝，臉形為中原臉型，唯有半裸、露臂、赤足、釧鐲尚存西域風範。雙飛天的創作方式在唐代出現，這些飛天或相互追逐，或並肩降落，飛舞時，衣帶隨風飄蕩。盛唐時在樓榭間展現飛天在空中曼舞的舒展，飛天揮舞長巾，穿過重樓，騰空而起。當她已從閣樓外升起，長長的舞帶和彩雲還繚繞在穿過的樓閣中，宛如「霞帔曳彩虹」。中唐時吐蕃信奉的密教思想滲透進敦煌飛天的形象，飛天數量減少，而形象中出現吐蕃人高鼻、寬顏、細眼的面相。這些飛天繪製工整，多為借鑒漢族畫工，白描敷彩，畫法簡潔，而畫風偏於清淡。晚唐五代時，飛天形象更趨世俗，秀美溫婉的女性形象，一派淨土仙女模樣，而畫法上在焦墨中略施微染，勾線剛勁，色彩更為豔麗。

❶ 北魏 257 窟　西壁　鹿王本生故事

❷ 北涼 272 窟　窟頂北披飛天圖案

❸ 盛唐 172 窟　北壁　觀無量壽經變

❹ 北魏 254 窟　北壁　尸毗王本生故事

❺ 趙俊榮與他臨摹的作品 —— 北魏 254 窟南壁的《降魔變》

自宋代宮廷畫院興起以來，飛天形象日趨程序化，畫院風格的飛天，面相豐圓，神情持重，多着菩薩盛裝。用線塑造形象，設色淺淡，多為白描人物，青綠色基調，僅在飾物、裙、巾帶上敷彩。直至元代，在密教繁盛時，敦煌的飛天從天空中徹底隱去。

（參考資料：《敦煌石窟藝術總論》，趙聲良著；《敦煌裝飾圖案》，關友惠、樊錦詩著；《敦煌石窟藝術研究》，段文傑著；《解讀敦煌 —— 飛翔的精靈》，鄭汝中、樊錦詩著。感謝敦煌研究院張小剛、楊富學、馬強、趙聲良、范泉、王進玉、許強、李璐對本文寫作和採訪提供的幫助）

絲路明珠：中外交流與敦煌文化

—— 專訪敦煌研究院名譽院長樊錦詩

文 ▲ 丘濂、陶玉榮

敦煌文化是多元文明之間對話、相互影響的結晶。沒有外來文明的滋養，也不可能在這樣的邊陲之地形成如此豐富絢爛的洞窟藝術。

莫高窟的秋天舒服極了。天空每天都是瓦藍的，空氣潔淨而乾燥。敦煌研究院裏，辦公樓上爬山虎的葉子紅得像火燒，常書鴻雕像前的花朵還在怒放着。大泉河的水引來灌溉院子裏的草木，淙淙地在溝渠裏流淌。和樊錦詩走在辦公區裏，聽到她總是感歎：「你看，現在的條件多好啊！」

53 年前，莫高窟的秋景也是這樣美，只是初來乍到的樊錦詩有些發愁如何度過漫漫長冬。住的房子都是土坯的，沒有電燈，也沒有自來水。簡陋的環境和上海的家以及北京的學校形成極大反差。好在洞窟近在咫尺。走進去，一個個五彩繽紛，令人目不暇接。這樣的藝術寶庫讓她逐漸能夠接受生活中的艱苦。

她把最美好的時光都留在了大漠。2016 年 3 月，樊錦詩正式卸任了敦煌研究院院長的職務，擔任名譽院長。這不意味着休息，反而是沒有行政事務牽扯精力後，能夠全身心投入研究工作的開始。

將敦煌放置於絲綢之路上中外交流的背景中來研究，是樊錦詩近幾年的一個興趣點。她做過幾場相關講座，已經發表了《從敦煌莫高窟文物看古代中國與日本的佛教文化交流》一文，最近還在準備另一篇文章《從莫高窟圖像和文獻看古代波斯》的材料。本以為談起這個話題她會駕輕就熟，沒想到她在採訪前都一直準備到凌晨。

敦煌文化奇特而博大。她喜歡引用兩位學者的話來說明。一位是季羨林：「世界上歷史悠久、地域廣闊、自成體系、影響深遠的文化體系只有四個：中國、印度、希臘、伊斯蘭，再沒有第五個。而這四個文化體 系匯流的地方只有一個，就是中國的敦煌和新疆地區，再沒有第二個。」另外一位是周一良：「敦煌資料是方面異常廣泛、內容無限豐富的寶藏，而不是一門有系統成體系的學科。」

面對這樣的文化，樊錦詩執迷一生，也永遠飽含敬畏之心。

以下文章整理自樊錦詩的口述。

絲路重鎮

以今天的眼光來看，敦煌的交通算不上發達，但這並非古代的狀況。敦煌位於河西走廊的最西端，是一塊地處沙漠邊緣的小綠洲。距今 2000 多年前的春秋戰國時期，有月氏、匈奴等遊牧民族在這裏活動。漢武帝時，出於抗擊匈奴的需要，派遣張騫於公元前 138 年和公元前 119 年兩次出使西域，這使得中國與歐亞大陸的交通線全部打通。公元前 111 年，河西走廊自東向西設立了武威、張掖、酒泉、敦煌四郡。

拿漢代的中西交通為例：由敦煌向東，穿越河西走廊可到達中原長安和洛陽；由敦煌向西南，出陽關南行，或由敦煌向西北，出玉門關北行，是絲綢之路的南北兩條經典線路。到了隋代又增加了中道，因此敦煌成為漢唐時期「絲綢之路」上聯結歐亞非三洲的樞紐，被稱為總縮中西交通的「咽喉之地」。在 13 世紀古代海運暢通之前，陸上通道都是中國與西方交通的主要通道，敦煌也就很長時間以來一直處於重要的戰略位置。

關於「敦煌」這個名稱含義的由來，目前人們的認識還不一致。漢文「敦煌」一詞最早出現在《史記‧大宛列傳》所記載的張騫自西域歸來後給漢武帝的報告中。東漢的應劭最早對這個名稱加以解釋，認為「敦，大也；煌，

▲ 敦煌在古代是總綰中西交通的「咽喉之地」

盛也」。但「敦煌」這個漢語名詞在敦煌設郡之前就已經出現，所以應劭等人的解釋難免是望文生義的附會之說。近年來學者多認為「敦煌」是建郡之前居住在當地少數民族對於本地區的稱謂，但譯自何種語言在東漢時就已失考。

建郡之後，敦煌呈現出一片繁盛的景象。敦煌東部61公里處的懸泉置遺址便能說明這種在政治外交上，中原和西域使者往來不絕的面貌。懸泉置是一個驛站兼接待站，這裏出土的西漢昭帝（前87—前74年）以後的簡牘表明，敦煌曾是接待過來往於漢王朝和西域之間的安息、大月氏、康居、大宛（今烏茲別克共和國境內）、龜茲、于闐、罽賓（今克什米爾）等29國使節。

敦煌關鍵的地理位置，使它成為古代中西貿易的中轉站。西域胡商與中原漢商通行於「絲綢之路」。比如，在莫高窟第296窟的壁畫中便描繪了中外商人長期住在敦煌一帶。21世紀初，敦煌長城出土了一封4世紀的粟特文書信，它是在此經商的粟特商人寫給他在中亞撒馬爾罕（今烏茲別克斯坦）的主人和親屬的，信上說：中國的洛陽被匈奴人燒了，我們現在敦煌、酒泉、武威一帶經商。又如藏經洞中的8世紀《沙州都督府圖經》記載了敦煌以西「興胡泊」的地名，即胡商聚居之地。藏經洞的寺院賬目中登記了高檔織物、金銀器、寶石、香料、珍稀藥材等許多西方來的舶來品。這些西方物品都是西域胡商通過絲綢之路帶來的商品。另外，莫高窟北區石窟發現了當時流通的5世紀波斯銀幣。

南朝人劉召在注解《後漢書》時，引用《耆舊志》形容敦煌：「華戎所交，一都會也。」由此也可見敦煌作為邊陲重鎮在商業往來和文化交融上的盛景。

營建莫高窟

來到敦煌的還有東來傳教的西域僧侶和西行求法的中國僧侶。佛教傳入中國的路線有陸、海兩條，但早期應以陸路為主，這樣的路線也就經由敦煌。在懸泉置曾出土了這樣一支漢簡，它的釋文是：「少酒薄樂，弟子譚堂再

▲ 敦煌的石窟文物保護研究陳列中心裏有精美的複製洞窟供遊客參觀

拜請。會月廿三日，小浮屠里七門西入。」它相當於一張邀請函，「弟子譚堂」
邀請對方到「小浮屠里」這個地方來做客。值得注意的是「小浮屠里」這個
地名。「浮屠」有佛、佛塔的含義，這説明早在東漢時佛教就對敦煌地區產生
了一定的影響。

　　在莫高窟第 323 窟發現的唐代李克讓修復莫高窟佛龕時寫下的《重修莫
高窟佛龕碑》記述了莫高窟始建的緣由：「（前）秦建元二年（366 年），有沙
門樂僔」，「嘗杖錫林野，行止此（三危）山，忽見金光，狀有千佛」。樂僔
和尚被這種奇異的景色感動了，認為這是聖地，所以就募人在莫高窟「造窟
一龕」。這樣的景象我在 1995 年時曾經親眼見過。那是剛下過大雨的傍晚，
因為擔心發洪水，我指揮保衞處的人去扛沙包。在低頭説話時，我眼睛的餘
光中忽然覺得前方有金燦燦的光，抬頭一看，正是空中出現的金光，金光下

的三危山看上去都發暗了。同事趕回去拿相機的工夫，金光便消失不見，空中接着出現了「雙虹」。這些奇特的折射現象在佛教信徒眼中必定充滿了神聖的宗教色彩。

從 366 年開始，開鑿石窟的工程一直持續了 1000 多年。直到明朝朱元璋修築了嘉峪關長城和肅州城，之後敦煌被關到了嘉峪關之外，大部分的開窟人員和當地居民搬進了關內，敦煌才開始陷入沉寂和無人管理的狀態。1000 多年的修建造就了輝煌燦爛的敦煌洞窟藝術。經過統計，莫高窟共有 735 個洞窟，4.5 萬平方米壁畫，2000 多身彩塑。它位於距離今天敦煌市區 25 公里的鳴沙山東麓斷崖上，面朝東，南北長 1680 米，高 50 米。洞窟分佈高低錯落、鱗次櫛比，上下最多有 5 層。

▲ 九層樓的建築已經成為莫高窟的標誌，裏面有 34.5 米高的大佛

為什麼莫高窟有如此高的研究價值？其中一個原因就是世界沒有一個地方，保存有 10 個世紀都不間斷的美術作品。20 世紀 40 年代，張大千來到敦煌臨摹壁畫，1944 年在成都臨摹展的序言中，他寫道：「大千流連畫選，傾慕古人，自宋元以來真跡，其播於人間者，嘗窺見其什九矣。欲求所謂六朝隋唐之作，世且笑為誕妄。獨石室畫壁，簡籍所不在，往哲所未聞，千堵丹青，遁光莫曜，靈蹤既閟，頹波愈騰，盛衰之理，吁乎極矣！」這就是說，世間流傳的畫作，宋元時代較多，張大千自認為基本

都看遍了。隋唐以前的繪畫其他地方都找不到，張大千發現它唯獨保留在敦煌石窟中。佛教由絲綢之路經由敦煌傳入中原，中原的畫風反過來又會影響敦煌。漢唐時代，長安那樣的地方是政治、經濟和文化中心，也是佛教傳播的中心。可以想像，南北畫家雲集在那裏，在寺廟的牆壁上創作了高超的繪畫。可是經過了朝代更迭與戰亂，城市中的寺廟被廢棄了，精美的壁畫都不存世。如今要看反而就要到一個「荒涼」的地方，那就是敦煌。

另外一個原因就是莫高窟藏經洞中保存的一批珍貴文物。藏經洞是莫高窟 16 窟甬道北壁的一間密室，當年王道士在清理積沙時無意中發現了它，裏面保存有 4 世紀至 11 世紀的佛教經卷、社會文書、刺繡、絹畫、法器等文物 5 萬餘件。此後，藏經洞經過外國探險家和盜寶者的洗掠，不少文物都藏於海外。英國和法國已經將這批文物數字化後公開，我們做研究時還是能夠利用，這些文物被譽為「中古時代的百科全書」和「古代學術海洋」，這裏面約 90% 的文物都是佛教文獻。不少藏外佚經（即《大藏經》中未收佛經），不僅可補宋代以來各版大藏經的不足，還為佛教經典和佛教史的研究打開了新的門徑。敦煌佛經中還有不少被認為是中國人假託佛説而撰述的經典，即所謂「偽經」。這些「偽經」反映了中國佛教的特點，是研究中國佛教史的寶貴資料。敦煌文獻中的梵文、古藏文、回鶻文、于闐文、吐火羅文及與漢

▲ 莫高窟北區出土的銅十字架、波斯銀幣、婆羅迷文字母書寫的梵文文書《律藏》，它們都是中西文化交流的證明

文對照的佛經，對摸清漢譯佛經的來源以及考證佛經原文意義作用很大。除了佛教經卷外，敦煌文獻中還保存了有關摩尼教、景教文獻，為我們了解古代中西文化交流提供了重要歷史證據。

1987 年，敦煌莫高窟申請世界文化遺產。遴選標準一共 6 條，只要符合其中一條，便可以入選遺產，而莫高窟是 6 條標準全部滿足。據我所知，世界上 6 條標準都符合的文化遺產只有三處，一處是威尼斯，一處是泰山，還有一處便是莫高窟。

中外交流成就敦煌文化

由於所處的特殊地理位置，敦煌成為接觸西方不同文明的前沿之地。但需要強調的是，從公元前 111 年設郡，到 366 年開鑿莫高窟，這 477 年的歲月，也讓漢文化在這裏深深紮根。開發敦煌和河西的過程中首先實行的是大規模的移民和屯墾，這就使得漢族成為敦煌居民的主體民族，內地帶來的農耕技術投入使用，取代了遊牧為主的社會生活。敦煌逐漸出現了一批名門大族，推廣和傳播儒學經典。佛教和佛教藝術是外來的，但是在漢文化的土壤裏發芽開花。在外來文化的接受上，敦煌是帶有選擇性的。在龜茲的克孜爾壁畫中，可以看到印度式「豐乳、細腰、大臀」、「遍體圓淨光」的裸體舞女和菩薩形象，但這些一來到敦煌便銷聲匿跡，代之以「非男非女」的菩薩、伎樂和飛天的形象。這不僅適應了儒家倫理道德和審美風尚，又沒有違背佛教「菩薩無性」的思想，是外來佛教中國化的體現。

敦煌莫高窟中仍然能看到印度佛教的不少影子。320 年到 600 年是印度美術史中的笈多王朝時代，相較於之前貴霜王朝的犍陀羅和馬圖拉風格的造像藝術，它要更加當地語系化 —— 佛教本身並沒有偶像崇拜，當它在印度發揚壯大之時便借鑒了希臘的造像風格。公元前 334 年到公元前 324 年，馬其頓國王亞歷山大東征，也將希臘文化帶到所到之處。笈多藝術則更加遵循印度

民族的古典主義審美，創作出純印度風格的笈多式佛像。這種佛像的特點之一就是佛像身穿通肩式薄衣，衣紋是一道道平行的 U 字形細線，具有流水般波動的韻律感。薄衣緊貼身體，像被水浸濕了一樣半透明，隱約凸現出全身的輪廓。這種「濕衣效果」在莫高窟的早期造像中可以見到。另外，我們的石窟形制也受到了印度石窟的影響。中心柱窟的形式是對印度式支提窟的改造，即把中心的圓形佛塔改成方形塔柱，同時洞窟頂部的前沿部分改成了人字披頂，因為人字披是中國木結構房屋最具特色的形式。

莫高窟的藏經洞中保存有證明中印交流的文獻。編號為 P.3303 的法國人伯希和帶走的敦煌殘卷是一份關於印度製糖法的記錄。印度北部在世界上製造蔗糖最早，大約公元初年就有蔗糖輸送到希臘。這份記錄也表明了我國向印度學習製糖法以提高技藝的過程。

過去很多人會認為中國和印度的僧侶相互往來的現象在唐代最盛，比如大家都耳熟能詳的玄奘和義淨。唐代「安史之亂」之後還有沒有呢？不久前北京大學的榮新江教授在被英國人斯坦因拿走的、現在藏於印度的藏經洞文獻中就發現了一些用漢語或者藏語寫成的經書副本，他們是當時經過敦煌去印度的中國僧侶留下來的。還有一些抄本是從印度來到中國的僧侶寫的，他們有的是去山西五臺山巡禮，那裏被認為是文殊菩薩的道場。這些都表明，從盛唐到中唐，再到晚唐、五代，一直到宋朝都有僧侶交流活動發生，他們在敦煌停留過。編號為 S.383 的敦煌藏經洞文獻是一卷叫《西天路竟》的抄本，由斯坦因帶走，藏於大英博物館中。「路竟」的意思是「所經過的路程」。這個抄本記錄的是宋太祖乾德年間，由皇帝下詔，派遣 157 位僧侶去印度求法的經過。他們的路線正是從北宋都城開封出發，到靈州，再到甘州、張掖，經過敦煌，再出玉門關。

敦煌莫高窟中也有來自波斯的影響。在西漢時，我們就與波斯建立了聯繫。那是張騫第二次出使西域，當時的波斯帝國正處於安息王朝統治時期。

安息派了使者給漢朝皇帝進獻了禮物。到了東漢，安息有一位叫安世高的僧人到洛陽翻譯佛經。莫高窟的壁畫中就描繪了和安世高相關的傳說。比如晚唐第 9 窟、五代第 108 窟和北宋 454 窟甬道頂部都繪有安世高赴江南途中所見的異事，情節是一條蟒蛇向安世高講述前世曾是他的同學，因為罪業化身蟒蛇，如今願意捐出所有，請求安世高為他建造佛塔。這些和故事的廣泛繪製和傳播，都説明安世高在中國的知名度很高。

從漢代一直到明代，中原王朝和波斯都有往來。魏晉南北朝時期，中國和波斯間的來往頻繁。《魏書》記載，波斯使臣來中國交聘達數十次之多，給北魏皇帝帶來的各種禮品，有珍物、馴象等。西魏時，朝廷派遣張道義率團出使波斯。到達敦煌附近的瓜州時，正趕上內亂，滯留期間，還暫且代理管理瓜州事務，並將情況上報朝廷。波斯的薩珊帝國在 632 年起被阿拉伯軍隊攻擊。在 651 年滅亡後，薩珊王朝末代皇帝的兒子俾路斯曾逃到中國唐朝，請求唐高宗發兵抗擊阿拉伯人的入侵，唐朝護送其返回今阿富汗斯坦錫斯坦一帶，於 661 年建立波斯都督府，但到 663 年終為阿拉伯帝國所滅。

這些不間斷的交流活動都為莫高窟留下了諸多波斯元素。比如，西魏 285 窟有「五百強盜成佛」的故事畫。畫中官兵所騎的戰馬全身披掛形制齊全的馬鎧，從保護馬頭的「面簾」，到保護馬後部尻部的「寄生」一應俱全。這種保護戰馬的防護裝備便認為是源自波斯。又如隋代 420 窟彩塑菩薩的衣裙上繪滿了環形聯珠狩獵紋樣，每一枚環形紋樣的中心都畫有武士騎象舉棒形武器打虎的圖案。《舊唐書·西戎傳》中説波斯國「其國乘象而戰，每一象，戰士百人」，可見它來自波斯人的形象。而像連珠紋這種裝飾紋樣，在波斯薩珊王朝時期非常常見。

敦煌莫高窟中還能看見來自中亞文化的輸入。像初唐 220 窟《藥師經變》的畫面裏有中亞康居女子在小圓毯上表演快速旋轉的胡旋舞，舞者兩側為有打擊、吹奏、彈撥樂器組成的伴奏樂隊。

文化的傳播是個很複雜的過程，中間經過了若干次變化。敦煌壁畫從 6 世紀到 13 世紀都有豐富的日神、月神圖像，比如西魏 285 窟的日天和月天，馬車的駟馬兩兩相背而行。還有像是盛唐 144 窟畫的日神，騎在呈正面姿態的馬背上。這些形象裏有印度和中亞的元素，又交織了希臘和波斯藝術的影響。當年亞歷山大東征時，可能將古希臘神話中的日神、月神及其坐騎的圖像元素傳入西亞波斯，產生了瑣羅亞斯德教的太陽神密特拉神及馬車圖像，再傳入南亞西北印度，又產生了印度教的日神蘇利耶神及馬車圖像；經由西北印度傳入中亞地區產生了佛教護法神日天、月天形象，接着繼續東傳道至新疆和敦煌。另外一個例子是莫高窟經變畫中經常出現的人頭鳥身彈奏琵琶的伽陵頻伽鳥，最早的原型可以追溯到希臘神話中的海妖塞王。它也是人頭鳥的樣子，會用自己動聽的歌聲，使過往的水手失神觸礁死亡。

　　敦煌文化是多元文明之間對話、相互影響的結晶。沒有外來文明的滋養，不可能形成這樣豐富絢爛的洞窟藝術。

敦煌與東亞

　　古代敦煌的交通是四通八達的，不僅可以向西出境，向東抵達長安、洛陽，還能往東入海後，到達朝鮮半島和日本諸島。相應的，對於絲綢之路終端的理解，也應該向東延長。

　　來自朝鮮半島的新羅人的形象在敦煌壁畫中就能找到。比如初唐 220 窟壁畫《維摩詰經變》中維摩詰前面站立的聽法群眾中，就有頭戴鳥羽冠、身着交領大袖長袍的新羅人。這個人物的畫法和傳世的閻立本畫的《職貢圖》中的新羅人非常相像。又因為和維摩詰辯論的文殊菩薩面前，也有聽眾，其中聽法的帝王形象類似閻立本繪製的《歷代帝王圖》，由此可以推測，敦煌的畫師是受到中原閻立本畫風的影響。

　　唐五代 61 窟的《五臺山圖》裏也保存有朝鮮半島的資料。《五臺山圖》

展現了山西省五臺山至河北鎮州的寺院山川、商賈行旅的面貌。其中有一座「新羅王塔」，根據考證是為了反映新羅國王子慈藏大師，曾在五臺山出家、修行並建造此塔的經歷；還有一行五人的新羅送貢使，他們是代表信奉佛教的新羅國王，前往五臺山給文殊菩薩進奉貢品的使節。而另外一行三人的高麗王送貢使則規模較小，側面可以看出建國初期的高麗國國勢和財力都較為薄弱的狀況。

除了莫高窟壁畫中保存有來自朝鮮半島的人物形象，藏經洞中的文書也可以證明新羅僧人的確有經過敦煌去西域求法。被伯希和帶走的編號為P.3532 的殘卷，羅振玉等考古大家認定是新羅僧人慧超寫下的《往五天竺傳》中的其中三卷。慧超是從海路進入印度，再從陸路回國。根據推測，這很可能就是他留下的一個副本，主本隨身攜帶走了。這本書的原書已經佚失，僅有的殘卷記錄了慧超從中國去古印度探求聖跡所經歷的數十個國家、地區、城邦，以及中國西北的地理、宗教信仰、佛教流傳情況及風土習俗等，是難得的史料。

敦煌與日本的關聯則更為曲折有趣。中國正史中極少有關於敦煌的佛教記載，即使在古代中國和日本交往最頻繁的隋唐時期，至今也沒有任何證據說敦煌和日本之間有發生過直接的來往。但是，為什麼敦煌莫高窟的佛教和佛教藝術會被認為是日本佛教和佛教藝術的源頭呢？

中國的隋唐時代，正好對應日本的飛鳥、平安和奈良三個時期。這段時間裏，敦煌的佛教藝術和日本同時期的佛教藝術呈現某種相似性。比如，我觀察到日本法隆寺金堂壁畫的說法圖，與莫高窟初唐 220 窟東壁的說法圖比較接近，金堂壁畫中飛天輕盈優美的飛舞姿態，與莫高窟盛唐 321 窟佛龕頂繪畫飛天相似。還有日本當麻寺的《觀無量壽經變》，它的內容、格局都和莫高窟盛唐 171 窟的《觀無量壽經變》相一致。這樣的例子還有很多。

那麼是敦煌直接向日本輸出了這種影響嗎？隋唐時期，日本政府多次派

遣學問僧入唐，為了能夠引入佛教各宗派的典籍與佛教藝術。他們都將長安作為目的地。正如學者方立天所説，長安作為隋唐時代的首都，得天時地利之便。長安佛教成為主導中國佛教的中樞，成為僧才凝聚、經典翻譯、佛教弘傳、宗派創立和文化交流的五大主要中心。而此時的敦煌，作為絲綢之路上一處重要的佛教聖地，也得到了來自中原朝廷的關注。如 601 年，隋文帝楊堅頒發《立舍利塔詔》，高僧智嶷奉敕送舍利到敦煌，並在敦煌弘法。還有藏經洞出土的初唐宮廷寫經《金剛經》、《妙法蓮華經》有 53 件。這當初是武則天為亡父母做功德而寫下各 3000 卷而頒行至敦煌後的遺存。這些都説明了位於長安的中原王朝對敦煌實行了有效的控制和管理，它在意識形態上與中原同步。

所以敦煌莫高窟藝術和日本飛鳥、奈良和平安朝的佛教文物呈現出相近性，是因為都受到以長安為代表的佛教藝術的廣泛影響。如果説初期佛教經由敦煌傳入中原時在敦煌形成了中西交融的藝術，那麼進入中原後已經高度本土化的佛教又反過來給敦煌以滋養。當時間推移，隋唐長安和中原地區的佛寺藝術早已湮滅無存，處於西北邊陲的莫高窟的壁畫雕塑和佛教典籍卻幸運地保存下來，成為古代中日之間興盛文化交往的見證物。

「官制」下的天文「西學東漸」

天文學在古代中國可以說是一種最抽象也最實用的科學——研究者遙望的是最虛無縹緲的太空，但卻要將其與最現實的政權統治聯繫在一起。中國皇權對占星的重視，既是中國古代天文學最強大的推動力，也是西方經典天文學進入中國過程中最強大的阻力。

天文學的中西差異

1696 年，法國來華的耶穌會傳教士李明在著作《中國近事報導》中，記錄了一段中國宮廷中「夜觀天象」的場景：「五位數學家每個晚上都守在一座塔樓上，觀察經過頭頂的一切。他們中一人注視天頂，其餘四人分別守望東西南北四個方位。這樣，世界上四個角落所發生的事，都逃不過他們的辛勤觀測。」李明所描述的「五位數學家」，更準確的身份是觀測天象的宮廷學者。早在公元前，中國宮廷中就有這樣一批人，以如此原始但虔誠的方式在觀察着天空。

天文學在中國的科技發展史上有着特殊的地位。在李約瑟編著的《中國科學技術史》中，第一個介紹的自然科學就是天文學。簡單地說，天文學是一種研究大氣層以上世界的科學。在西方，研究這種科學的人被認為是隱士、哲人和熱愛真理的人，他們和本地的祭司一般沒有固定的關係。但對古代中國來說，這門自然科學卻與政治之間有着密不可分的聯繫。中國的天文學是從敬天的「宗教」中自然產生的，從把宇宙看作是一個統一體，甚至是一個「倫理上的統一體」的觀點中產生的，世俗的最高權力都在與天象建立的聯繫中得以合法化。因此，在古代中國，天文學帶有罕見的「官制」特點。在靠天吃飯的農業時代，曆法只能由皇帝頒佈。宮廷中專設監測天象的官

員，他們和天子有着密切的聯繫，被供養在宮廷之內，負責推算出農業耕作上一些重要的時間點，並依照帝國的需要預測和解釋一些奇特的天文現象。

在阿拉伯人以前，中國人是全世界最有毅力、最精確的天文觀測者。《中國科學技術史》中記載：「有很長一段時間（約自公元前 5 世紀至 10 世紀），幾乎只有中國的天文記事可供利用。現代天文學家在許多場合都曾求助於中國的天象記事。比如在對彗星的研究上，中國的記錄是世界上最為完整的。1500 年以前出現的 40 顆彗星，它們的近似軌道幾乎全部是根據中國的觀測推算出來的。法國耶穌會傳教士宋君榮將古中國的這些記載翻譯為法文，這部手稿至今仍存於巴黎天文臺。」

中國天文學在觀測數據上的突出表現，表明在古代中國，天象觀測既是一種精確的科學研究，也是一種細緻的史學記載。一些著名的史學家本身就是天文學家，比如司馬遷。他自詡出身天文世家。他的父親司馬談是漢武帝的史官，也是漢代最高的天文官，司馬遷也曾擔任國家天文占星方面的最高官職。他所寫的《史記》中《天官書》部分寫法非常系統：首先檢閱了中、東、南、西、北五宮的恆星和星座，然後對五星的運行，包括逆行進行詳細討論，接着按占星術關於天上各星宿的説法，來解釋日月的異常以及彗星、流星、雲、氣（包括極光）、地震和豐歉預兆等特殊天象，以及它們所預兆的或隨之發生的大事件。在《天官書》中，司馬遷指出自古以來，統治者無不仔細地觀測日月星辰。

中國人精確的天文記錄，對認識天體現象所產生的作用，在哈雷彗星上有過突出表現。在西方天文學家眼中，哈雷彗星是一種標誌性的天文現象，其重要性怎麼估計都不為過。彗星蹤跡的確定，它何時回到地球的觀測，可以證明有些彗星的確是太陽系的成員，它們的運動和行星一樣，符合牛頓定律。法國天文學家奧利維耶曾説：「在所有彗星中，哈雷彗星無疑對天文學的影響最大，這不僅因為它的周期比其他彗星都確定得早，並且也因為它的歷

▲ 掛毯《天文學家》。表現的是清朝康熙皇帝和耶穌會教士一起觀看天文儀器

▲ 北京建國門古觀象臺的部分天文觀測儀器

史可以準確地追溯到 2000 年以上。之所以能有如此年代久遠的記錄，應當歸功於中國觀測記錄的細緻。」中國大概在公元前 467 年就留下了第一次觀測哈雷彗星的資料。李約瑟在寫作《中國科學技術史》時，為了說明中國天文學家在描寫彗星的細緻程度，專門選出《明史》中一段關於 1472 年彗星的記錄。這段紀錄對彗星的出現時間、移動的方位以及經過的星座、彗星形態變化都有細緻入微的記載。西方天文學家欣德根據中國人仔細觀測了 63 天的結果，推算出了哈雷彗星的近似軌道。

翔實的數據觀測既是中國古代天文學的特長，也是它與西方近代經典天文學相比捉襟見肘之處。中國科學院自然科學史研究所前副所長陳久金告訴本刊記者：「中國傳統的天文學使用的是數學的方法，用列表、數字疊加的方式，但不太講究理論。西方的天文學研究方法則是用幾何的方法來推演。他們在天象的研究上使用一種測量和計算緯度的方法，包含着明確的推理和步驟在其中，精密程度更高。」對需要精確預測日月交食等天文異象來鞏固其統治的中國皇室來說，後者無疑具有極強的誘惑力。

天文學的傳入

早期傳入中國的天文學來自印度，是絲綢之路上佛教東傳的副產品。早在南北朝時期，信奉佛教的皇帝甚多，其中最為典型的皇帝是梁武帝蕭衍。他在位期間數度「捨身」於同泰寺，再由群臣請求並以巨資將其贖回宮中。梁武帝篤信佛教的另一個舉動則是試圖將中國傳統天文學中的宇宙模式，用印度佛教學說取而代之，還專門就此議題在長春殿前召開御前學術討論會。但借天文學以光大宗教，最有名的事例是發生在劉宋時期。

南朝宋大臣何承天是一位非常有名的天文學家和博物學者，他曾與印度來華的僧人惠嚴有過一段非常著名的辯論。何承天質問惠嚴，到底用的什麼曆術，來證明印度就是天下的中心？惠嚴回答，印度所在的地方，夏至時沒

有陰影，這就是印度處於世界中心的明證。惠嚴的日影之論，依據的是西方天文學一個非常簡單的緯度知識——因北回歸線剛好橫貫印度中部，在此地理緯度上，夏至那天正午太陽恰位於天頂正中，故能照耀萬物而無影。而中國絕大部分領土皆在北回歸線以北，一年中任何一天都不可能日中無影。惠嚴利用兩地地理位置上的差異，將印度說成「天地之中」以提高佛國地位，實際上與天文曆術的優劣並無任何關係。但作為當時國內一流的天文學者，何承天居然對惠嚴的論據「無以抗言」。上海交通大學科學史系主任江曉原在評論這件前朝舊事時認為，此事從一個新的角度表明，古代中國解釋世界構成的「渾天」之說，在地圓概念乃至球面天文學方面確實尚有重大含混欠缺之處，以致在對手的理論有明顯疏漏時卻無法據理論辯。惠嚴與何承天之辯的結果是，宋文帝命令研究天象的官員師從惠嚴，學習印度曆術。

自六朝開始到唐代，若干印度天文學著作隨着佛教的光大傳來中土。雖然大部分曆書已經失傳，但這些印度天文學者的名字卻已流傳後世。其中最有名的三派印度曆專家，被後世稱為「天竺三家」——迦葉氏、瞿曇氏和拘摩羅。他們都曾進入最高的皇家天文機構太史閣，瞿曇氏家族在天文學東傳的表現上政治生命最長，影響力也最大。

近代學者把唐代姓瞿曇的天文學者統稱為印度僧人，但根據李約瑟的考證，這些作為天文曆法專家的印度僧人與其他印度佛教徒並不一樣，他們不大可能是獨身者，而應該是俗家的技術人員，因為他們的家族在 200 年內還有蹤跡可循。瞿曇氏家族成員曾擔任過唐朝太史令、太史監、司天監，領導和主持了唐朝官方的天文機構。從 665 年起，到 776 年止，歷經高宗、武則天、中宗、玄宗、肅宗等皇帝，先後達 110 年以上。他們在唐代統稱瞿曇監，擅長印度天文曆算，也精通中國傳統的天文學，代表着主張中國天文學走中西結合道路的一個學派。在這一家族中，瞿曇悉達獲得了最高的榮譽。他翻譯了印度曆書《九執曆》。《九執曆》是當時較為先進的印度曆法，其中

有推算日月運行和交食預報等方法，還對時間有了更為精確的定義——它將周天分為 360 度，1 度分為 60 分；又將一晝夜分為 60 刻，每刻 60 分。瞿曇悉達對《九執曆》的翻譯，已經帶有中國曆法的特點。「比如在求積日章中，再由求日之干支的方法。在推太陽近地點運動時，以 15 度為一段，與中國以節氣的分法完全對應。這些都證明《九執曆》是瞿曇悉達依據印度法數改編的一部自成系統的曆法。」陳久金對本刊記者說。

真正讓瞿曇悉達留名後世的還是他編撰的《開元占經》，這是一部集印度天文學與中國傳統天文學大成的作品。《開元占經》一共 120 卷，約 60 萬字，瞿曇悉達編輯此書的主要目的當然還是為皇家星占服務，但書中包含的內容已大大超越了宮廷星占的政治需要，而成為中西天文學交流的一個里程碑著作。書中不僅彙編了中國歷史上各家星占的原始數據材料，並系統輯錄了中國古代各天文學家對於宇宙結構及其運動的理論，為後世研究古代宇宙理論提供了素材，並載入了《九執曆》，使印度的天文曆法融入中國的皇家曆法中。

但如此豐富的中西天文學知識，卻因為政治上的狹隘目的而長久湮沒於世。因為《開元占經》名義上依然是用於皇家星占，唐朝政府害怕它流傳出去對統治不利，因此對此書一直嚴加控制，嚴禁在社會上流傳。直到明朝，中國民間都沒有發現此書的藏本。直到明萬曆四十四年，才由安徽一位道士程明善從古佛腹中發現，隨即刊刻出來，《開元占經》才得以在社會上流傳。

《大衍曆》與《九執曆》之爭

李約瑟在編撰《中國科學技術史》天文學章節中提到，中國天文學與西方顯著不同之處是「官制」，這一點曾讓西方人感覺頗為驚異。19 世紀維也納一位學者弗蘭茨·屈納特就這麼說過：「許多歐洲人把中國人看作是野蠻人的另一個原因，大致是在於中國人竟敢把他們的天文學家——這在我們有高

度教養的西方人的眼中是種最沒有用的小人——放在部長和國務卿一級的職位上。這該是多麼可怕的野蠻人啊。」

就政治層面而言，中國天文學確實獲得了在西方從不曾有過的地位。歷朝歷代的朝廷都很重視設置皇家天文機構，國家天文臺從未中斷。從秦漢的太史令、唐代的太史局和司天臺、宋元的司天監，到明清兩朝的欽天監，天文臺一直享有很高的地位。首席皇家天文學家的官職可以達到三品，相當於今天的副部級待遇。因此，每一次西域天文學的進入，既是科學知識上的進步，同時也伴隨着現實世界中權力格局的爭鬥。每一部在史上留名的天文曆法，都曾陷入巨大的爭議旋渦。每一個對天文學的西學東漸起過重要作用的代表性人物，都不免身陷爭議旋渦之中，甚至召來牢獄之災。唐代是天竺天文學進入中原的鼎盛時期，歷史上一段關於天文曆法的著名公案也發生於此時。

大約在開元二十一年，太史監官員瞿曇譔等人上書，稱「大衍寫九執曆，其術未盡」，意思是《大衍曆》抄襲《九執曆》，但演算法不全，數據不精。《大衍曆》是唐代名僧一行奉詔主持制定的。一行在編撰此曆法時，博採眾長，將自六朝以來傳入中原的各家曆法都吸收到新曆中。編撰《大衍曆》是一項工程浩大的集體創作，不僅本土的幾十位天文學者加入編撰，甚至來自天竺的拘摩羅家族也參與其中。他們為《大衍曆》貢獻了一個推算日食的方法和一種占星的手冊。《大衍曆》製成後，成為當時最為官方認可的名曆。

此次針對《大衍曆》的上書者，除了瞿曇悉達的兒子瞿曇譔外，還有當時的天文學名家陳玄景、南宮説等人。他們是太史監的兩位主要官員。陳玄景曾系統地整理一行編訂《大衍曆》所留下的資料，並且將二卷《九執曆》的立成表與《大衍曆》合在一起成為一部書。南宮説曾參與《大衍曆》的測量工作。他們共同支援瞿曇譔提出申訴，此事在宮廷中的震動非同小可。朝廷派出兩位高級官員來決斷此事，採用的方法是檢驗觀象臺天象記錄檔案，以比較兩種曆法的準確率，結果是《大衍曆》遙遙領先。

「曆法疏密，驗在交食。這是中國古代檢驗曆法好壞的傳統標準。」陳久金說，「爭議既起，朝廷就仍然以這個標準來判斷是非。《大衍曆》是一代名曆，並且是剛剛制定的，在當時自然與天象最為相合。而《九執曆》有些天文數據是較粗疏的，而且測定年代已久，差誤已較明顯。因此，以交食疏密來判斷是非，已經決定了瞿曇譔這場官司非輸不可。」在交食檢驗中失敗的三位申訴者都遭到了嚴格的懲處。瞿曇譔被調離太史監，25 年以後，直至肅宗繼承帝位的第三年，才將瞿曇譔調回司天臺任秋官正，算是對曆法之爭有了個交代。

如今再來回看這段本土曆法與天竺曆法的訴訟公案，會發現中國天文學發展史上的諸多謬誤之處。陳久金在研究史料後認為，瞿曇譔等申訴「大衍寫九執曆，其術未盡」是有根據的。「《大衍曆》在編寫中，確實吸收了《九執曆》的一些演算法，但又只提出了方法和概念，並未在曆法中使用，而且一些天文數的演算法並不如《九執曆》精密。一行在吸收《九執曆》精華的同時，非但不予肯定，反而對《九執曆》和天竺曆法多處持批評和貶抑態度，這是引起糾紛的重要原因。」陳久金說。瞿曇譔作為瞿曇悉達之子，站出來挑戰《大衍曆》，一方面或許因為父親和家族的名譽，另一方面也體現了難得的科學求真精神。瞿曇譔當時並不是位高權重的官員，史書記載僅稱其為「善算者」，但他敢於提起申訴，不從占星結果，而是從天文演算法的角度挑戰官方名曆，並能獲得兩位知名學者的支持，可以說是在中國皇權控制、星占為主的天文學背景下，難得的一次從科學角度來審視曆法的契機。但最終結果：「唐朝政府不察實情，盲目以候簿來判別是非，並給控告人嚴厲懲處，導致《九執曆》被貶斥和埋沒。西方天文學中的部分概念和演算法當時已經傳到中國，並已譯成漢文，而沒有得到充分傳播，這是很可惜的。」

占星與天文學

「皇權對占星的重視，是中國古代天文學最強大的推動力。」陳久金對本刊記者説。但這也是近代西方經典天文學進入中國時強大的阻力。破解天象，找出合乎政權統治的解釋是中國天文更正統更要緊的任務。利瑪竇在《中國劄記》中這麼寫道：「中國人把注意力全都集中於我們的科學家稱之為占星學的那種天文學方面，他們相信我們地球上所發生的一切事情都取決於星象。」

作為星象解碼學和天文解釋學，中國天文工作者在很長一段時間裏除了遙望天空、記錄數據外，更高階的工作就是對如此系統記錄的豐富天象進行解碼，以「察時變」。每一種「天象」代表着一種特定的「時」，其中包含着豐富的含義，天文學家的任務就是破譯這些含義。比如「五星聚舍」，即五大行星同時出現在一個星宿中，被認為是「明君將出」的徵兆，寓意是要「改朝換代」；比如「熒惑守心」，則是火星在心宿逆行，被認為代表着非常凶險的徵兆，君主應格外小心。這些在近代經典天文學角度來看奇奇怪怪的説法，卻構成了中國古代幾千年天文學的主要內容。政權需求對天文研究的主導，讓天文學的「西學東漸」，在很長一段時間裏都不能擺脱其只重結果、不重推理過程的特點。瞿曇悉達在翻譯《九執曆》時，也是按照當時宮廷的需求和方法，只翻譯演算法，不翻譯原理。「這並不是説，中國古代和中古代的天文學家不是熱愛整理的人。只不過在他們看來，用幾何形式和幾何形式來表現天文現象（這是希臘人的特色）是不必要的。中國天文學同中國所有其他科學一樣，具有經驗主義的根本特點。」李約瑟在《中國科學技術史》中這樣總結中國古代天文學的特點。

在這種氛圍下，自兩漢開始並於隋唐達到一個高峰的天文學「西學東漸」，大多與星占算命相關。符天術是一派以印度天文學為中介而輸入中土的西方生辰星占學，繼中亞七曜術在中土盛行高潮之後，由名為曹士蔿的人

帶入中原。曹土勞到底是什麼人，現在已無從確考。僅知其人活動於 8 世紀末，是「唐建中時一位術者」。因西域著名的「昭武九姓」中有曹姓，因此被猜測為來自西域。唐代由西域傳入的還有《都利聿斯經》二卷，這也是用於算命，批流年的典籍。據記載，《都利聿斯經》「本梵書，五卷」。唐貞元初，由都利術士李彌乾將書籍帶至京師，可以「推十一星行曆，知人命貴賤」。

江曉原曾專門考證過自六朝到隋唐的西域天文學，他認為：「傳入之印度天學以星占學為主，數理天文學知識以交食推求術最為重要。」但眾多術士、僧人、學者經由絲路而一度繁榮的天文學交流，到今天卻餘音寥寥。江曉原在一篇文章中道出了自己的困惑：「印度天學既曾流行中土數百年，當時盛況如斯，對於此後中國天學之發展，是否產生影響？自一般情況來看，此種影響竟幾乎為零；『天竺三家』之曆術只留下數百字的附注，自唐以後再也未能『與大術相參供奉』；《九執曆》銷聲匿跡，直至晚明方借極偶然之機緣重新問世；符天術、聿斯經等也早成絕響……中國天學依然在自身舊有之架構下，沿舊有之軌跡運行；自明末上溯至先秦，一脈承傳，清晰可見。中間印度天學留下之影響，即或有之，亦只可能於數理天文學方法之專深細微處尋得一二（迄今尚未有人確切尋出），實在微不足道也。反觀印度天學自身，在巴比倫、希臘等天學迭次輸入之下，格局屢變，面目全非，恰與中土天學之經歷形成鮮明對比。個中因緣，或當求諸華夏民族文化之固有特質歟？」

龜茲樂舞，洛陽家家學胡樂

文 ▲ 艾江濤

　　絲路途中的龜茲樂舞，曾在魏晉南北朝到隋唐時期的中原，颳
起過一陣「胡舞胡曲」的旋風，成為改寫中國樂舞史的新潮流。

　　飛機落地時已是深夜 23 點，機場大樓上「庫車龜茲」四個大字在夜空中
異常顯眼，它提醒我們所到達的這一站，既是新疆阿克蘇地區的庫車縣，同
樣是「絲綢之路」北道的交通樞紐 —— 古龜茲國 —— 的治所。由這裏往西，
經姑墨（今阿克蘇）、疏勒（今喀什），越蔥嶺（帕米爾高原），抵費爾干
納盆地，經中亞重鎮撒馬爾罕，便可通往歐洲。千百年前，一隊隊商旅、僧
侶、藝人，正是穿越這條道路，聯結着歐亞大陸之間的文明交流。

　　夜間的庫車街道上行人很少，維吾爾族計程車司機抱怨最近生意並不大
好，而在夜市的一家餐廳門口，店員們正在津津有味地看着維吾爾語版的連
續劇《精武門》。總而言之，除了維吾爾族人佔據多數之外，這座城市看起
來似乎與許多內地的縣級城市別無二致。然而，無人可以忽略的是，這裏所
誕生的西域諸國中最為赫赫有名的龜茲樂舞，在魏晉南北朝到隋唐時期，曾
在中原颳起過一陣「胡舞胡曲」的旋風，也帶來了一股足以改寫中國樂舞史
的新潮流。

「管弦伎樂，特善諸國」

　　628 年，唐玄奘西行求經，路經龜茲，在當地受到國王和顯貴們的熱情
接待。由於當時西行之路上的凌山積雪未消，道路阻斷，急於取經的他不得
不在龜茲滯留了一個多月。在那段時間裏，玄奘不但參與佛事活動，考察當
地風土習俗，還欣賞了由龐大樂隊演奏的龜茲音樂。19 年後，在遍歷 100 多

個城邦與國家後撰寫的《大唐西域記》中，玄奘對「管弦伎樂，特善諸國」的龜茲依然念茲在茲。

事實上，在整個唐代，正如詩人王建在《涼州行》中所描述的那樣：「城頭山雞鳴角角，洛陽家家學胡樂。」以龜茲樂舞為代表的西域音樂風靡一時。而龜茲與中原地區的樂舞交流，伴隨絲綢之路的開通，早在西漢時已開始活躍起來。當時的龜茲國王絳賓娶了烏孫王翁歸靡和漢朝解憂公主的長女弟史為妻，西漢元康元年（前 65 年），絳賓和弟史入朝覲見漢宣帝，兩人在長安住了一年，返回龜茲時，漢宣帝送給他們一支數十人組成的歌舞樂隊，中原樂舞樂器從此傳入龜茲。

龜茲也自此併入西漢版圖，中原王朝開始着力經營西域。公元前 60 年，漢宣帝在烏壘城（今新疆輪臺縣策大雅附近）設置西域都護府。東漢時，西域都護府從烏壘遷至龜茲境內的它乾城（今新疆新和縣大望庫木舊城）。648 年，唐太宗設龜茲都督府，10 年之後，隨着唐朝疆域的擴大，安西都護府從高昌移至龜茲，龜茲成為西域中心。在新疆龜茲研究院研究員霍旭初看來，龜茲與中原的樂舞交流，正始於西域與中原確立朝貢關係的大的政治潮流之中，二者的交流經歷了一個「東往西來，西往東傳」的過程。

北京師範大學舞蹈系前主任金秋曾在《絲綢之路樂舞藝術研究》一書中，將絲路樂舞藝術交流的形式總結為如下三種：隨中外使臣往來，隨皇家公主外嫁，隨佛教東傳。龜茲與中原之間的樂舞交流也不例外。

地處塔里木盆地北緣、天山南麓的龜茲，依賴天山雪水消融形成的綠洲，很早就進入了農耕社會，比起遊牧文明，其文化藝術的發展也要更早更為豐富。此外，從人種學上考察，龜茲、疏勒、高昌等西域古國，多為歐羅巴人，天性愛好音樂舞蹈。龜茲人的血液內更是流淌着音樂的基因，在位於拜城與庫車之間的克孜爾石窟谷內區有一個滴泉，傳說古龜茲人「滴溜成音」，聽着這裏水滴的聲音就可以作曲。

然而作為絲路北道的中轉樞紐與佛教東傳的歷史起點，多種樂舞文化的交匯與影響才真正促成了龜茲樂舞的繁盛。霍旭初發現，龜茲早期的出土文物與樂舞活動相關的並不多，從漢到魏晉以後，相關的記載才逐漸多了起來，隨佛教傳入的印度音樂，以及隨世俗傳入的西亞等國與中原地區而來的樂舞與樂器，形成影響龜茲樂舞的多個源頭。可資佐證的是，在初創於 3 世紀末的克孜爾石窟壁畫中，人們既能看到供奉佛的天宮伎樂，也能看到波斯商人的形象與服飾，以及箜篌這樣的波斯樂器，還有來自中原的阮咸、排簫與龜茲當地的篳篥、鼓等樂器。

　　在社會大動盪、民族大融合的魏晉南北朝，龜茲樂舞首次風靡中原。384年，前秦大將呂光征服龜茲，用兩萬匹駱駝攜帶西域珍寶、大批樂舞藝人以及高僧鳩摩羅什獲勝東歸。結果走到涼州姑臧（今甘肅武威）時，前秦在「淝水之戰」後滅亡，呂光便在那裏建立了延續 17 年之久的後涼政權。龜茲樂舞與當地中原樂舞再度融合，形成西涼樂舞，經北魏傳入中原。北魏的歷代鮮卑皇帝都酷愛西域音樂，他們改造了中原正統音樂，至魏太武帝平定河西後，《龜茲樂》與《西涼樂》成為宮廷重要的樂部。

　　北方政權幾番更替，此後北齊玩賞西域樂舞蔚然成風，龜茲與西域諸國的優秀樂工舞伎，被寵以高官的不可勝數。曾在北齊擔任黃門侍郎的顏之推在《顏氏家訓》中記錄了一段話，大意是：齊朝有一士大夫，奴顏婢膝叫兒子學鮮卑語，彈琵琶以討好鮮卑貴族，你們如果也這樣，即使日後當了宰相，我也不高興。

　　足見當時，教導兒子學習西域傳來的琵琶以應酬官場，已成為時風。

音樂史上的新潮流

　　「隋唐時期，龜茲樂成為一種新潮流，相當於我們現在吸收了國外搖滾樂、爵士樂這些東西，當時在長安非常流行的風尚就是看胡舞聽胡樂。」不

僅如此，霍旭初認為，發生在隋文帝時期那場「以龜茲樂改造宮廷雅樂」的變革，也改寫了中國的音樂史。

變革的主角是龜茲著名民間音樂家蘇祇婆。568 年，北周武帝宇文邕娶突厥阿史那公主為后，突厥徵集西域各國音樂舞蹈作為陪嫁隨阿史那公主東來，蘇祇婆作為樂舞隊的領袖來到中原。

隋文帝楊堅取代北周之後，二度統一中國的他決心改變北周舊樂，建立新的正音雅樂。由於傳統禮樂早已破壞，修樂一事並不容易，一拖六七年還沒定論，惹得隋文帝大怒。後來，沛國公鄭譯提出了一個新方案，據傳他曾跟蘇祇婆學過琵琶，認為過去宮廷雅樂所用的七音中，有三音不正，而用蘇祇婆的七聲校勘宮廷七聲基本符合，其五旦又可與傳統樂學中五律（黃鐘、太簇、林鐘、南呂、姑洗）對應，因此主張用蘇祇婆「五旦七聲」的龜茲樂律擬定新的雅樂樂律。儘管由於保守派的反對，雅樂僅用了黃鐘一調作為調首，但這也有力地衝擊了當時僵化的雅樂體系。更關鍵的是，由於蘇祇婆的龜茲樂律是在琵琶上演奏出來的，隨着琵琶的流行，自隋至遼宋幾百年間，中原音樂所實行的實為龜茲樂律。

隋文帝制定雅樂的原因還在於，盛行於宮廷民間的以《西國龜茲》、《齊朝龜茲》、《土龜茲》三部龜茲樂為代表的新音樂，讓他感到不安，在他看來，這些非正統音樂的流行是不祥之兆。然而，流行音樂的魅力顯然不可阻擋，在隋初所制定的七部宮廷燕樂（區別於主要用於郊社宗廟宮廷儀禮活動的雅樂，燕樂主要是皇帝及諸侯宴飲賓客時所演的樂舞）裏面，《龜茲伎》成為代表性的西域樂舞。在唐代的 10 部樂中，龜茲樂繼續佔據着主導地位。

流行於隋唐的新音樂究竟是什麼形態呢？據《隋書·音樂志》的記載，當時的龜茲音樂有歌曲、解曲、舞曲之分，已具備了聲樂、器樂與舞蹈伴奏曲等多樣化的表現形式。由包含琵琶、阮咸、箜篌、胡笛、胡鼓、篳篥、銅鈸、打沙鑼等多種樂器的樂隊演奏出來，有「鏗鏘鏜鎝、洪心駭耳」的效果。

而在中原地區最受群眾歡迎的龜茲舞要數「蘇幕遮」和獅子舞。蘇幕遮，據學者考證，是一種氈帽的名字。每年七八月舉辦的「蘇幕遮」大會，是場面浩大的群眾性舞蹈。這種傳自波斯的舞蹈，開始先由頭戴鬼神、禽獸、武士等面具的舞者演出，舞蹈進行到高潮的時候，演員取皮囊盛水向觀眾潑灑，最後用羈索套勾行人，人們於是開始一起狂歡。另有一說，「蘇幕遮」大會舉行的時間在每年 11 月，因此該舞也叫乞寒舞，用意無非期望天氣寒冷，多降雨雪，保證來年豐收。蘇幕遮流傳到中原後很受歡迎，後來在唐玄宗時，因為舞者往往赤身露體、傷風敗俗被禁，但在民間仍然不絕如縷。

　　據文獻記載，龜茲流行獅子舞，唐代的五方獅子舞屬於龜茲樂部，所謂五方，代表東西南北中五個方位，後來成為內地舞獅的源頭。

　　在霍旭初看來，龜茲樂舞風靡隋唐，並非偶然。究其緣由，第一是它的調式更加豐富動人，有更強的娛樂性與欣賞性。第二，樂器樂隊的改造已很完備，取代了傳統的編鐘、編磬等笨重的樂器，樂隊的輕型化，使得表演可以移動。「這是一個樂器的革命，只有這樣，民間普及才有了可能，家家戶戶可以彈琵琶，但不可能家家戶戶做編鐘！」正緣於此，隋代出現了立部伎與坐部伎之分，坐部伎地位高一點，坐在上面演，立部伎則站在下面演。

　　龜茲樂舞的盛行，頻頻見諸隋唐詩人的筆端。隋代詩人薛道衡便寫過「羌笛隴頭吟，胡舞龜茲曲。假面飾金銀，盛裝搖珠玉」的詩句，極言龜茲樂舞的流行與繁華。唐代詩人王建則在《宮詞》中寫過「內人唱好龜茲急，天子鞘回過玉樓」。「安史之亂」後，詩人元稹目睹破敗的長安，感慨萬千，寫下《連昌宮詞》，其中有「逡巡大遍涼州徹，色色龜茲轟錄續」的詩句，所追憶的正是當年宮廷中最流行的兩部樂：涼州樂與龜茲樂。

　　在唐代，龜茲樂還經常作為外交禮品向外輸送。唐中宗將金城公主嫁給吐蕃時，便以龜茲樂隊作為陪嫁，唐玄宗也曾將龜茲樂工賜給雲南地區的南詔國。「安史之亂」前，龜茲樂也以相似方式傳至朝鮮和日本。一送就是一支

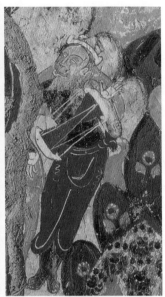

▲ 新疆龜茲舞蹈團舞蹈演員米熱古麗在模仿龜茲壁畫中的人物姿態

▲ 克孜爾石窟第 224 窟壁畫中擊打腰鼓的樂伎形象

▲ 新疆龜茲歌舞團編排的一段琵琶舞取材於龜茲壁畫

樂隊，足見當時唐朝宮廷所培養龜茲樂工之多。

唐以後，宋代宮廷四部樂中尚有龜茲部，龜茲樂舞仍然不斷被輸送出去，本身卻沒有太大的發展。時代更迭，盛極一時的龜茲樂舞遂逐漸消融於其他樂舞之中。

從壁畫到舞臺

轉瞬之間，距離那個龜茲樂舞大興的時代已經過去千年，那些流淌在歷史之河上的旋律與舞姿，還能找得到昔日的蹤跡嗎？

10 月的庫車，空氣清冽，在新疆龜茲歌舞團的辦公樓裏，團長艾力阿布迪熱依告訴我們，他們這個成立於 1934 年、脫胎於原庫車縣文工團的歌舞團，目前以演奏龜茲樂舞和新疆傳統的民族舞蹈為主，每年要下鄉和到各大城市巡演一二百場。

事實上，早在 840 年，隨着維吾爾族人祖先西州回鶻人的大規模西遷，龜茲人逐漸回鶻化，經歷了 11 世紀的伊斯蘭化，所謂的古龜茲無論在人種還是在宗教上都神祕地消失了，昔日的龜茲樂舞也早已不可尋找。歌舞團所演的龜茲樂舞又從何而來？

艾力阿布迪熱依和歌舞團、編導孜巴古麗都告訴我們，編舞的靈感來自散落於庫車、拜城兩縣境內的克孜爾千佛洞、庫木吐拉千佛洞、森木塞姆千佛洞、克孜爾尕哈千佛洞等石窟中的龜茲壁畫。那些創作於 3 世紀末至 9 世紀中葉的石窟壁畫中，保存了大量佛教化之後的龜茲樂舞的舞姿及樂器，如同一座凝固的樂舞博物館。

1996 年 3 月，孜巴古麗剛到龜茲舞蹈團工作時，已經看到有團裏的老演員在跳龜茲舞，她的第一反應是：「這不是和壁畫一樣嗎？」5 個月後，孜巴古麗改編了自己的第一曲龜茲舞蹈《龜茲仙女》，那是一曲氣氛歡樂的女子集體舞，由 18 人參演，道具包括琵琶、腰鼓、叮鐺、笛子等樂器。

孜巴古麗發現，龜茲舞與維吾爾族民族舞蹈不但在動作上不同，所使用的伴奏樂器也不同，前者主要是琵琶、腰鼓和叮鐺等，後者卻是熱瓦甫、彈布林、都它爾、艾捷克等傳統維吾爾族樂器。而動作上的區分尤為明顯，這也是艾力阿布迪熱依所總結的：「龜茲舞的很多動態表現都是『S』形的，維吾爾族舞蹈的身體動態則是『T』形的。」

其實，早在 30 年前，新疆歌舞團的編導王小芸就發現了龜茲舞蹈喜歡擰腰出胯的特點，她發現，在壁畫上，不論是手持樂器的站立者，還是托盤捧物的供養人，連同那些立佛、菩薩和僧侶，都和舞伎有個共同的形體特徵，那就是以頭、胯、膝為支點，整個身體自然流暢地形成和諧美的 S 形三道彎曲線。那種突出肘彎關節、富有棱角的姿態，既有力度，也有內涵的柔韌。細心的她還對比了克孜爾壁畫代表的龜茲舞與敦煌壁畫中反映的敦煌舞的區別，二者共有的 S 形曲線，說明了後者與前者的淵源，但區別在於 ——「敦煌舞多於正、旁、後抬腿蹺腳，單腿控制的造型為動作的特點，而龜茲舞瞬間的靜止造型，在強調身體『S』的同時，雙腳基本不離地，只是換方位，進行動作。」

王小芸與她在新疆歌舞團的同事霍旭初、新疆藝術研究所研究員周吉組成的三人小組，是國內最早進行龜茲樂舞研究與再現的人。1979 年，取材於敦煌莫高窟壁畫的舞劇《絲路花雨》首演，反響巨大。沒過多久，王小芸就在機緣巧合下結識了《絲路花雨》舞劇導演劉少雄和作曲、指揮韓中才。她從二人那裏得知敦煌舞與龜茲舞的血緣關係，前者正是西涼當地土著舞蹈與龜茲舞蹈的結合。

既然敦煌壁畫能編舞劇，龜茲壁畫為什麼不能？王小芸回來後，就向團裏提出申請，和霍旭初、周吉一起下鄉調研、看壁畫，三人中，王小芸負責編舞，霍旭初負責結構與腳本，周吉負責音樂。那是一段難忘的經歷，王小芸現在還記得他們坐着一輛驢拉車，挨個村子跑，白天調研，晚上給老鄉演

出。然後就泡在石窟裏看壁畫，從那之後的 10 年裏，她不斷往石窟跑，在王小芸家裏，她翻出厚厚的幾本臨摹圖冊與一疊黑白照片，圖冊裏全是她從壁畫上臨摹下來的姿態與手勢，照片中則是她拍攝的許多舞蹈動態。

1984—1989 年，三人接連合作了三臺反映龜茲樂舞的樂舞：《龜茲樂舞》、《舞樂龜茲情》、《龜茲古韻》。完成於 1984 年的《龜茲樂舞》，分為四個部分。第一部分取材於古龜茲人「滴水成音」的傳說，音樂家蘇祇婆面對山泉，在泉水「由慢到快，由快到慢」的節奏變化中產生創作靈感。舞臺上，七個姑娘手捧水罐，站立位置高低不同，蘇祇婆拍打水罐奏出七音，象徵其「五旦七聲」的樂律意境，然後引出第二部分的大樂曲。第二部分的舞蹈參照壁畫形象與吸收庫車民間舞蹈素材進行了再創作，包含「燈舞」、「盤子舞」、「桌子上舞」、「蓮花舞」、「獅子舞」等七段舞蹈，其中「燈舞」則參考了壁畫中的佛教燈供養形象，「蓮花舞」與「獅子舞」則根據史料記載，以壁畫形象與民間採訪為基礎創編。舞劇的第三部分是一個歡迎遠道而來的絲路商人舉辦的家庭宴會，第四部分則是盛大的蘇幕遮舞，尾聲中，龜茲樂隊的幾個代表人物登上駱駝，吹着篳篥彈着琵琶，向東而去。

儘管花費了巨大的心血，然而在當時，一些人認為他們所編的龜茲樂舞與新疆民族舞蹈沒有什麼關係，因此舞劇草草上演幾場後便告結束，並未得到應有的關注。隨後，王小芸轉向她的老本行民族舞蹈，霍旭初則被石窟中的壁畫深深吸引，最後調到龜茲石窟研究所從事佛教藝術研究。

「要想弄清龜茲樂舞是怎麼回事，你應該去看看克孜爾千佛洞的壁畫。」不止一個人這樣對我們說。克孜爾石窟位於新疆拜城縣克孜爾鎮東南 7 公里木扎提河北岸的岩壁上。驅車前往那裏，一路都可以看到，廣闊的戈壁灘上永遠有紅色的土堆砂岩形成的山巒背景，鋪在地上的是一簇簇紅柳和叫不出名字的草，時而有一團團羊群散佈其間，那是一種神奇的感覺，一種永遠不讓你覺得疲倦的單調之美。

▲ 克孜爾千佛洞石窟外的鳩摩羅什雕像

穿行期間，你會不自覺地想起英國藝術史家貢布里希描繪絲綢之旅的那段話：「跟今天的常情相比，古人大概比我們要堅毅，要大膽。商人、工匠、民間歌手或木偶戲班在某天決定動身起程，就會加入商旅隊伍，漫遊絲綢之路，穿過草原和沙漠，騎馬甚或步行走上數月，甚至數年之久，尋求着工作和盈利的機會……」

石窟正是艱卓的藝術。遠遠望去，「老大哥」克孜爾石窟比敦煌莫高窟要顯得簡樸一些。儘管從近代以來由於被日本、德國大量盜取，壁畫的破壞很驚人，可殘留下來的東西仍然讓人印象深刻。

在最著名的 38 號窟中，洞窟的前室已然坍塌，中室兩側牆壁上繪有各有 7 組共 28 人組成的「天宮伎樂圖」。這些供養佛的天人兩兩一組，樂伎為男性，舞伎為女性，分為樂器組合，樂舞組合，舞蹈組合。在樂器組合中，有的手持排簫與阮咸，有的拿着橫笛與五弦琵琶，有的拿有篳篥和答臘鼓，有的則為銅鈸與排簫。樂舞組合中，有手持瓔珞與擊掌的組合，也有捧盤撒花和彈撥箜篌的樂伎，吹奏排簫和擊掌為節的樂伎。舞蹈組合中，有的拍掌為節、手持瓔珞，有的捧盤撒花，手持瓔珞。壁畫中的樂伎，體態婀娜，表情動人，從他們的形象動態，完全可以想像當年龜茲樂舞的盛況。

回到新疆龜茲歌舞團五樓明亮的排練室，年輕的舞蹈隊員們正在演奏他們在 2011 年排練的舞劇《龜茲戀歌》中的琵琶舞和鼓舞。在如同羯鼓鐃鈸般激烈的音樂聲中，一隊身姿曼妙、體態妖嬈的少女撩撥琵琶，款款而來，在她們身後，則是幾個扛着肩鼓、蓄勢躍騰的少年。一剎那間，心神會不由得恍惚起來，千年之前的樂舞新潮似乎又活了過來。

（本文寫作參考了霍旭初的著作《龜茲藝術研究》，感謝新疆龜茲研究院的支持。）

從安化到聖彼得堡：中國茶葉的絲路之旅

文 ▲ 程磊

　　歷史上安化黑茶北上的古道有兩條：一條是走洞庭湖經漢口到山西，北出內蒙古至恰克圖，再直達俄羅斯聖彼得堡的草原之路；另一條是從漢口北上，經涇陽進甘肅，西進新疆，出中亞抵達黑海的綠洲絲綢之路。

「茶好金花開」

　　特殊的工藝是安化黑茶區別於其他五大茶類的最大特徵，「千兩」與「茯磚」，是安化黑茶的雙子星座。10月的安化縣城，冷雨蕭瑟，街上行人不多，往來的大卡車倒是絡繹不絕，儘管製茶尾聲將近，但並不影響他們運送原料與成茶。

　　茯磚是邊銷茶的核心，黑茶絲綢之路的主角因在伏天加工，故稱伏茶。以其效用類似土茯苓，美稱為茯茶、茯磚。現在安化黑茶的體系中，有天尖、貢尖和生尖這三尖，有茯磚、黑磚和花磚這三磚，還外加千兩茶。但每年一半以上的銷量是茯磚完成的。磚內含有淺黃色像蛋花般的「金花」才可稱為茯磚，「金花」含量又與茶葉品質呈正相關，民間所

▲ 益陽茶廠的茯茶大師劉杏益正在仔細檢查一塊茯磚的「發花」。他是中國非物質文化遺產茯磚茶製作技藝傳承人

說的黑茶養人，主要説的就是「金花」。所謂「茶好金花開，花多茶質好」。

茯磚茶的金花是一種微生物，過去只有在千年靈芝上才發現過，是安化黑茶在當地特定環境條件下，通過「發花」工藝長成的自然益生菌體，俗稱「金花」，學名冠突散囊菌。湖南農業大學著名茶學教授劉仲華等已在分子水平上，證明了茯磚茶中的金花是一種對人體有益的益生菌體，長期飲用能起到調理倡導、降血脂等作用。當前，全球範圍內有不少學者，希望在冠突散囊菌上拿諾貝爾獎。

2015 年初，湖南農業大學著名茶葉教授劉仲華在哈佛大學為「金花」舉行了一場學術報告會，掀起了美國的黑茶熱。千百年來，遊牧民族用歷史和生活也證明了茯茶的作用，西北諺語「一日無茶則滯，三日無茶則痛；寧可三日無糧，不可一日無茶」，就是其真實寫照。

「金花什麼味，什麼不用説，喝完了才會明白。」劉杏益這樣説。51 歲的劉杏益在益陽茶廠製黑茶 30 載，科班出身。安化縣隸屬於益陽市，益陽茶廠雖在益陽，但茶園遍佈安化。2008 年，專注生產茯茶 50 多年的益陽茶廠的茯茶製作工藝被列入國家級非物質文化遺產保護名錄，並成為唯一的傳承保護單位，對於益陽茶廠的茯茶成為行業標杆和國家標準，劉杏益貢獻豐碩。雖然已經有了全國茶葉標準化技術委員會委員、國家級非物質文化遺產茯磚茶製作技藝傳承人、湖南省益陽茶廠副總經理等諸多頭銜，可他説起茶來，如茶農般樸實，沒有故弄玄虛的花架子。

劉杏益邀我們品嘗的是 2007 年益陽茶廠的 1.95 公斤包裝的茯茶，此款茶的原料含部分安化本地料，湯色紅豔，極為耐泡。劉杏益指着茶湯説：「每天都有很多客人來品茶，這一壺茶沒換過，十幾泡下去，還是有滋有味。」我們大概喝的是第七泡，一口下去，陳香明濃厚，葉底的一股糯香依稀可聞，這種特有的菌香只有黑茶才有。

早年絲綢之路上的茯磚茶，沒有現在這麼細膩的口感，因大部分選用葉

片大、葉張肥厚、成熟度高的黑毛茶為原料。33 道工序反覆發酵，是為了去掉粗老葉的苦澀。雖然歷史上的黑茶一直是價廉物美的邊銷茶，安化卻並非沒出過黑茶的精製品。當年晉商採穀雨前最細嫩的芽尖，乃至帶有白毫的白芽尖，製成黑毛茶後，再用 106 目皮篾小雨篩，篩選出極細的精製茶。一斤一簍，60 簍一套篾箱，並不出售，而是帶回家鄉作為高貴的贈品。這樣的芽尖茶，明洪武到清康熙、乾隆年間，都有歲貢。

就茯磚來說，更精緻的產品在當代始於 2004 年。當時以邊銷為主的益陽茶廠轉向內銷市場，開始提高原料的等級，以一芽二葉為原材料的茯茶發花需要突破多重技術瓶頸。原料等級較高，會使茶香氣比較純正，但是菌花香會稍弱，並且發花的穩定性不夠。益陽茶廠解決了這一問題，並帶動全行業的技術升級。到了 2005 年，安化的茯磚茶已經扭轉了過去人們對安化黑茶原料粗老、品質低廉的印象。

在六大茶類中，安化黑茶是以獨特的生產工藝定義的茶，比如茯磚茶，大體要經過清茶加工、築茶成封和發花三大階段，其中發出「金花」來這一神祕而關鍵的工藝，是理所當然的技術門檻。它與黑茶壓製的緊實度、溫度、濕度以及原料的含梗量密切相關，任何一項細微的變化，其他項均要隨之變化。

發花的最後一個場所是烘房，壓製成磚後，這裏是最後一道工序，也是安化所有黑茶廠商的禁地，幾乎不對外開放。在阿香美茶業的工廠，我們有幸近距離「涉密」。

進入烘房，像進入了一個桑拿房般的倉庫，首先映入眼簾的是溫度計與濕度錶各一個釘在架子上，16 點多時候的溫度是 28 攝氏度，濕度接近30%。機密當然沒有這麼簡單，在每一天的不同時段，溫度、濕度都不盡相同。在烘房狹小空間裏的三排架子上，以拇指長的距離為隙，一塊塊「磚頭」整齊地橫立着，它們距離上市銷售，僅一步之遙。

▲ 雲臺山茶園。安化「黑茶理論之父」彭先澤推崇「道地茶」，其中雲臺山、芙蓉山、高馬二溪是公認的道地山頭

▲ 兩位茶人在對黑毛茶揀梗。莖梗中的維管束是養分和香氣的主要輸導組織，很多茶廠仍舊喜歡人工揀梗

國人喜綠茶，而綠茶中如果含有茶梗，則被視為劣質茶，這一點在黑茶體系內並不適用。根據阿香美董事長夏緒平先生的介紹，黑茶中除了天尖、貢尖和生尖等散茶為芽頭製成外，其餘的均含茶梗，尤其是茯磚茶。添加茶梗是為了確保壓製過程中會出現空隙，這些空隙是「金花」的「家」，茯磚茶的含梗量一般控制在 12% 左右，含梗量越低，發花技術要求越高。

剛出烘房的新茯磚，表面如刀切般齊整，通體呈褐黑色，掰開磚身才可看到內有大量的金黃色顆粒，放置於顯微鏡下觀看，像一朵朵黃色的小蘑菇。

目前很多口味的創新都是圍繞茯磚在進行。安化第一塊荷香茯磚誕生於阿香美，採用高山黑毛茶，佐以荷葉、決明子等天然植物製成，深受日韓兩國年輕女性的追捧。

邊銷之王的絲路

據安化縣茶葉辦主任介紹，上安化黑茶北上的古道有兩條：一條是走洞庭湖經漢口到山西，北出內蒙古至恰克圖，再直達俄羅斯聖彼得堡的草原之路；另一條是從漢口北上，經涇陽進甘肅，西進新疆，再出中亞直達黑海的綠洲絲綢之路。

從事茶葉貿易 25 年的哈薩克茶業的總經理麥的奧告訴我，沿着絲綢之路而來的安化黑茶，至今都是哈國飲用中國茶葉重要的種類。20 世紀 50 年代，該國 80% 的消費茶葉都進口於中國。

如今，現代交通已取代了悠悠駝鈴，但黑茶北上的脈絡依舊在依附於古老的絲綢之路。在安化黑茶大市場裏，我和來自蘭州的茶商聊了許久。他的黑茶經銷商鋪在蘭州七里河的西北茶城，那是一個緊鄰黃河的茶葉交易市場，最受歡迎的仍是安化的茯磚。

胡馬的嘶鳴聲早已隨西風流雲而去，而濃郁的茶香依舊飄溢在黃河岸邊。他用火車將這裏的黑茶運往蘭州，再經下一級茶商銷往西北各地。在武

威、在張掖、在酒泉、在甘南、在新疆、在青海……只要你走進牧民氈房，主人先端上來的，依舊是一碗飄着奶香或棗香的熱乎乎的黑茶。

幾千年來，以絲綢交易為紐帶，東西方幾大文明都在中亞發生交集。後來茶葉貿易興起，中國茶葉在絲綢之路中扮演着十分重要的角色。在這個意義上，絲綢之路也是一條「茶葉之路」。而因為邊銷以及在該領域的統治性地位，古時安化黑茶在這條「茶葉之路」上，既有車馬奔馳的喧囂，又有舟楫橫渡的壯觀。

始於邊銷的安化黑茶，改變了邊區人民的生活。文成公主不僅用和親的舉動撫慰了松贊干布和他的臣民，帶來了邊地的平安，而且她進藏帶去的茶葉，使吐蕃人發現了茶葉對這個缺少果蔬食用的民族的重要性，所謂「牛羊之毒，青稞之熱，非茶不解也」。

牧民們圍坐在一起，支起小鍋，點起篝火，從背囊中取出一塊像磚頭一樣的黑茶，抽出短刀，砍下一塊丟入鍋中，隨手放些鹽巴、酥油、牛奶等物，這至今還是邊疆一些少數民族的生活常態，他們背囊中像磚頭一樣的物品就是邊銷茶。當前西部邊疆的回族、蒙古族、維吾爾族的奶茶，以及分佈在甘肅河西走廊中部和祁連山北麓的裕固族的擺頭茶，都是用茯磚茶或黑磚茶製成。

在青藏高原、蒙古高原以及綿延數千里的絲綢之路兩側，蒙古、藏、回、維吾爾、裕固、錫伯、哈薩克等 20 多個民族，由於他們的主食是牛羊肉和乳酪食品，加上生活環境氣候寒冷、乾燥，缺乏蔬菜，具有分解脂肪、舒暢腸胃、增加熱量等功能的邊銷茶便成為他們長期的生活必需品。安化黑茶，便是作為這樣一種特殊角色出現，作為邊銷茶源源不斷地從湖湘腹地走向遙遠的邊疆，直至歐洲。

歷史上黑茶不僅是邊境少數民族的生活必需品，還是歷朝中央治邊的戰略物資。中央政府用內地黑茶邊銷，換取少數民族餵養的大量戰馬。解放

後，邊銷茶生產也需要國家指定的定點廠家，所以也有「安國茶」一說。

安化黑茶早期的邊銷茶，是以散茶為主，為了方便運輸，陝西商人開始將安化的原料運到涇陽壓製成磚。也有商人就地在安化踩捆成包，後來改成小圓柱，每支 100 兩，稱安化「百兩茶」。到了同治年間，出於同樣的目的，晉商與安化江南鎮的劉姓兄弟在「百兩茶」的基礎上共同研製，增重為每支千兩。按現在的演算法，有 72.5 斤。

磚也好，柱也好，主要都是打破以往茶包體積大但比重輕的局限性，作為絲綢之路上的邊銷茶，商人們希望每一次長途跋涉都能盡可能地多運一些。

邊銷市場的火爆，也直接推動了安化黑茶的發展。根據益陽茶葉局局長李建國的研究，明清兩代是安化黑茶發展的黃金期，號稱「十里一鋪，黑茶傳奇」的茶業盛世由此開啟。到了清末，安化已有 4 萬人口，與當時 300 公里外的益陽城人口相當。

明清 600 年，安化成為世界黑茶中心，黑茶產量世界第一，在邊銷市場佔據着統治地位。根據古文獻記載，這期間中國 5 個黑茶產地省，平均產量比例是：湖南（黑茶）40%、四川（烏茶）20%、廣西（六堡茶）15%、雲南（普洱茶）15%、湖北（老青茶）10%。

目前，邊銷仍舊是黑茶的重要市場。劉杏益告訴我，僅自己一家，每年西北三省的邊銷超過 5000 噸。只不過現在利潤微薄，每年 2/3 的產量用來邊銷，只創造了 1/3 的收入。

黃金水道

在踏上絲路的征程之前，安化黑茶的命脈在一片溪河網佈的水系之間。

安化境內除了資江兩岸城鎮所在的少許狹長平地，其餘幾乎全是山地。雪峰山脈和衡山餘脈，一南一北，盤踞資江兩岸，千米以上的山峰就有 157 座。境內河谷縱橫，主幹河資江流經 24 個鄉鎮連綿 120 公里，水系流域面積

與安化土地面積相當。一出縣城就進山，永遠走在轉不完的盤山道和涉不盡的溪流中。

沿着縣域內的資江而下30公里便是安化江南鎮，安化黑茶的又一重鎮。順着江岸往下游走，很容易就能找到德和兆記茶行遺址。這個茶行建於乾隆年間，也曾是赫赫有名的大商行，到現在還有13家名號。眼下舊址被一家篾廠租下。儘管茶行沒落，篾卻和茶有關。天井裏篾師傅用柴刀劈開一根根青毛竹，女工再把竹條編成十兩、百兩、千兩茶用的篾簍。

跨過地上的竹篾，走到後門，一座小碼頭湮沒荒草之間、清澈的資江水下，幾十年來水電興盛，水位已經抬高了。在交通不發達的時代，這條江維繫着安化與外面世界的接觸，同時也是安化黑茶的生命線。據安化縣茶葉辦主任蕭偉群介紹，百來年前，資江兩岸茶鎮，如江南、邊江、黃沙坪、小淹、酉州、東坪等鎮，沿江都有這種直接通進茶行的私人碼頭，專門的茶葉大碼頭就有四個，是長江水系與漢口相連的最大茶葉碼頭，稱之為黑茶絲綢之路的重要起點並不為過。

明清至民國期間，借助資水橫貫全境的地利之便，安化黑茶從這裏起航。茶季每天都有大量船隻滿載茶包，沿資江入洞庭，沿長江、漢江再轉陸路，用馬和駱駝馱往西北地方，前往陝西、山西、甘肅、新疆乃至俄國的恰克圖。俄商們再販運至伊爾庫茨克、烏拉爾、秋明，一直通向遙遠的莫斯科和聖彼得堡。

從17世紀末開始，從中國大量銷往歐洲的茶葉有兩條路線，除了連接川滇藏的茶馬古道以外，另外一條就是由俄羅斯商人經營的商隊茶，經恰克圖口岸出口，橫跨亞歐大陸。這條茶葉之路在中國境內又叫「茶商水道」。普遍的認知是「武夷山—恰克圖—俄羅斯」這一條路，而根據蕭偉群的考證認為，武夷山只是茶葉之路的起點之一，更古老的起點，在安化。

在武漢大學世界經濟系教授、博士生導師劉再起看來，整條中俄茶葉之

路的南段，基本上是順着中國古代黃金水道運行。之所以稱為黃金通道，是因為這條水路運輸路線貫通了信江、長江和漢江流域，沿途經過的城市和碼頭，都是當年各省的經濟交通樞紐，如河南的賒店鎮、江西的景德鎮和湖北的漢口鎮。

這條茶葉之路的北段，是從北方草原開始的一條縱深通向蒙古和西伯利亞腹地並且能直抵歐洲的駝道。這條茶葉之路繁榮了近 200 年，是當時重要的國際商道，其源頭就是漢口。

1727 年，清政府與沙俄帝國簽訂《恰克圖條約》，確定了兩國在這一地區的邊界線，更豐富了清王朝與俄國的貿易形式，從單純的商隊貿易逐步過渡到商隊與邊境互市貿易並存。恰克圖這個昔日的邊境小沙丘，也由於貿易的發展，逐漸演變成大漠以北的商業「都會」。劉再起教授指出，造成這種繁榮的根本原因就是茶葉貿易。

第二次鴉片戰爭後，1861 年清政府簽訂《北京條約》，漢口成為新闢的通商口岸之一。1862 年清政府簽訂了《中俄陸路通商章程》，俄商取得了直接在中國南方茶區採購加工茶葉和由水路通商的權利。俄商來到漢口，與英國商人開始了在漢口的茶市競爭。由中國銷往英國和俄國的茶葉，大量由漢口起運。1871—1890 年，每年出口達 200 萬擔以上。這期間中國出口的茶葉，佔世界茶葉市場的 86%，而由漢口輸出的茶葉佔國內茶葉出口的 60%。穿梭往來的運茶船隊不斷進入漢口港，其中一支主力軍就是沿資江而來的安化黑茶。

黑茶的流動改變了許多地區的文化生態，它成了鄰國的歡喜之物。1764 年，俄國人米勒在他所寫的關於赴華使團的意見中説：「我們已習慣了喝中國茶，很難戒掉。」李建國的研究發現，黑茶輸入俄國後，開始還只是俄國王公貴族、富商和文化名流的時尚飲品，到了 18 世紀末，茶葉就成為俄國西伯利亞人民的生活必需品，在俄土戰爭和俄法戰爭中，黑茶是俄國軍隊的標配。

▲ 19 世紀中國絲綢畫中描繪的漢口港茶葉北上的最後階段：稱重、品味、裝箱、搬運

　　俄國人的需求又反過來促使他們進行工業技術的輸出，1874 年，俄國茶商改用蒸汽機和水壓機製作磚茶，成為武漢地區第一批近代產業。19 世紀俄國人在漢口留下的遺存幾乎都與茶商有關，在洞庭路有著名俄商「巴公房子」，是曾任新泰茶廠大班的巴諾夫三兄弟在 1909 年花 15 萬兩銀子建的公寓。在漢口鄱陽街與天津路交匯處，1876 年俄國茶商彼特‧波特金捐建的東正教教堂至今保存完好，這是漢口唯一的典型俄羅斯風格建築。俄國茶廠的新泰大廈建於 1888 年，至今仍然屹立在漢口蘭陵路口。

「先有茶後有縣」

　　臨近冬季，安化的茶農鮮有採茶，多是「朗山」，這是安化方言，即墾荒的意思。為了將茶園附近的雜木雜草砍掉讓茶曬到更多太陽，也就地成了

天然的肥料。此外，這幾年安化的茶葉子吃香了，山上許多農夫紛紛把荒了多年的茶園「朗」出來，栽上茶苗，提前謀劃。

古代的安化黑茶受到熱捧，主要源於自身特殊的功效；這幾年安化黑茶火爆蔓延全國，功效、收藏價值皆是原因，更因安化是自古以來的好茶產地。

安化黑茶聞名於世，得益於優越的自然環境，自古便是茶樹繁盛之地。境內山清水秀，溝壑縱橫，雲霧繚繞，茶樹「山涯水畔，不種自生」，是獨特的宜茶區域。用現代語言去描述，安化處於亞熱帶季風氣候，溫暖濕潤，四季分明，雨量充沛。從地理位置、海拔、光、熱、水等氣候資源看，全部具有世界一流的種植茶葉的氣候條件。

古時，湘中腹地統稱「梅山」的資江流域，是梅山文化的發祥地。整個地區星羅棋佈的是被稱為「洞」的民族村落。奉蚩尤為祖先的瑤、苗人民，既不聽從州府轄制，也不納稅。直到北宋熙寧六年，王安石手下幹將章惇說降此地梅山洞蠻，方才設立縣治，名為安化，取意「歸安德化」。

「先有茶，後有縣。」安化茶最早見於唐中期的《膳夫經手錄》。安化山水宜茶，遠在歸化之前，此地先民就已在享受這一自然恩賜。原居於此的瑤、苗民族在置縣後漢族移民的浪潮下漸漸南遷，只在《又到梅山三十六峒遊念》的手抄本巫經中，留下瑤人死後靈魂需回梅山認祖歸宗的印記。但先人們依舊留下了有跡可循的習俗，據蕭偉群介紹，在現在安化農村，許多農戶家裏都有一口缸，裏面滿滿當當地晾着用黑毛茶炮製的茶水，一個茶缸子放在邊上，想喝就舀。在一些隱祕山間的瑤族後裔，仍能看到瑤族特有的用桂皮、山薑等煎茶的習俗。

古代安化茶最出名的產區有「兩山二溪六洞」的說法。近代湖南黑茶的主產區，主要集中在湘中和湘北兩大茶區，以安化和臨湘最為集中。發展到現在，好比江蘇產蟹的湖泊眾多，唯陽澄湖最為出名，在黑茶領域，儘管附近的桃江、沅江、益陽、漢壽、桃源一帶仍是有口皆碑的黑茶產地，但安化

▲ 安化茯磚茶中含有一種俗稱「金花」的微生物，益生菌體是安化黑茶的獨特之處

▲ 雲臺山是安化黑茶的優質產地，一年有 200 多天，茶場都穿着雲霧這層外衣

▲ 踩製「千兩茶」是一門古老的技藝，需要 7 個人的無縫配合，拿着小棍的是杠爺，旁邊四人是支腳的

▲「奮鬥一輩子，只為幾片樹葉子。」這是「千兩茶」大師蕭益平的微信簽名，他也是中國黑茶非物質文化遺產技藝傳承人

已然是黑茶代名詞。

　　安化黑茶此前的盛景在明清時期，家家戶戶有種茶、製茶的傳統習慣，「茶市斯為最，人煙兩岸稠」說的便是當時。據蕭偉群介紹，在當年產茶高峰時，坐船、騎馬前往安化以現鈔買茶、以物兌茶的客商達 6 萬餘人，會聚晉、陝、鄂、川、徽等地客商及茶葉加工製作人員，茶市十分繁榮。

　　對比之下，安化黑茶當下的繁榮程度，被劉仲華教授稱之為「史上最好的時期」。就連過去主產糧食鮮種茶樹的安化冷市鎮，一家名為華萊、成立不到 8 年的黑茶企業，迅速成為全國單廠銷售額最高的企業。華萊黑茶產業園的廠長曾衞軍告訴我，在冷市鎮，有超過 80% 的人口在從事與華萊相關的產業，全省郵政物流有一半的訂單來自這家企業。

　　黑茶收藏熱也是帶動黑茶蔓延全國的原因之一。不久前湖南茶博會上一塊百年安化黑茶磚賣出了 105 萬元的天價，升值倍率遠遠超過同時代的其他藝術收藏品。益陽茶廠 2005 年生產的湘益牌 400 克紀念茯磚茶，當年售價僅80 元，現在價格已過 3000 元。

　　在阿香美董事長夏緒平處，我們喝的是陳年手築茯磚。這塊 10 年的茯茶，葉底黑褐均勻，質地稍硬，用手指輕輕一捏即碎。沖泡之後，茶湯比新茶更為甜醇爽滑。十幾泡之後，茶湯色澤逐漸變淡，但甜味猶存，且更加純正。

THROUGH
THE SILK ROAD

中國人的海洋
之路

概述

文 ▲ 朱步沖

「與我們當代的認知相反，在達·伽馬與麥哲倫的偉大航行之前，在歐亞大陸和廣袤的印度洋上，各主要古老的中心文明已經通過陸路與海路形成了一個共生圈際，這種經濟貿易、文化與政治上的交流，是一種古典版本的全球化。」英國歷史學家 A.G. 霍普金斯在《世界歷史中的全球化》一書中這樣寫道，「西方的航海大發現以及隨後的歐洲主導的全球經濟一體化並非對這一貿易共生體制的簡單替代。」無疑，在這一「古典版本的全球化」中，中國發揮了舉足輕重的作用，它並非一個只具備內斂性、關注其內陸疆域的黃土地帶文明，其向歐亞大陸中心施加影響的渠道更非僅限陸上。早在 20 世紀初，法國著名漢學家沙畹在《西突厥史料》中即提出，聞名遐邇的絲綢之路擁有兩條，除陸上絲路之外，更有海上絲綢之路，為一條自中國東南出，橫穿印度洋諸港之航道。20 世紀 60 年代，日本歷史學家三杉隆敏更有專著《探索海上的絲綢之路》，他指出，海上絲路實則是中國與東南亞、印度乃至阿拉伯半島國家海上交通的聯繫網，不僅包括貴金屬貨幣與絲綢、陶瓷與香料等貨物的流通，更標誌着藝術、宗教與科學知識在歐亞大陸不同文化中心之間的傳遞渠道。

海上絲綢之路之所以被長期忽視，很大原因是它未曾在中國引發西方 16 世紀大航海時代後類似的工商業革命，也未曾出現類似西班牙、葡萄牙以及後繼的英荷等國的海上貿易霸權。確實，從唐宋兩代直至清代中葉，因海外貿易而助長的商業體系急速發展，大量硬通貨幣流入，中國似乎距離西方意義上的商業革命已經不遠，然而其龐大的農業人口與農業經濟基礎無法使得這些盈利變為商業資本進入再投資領域，陶瓷與絲綢的生產也無須頻繁進行技術革新，從而擺脫勞動密集型生產模式。

儘管如此，中國在海上跨越 2000 年的探索依舊是一項偉大的成就，它促使中國逐漸地從虛構獵奇性的中心／邊緣二分法的差序世界觀中緩慢地走了出來，經南海進入印度洋，到達印度、斯里蘭卡、阿拉伯海，最終抵達阿拉伯半島和非洲東海岸。如果沒有甘英、杜環、法顯、鄭和等人的勇敢，和其他千萬名不見史籍的商人、軍人、外交使節與僧侶的遠行，歐洲也不會通過阿拉伯人得知，在遙遠的東方，有一個如此富饒的龐大國家，蒙特・高爾維諾、馬可・波羅、艾儒略與利瑪竇也不會因這樣一個遙遠而誘人的錦標而毅然動身；中國習得了阿拉伯的天文、建築，印度的醫藥，中亞的音樂與繪畫，而將數學、製圖、火藥、造紙與養蠶紡織技術西傳，最終這些文明成果的大部分都輾轉抵達了歐洲，催生了歐洲近代化的啟蒙運動與政治革命。而隨着玉米、番薯、馬鈴薯以及煙草、花生、番茄等原產美洲的經濟作物也進入中國，進而造就了明清兩代中國歷史上持續最長的農業繁榮和人口增長的時代 —— 中國長達 2000 年的海上絲路經營雖然沒有造就一個比擬西方地理大發現的輝煌，但它卻為後者打下了一個必不可少的基礎。

▲ 描繪鄭和下西洋場景的畫作（約作於 1558 年）

穿越馬六甲海峽，有船隻，還有歷史

文 ▲ 丘濂、劉暢　攝影 ▲ 于楚眾

在馬六甲海峽成為溝通東西方之間重要的航運商道後，海峽上的港口也在歲月中經歷了衰榮興替。這其中命運最為戲劇的要屬馬六甲和新加坡。今天我們提起馬六甲海峽，腦海中首先浮現的是新加坡這個國際大港，而馬六甲只是一座讓人憑弔遊覽的古城，為馬六甲海峽空留下這一名字，來向人們昭示它往日的輝煌。

▲ 馬六甲古炮臺。葡萄牙人佔領馬六甲期間修建了牢固的城堡，後遭英國人破壞，只有城門保留下來

穿越海峽，穿越歷史

要對這條連接印度洋和太平洋之間的重要水道形成直觀的認識，最簡單的方法就是乘船通過海峽。一些遊輪公司提供從新加坡出發到馬來西亞檳榔嶼的航線，它幾乎可以駛過完整的馬六甲海峽，但出發時間難以與我們的行程對上。經過比較，我們選擇的是從印尼蘇門答臘島上的小城杜邁橫穿馬六甲海峽到達馬來西亞馬六甲城的渡輪。這是一種每天都有一班的渡輪，上午10點出發，經過兩個多小時的航行就能抵達對岸。從地圖上看，東南－西北走向的馬六甲海峽像是

一個張開的鱷魚嘴。這艘渡輪就要穿過「鱷魚嘴」中間最狹窄的一段水域。

　　能夠乘船抵達海峽對面列入世界文化遺產的古城馬六甲，幾乎是旅行者來到杜邁的唯一理由。本來蘇門答臘島和整個印尼的政治、經濟、文化中心爪哇島相比，遊客就很稀少。這讓我們出關的時候遭遇了小小的波折──印尼政府剛剛在（2015 年）6 月 12 日宣佈了對中國遊客實行免簽，因此我們從印尼首都雅加達入關的時候，護照上只蓋了一個允許停留 30 天的印章。杜邁港口的邊檢工作人員顯然還不曾在免簽之後遇到過中國遊客，在一通和上級電話確認之後才最終對我們放行。搭乘這趟渡輪的基本都是印尼人或者馬來西亞人。杜邁所在的印尼廖內省盛產石油，杜邁分佈了不少煉油廠，它也是印尼最大的石油輸出港口。有一部分馬來西亞人在杜邁油廠裏工作，乘坐渡輪定期回家。還有很多在馬來西亞不同地區打工的印尼人喜歡乘坐這趟渡輪，因為船票比機票價格低廉，而且可以帶較多的行李。渡輪人最多的時候是在開齋節前，打工者紛紛要返鄉與家人團聚。

　　旅客運輸只佔到馬六甲海峽航運量極其微小的一部分。今天的馬六甲海峽是全球最繁忙的海峽之一，每年有 8 萬多艘貨船要從海峽上通過，具體到每天則是 200 多艘。隨着渡輪駛向海峽中心，海水由茶色變成了清澈的湛藍色，我們也逐漸感受到了海峽上忙碌的交通狀況：大型及超大型輪船絡繹不絕，偶爾還看到兩三艘巨輪接連航行，出現難得一見的「船龍」。一位船員告訴我，船隻

▲ 馬六甲居住有許多華人，他們晚上喜歡到雞場街消遣娛樂

在馬六甲海峽中航行要遵守一定的交通規則。「比如速度不能太快,要保持在 12 節以下。還要按照分道通航的規則,來和去的船隻佔據水道的不同側面。現在的船舶越來越大,它們又會根據吃水位置,進入深淺不同的航道航行。」這些做法的目的都是防止船隻在這條「擁擠」的海峽中相撞和擱淺。馬六甲海峽總長度 660 海里,最寬處 200 海里,最窄的地方不到 10 海里,而可通航的單向航道最小寬度只有 1.1 海里。並且馬六甲海峽裏還分佈有沙灘和沙洲,淺於 23 米的地方就有 37 處。再加上一些過去的沉船可能形成的阻礙,在這樣的水道航行,對航海者的操縱能力要求很高。

歷史變遷,往來馬六甲海峽的船隻裏運送的不再是中國的絲綢和瓷器、馬魯古群島的香料,或是印度的棉布、阿拉伯的乾棗和皮革,以及非洲的象牙和寶石。按照統計,現在馬六甲海峽承擔着世界約 40% 的貿易輸送量,運送的最主要物資是原油或者是石油產品。一份 2011 年的數據顯示,中國當年的原油進口達到約 25 萬噸,來自中東和非洲 7 個國家的石油供給總量約 16 萬噸,佔總進口量的 64.5%,它們中的大部分必須經過馬六甲到南海一線,到達中國的沿岸。而經由馬六甲海峽從中東進口的原油,更是佔到日本原油進口的 90%。2013 年,中緬天然氣管道開始向中國輸送天然氣;2015 年 1 月,中緬原油管道也進入試運行,這在一定程度上緩解了中國對於馬六甲海峽石油運輸上的依賴。

馬六甲海峽從何時開始成為一條重要的貿易通道?從中國方面的史料可知最初中國與印度之間的南海商路並不經過馬六甲海峽。《漢書·地理志》中有關於南海商路最早、最明確的記載:「自日南障塞、徐聞、合浦船行可五月,有都元國;又船行可四月,有邑盧沒國;又船行可二十餘日,有湛離國;步行可十餘日有夫甘都盧國;自夫甘都盧國船行可二月餘,有黃支國……有譯長屬黃門,與應募者俱人海,市明珠、璧琉璃、奇石異物,資黃金雜繒而往。……黃支之南,有已程不國,漢之譯使自此還矣。」這段話寫

▲ 宋元時期海上絲綢之路示意圖

的是漢武帝派遣宮廷官員，率領海員或者商人攜帶黃金和絲綢遠航海外，換回大量奇珍異寶的旅程。學者基本對這趟旅程的終點達成共識，黃支國位於今日南印度的康契普納姆，已程不國則是今天的斯里蘭卡。整條路線於是明確：商隊從中國廣東出發後，便沿着東南亞半島一些國家的海岸線西行，穿過馬來半島後進入孟加拉灣，最後到達終點。受到當時的造船水平和航海技術的限制，船隻僅僅沿着東南亞半島地區沿岸的淺水區域來航行。而穿過馬來半島，則是指登陸翻越馬來半島的南部。因此，這條水路和陸路相結合的路線，又被史學家稱作「馬來半島的聯運航線」。

「聯運航線」成就了扶南古國的崛起。3—6世紀的時候，扶南成為東南亞最強大的海上國家，版圖包括今天的越南南部、湄公河中下游、湄南河流域的大半以及馬來半島的大部分地區。根據史料的記載，扶南和中國通使至少26次。523年，梁朝更授予扶南國王「安南將軍扶南王」的稱號，充分顯示出扶南在東南亞的地位，特別是和中國朝貢貿易的頻繁。其時扶南不僅以

東南亞的特產金、銀、銅、錫、沉香木、象牙等去換取中國的絲綢和印度及其以西各國的產品，更利用在南海商路上的居間地位發展中介貿易。例如，扶南經常把從印度運來的西方產品，如蘇合、鬱金香、玻璃等再轉販於中國，以獲得巨額利潤。

扶南古國的衰落和航運路線由半島向海島區域轉移有關，如果不突破馬來半島的陸地阻隔，東西方的貿易總是存在障礙。隨着人們造船技術和航海水平的不斷提高，便有越來越多的船隻改從離岸較遠的深海航行，並試圖擺脫馬來半島的阻撓而直接穿過馬六甲海峽進入印度南部。不過，要完成這種變化，卻是經過了長期的、緩慢的過程，也許是經過了幾個世紀的不斷冒險和探索，直到最後才完成這種變化。其中一個例子便是東晉高僧法顯由印度、斯里蘭卡兩地求得佛法後取海路回國時遭遇險情的過程。《佛國記》中寫道，法顯在 411 年 8 月從斯里蘭卡登上能載 200 多人的商船啟航，只航行兩日後即遇到風暴，大船已破滲水，他只好改乘小船。經過在海上 90 多日的漂流後，法顯到了耶婆提（今天爪哇島，或有主張蘇門答臘南部），在此停留了 5 個月等待季風的轉換，再登船航行。一部分史學家認為，法顯所走的路線，正是取道馬六甲海峽

▲ 馬六甲海洋博物館一艘仿葡萄牙的「海上之花號」船模。它路過馬六甲海峽時在風暴中沉沒

的深水航線。

到唐初時，經由馬六甲海峽的商道已經完全成熟。從唐代賈耽所著的《廣州通海夷道》可以看出，當時航船從中國廣州出發後，繞過海南島東北，再沿中南半島海岸到達今天越南南部的崑崙島，穿過馬六甲海峽（外國人稱作「質」），然後進入印度半島南部。由於這條商道，中國商船和阿拉伯帝國商船定期往來於中國廣州和阿拉伯帝國首都縛達（巴格達）之間，廣州和縛達成了當時東西方貿易中心和國際化大都市。

通過馬六甲海峽的商道，也造就了海峽兩岸港口城市的繁榮。事實上，從事東西方貿易的商人必須要在這裏停留，才能繼續航行。在風帆時代，商人們需要依靠季風來驅動船隻，每年 12 月到翌年 3 月，他們可以利用東北季風南下，等到 5 月至 10 月，他們再借着西南季風返回家鄉或者繼續北上。馬六甲海峽的港口因而也被稱為位於季風吹拂之下的「風下之地」。在等待季風變化的日子裏，馬六甲海峽就為過往商船提供了一個避風港，它們停泊在這裏就仿佛是停在一個內陸湖上，免受了大洋之上驚濤駭浪的顛簸之苦。商人們在這裏檢修船隻、整裝休息，也同當地人或者他國商人交易本地土產或者異域貨物。馬六甲海峽的港口成為貿易集散地。

馬六甲海峽兩側的海岸線提供了諸多天然的港口，它們都能夠作為商品集散的地點。不同港口之間的競爭出現了，它們相互之間爭奪貿易的霸權。周期性的，一個港口確立為地區貿易中心，博得了外國商人的頻頻回顧，它的鄰居們就不得不作為二等集散中心，為它提供商品貨物。這種關係的保持取決於貿易中心是否能夠通過鬆散的政治、經濟聯繫控制其他分散的港口，不論中心和附庸都承認這種聯繫是對雙方有利的。當附庸開始質疑它所得利益是否充分時，它和中心國的聯繫就被削弱了，整個區域再次分裂成許多小王國，爭奪霸權，直到另外一個港口重新確定它的優勢領先地位。這種力量的浮沉消長，被形容是「馬來西亞的歷史節奏」。但是，這種「歷史節奏」

僅僅發生在馬六甲海峽早期的貿易時代，它並不能解釋馬六甲王國的衰落，以及後來新加坡的崛起，因為從地理位置來講它們相隔非常近，新加坡很長時間以來也一直都是馬六甲蘇丹王朝及其後續王朝的藩屬。今天我們提起馬六甲海峽，腦海中首先浮現的是新加坡這個國際大港，為什麼？

印尼巨港：室利佛逝國的榮光

如果要搞清楚馬六甲王國盛極一時的原因，一定要從印尼蘇門答臘島的巨港開始探尋。這正是我們奔赴杜邁乘坐輪渡之前造訪的一站。馬六甲王國建國的過程並沒有中國旅行者記錄下有關信息，因為當時是明朝初期，皇帝禁止臣民私下南洋經商。葡萄牙人留下的歷史資料和另外一本糅合了神話和現實的《馬來紀年》都認為馬六甲王國的建國者來自室利佛逝王朝的中心巨港，雖然在具體細節上出現不少差異。在馬六甲的蘇丹王宮博物館，我看到了一個當地通用的說法：室利佛逝王朝末期，王子拜里米蘇拉因為不滿意爪哇島後來興起的滿者伯夷國的控制，企圖恢復室利佛逝榮耀而被從巨港驅逐，最終在馬六甲建立了一個新的國家，成為第一代國王。某種程度上說，馬六甲王國就是室利佛逝國的延續。

今天的巨港是一座雄心勃勃的城市，它是蘇門答臘島上僅次於棉蘭的第二大城市，是南蘇門答臘省的首府，因為周邊的石油資源而興旺。最近一些年，巨港也積極在承辦各類運動賽事和會展活動拉動經濟。比如，它和雅加達一起，在 2011 年主辦了第 26 屆東南亞運動會，又在 2013 年舉辦了伊斯蘭團結運動會。巨港有不少華人，他們的祖先最早是先到邦家島挖錫礦，後來因為生活艱苦，陸續又到印尼的其他地方，相鄰不遠的巨港就是不錯的選擇。從早年的咖啡和橡膠種植，到現在石油與天然氣的開採和提煉，處處都有華人的身影。現在，中國在這裏投資的項目也很多，發電廠基本都是由中國投資建設的。

▲ 馬六甲聖保羅山頂的教堂歷經葡萄牙人、荷蘭人和英國人的使用，濃縮了 400 年的殖民史

▲ 葡萄牙人和當地人結合，形成了聚居地「葡萄牙村」

▲ 印尼巨港的穆西河畔是整座城市最生機盎然的區域

不過，像我們這樣到這裏探尋歷史文化的中國人，本地旅遊局官員倒是頭一次接待，他們平時遇到的都是商務考察團。這位旅遊局官員告訴我，巨港的歷史和中國有着千絲萬縷的聯繫，明朝鄭和在下西洋的時候，曾經在這裏剿滅過盤踞東南亞的海盜王陳祖義。當時，室利佛逝國已經解體，巨港無主，祖籍潮州的陳祖義和他的海盜集團在這裏劫掠過往商船，禍害一方。鄭和的海軍在這裏生擒了陳祖義並帶回京中斬首，之後又在巨港設置了宣慰使司保護當地華人。因為鄭和是回教徒的緣故，也在巨港傳教，當地建有鄭和清真寺來紀念。本地還有一處旅遊景點也和華人相關 —— 傳說一位叫當布安的華人男孩愛上了本地女孩弗提法提瑪，他為了去打撈彩禮跳入水中，弗提法提瑪也跳下水追隨，兩人同時遇難，之後水面升起一座小島。當地華人在

▲ 鄭和到過巨港，當地建有紀念他的鄭和清真寺

島上建有寺廟，每年都會吸引大量的本地青年男女前來祭拜，祈求感情忠貞永恆。

古代室利佛逝國的繁榮也和與中國的交往有很大關係。中國對於室利佛逝商品的需求主要是乳香、沒藥和其他一些用於製作熏香類產品的芳香類樹木。這種香料與之後吸引西方殖民者到來的側重於食物防腐和調味的豆蔻、丁香以及屬於辛香類的胡椒有所不同。唐代社會，用香已成為日常習慣，宮廷筵宴、婚喪喜慶、佛道祭祀、茶樓酒肆都離不開香。一些芳香類的樹木比如檀香，來自蘇門答臘島的腹地和周邊島嶼，上好的乳香則來自阿拉伯半島和東非。室利佛逝王國在中間正好扮演一個貿易樞紐的角色。

室利佛逝王國存在於 7—13 世紀，對應了中國的唐、宋、元三個朝代。唐朝的「安史之亂」前，國力強盛，與海外的貿易形式以朝貢貿易為主。這是中國政府與海外諸國官方的進貢和回賜，講究「厚往薄來」。宋人馬端臨在《文獻通考》中說：「島夷朝貢不過利於互市賜予，豈真慕義而來。」這句話道破了古代中國與域外諸國關係的實質。《馬來西亞史》的作者芭芭拉·安達婭在書中寫道：「室利佛逝充分理解了朝貢貿易體制的價值，為了確保有利可圖的貿易持續下來，願意承認中國為最高宗主。960—983 年，室利佛逝王國至少派出了 8 個使團出使中國的宮廷。當佛教徒義淨朝聖印度的路上到達室利佛逝王國首都的時候，他受到正常應有的禮遇；但是當統治者意識到這位遊客來自中國的時候，表現出的尊敬增加了一倍。1003 年，室利佛逝的使臣到達中國，告訴中國皇帝他們已經建造好一個寺廟，為中國皇帝祈求長壽。應他們的要求，中國皇帝賜予了廟宇一個名稱，還附帶了一口鐘。」

室利佛逝國的遺跡基本已經蕩然無存。想看最集中的一片，就要去位於郊區的「室利佛逝國考古公園」。20 世紀 80 年代的考古發掘證明這裏曾經是王國中一片熱鬧的生活區。在考古公園的博物館裏，陳列着該地出土的罐子、碗碟、珠子、繩索等日常用品的碎片。最多的展品還是各種石刻碑銘，

其中一塊石碑上的文字記載了國王在此地修建花園的過程 —— 國王篤信佛教，要修建花園回報子民。花園裏種植的都是可以食用的經濟作物：椰子、西米棕櫚、甘蔗等。博物館外面有一些運河河道的舊址，它們在過去用於排水、灌溉或者與城中最主要的河流穆西河之間的往來交通。讓人奇怪的是，在這片區域只發現過一條長 30 厘米的磚頭建築遺址，其他建築物都沒有留下痕跡。講解員告訴我，過去這片地區都是河道和森林，很難找到石頭作為建築材料。

「房屋都是用木頭和土燒製的磚頭搭建的，這些有機物質不到 200 年就朽壞了，何況這裏只比穆西河的水面高兩米，在過去難免遭受水災並長期處於一個潮濕的環境。」她這樣解釋。

如此看來，在這附近能夠找到的巨大石料都用作了銘文的雕刻，也是這些銘文能夠讓考古學者確定室利佛逝王國真的在這片土地長久地存在過。除了修建花園的銘文外，博物館裏的重要銘文還包括兩塊：一塊記載了在一次征伐後室利佛逝建國的過程，另外一塊則寫着咒語，告誡子民一定要服從國王統治，否則就會遭到詛咒。

「室利佛逝國考古公園」之旅讓我意識到了室利佛逝國能夠成為海上貿易強國的另一個原因 —— 它在過去是個河道縱橫的城市，還有個稱號叫作「東方威尼斯」。本地的物產能夠通過河道網絡匯集到寬廣的穆西河邊，而從海上來的商船也會進入穆西河邊停泊。現在穆西河邊有個碼頭，用於乘坐擺渡船到對岸，也用於乘坐遊船在河上觀光。巨港考古研究中心的專家瑞圖·普爾瓦蒂告訴我，他們認為室利佛逝國的港口就在這片區域。曾經有另外三條河流也在這裏匯入穆西河，但是在殖民時代，荷蘭人將三條河道填上，用於一個市場的修建，如今只有穆西河水還在滔滔流淌。考古人員在這裏發現了瓷器碎片，還有船的殘骸。那時的船是用一種當地盛產的叫作「鐵木」的木材製作的，它的神奇之處就在於泡在水裏反而會變得更加堅實，不沾水的時

候則會朽壞。考古人員只把其中一塊船舵的部分放起來收藏，其餘的殘骸為了保存持久，仍然將它們沉沒在水底。「光是船舵就有 8.2 米長，你可以想像整條船有多大，當時室利佛逝人的造船技術有多發達。」

在我看來，懷想室利佛逝國昔日榮光的最好方式不是去考古公園，而是乘船在穆西河上觀光。考古公園完成於 1994 年，當時還是蘇哈托總統親自主持完工典禮。但之後它疏於維護和宣傳，甚至當地人很多都不知道它的存在。我去的時候，整個博物館都沒有其他參觀者，空調未開，裏面悶熱無比。與此相對的，穆西河畔是整個城市裏最涼爽和生機盎然的區域：河邊佈滿了立在水中的高腳屋，屋頂和牆壁都刷得五顏六色；孩子們赤着腳在岸上放風箏，嬉笑的聲音順着風一直傳到耳邊；漁民立在水中撒網，一揮動手臂便是一片銀色的光芒；不斷有畫着斑斕圖案的木船從我們身邊經過，船上滿載着貨物，掌舵人向我們友好地招手。這一切仿佛和古人看到的並沒有太大區別。《明史》中就有關於室利佛逝的記載：「庶民皆水居，編筏築室，繫之於椿，水漲則筏浮，徙則拔椿而去。」

室利佛逝國在 12 世紀左右開始顯露出頹勢。這正是「馬來西亞的歷史節奏」在起作用——離心力貫穿了室利佛逝王朝發展的始終。自然資源隨處可得，處於馬六甲海峽貿易線上的地區都有可能在貿易中居於有利地位，這些都誘使一度向室利佛逝國低頭的臣屬附庸渴望獲得更大的獨立性。一個變化的契機是南宋末年和元朝時期（12 世紀晚期至 14 世紀中期），那種只允許以使團朝貢方式進行的貿易模式暫時結束了，雖然在之後的 1368 年，明太祖朱元璋又恢復了朝貢體制，禁止民間貿易。短暫的貿易鬆綁造成了一些港口的興起，比如蘇門答臘島北部的波羅甘巴和巴勒斯，因為商人們可以到原料產地進行直接採購，而不需要先把貨物匯總到像室利佛逝那樣的貿易中心，這都對室利佛逝國的經濟活動造成了威脅。1331 年，位於爪哇島上的滿者伯夷王朝開始向外擴張，逐步征服了馬都拉島、巴厘島，勢力範圍擴展到巴布

亞新幾內亞。這樣,滿者伯夷就控制了馬都拉群島的香料,然後將爪哇島出產的稻米換取香料,再運送到馬來半島出售,獲得了豐厚的利潤。1377 年,隨着明朝再次確立朝貢體制,室利佛逝的統治者要求中國授予屬國封號而重建貿易地位。朱元璋表示恩准,他並沒有意識到爪哇的滿者伯夷已在蘇門答臘島東南享有最高統治地位。而後,爪哇人誘騙了中國的使臣,將其殺死在爪哇,朱元璋龍顏大怒,拒絕室利佛逝再派使團來華。1397 年,明朝檔案記載:「時爪哇已破三佛齊(宋朝開始對室利佛逝的稱呼),據其國,三佛齊遂亡,國中大亂。」10 年之後,鄭和出使西洋到達蘇門答臘島,看到那裏仍然是一個繁忙的港口,只是控制者是來自中國的海盜頭目陳祖義。

馬來西亞:馬六甲往事

仿佛是追尋馬六甲的開國者、巨港逃亡的王子拜里米蘇拉的足跡,我們由蘇門答臘島乘渡輪穿過海峽後,由馬六甲河進入了城市。馬六甲河是馬六甲城市的靈魂。古代的港口城市都有河道,這樣商船才能夠從海洋駛入港口。書上記載,河道入口處有密佈紅樹林的沼澤地作為天然屏障,它又是馬六甲海峽上位於最狹窄處的一個點,是個易守難攻的地方。今天,河道上最主要的一段被抬高了水位改造成一條景觀河,人們可以搭乘遊船來觀賞古城風景。河兩旁的老房子上畫着本地藝術家創作的塗鴉作品,能找到卡通版鄭和。身着中國傳統服飾的峇峇娘惹(華人和馬來西亞人通婚後的後代),正在翩翩起舞的印度女子等形象,和遠處的教堂、神廟或者佛寺相互輝映,展示着一個昔日貿易之都的多元文化。

相傳馬六甲的名字是由一種叫作「馬六甲樹」的植物得名。當年拜里米蘇拉在「馬六甲樹」下乘涼,看到一隻母鹿面對獵犬的攻擊毫不示弱,認為是天降祥兆,停留此處建立國家。今天馬六甲城的核心是一片聯合國教科文組織劃定的世界遺產保護區。它以馬六甲河分開,右岸圍繞着聖保羅山,有

不同時期統治者的府邸、行政管理機構和防禦工事；左岸是由店鋪、民居構成的老街巷。保護區裏的老建築和博物館非常集中，步行就能走遍，也可以乘坐一種裝飾得花裏胡哨的人力自行車。我們先去的是蘇丹王宮博物館，它講述了這座城市最早的歷史。

博物館位於聖保羅山腳下，它是王宮的樣子，但其實是在 1986 年按照《馬來紀年》裏對王朝第五任統治者蘇丹滿速沙居所的描述來複建的，位置也由能夠俯瞰馬六甲河過往商船的山頂變為了山腳。1456—1477 年滿速沙在位期間，馬六甲的國力達到最盛。雖然王宮博物館不是遺跡，但大致還是能讓我感受到一個海上貿易國家財富積累的程度：熱帶民居一般都是低矮的建築，但這座宮殿一共有三層高；蘇丹的臥室用綾羅綢緞裝飾，桌子上擺着紋樣複雜的金器；宮殿外面是一座巨大的花園，種滿了顏色豔麗的花卉。《馬來紀年》裏還提到了這座宮殿的一些細節，比如它所用的木料是三種不同的稀有木材，木頭之間採用榫卯結構拼接；屋頂鋪着紅色的鵝卵石，在很遠的地方就能看到；宮殿的外牆還貼着從中國運來的鏡子。博物館裏來自馬六甲王朝的文物很少，也許是後來經過戰爭洗禮的緣故。讓我印象深刻的是一組油畫，表現了馬六甲王朝施行的嚴刑峻法：偷盜的人要被剁手；偷情的男女要被埋在坑裏讓其他人用亂石砸死；如果被懷疑說謊，就要把手浸入油鍋以證明清白。馬六甲王國海上貿易的成功和行之有效的法律機構很有關係。馬六甲法律早在第三代統治者的時候就開始彙編，主要關注商業事務管理。還有另外一個海事法規專門處理航海貿易事宜，譬如債務收繳、海上行兇以及船長和稅收的責任義務。

馬六甲能夠迅速發展成貿易大國，同樣得益於它對室利佛逝傳統的繼承，其中之一便是繼續承認中國對它的宗主關係。1403 年，明朝永樂皇帝登基，他採取了和祖輩相同的政策，只主張以政府的形式來進行商貿交往。根據《明史》記載，1403 年（永樂元年）10 月，朱棣派遣宦官尹慶往諭滿刺

加（馬六甲古名），贈送其國王禮物，「拜里米蘇拉大喜，遣使隨慶入朝貢方物」。據《明太宗實錄》裏講，朱棣大加讚賞，諭禮部臣曰：「先王封山川奠疆域，分寶玉賜藩鎮，所以寵異遠人，示無外也。可封其國之西山為鎮國之山，立碑其地。」親筆寫碑文和賜以銘詩，開了永樂朝御筆題賜的先例。中國對馬六甲的關注賦予了這個新的貿易中心以地位和聲望，同時使它免受鄰國暹羅的侵擾。

馬六甲由於商業設施發達，對過往商人也很有吸引力，一個例證就是馬六甲王朝協助鄭和船隊進行「官場」的修建。永樂年間，鄭和下西洋的時候船隊巨大，需要在中途有一個物資的存運站和補給站，他便根據國家之間的外交關係和所提供服務的便利程度，選擇了馬六甲。按照推測，鄭和的「官場」位於馬六甲河的左岸。鄭和的隨從馬歡在《瀛涯勝覽》裏描繪「官場」的盛況：「中國寶船到此，則立排柵，如城垣，設四門更鼓樓，夜則提鈴巡警。內又立重柵，如小城，蓋造庫藏倉廠，一應錢糧頓在其內。」只是面對今天一條不到 20 米的馬六甲河，很難

▲ 馬六甲曾經是東西方商品的匯聚之地，香料、絲綢和瓷器都可以見到

▲ 在馬六甲的貿易中曾經使用過動物形狀的錫製貨幣

想象鄭和的龐大船隊如何從這樣的河道裏魚貫而入。

　　還好現在河左岸的甲板街上有間「鄭和文化館」可以彌補一些想像的空白。這裏的講解員説，館長陳達生也是一名商人。本來他想在這條街上來修店鋪，沒想到在施工的過程中挖出了一些碎瓷片，於是請專家鑒定，認為此處就是「官場」所在地，裏面曾經有的幾口老水井，也被認定是提供鄭和及其水手吃水所用。不過另外一位鄭和研究會的成員就告訴我，左岸很大一片地下都有埋有瓷片，「官場」的位置不一定就是文化館的所在，「並且這些瓷片都是明末清初的，明初的很少，還沒有官窯的瓷片。作為明成祖的特使，怎麼可能不攜帶任何官窯？」

　　沒人能很好地解答這個疑惑，或許是當時官窯數量極少，全部作為禮品饋贈給各國皇族，或者是埋藏得更深沒有被發現。這些都不妨礙「鄭和文化館」迎來絡繹不絕的參觀者。文化館的展覽是關於正史以及野史一切虛虛實實的匯總。它裏面空間奇特，還有一隻長頸鹿突然從二樓探出頭來 —— 那是鄭和到達東非後當地人進貢給明朝皇帝的「麒麟」獸。

　　馬六甲王朝的興盛還與一個室利佛逝所不具備的原因有關：拜里米蘇拉在 1414 年 72 歲的時候皈依了伊斯蘭教。在他的影響下，以後的馬六甲統治者都信奉伊斯蘭教。第四代國王穆扎法爾沙當政後把伊斯蘭教定為國教，又把國王的稱號改為蘇丹。為什麼是伊斯蘭教？統治者看到它能帶來經濟的繁榮。阿拉伯商人沿着印度洋南下，進入馬六甲海峽，首先帶來的是伊斯蘭教在蘇門答臘島西北沿岸的傳播。那裏有個叫須文達臘·巴賽的村莊第一個皈依了伊斯蘭教，很快成為穆斯林商人的薈萃之地。馬六甲國王也想仿而效之，把穆斯林商人吸引到馬六甲來。他們為穆斯林商人提供了種種商業特權，還專門為他們興建了住宅區和清真寺。統治者能夠迅速接受伊斯蘭教，當然也和它本身的教義相關：當時流行於東南亞海島地區的是伊斯蘭教的蘇菲派。對於早已深受印度婆羅門教和佛教熏陶的海島地區，包含着印度神祕

論和哲學思想的蘇菲教派聽上去並不陌生，因為它很大程度上是以新的詞彙表達舊的概念，讓人感到它不純粹是一種外來宗教，因為能夠被廣泛傳播。

總之，馬六甲蘇丹王朝在 15 世紀時已經成為馬六甲海峽上一個耀眼的王國，如果沒有外力干擾，它絕不會短暫如流星一般只存在一個世紀。正在馬六甲王國最繁榮之時，葡萄牙人來到了這裏。

馬六甲河邊有一艘按照原比例仿做的葡萄牙「海上之花」號大型遠航船，裏面是馬六甲海事博物館的所在。這艘船在從暹羅前往葡萄牙運輸貨物的過程中在馬六甲海峽遭遇風暴沉沒，今天仍舊躺在海底。一位美國的尋寶專家估計，這艘船裏裝有約 20 個鐵櫃的寶石，從半英尺到拳頭大小的都有。在馬六甲城遊訪的過程中，我幾次在烈日下走過「海上之花」的旁邊，常會望着它雄偉的船頭、高聳的桅杆陷入遐想。它巨大身軀投下的陰影仿佛是馬六甲城命運的一個隱喻 —— 葡萄牙人改變了馬六甲的發展進程，他們雖然沒有直接導致馬六甲作為港口的衰落，但卻帶來一個重要的轉折。之後馬六甲以緩慢的速度墜入深淵，這個過程又花了 300 多年的時間。

在西方殖民主義的歷史上，葡萄牙最先登上東方擴張的舞臺。15 世紀的時候，當其他歐洲大國都還有嚴重的國家組織和安全方面的問題亟待解決時，已經是獨立民族國家的葡萄牙已經準備好了向地理發現和締造帝國這一步驟前進。由於有在阿拉伯人統治下不斷爭取獨立的歷史，葡萄牙具有強烈的民族意識和反抗伊斯蘭教的情緒，更熱衷於參加反對伊斯蘭教的宗教戰爭。宗教動機被一些史學家看作是葡萄牙海外探險的主要動因。另外就是經濟利益上的驅動。葡萄牙和整個歐洲為購買東方的香料和奢侈品支付了大量的黃金。香料以及購買香料所需要的黃金成為葡萄牙人東來的推動劑。

按照推測，應該是葡萄牙人最早在地理大發現的過程中用馬六甲這座王國的名字命名了海峽。1488 年，迪亞士航行到了非洲最南端的好望角，這意味着進入印度洋的航線已經出現；1498 年，達·伽馬航行到印度西海岸的

卡里庫特，從那一刻開始，陸上絲綢之路便不是通往東方的唯一一條商道。1503 年，達·伽馬強行佔領了印度西海岸的柯欽，那裏成為葡萄牙人在亞洲的第一個殖民地。葡萄牙商船在這個胡椒貿易中心買斷了所有的存貨，以至於威尼斯商人在 1504 年到貝魯特和亞歷山大港進行每年一次的交易時，幾乎已經沒有香料可買。在完全奪取了印度洋香料貿易的控制權後，第二任印度總督阿豐索·亞伯奎仍然渴望繼續將帝國向東擴張。一種傳聞是西班牙正在從相反方向航行接近馬六甲王國，葡萄牙必須搶先行動。亞伯奎說：「我確信，如果還有另一個世界，或者在我們所知道以外還有另外一條航線的話，那麼他們必然到馬六甲來，因為在這裏他們可以找到凡是世界上說得出來的任何一種藥材和香料。」

▲ 葡萄牙人為東南亞帶去了天主教的信仰。圖為印尼雅加達的一間天主教堂

從 1511 年 7 月 24 日葡軍對馬六甲發動第一次總攻，到 8 月 10 日末代蘇丹馬哈茂德帶着家眷和財寶逃跑，馬六甲不到一個月就亡國了。馬六甲由於經濟繁榮長期缺乏戰爭經驗，馬六甲王國的社會又是由馬來統治者階級和大部分外僑商人組成的，他們對王國很少有歸屬感和獻身精神，一旦王室不能對其提供保護，他們便會尋求新的庇護。

馬六甲蘇丹王國的滅亡並不意味着馬六甲作為港口的衰落。馬六甲對於葡萄牙人的戰略佈局來講非常重要。殖民者開始修建城堡，他們拆毀了蘇丹王宮、清真寺和歷代馬六甲國王的陵墓，依山傍海用石塊搭建起塔樓和防禦城牆。葡萄牙人把這座要塞命名為「法摩沙」，意思是精美之城。「他們在要塞建成後配置大炮，駐紮禁衛軍，使馬來人產生一種十分恐怖和驚奇的感覺，並使這種感覺永遠存在下去，以保持葡萄牙國王崇高的威望和尊嚴。」英國人溫斯泰德所著的《馬來西亞史》這樣寫道。可惜的是，這座「精美之城」在後來英國人到來時遭到破壞，史丹福‧萊佛士爵士干涉得太晚，如今只有一座石門留下。

普遍的一種說法是，因為葡萄牙人佔據馬六甲後徵收過高的過境稅、停泊稅，導致原先交易的商人遠離了馬六甲，尤其是那些與其天主教信仰完全不同的阿拉伯商人，這樣馬六甲開始逐漸凋零。此時，馬六甲海峽還有新崛起的兩個貿易中心可供商人進行交易：一個是位於蘇門答臘島西北端、信奉伊斯蘭教的亞齊王國；另外一個是柔佛王國，由馬六甲末代蘇丹馬哈茂德的兒子阿拉烏德丁在流亡一段時間後開創，它們都會分流走阿拉伯商人。但是，新加坡國立大學專門研究東南亞殖民歷史的教授彼得‧伯士伯格告訴我，他依然看到了大量穆斯林商人在馬六甲進行交易的記錄。

「馬六甲自從被葡萄牙人佔領之後，就一直處於被亞齊人和柔佛的馬來人不斷攻擊的狀況。這三個政權之間實現了一種微妙的平衡，誰也不可能獨佔交易的鰲頭。本來亞齊人和馬來人可以聯合成一個伊斯蘭教徒的聯合陣線，

共同抗擊葡萄牙人。但是它們彼此分裂，相互攻擊。在亞齊人看來，與其說是宗教戰爭，不如說是一場控制海峽政治權的戰爭，他們不願意看見葡萄牙人失敗之後，馬來人繼續將柔佛發展成一個貿易中心。」至少在葡萄牙人佔領馬六甲後的前半個多世紀的時間，馬六甲仍然保持繁榮。根據 16 世紀末葡萄牙在馬六甲市政廳做出的統計，每年仍然有 2 萬多名阿拉伯商人會到馬六甲交易。

真正改變馬六甲貿易地位的是荷蘭人的出現。1595 年，荷蘭人的第一支遠征艦隊開往印度群島。當時，馬六甲海峽在軍事上全部被葡萄牙人控制，荷蘭人另闢蹊徑利用南北半球「咆哮西風帶」的西風，通過巽他海峽，進入東印度群島，將巽他海峽旁邊的巴達維亞（即今天的雅加達）作為他們繼續進攻東方的前哨基地，在那裏建立了荷蘭東印度公司的總部。以今天的眼光看來，巽他海峽是個淺而窄的海峽，海峽附近的火山活動改變了海底地形，使得水深變淺，海底崎嶇不平，阻礙了 20 萬噸以上輪船順利通行，大部分船隻仍然不得不走馬六甲海峽。「在風帆時代，這樣的航線是十分聰明的。不像蒸汽時代，船隻不需要緊貼着海岸線航行來補充燃料。那時候沒有蘇伊士運河，通過非洲好望角之後，船隻可以徑直穿過印度洋。並且，那時候的船再大，和今天比也很小。」伯士伯格教授說。

荷蘭人打破了馬六甲海峽政局的平衡，因為無論柔佛還是亞齊，都把荷蘭看成了可以結盟的力量。在巴達維亞站穩

▲ 彼得·伯士伯格，新加坡國立大學歷史系教授，著有《新加坡和馬六甲海峽》一書

腳跟之後，荷蘭人開始想辦法抑制以馬六甲為中心的葡萄牙人貿易的發展：1602 年，它先是以強大的艦隊封鎖馬六甲海峽的南部海域，截擊葡萄牙人的商船，把望加錫、萬丹、爪哇、北大年等東部市場置於自己的控制之下。接着，它與葡萄牙人的宿敵柔佛建立聯盟，共同反對葡萄牙人，從陸上側翼威脅馬六甲。從 17 世紀 30 年代開始，荷蘭人對葡萄牙人發動了第二輪進攻，它從海峽的西北海口阻擊葡萄牙人來自印度方面的增援，打擊葡萄牙人的貿易活動，爭取對孟加拉灣海權及與印度紡織品貿易的控制。到了 1639 年，荷蘭人和亞齊人共同封鎖馬六甲海峽，攔截葡萄牙的救援船隻。當年葡萄牙人是從西向東蔓延而來，荷蘭人則是從東向西席捲而去。1640 年，荷蘭人聯合柔佛軍隊對馬六甲進行圍城。1641 年 1 月 14 日，葡萄牙總督向荷蘭投降，結束了對馬六甲 130 年的統治。

在殖民者中，荷蘭人對馬六甲統治時間最久，從 1641 年到 1824 年，達到 183 年之久。遺憾的是，因為最開始沒能佔據馬六甲，荷蘭人已經把經營港口的重心放在了巴達維亞，馬六甲只是眾海港中的普通一員。「他們強迫商人們要去巴達維亞做交易，如果你要去馬六甲，他們就把你趕過去。馬六甲只是一個貨品收集地，在那裏集中當地的土產。它也用於保護海峽通過的船隻。」伯士伯格這樣說。

1824 年，英國人與荷蘭人簽訂了《英荷條約》，英國人用蘇門答臘島的明古連交換，從荷蘭人手中獲得了馬六甲，它與英國之前佔據的檳榔嶼和新加坡一起構成了英國的「海峽殖民地」。不過對於英國人來講，之前有了檳榔嶼和新加坡來控制馬六甲海峽的進出通道，已經掌控了東南亞的貿易，對馬六甲便放鬆了經營。馬六甲當地作家賽基·賈丁在他的書《馬六甲風情》裏痛心地寫道：「檳榔嶼和新加坡，就像是在馬六甲的棺材上又加了兩顆釘子。」當 20 世紀 20 年代初，英國人薩姆塞特·毛姆來到這座城市，他已經強烈地感受到那種繁華不再的景象。他在遊記裏寫道：「這座古城充滿着懷舊

▲ 1830 年前後，馬六甲海峽的一處棧橋景象

的憂傷，這種憂傷存在於所有昔日重要的城市中，而如今，它們只能生活在對逝去榮耀的追憶中。」

　　如果殖民者沒有來，那麼之後馬六甲的命運會怎樣？我和一位本地文化記者站在聖保羅山的山頂，俯瞰這座城市。我們身後是一座教堂的遺址——那裏在葡萄牙人時代是天主教堂，荷蘭人時代是基督教堂，英國人來了之後被改成一座軍火庫，是個濃縮了 400 年殖民史的地方。而從山頂極目遠眺，可以看見馬六甲河對岸的民居，它們都是典型的荷蘭連棟街屋，有着「鐵剪刀」這樣的連接物。殖民者深刻地改變了馬六甲的樣貌，要知道在他們到來之前，那些民居都是覆蓋着棕櫚葉屋頂的木頭房屋。這位記者說，馬六甲三角洲泥沙淤積，慢慢也就不適合做港口了，這在英國人統治期間就有發覺。

「所以作為馬六甲人，雖然也會為這座城市幾經易手而錯失發展機會的歷史唏噓感慨，卻也感到這是一種必然。也許馬六甲就是註定某個時期才能夠做貿易中心，之後仍然會被別的港口所取代。」

新加坡的「發現」與崛起

輾轉馬六甲海峽兩岸的港口，我們最後一站到達新加坡。我對這裏的疑問在於，為什麼這個馬六甲海峽上如此優越的「門臼」位置，要一直等到英國人來，才被發展成一個重要港口呢？

在新加坡，隨處可見到以「萊佛士」命名的建築：商場、酒店、廣場、地鐵站等。在新加坡河畔介於舊國會大廈和皇后坊之間的北岸被認定是 1819 年 2 月 28 日萊佛士登陸的地點。這裏有一尊他的白色大理石像，他雙手交叉胸前，腳下是世界地圖。這尊雕像是 20 世紀 70 年代新加坡旅遊局為了發展旅遊而做的一件複製品。真品是另外一座黑色銅像，在離他幾十米的維多利亞紀念堂前。兩尊雕像也被戲稱「黑白萊佛士像」。雕像的碑文用四種文字寫成，中文寫道：「湯瑪斯·史丹佛·萊佛士，於一八一九年正月廿八日，於此歷史性地點，首次在新加坡上岸。以其聰明才智與遠見改變新加坡的命運，由一個默默無聞的漁村，成為一個大海港和現代化都市。」

這些信息難免讓人有種錯覺，即新加坡是萊佛士「發現」的。之前的新加坡幾乎是文明的荒漠，也不為其他外來者關注。這可理解為是英國人的一種殖民策略——文明的白人到來之前，當地人根本沒有歷史。在新加坡獨立之後，全國上下曾掀起一股民族主義的熱潮，民眾激烈爭論是否要推倒萊佛士雕像。1960 年，荷蘭籍經濟顧問溫斯敏博士來到新加坡，為這個缺乏天然資源和國內市場的小國如何發展貢獻計策。他給李光耀的建議是保留萊佛士像，因為這時需要來自歐美的技術以及資金上的幫助。把雕像留下是一種政治象徵，顯示新加坡接受了英國的遺產，這在國際社會能有積極的影響。李

▲ 新加坡歷史博物館內的一個展覽展現了英國人一天的活動

光耀接受了提議，於是「萊佛士發現新加坡」依然是一般遊客對新加坡歷史的印象。

在史學界，對新加坡早期歷史的探究在近 30 年活躍起來。我們在新加坡期間，正好趕上國家博物館舉辦「獅城 700 年」展覽。沒有進入正式展覽前，它便有一個空間專門介紹近年來的考古成就，還包括使用到的工具、如何招募志願者來完成考古、城市發展與搶救性考古之間的關係說明，等等。美國歷史學家、新加坡國立大學東南亞研究系教授約翰·米克賽克領銜了 1984—2012 年的考古工作，他在 2013 年出版的《新加坡與海上絲綢之路：1300—1800》一書，擺在博物館書店裏一個顯眼的位置。

按照米克賽克所說，萊佛士從來都沒有沉浸在他是一個「發現者」的虛幻中，他給自己定位的是做一個「古代繁榮港口的復興者」。萊佛士是個對

歷史很感興趣的人，一直在收集各種古代東南亞的文獻，還在爪哇島上組織人員做古代廢墟的記錄工作。爪哇島上深埋在火山灰下的婆羅浮屠佛塔，就是他讓手下的人勘察後重見天日的。萊佛士收藏有最古老的《馬來紀年》版本。《馬來紀年》裏講，室利佛逝的統治者、一個稱號為「三界之王」者有一天在附近巡視島嶼的時候看到淡馬錫（今新加坡）的沙灘上閃閃發光。他登陸島嶼後看到一頭長得像獅子一樣奇怪的野獸，他覺得這是吉兆，便在那裏建立一個定居點，叫作「新加坡拉」，意為「獅城」。新加坡拉在隨後的四位繼任者的統治下發展成一個傑出的貿易城市，外商雲集。最後一任統治者伊斯坎德爾遭到一位大臣的背叛，被爪哇人攻破城池，被迫逃到了馬六甲建立一個更加繁榮的帝國。而按照葡萄牙人當時梳理歷史的記錄，巨港的王子拜里米蘇拉被爪哇的滿者伯夷驅逐後，到達淡馬錫避難，可是他謀殺了允許他避難的主人控制了淡馬錫。這位謀逆者沒有威風多久，就受到新型泰國諸侯北大年統治者的討伐，最後又逃到了馬六甲。綜合兩種說法，萊佛士相信馬六甲的第一任統治者之前到過新加坡，新加坡也曾是個熱鬧的港口。

當時英國人迫切希望在佔有檳榔嶼之外，再在靠東邊的地方找到一個中國和印度之間的中轉站。另一位對東南亞很熟悉的威廉・法夸爾傾向選在卡里蒙島，它離新加坡不遠，也處於馬六甲海峽的南出口上。《萊佛士傳記》的作者寫道：「萊佛士更希望找一個具有歷史感的地方。荷蘭已經擁有了馬六甲，那是個從 15 世紀起就開始興旺的海上王國。大概萊佛士是想選擇馬六甲的前身——新加坡，以此來讓荷蘭的殖民地黯淡無光。」1818 年 12 月 12 日，萊佛士給一位蘇門答臘島上的朋友寫信：「如果我下一封信是從一個叫新加坡拉的古城寫給你，你可不要太吃驚了。」

萊佛士登岸後看到了什麼？那符合他對一座昔日貿易港口的想像嗎？新加坡 14 世紀左右的遺址分佈得非常集中，在新加坡河往北、以福康寧山為中心的一帶，北邊是以現在的歷史博物館所在史丹福路為界限。新加坡河以南

的區域在古代為沼澤，不適合人居住。萊佛士登岸的地點就在這個範圍內。根據萊佛士的一位同僚、新加坡的駐紥官約翰·克勞佛德記載，他們在一次清晨散步中看到了如下景觀：在福康寧山的東面有一座磚頭一樣的廢墟——後來被認為是新加坡王朝其中一位君王的墳墓；山的北面有很長一道很壯觀的土牆，5 米寬，2.5 米高；在山的西面和南面，散落了大量的瓷片和中國銅錢；最大的一片廢墟是在山頂，有很多柱子地基一樣的東西。當時為柔佛蘇丹王國管理新加坡的天猛公（官名）阿杜拉曼告訴他們，這是新加坡舊時王朝王宮的所在地，又叫作「禁山」，百姓禁止上山。

米克賽克説，近些年的考古發掘更加證實了 14 世紀的新加坡已經是一個功能完備的港口城市。除了福康寧山的宮殿遺址外，考古人員還在舊議會大廈周邊發現了大量的錢幣，説明那裏曾經有很多商業交易活動；皇后坊大廈附近有不少木板出土，水淹過的痕跡表明那片是當時的碼頭。船隻在那裏上貨卸貨，還有人在水邊居住；板球俱樂部的地方則有可能是當時的鑄幣廠，中國銅錢在那裏融化後重造。「這是唯一一個地方，有考古發現和文獻證據來共同證明有海外中國人定居。」米克賽克提到的文獻是元代民間航海家汪大淵寫下的那本《島夷志略》。汪大淵的書中稱新加坡為「龍牙門」，那指的是新加坡南部海岸通道關口處一塊狀似尖牙的礁石。汪大淵特別説到在這裏是「男女兼中國人居之」，這和之後像馬六甲那樣外國人形成一個單獨居住社區的港口不一樣。米克賽克認為，一個自古以來就混雜而且和諧的人群，是讓新加坡之後能夠復興為重要港口的一種特質。

「新加坡的發展有高潮也有低谷。新加坡曾經的黃金時代是 14 世紀，馬六甲王國在 15 世紀崛起後，新加坡就衰落了。一直到 1600 年前後新加坡都有和外界貿易往來的證據，但之後到 1800 年出現了考古以及史學上的空白。1811 年，柔佛蘇丹王國又派人來到了這裏。所以萊佛士到達新加坡時，新加坡雖然是個平庸的漁村，但萊佛士看到了它的過去以及未來。」伯士伯格教

授這樣説。

　　能夠看得出，萊佛士對自己的選擇非常滿意，他尤其喜歡福康寧山這個古木參天又帶有歷史感的區域，他為自己在山上建了一間木屋。

　　1823 年，他寫信給朋友説：「從木屋望出去景色美極了。我的不遠處就是馬來國王的墳墓。我決定要是死了也一起埋在這裏，而不是在明古連（蘇門答臘島上）。」

　　那麼對於其他殖民者來説，為什麼忽略了新加坡呢？伯士伯格告訴我，葡萄牙人意識到新加坡這個位置的重要性。比如 16 世紀中期，當葡萄牙人完全控制馬六甲後，曾考慮過在新加坡海峽建設防禦體系，但是印度果阿的總督決定還是要加強該區域的海軍力量，而不是在陸地上設點。隨着荷蘭人的到來，新加坡變成了一個柔佛政權聯合荷蘭一起騷擾葡萄牙人的據點。1603年，葡萄牙一艘滿載着中國瓷器的船在經過新加坡樟宜的時候被荷蘭人襲擊，船上的貨物全部被拿到阿姆斯特丹賣掉，這次劫掠地點的選擇就是得到了柔佛的建議。荷蘭人也曾向柔佛統治者提出想在新加坡附近建設碉堡，但被拒絕，接着他們的興趣便慢慢轉向了巴達維亞和巽他海峽。在殖民者的眼裏，馬六甲、柔佛、新加坡、民丹島等，都是可以控制馬六甲海峽的戰略要地，關鍵是，他們能夠得到哪個？英國人在得到新加坡時還費了一番周折：天猛公雖然同意英國設定商館，但柔佛的蘇丹並不同意。英國人便利用柔佛王位繼承時的內部矛盾，擁立了另外一位蘇丹在合約上簽字，終於確立了在新加坡的殖民統治。

　　我們由福康寧山上的考古遺址，經過萊佛士的木屋，再到新加坡河畔的駁船碼頭，這一路仿佛沿着時光之河順流而下，一點點看到萊佛士的願景變為現實。雖然萊佛士長期受僱於東印度公司那樣的老式壟斷公司，英國那時也還是一個實行貿易保護的國家，他卻信仰亞當·斯密的原則，決定把新加坡發展成一座自由港。這意味着外國商船可以自由進出港口，全部免繳關

▲ 新加坡濱海灣夜景。遠處是船隻停泊的錨地

稅。政策一出就吸引了大量的商人前來交易，它尤其對南洋的華人具有吸引力。第一批來到這裏的華人多在南洋已經經商很久，他們都體會過重稅、朝令夕改的法令和各種隱形的歧視，一下感到新加坡是個貿易的天堂。1820年，新加坡人口達 1.2 萬人，其中絕大部分是華人，它奠定了新加坡之後的人口結構。萊佛士將附近一座小山的土填在新加坡河南岸的沼澤地中，在碼頭邊規劃了一片社區，主要是中國人的住家和店鋪集中在這裏。今天，這片白牆紅頂的二層建築依然保留了下來，改成了餐館和酒吧，是高樓林立的中央商務區中一道獨特的風景。

新加坡河裏那時停了各種樣式的船隻：馬來船、中國帆船、阿拉伯船隻，還有一種布吉人的木船。布吉人的船叫「皮尼西」，船頭是高高翹起來的，造型奇特。和其他國家的商人不同，只有布吉人是從南半球來。他們住

在蘇拉威西島上，通常在九十月份到達新加坡，在南半球颳起 11 月熱帶季風的時候返航。不久之後，新加坡河裏又來了一種更奇怪的船，它的體積很大，行駛時會突突冒着白煙──新加坡的開埠正好在西方的交通革命之前。1869 年蘇伊士運河開通，19 世紀 60 年代蒸汽輪船越來越作為主要的運輸工具，這都使得新加坡的港口地位愈發重要。歐洲到中國的交通，從此由好望角──巽他海峽，徹底轉為蘇伊士運河──馬六甲海峽。一個有意思的結果是，蒸汽輪船出現後，新加坡又成了一個麥加朝聖貿易的中心。19 世紀末，每年有 7000 多名穆斯林要從新加坡出發前往麥加。他們在朝聖前需要花數月甚至數年在新加坡打工，有些人可能積蓄總是不夠，於是一直留在了新加坡。

　　1824─1868 年，新加坡的貿易增長了 4 倍多，而與此同時檳榔嶼的貿易增長了 3 倍，馬六甲的貿易額增長不到 2 倍。這種喜人的貿易數值讓印度加爾各答的報紙稱呼新加坡為「生機勃勃，無與倫比的小小邊地」。

今日馬六甲海峽：競爭與合作

　　新加坡港口的奇跡一直延續到了以集裝箱貿易為主導的今天。2014 年，新加坡港口集裝箱輸送量達到 3390 萬 TEU（即長度 20 英尺的集裝箱），位居世界第二。新加坡港務管理局在一份聲明中說：「新加坡仍然是國際航運的重要組成部分，吸引着大量海事相關企業，同時還是超過 130 家航運集團以及 5000 所海事相關機構的總部所在地。航運產業的集群為新加坡提供了超過 17 萬個就業崗位，貢獻的 GDP 佔總量的 7%。」

　　新加坡南洋理工大學海事研究項目主任鄭光亮告訴我，新加坡港口的競爭力可以歸結成三點：開放、低稅和高效。「1959 年新加坡獨立之後，開始實行工業化計劃，為了保護本國的工業，新加坡轉為有限自由港。其中一個很重要的舉措，就是應徵關稅的產品項目被控制在一個適當的範圍之內，同

時厘定的關稅要比周圍的港口更有競爭力，以盡可能保持海港的活力。稅收方面，新加坡是世界上稅制最簡單、稅收負擔最低的國家。它有一系列稅收優惠的專項計劃，為的是吸引航運企業落戶，產生集聚效應。最後也是很關鍵的，新加坡有着高效的物流體系，它持續投資於基礎建設，以及先進技術的運用，確保船舶到港之後的無縫銜接。」

新加坡河現在的入海口處是一片叫濱海灣的地方，這裏最新景點要算位於金沙酒店頂端的空中觀景花園。它是一條船的形狀，橫跨了三座高樓，距離地面 200 多米高，可以 360 度環看新加坡海濱美景。濱海灣的許多景觀都是填海後人工形成的。舉目遠眺，則是新加坡海峽航道北面的一片錨地。上百條船在那裏休息，或者等候泊位，或者上物料補給和維修保養。鄭光亮說，從這裏不僅能看到新加坡發展一路走來的印跡，還能看到它作為海港的資源稟賦以及先天不足。

「它屬於赤道無風帶，又是天然的深水良港，所以有那麼多的船會在這裏停泊。但我們的局限是土地不夠，船越來越大，集裝箱越來越多，它們放哪裏？我們現在正在研究地下空間的使用，不僅怎麼來開發，還有怎樣制定收費標準，不至於費用太高。」

馬六甲的海港已經成為往事，它現在只有兩個用於國內運輸的小港，並在計劃建設遊輪碼頭。馬來西亞的丹戎港一度成為新加坡港口最有力的競爭對手。它位於馬來西亞南部，離新加坡只有 40 分鐘車程。2001 年，全球最大的海運公司——丹麥馬士基海事公司——在結束了與新加坡港務集團的合約後，將東南亞的轉運中心轉移至丹戎港，馬士基每年 180 萬個標準集裝箱的貨物改由丹戎港轉運，新加坡港驟然失去 11% 的貨運量。接着，2002 年全球第四大集裝箱航運公司——臺灣長榮海運公司——也步馬士基後塵，將業務轉到丹戎港。為此，新加坡又失去了 5% 的集裝箱業務。雖然後來因為丹戎港的消化能力有問題，兩個公司又回歸了新加坡港，但那次經歷還是讓

新加坡人意識到了鄰居在價格上的競爭優勢。鄭光亮說，新加坡雖然服務和科技一流，但服務費始終居高不下。「現在還有個問題是新加坡房地產價格上升，航運企業不願在新加坡設立辦公點。」

儘管印尼在古代有過像室利佛逝那樣的海上帝國，但它近現代在港口方面的發展，卻比較滯後。

「這和殖民時代形成的思路有關。印尼淪為殖民地期間，殖民者注重香料、煙草、甘蔗、橡膠、咖啡等種植業的發展，打壓了印尼千百年來形成的對海洋的知識和文化。獲得獨立後，我們的發展思路仍然是以內陸經濟為主導的。」印尼前海洋漁業部長洛克敏·達胡瑞告訴我。

新上任的左科總統提出了建設「海洋軸心」、重回海洋大國的方案。「總統計劃任期之內建設 24 個大型港口和 7 個深水港，昔日室利佛逝所在地巨港正是其中之一的建設地。」

在港口上存在競爭，但在馬六甲海峽的管理上，新加坡、馬來西亞和印尼卻是要通力合作，這段水域三國共管。海盜是困擾航行的一大問題 —— 因為在馬六甲海峽裏航行速度不快，容易受到海盜襲擊。與索馬里海盜不同，活躍於馬六甲的海盜不會綁架人質，一般都是偷襲油輪，偷走石油。

「岸上裝有雷達，可以監測航船的位置和動態。但是，雷達之間存在盲區，這就需要三國的海上巡查力量能夠對船隻遇險做出反應。」馬來西亞海洋研究所主任陳永清準將說，「畢竟馬六甲海峽的安全通航，是港口繁榮的保障。」

（感謝梁立基、張潔、杜丁丁、梁庇寒、Kenneth Tan S.A. 以及厚今、張洪燁夫婦對本文寫作提供的幫助。）

從廣州出發，中國人駕船出海

文 ▲ 朱步沖　攝影 ▲ 張雷

在廣州，百舟待發，目標海外。這不是想像，是古代中國的日常。

南海神廟：從蕃鬼到神祇

　　7月初的廣州天氣暑熱難當，雖然黃浦區穗東街已經算是郊區，但氣溫與市中心相比基本一樣，並不算寬敞的珠江航道從此流過，江邊是熱鬧非凡的黃埔電廠工地。站在南海神廟那塊歲月斑駁的「海波不揚」的正門石牌坊下，很難想像1400年前，這裏海天一線、百舸爭流的壯觀場景。工作人員告訴我們，自從宋代之後，圩田開墾，海岸線因淤積而不斷南移，進出廣州的船隻逐漸改行琶洲一帶水面。不過就在正門石牌坊前，還保留着一處清代碼頭考古遺址，證明昔日此處曾經船行魚貫的繁榮。

　　在神廟正門附近，是數株樹齡在百年以上的老榕樹，樹丫上滿是當地人祈福的願籤與金箔元寶，樹下還有幾名當地退休老人，以粵劇清唱自娛自樂。不過，南海神廟本身的歷史，比這幾株垂垂老矣的榕樹還要悠久得多，最早可以追溯到隋代開皇十四年（594年），時年隋文帝下旨，於浙江會稽縣建東海神廟；廣州南海建南海神廟。南海神，其實即為祝融，祝融本為火神，而古人認為「火之本在水」，故祝融兼水、火神於一體。廟址所在，為古扶胥鎮，位於珠江北岸，面臨扶胥江，東連獅子洋，下接虎門，背靠廣州：「去海不過百步，向來風濤萬頃，岸臨不測之淵。」

　　「唐朝天寶十年，玄宗還特地派使節前來冊封南海之神為『南海廣利洪聖昭順威顯王』，把南海神的地位不斷提高，排在東海神前面，在海神河伯之上，反映了隋唐以來，海上絲綢之路貿易的繁盛，以及各朝代政府對於海路經濟貿易的倚重。」廣州文物博物館學會會長程存潔告訴我們，到了唐代中

▲ 太古倉碼頭，是廣州近現代對外貿易和港口運輸的重要歷史遺跡

▲ 南海神廟碼頭遺址

期，這條始自漢武帝的南海道，被正式冠名為「廣州通夷海道」，包括頭門東側的碑亭內唐代使持節袁州諸軍事、袁州刺史韓愈撰文的《南海神廣利王廟碑》在內的諸多碑刻，都賦予了南海神作為海上絲綢之路貿易庇護之神的重要作用。

唐代以廣州為起點的海上絲路，在賈耽的《廣州通夷海道》中記載得最為詳細，他把從廣州起航前往今日波斯灣港口巴士拉的航線稱為東線，這一旅程要經過大約 3 個月的海上航行，並詳細記錄了途經的港口與國家，包括環王國（占城，越南中部）、門毒（越南歸仁）、羅越國（馬來半島南端）、佛逝國（印尼蘇門答臘東南部）、獅子國（斯里蘭卡）、天竺（印度南部），最終抵達末羅（巴士拉）。隨後又以倒敘法，詳細記載了自東非經紅海，繞過阿拉伯半島至巴士拉的西線航路，途徑三蘭國（坦尚尼亞）、設國（也門席赫爾）等地，按照航行時間來看，唐代航海技術較之兩漢魏晉之際，有了顯著提高，昔日從雷州半島至黃支國的海上航路需要一年之久，而在唐代則只需要大約 51 天。

唐宋之際，正是廣州作為海上絲路最重要的始發港與貿易集散地的黃金時代。文獻形容其繁榮程度可謂「舶交海中，不知其數」，「蠻聲喧野史，海邑潤朝臺」。曾多次因商貿旅行訪問廣州的阿拉伯商人蘇萊曼·坦吉爾曾在其遊記中說，寓居在廣州的阿拉伯、波斯以及東南亞各國商人總計達到 12 萬人。在當地人口中，南海神廟被俗稱為「波羅廟」。清人屈大均在《廣東新語》裏記載說：「舟往來者，必祇謁祝融，酹酒波羅之樹，乃敢揚風鼓

▲ 廣州文物博物館學會會長程存潔

舵以涉不測。」工作人員介紹說,「波羅」一名的來源為民間傳說,據說唐朝時,古波羅國(婆羅門)有個來華朝貢使,當其海舶抵達廣州扶胥江時,登岸拜謁南海神,並將其從國內帶來的兩顆波羅樹種子種在廟內,因其十分迷戀廟中的景致,流連忘返,以致耽誤了回去的海船,於是他只能望海悲傷。今日,不僅寺廟內外遍佈着樹齡古老、果實累累的菠蘿蜜樹,而且在神廟儀門廊下的東側,我們也見到了這尊俗名「番鬼望波羅」,被敕封為「助利侯達奚司空」的神像。他面部黝黑,深目高鼻,有絡腮鬍鬚,身穿宋代官府幞頭,舉左手於額前做遙望之態,傳說其自成神之後,在海上經常輔助遠渡重洋的外國商人船舶免於風濤之害,每當海上「裂風雷雨之變」,誦念其名,天氣就會驟然轉為晴霽,「舟行萬里如過席上」。

而在南海神廟大殿裏,南海神像兩廂的「六侯」中,除了這位助利侯達奚司空,出身化外而又被本土民眾神化供奉的還有一位順應侯巡海蒲提點使,雖然衣袍容顏已經完全漢化,但據傳其民間形象最早出於北宋元祐五年(1090 年),為一名僑居廣州的阿拉伯蒲姓商人。

從史籍中我們得知,蒲氏,原為居住在占城國的阿拉伯人,後入籍中國,客居廣州,12 世紀末遷居泉州。蒲氏在廣州富甲一時,飲食起居可謂富比王侯,極盡奢侈,每日進餐開筵時,室內必用沉香、冰腦、薔露水等名貴香料熏香。堂屋中有四棵大柱,是由名貴沉香木雕成,其後蒲氏有一支舉家遷往泉州,蒲壽庚於景炎元年(1276 年)得以升任泉州市舶司,以亦官亦商的身份「擅蕃舶利者三十年」。直至今日,泉州等地蒲氏子孫亦有部分從事製香業,開有「玉蘭堂香室」等老字號。

出南海神廟正門西北方向不到百米,就是章丘崗,上有一座亭臺名為浴日亭。宋時浴日亭所在的章丘崗三面環水,江水直拍小崗腳,是羊城觀日出之最佳位置。小丘四周尚有海蝕遺跡,在浴日亭章丘崗的山腳下,環繞矗立着十幾座形制古拙的明代神道石人石獸,歲月的侵蝕讓它們的外表已經斑駁

不堪，青苔遍佈。工作人員告訴我們，這批石人石獸原本並非在此，而是移自 20 世紀 70 年代在廣州姚家崗東山寺附近發掘的明代市舶司太監韋眷墓地。

根據《番禺縣志》和殘存的永泰寺碑記可知，成化十二年到弘治元年，韋眷曾任廣東市舶司的監督太監。市舶司，是中國自唐代至明代，中央政府於東南沿海港口城市設立的海外貿易管理官僚機構。明代的市舶司，不僅要查驗各海外屬國前來朝貢貿易的「勘合」證明，也要對進口私人貿易貨物抽取進口稅。

明代正德年間之後，由於政府持續的財政危機，不得不對海外貿易進行「弛禁」，力圖將其變為財政收入的正常組成部分，從中漁利。正如兩廣巡撫林富於嘉靖八年七月在《請通市舶疏》中指出的那樣，對番舶朝貢之外的私人貿易貨物進行抽稅有數種好處，包括兩廣「用兵連年」，可以藉此籌餉，發放官員俸祿，也可以藏富於民，興旺經濟（輾轉交易，可以自肥）。到了萬曆年間，廣東市舶提舉司每年徵收的進口商品稅收已經達到銀 4 萬餘兩。

除了士大夫官僚出身的市舶司提舉使，明廷在這個機構中照例安插了宦官，擔任市舶提舉太監，進行監督，實際攫取了市舶司的絕對權力，「內官總貨，提舉官吏唯領簿而已」。因身為明憲宗寵妃萬貴妃倚重的宦官梁芳的黨羽，韋眷獲得了這樣一個位高權重的「肥缺」，中飽私囊，濫收中外貢使私商賄賂甚至侵吞他人財物。

韋眷墓室，後在清初三藩之亂中被盜掘，20 世紀 70 年代，考古人員在被洗劫一空的墓室發現了一枚威尼斯銀幣以及兩枚孟加拉銀幣，分別為 15 世紀中葉威尼斯總督帕斯夸爾・馬利皮埃羅所督鑄，以及同期孟加拉國培克巴沙所製。根據《明史・天方傳》記載，成化二十三年，阿拉伯使者阿立從滿剌加行至廣州，攜帶「巨寶數萬」，試圖入京朝貢，然而這批價值不菲的財物引起了韋眷的覬覦，他先是設計侵奪了阿立所攜帶的巨額財物，然後又行賄至北京內廷，顛倒黑白，指認阿立為間諜，圖謀不軌，將其逐出廣州，這

三枚銀幣，亦可能來自韋氏侵吞阿立進貢的珍奇。

南越王朝 —— 富庶的背影

　　廣東人說起本省水運與航海之便利，便有八字諺語，所謂「一江來水，八門出海」。這裏兼有優良的季風氣候，自 3 月至 8 月，自西向南的風向在南海海面上佔據 60% 以上，來自阿拉伯半島乃至東南亞的風帆船舶，每年夏季借助西南季風駛來廣東，進而北上前往寧波、泉州，以及日本琉球、長崎等地，冬季又借助西北季風原路返回，北宋人朱彧在《萍州可談》中，就談到「舶船去以十一月，十二月，就北風，來五月，六月，就南風」。並指出廣東當地百姓與海上船戶，稱季風為「舶趠風」，蘇軾即以此為名賦詩，有「三時已斷黃梅雨，萬里初來舶趠風」之句。作為省會所在與東西北三江匯集之地，廣州更是得天獨厚：閩西、贛南的外銷陶瓷、絲貨、茶葉沿東江而來，湖湘之地的絲茶沿北江運至，滇黔川桂等地的錦繡、糧食、木材則順西江，匯集至廣州。

　　有了如此天時地利，廣州作為中外海上交通貿易樞紐的歷史，最早可以追溯到西漢時代。在市中心中山四路的車水馬龍之間，香火繚繞的城隍廟之旁，靜靜地坐落着南越王宮署遺址博物館，自 1974 年首次發掘以來，在此先後發現了宮殿基址、園林廊道、宮城城牆、園林池渠等遺址。博物館一層，即為開放性參觀的園林遺址。

　　「從出土的南越王宮園林遺址的形制和文物來看，可以證明廣州早在公元前 2 世紀，就跟東南亞等國家地區通過海上溝通，有了頻繁的商業和貿易往來。」博物館館長全洪告訴我們，首先，這片王宮園林的建築方法，就與中原核心地區的宮室院落截然不同。「這種石構水池和曲流石渠整體皆為石構的建築方法，在我國秦漢時期的王家苑囿中尚屬首見。兩處遺跡中還有不少以石為材的造景，如石構水池的池壁用石板呈冰裂紋狀密縫鋪砌，疊石柱和八

▲ 南越王宮署遺址博物館一層展出的開放性參觀的園林遺址

棱石柱也能在古埃及、兩河流域和古希臘的不少遺址中見到，這就不排除建築形制是受海外影響的可能。」

　　在博物館二層的文物陳列室裏，我們還看到了幾塊出土的帶釉磚和筒瓦，釉彩為青灰色，有細碎的開片，在燈光下散發出一種宛如玻璃的質感與光彩，全洪說，根據中國科學院上海硅酸鹽研究所古陶瓷研究中心的鑒定，這種釉被稱為「碱釉」，也來自同時代的中亞與波斯地區。而在距離這些磚瓦不遠的陳列櫃裏，還有十餘件於遺址南漢文化層中出土的藍釉器殘片。藍釉，又被稱為孔雀釉或者波斯藍釉，從藍釉器殘片的造型、花紋、釉色和陶質等看，都與在福州市五代十國閩國王延鈞妻劉華墓中出土的施孔雀藍釉大陶瓶相似。

　　這些出自遙遠國度的珍寶，是如何漂洋過海，輾轉來到廣州的？在宮署

博物館一側，還有一方不起眼的回填考古探坑，在這座規模宏大的宮室發現之前，考古工作人員在此找到了一處時代綿延秦漢兩朝的造船設施遺跡，若按照遺址所出土造船臺的尺寸，並參考其他漢代陶船模的比例，可推算當時所造船隻的長度可達 20 米左右，載重約 25~30 噸。其形制，根據廣州其他西漢墓葬出土的陶製船模推測，可能已經擁有多個艙室，上有甲板與帆、櫓、舵、瞭望臺等設施，具備了在內河乃至近海長期航行的能力。嶺南地區造船業的發達，在兩漢之後也依舊存在：三國孫吳政權黃武五年（265 年），孫權將合浦、蒼梧、南海、鬱林四郡為廣州，「以舟楫為輿馬，以海島為夷庾」，專門負責督造船舶的官位「建安典船校尉」，最大船名「舡」舶，萬震在《南州異物志》中記載，這種大型船舶可能長達二三十丈，船體建築最高距離水面兩三丈，最多可乘坐六七百人，載重量達到「萬斛」，前後擁有 4 張可以活動的巨帆，以適應來自不同方向的風力。

　　根據史籍記載，南越國由於三面臨海，坐擁海運交通之利，加之嶺南地區物產豐富，所以迅速富甲一方，《晉書·吳隱傳》即稱廣州「負山帶海，珍異所出，一篋之物，可資數世」。距離南越王宮遺址不到 10 分鐘車程，就是解放北路。1983 年，在這裏的象崗山發現了南越第二代國王文帝趙眜的陵墓。在這個佔地 100 平方米的「早」字形大墓中，考古工作人員曾發現了多件價值連城的舶來隨葬珍品，包括焊珠金花泡掛飾以及一件銀盒。掛飾為半圓形，焊有金絲圖案和小型珠，而銀盒表面有錘揲而成的蒜頭式紋樣，以及鎏金的穗狀紋帶，帶有濃郁的波斯藝術風格，與漢代中原流行的金屬器物迥然相異。

　　與這件銀盒一同出土的，還有 4 件銅質熏爐。博物館館長吳凌雲告訴我們，當時在一件豆形熏爐中，考古工作人員還發現了一堆灰粒與碳狀香料殘存，而在另一件漆盒內，發現了大約 26 克乳香。乳香，為乳香樹滲出的樹膠與樹脂凝結而成，可用於熏香，也可入藥，亦被稱為「薰陸」，譯自梵語

「Kunduru」，意為「香」，在《三國志‧魏志》、《後漢書‧西域傳》曾被提到。這一批乳香遺存的發現，證明產自中亞、阿拉伯的外國香料與熏香風俗在西漢時，就經過海路，從今日蘇門答臘中轉，進入我國。

　　隨着海路運輸進入廣州的，不僅有來自各國的珍寶與其他獨特物產：新中國成立以來，在廣州農林下路、三育路等兩漢墓葬中，考古工作人員不斷出土了形態各異的「托燈胡俑」，在今日廣東省與廣州市博物館中，就可看到這些陶俑的原件或者複製品，他們頭頂或手托燈盤，造型深目高鼻，寬鼻厚唇，鬍鬚濃密，赤腳纏頭，與其他各地漢墓出土的陶俑截然不同，即通過海上絲綢之路由南海道輾轉販運至此的外族奴婢，可能為中亞與波斯人。東漢人楊孚曾在《異物志》中記載，嶺南之地富豪權貴家中即以豢養「瓷人」以為炫富，這些外來人「齒及目甚鮮白」，面部與皮膚「異黑若漆」，「為奴婢，強勞力」。

　　海上絲綢之路，在唐宋之際，逐漸演化為陶瓷與絲綢並行輸出，部分原因即是因為拜占庭帝國終於通過中亞陸路絲路習得養蠶製絲技術。廣東省博物館三層的陶瓷館中，展示有數量豐富的外銷瓷器。迄今為止，發現的廣東

❶ 廣州南越王墓出土的波斯銀盒

❷ 南越王宮署遺址博物館展出的波斯藍釉陶片

❸ 廣州南越王墓出土的紅梅乳香

唐代陶瓷窯址共有 28 處，包括廣州西村窯、湛江雷州窯以及新會官衝窯等。程存潔告訴我們，在瓷器變為大宗出口海外產品之後，需求劇增，然而瓷器脆弱易碎，從嶺北、中原運至廣州，數量受限，損耗極高。於是唐宋以降，廣東外銷瓷生產業逐漸興旺，製造水平亦逐漸與中原平齊，以西村窯為例，在中後期已能仿製眾多名窯的典型瓷器，如越窯青瓷、耀州窯青釉雕花、景德鎮白瓷、磁州窯彩繪瓷等。

　　1556 年，葡萄牙傳教士克魯士曾經來中國遊歷，於其遊記《中國志》中提及，廣州「市場上形形色色琳瑯滿目的瓷器有些極粗糙，有些極細致，有些公開出售是非法的，比如紅色、綠色、塗金和黃色的，因為它們只能供官員們使用，出售瓷器最大的市場在城門附近，兩旁是兩層樓的木質建築，有帶頂的通道，每家商鋪都在門口有一張巨大的牌子，詳細寫明他們出售的貨物種類」。

西來的信仰 —— 佛寺與光塔

　　兩漢魏晉南北朝期間，隨着海上絲路的開通，佛教信仰傳入中國，不少海外高僧取道海路來到中國弘法，而中國佛教僧人亦西行求法，絡繹不絕。位於越秀區光孝路上的光孝寺，就是這一段歷史的見證，根據寺志記載，這裏最早是南越國第五代王趙建德王府，三國時又為騎都尉、江東名士虞翻講學的「虞苑」，後改建為佛寺。寺院中迄今可見訶子、菩提等參天古木，廣州民間有諺語「未有廣州，先有光孝」，光孝寺大殿據說為罽賓國僧人曇摩耶舍來到廣州傳教時所建，後歷代都有重修，清代更擴建至七開間，但依舊保持了南宋時期建築抬樑與穿斗式結合樑架、三跳華拱、出簷誇張的風格。直至唐代，在該寺傳教譯經的有印度高僧求那羅跋陀三藏、智藥三藏、達摩禪師、波羅末陀三藏、般刺密諦三藏等，《金剛般若經》、《楞嚴經》等著名佛教經典的譯文，皆始於光孝寺，唐儀鳳元年（676 年），禪宗六祖慧能在此

削髮受戒，後來開創佛教禪宗南派。

　　作為海上絲綢之路的始發港與東亞海運貿易的中心港口，廣州亦是各種文化與宗教信仰交融的中心，據說早在唐代貞觀初年，伊斯蘭教創始人穆罕默德即派遣使節前往唐朝傳教。這段逸聞史事，在中國古代文獻中缺乏明確記載，但有阿拉伯文獻指出，628 年，一批阿拉伯人從麥地那城港口乘船出發，由海道來到廣州，給當時的中國皇帝呈上了來自穆罕默德的信件，中國皇帝「很友好地接待了他們，表示對他們的神學觀點很感興趣，還幫助他們為僑居廣州的阿拉伯商人建立了一座清真寺」。

　　直至今日，許多廣州本地穆斯林都相信，這座清真寺，就是今日位於越秀區光塔路上的懷聖寺。寺中有一座高達 36.3 米的光塔，這座宣禮塔用青磚砌築，表層塗抹灰沙，南北各開一門，塔內有兩道螺旋狀樓梯，繞塔心盤旋而上，直通塔頂。廣州伊斯蘭教協會副會長、懷聖寺負責人王官雪阿訇告訴我們，近年來文物考古單位對光塔年代進行過勘測，根據從塔身上部磚塊取樣進行年代測定，斷代可以追溯到唐代。

　　根據文獻記載，在唐宋兩代的農曆四五月，蕃舶乘季風而來的貿易旺季，塔上每天有蕃客專人定時登塔：「嘀晰號呼，以祈南風。」光塔的修建，一則便於宣禮，二則便於導航，歷史上光塔頂部曾建有用於測定風向的風信金雞，可惜在 1387 年被颶風吹

▲ 廣州伊斯蘭教協會副會長、懷聖寺負責人王官雪阿訇

毀，以後塔頂改用銅鑄葫蘆，但不久又墜於風，加上隨着珠江航道南移，以及水羅盤等導航技術的普遍，其後再無重裝，日漸失去導航作用，則專注於禮拜宣禮。

今日的光塔路，除了懷聖寺周圍的一些清真飲食商店之外，只是一條外表毫無異常之處的街巷。在唐宋時期，這裏卻是繁華富麗、外國蕃客聚集的蕃坊。程存潔告訴我們，唐代蕃坊的大概疆域，即是以今日光塔為中心，南至惠福路，東至米市路、朝天路為界，西至人民中路，北至中山六路，根據遺存至今少數文獻資料，蕃坊的建築形制與唐宋時期其他大城市別無二致，每個坊四周都設有正方形或者長方形的垣牆，建築樣式也應該傾向於阿拉伯與波斯風格，貨棧店鋪麇集，所謂「戎頭龍腦鋪，關口象牙堆」。為了便於管理外國居民，唐宋蕃坊內還建制了蕃坊司，在外僑中選舉「蕃長」，負責處理各種事務和邀請外商貿易。《萍洲可談》中記載了大量廣州蕃坊及穆斯林活動的情況。「廣州蕃坊，蕃人衣裝與華異，飲食與華同。或云其先波巡嘗事瞿曇氏，受戒勿食豬肉。至今蕃人但不食豬肉而已。」

阿拉伯學者麥斯歐迪在《黃金草原和珠璣寶藏》中這樣描繪廣州：「廣府是一座大城市，位於一條大河的岸上，這條大河是流入中國海的。城與海之間，相距六七日的途程。」從巴士拉、西拉夫、阿曼、印度各城市、桑夫群島和其他國家的船隻，載運各種商品開進這條大河，一直開到廣府附近。廣府城人煙稠密，僅僅統計伊斯蘭教人、基督教人、猶太教人和祆教徒就有 20 萬人。在麇集此地的蕃客中，信奉伊斯蘭教的阿拉伯商人居多，正如《嶺外代答》中所述：「諸蕃國之富盛多寶貨者，莫若大食國。」前來廣州的海舶蕃商遠較唐朝為多，其強大可以從稅收方面體現出來。1077 年，廣州所收購的乳香，佔杭州、明州、廣州三市舶司收購總數的 98%。稅收「唯廣最盛」、「課入倍於他路」。

雖然在 1300 年後，昔日盛唐時期的繁華已經蕩然無存，但光塔寺周邊的

▲ 矗立在蕃坊中心的懷聖寺光塔

許多街巷名卻還保存了珍貴的歷史信息，帶有古老的廣州蕃坊留下的痕跡：諸如古老的甜水巷，「甜水」即阿拉伯語「中國山岡」的音譯。附近的海珠路，原名鮮洋街，即阿拉伯語「送別」之意，朝南可直達古珠江的岸邊，是唐宋時送別商船的一條主要幹道。從這些殘留的街巷名中，我們還可以獲知當時商業行為的種類及具體地點，如瑪瑙巷、玳瑁巷（疑為今崔府巷）等。這與歷史記載中阿拉伯穆斯林商人擅長從事的珠寶珍奇貿易一一印證。

懷聖寺光塔究竟建於何時？尚無定論。20 世紀 40 年代，著名歷史學家羅香林認為，懷聖寺光塔，即為客居廣州、信仰伊斯蘭教的蒲姓阿拉伯商人所建，其根據在於蒲氏族人保留的《南海甘蕉蒲氏家譜》中記載：「叔祖嗎哈珠、嗎哈嘆兩公倡築羊城光塔，晝則懸旗，夜則舉火，以便市舶之往來。」進而得出結論，光塔始建於南宋嘉定年間。

根據其家譜記載，蒲世的故宅，在鄰近瑪瑙巷、朝天路西側的玳瑁巷，根據考證，可能就是今日的崔府街一帶。光塔寺附近的普寧里，原名「蒲宜人巷」，在華居住的阿拉伯人，若名字帶有「Abu」首碼者，則常常會擇「蒲」字為漢姓。

作為佐證，南宋著名文學家、名將岳飛之孫岳珂在《桯史》中，記載廣州蒲姓貴人之堂，「後有萃堵波，高入雲表」，「式度不比它塔，環以璧為大址，餘而增之，外圓而加灰飾，望之如銀筆」。文中提到的萃堵波，即是懷聖寺光塔，北宋神宗、哲宗朝詩人郭祥正在《廣州越王臺呈蔣帥待制》一詩中，也稱頌了光塔的雄偉景觀：「番禺城北越王臺，登臨下瞰何壯哉！⋯⋯蕃坊翠塔卓椽筆，欲蘸河漢濡煙煤。」

儘管如此，學界主流意見依舊是懷聖寺與光塔皆為唐代所建，蒲氏家族之「倡築」僅是修葺，而非建造。蒲氏家族二三代墓地，即在今日廣州越秀公園內。距離此不遠，就是廣州先賢墓清真寺。其中心就是古稱「回回墳」或「大人墳」的賽義德·艾比·宛葛素陵墓。相傳賽義德·艾比·宛葛素為伊斯蘭教創始人穆罕默德的母舅，於唐初來華傳教，懷聖寺與光塔即為其親手創建。

▲ 清真寺內眾多國內外穆斯林前來禱告

▲ 珠江邊的外國人（攝於 2009 年）

當我們趕到位於越秀區蘭埔附近的先賢墓清真寺時，門口的道路上已經人山人海，許多頭戴白帽的本地穆斯林與外國商販已經支起了攤位，販賣從波斯風格地毯，到阿拉伯水煙，以及南亞精油等形形色色的商品。清真寺負責人魏國標阿訇告訴我們，今天是星期五，是伊斯蘭教傳統的主麻日，在下午1點左右，通常有兩三千名本地與寓居廣州的穆斯林匯聚在此，在這裏進行禮拜活動，自明清以來，這裏就被各國穆斯林視為「小聖地」，許多信徒不遠千里從中亞、西亞專程來廣州朝覲，這個傳統一直保持至今。

雖然時間還沒有到中午，但在寺院中心位置，圓頂方室的宛葛素墓室中已經有幾位虔誠的非裔和阿拉伯穆斯林在頂禮誦經。這種穹形圓頂墓室結構，在阿拉伯和波斯被稱為「拱拜爾」，由於墓室內空，圓頂穹窿，頌經的聲音迴響洪亮，餘音不絕。宛葛素墓室周圍的樹木之間，還有12方自元代至民國初年的穆斯林先賢墓碑，石製墓碑都被信徒們供奉的綠色錦緞所罩住，其中一位逝世於乾隆十八年（1753年）的土耳其汗志·馬罕默德，就是從土耳其東部專程來廣州瞻仰宛葛素陵墓的虔誠教徒，後逝世於廣州，特遺囑懇求將自己葬在先賢古墓之側。不多時，墓室周邊與大禮拜堂中，以及寺院內的綠地內，已經擠滿了膚色衣着各異的各國穆斯林，在盛夏的驕陽之下，隨着禮拜堂中的宣禮之聲，齊齊跪倒——在一剎那之間，1300年間的歲月仿佛驟然回流，盛唐時期的廣州蕃坊，似乎就在眼前。

海上絲綢之路：古典全球化時代

文 ▲ 朱步沖

明代，中國人最大的海洋地理疆域認知進步，在於產生了「東洋」與「西洋」的概念。

南海與大秦 ── 珍寶傳説

從某種意義上講，華夏文明所處的地理環境，使得任何向外探索全新地理疆域的努力都艱辛無比，尤其是一望無際、波濤洶湧、充滿未知與不確定性的大海。戰國時代陰陽學家鄒衍提出了「大九州」這一想像中的世界地理／族群／分佈格局：「天下有九州，中國名曰赤縣神州，中國外如赤縣神州者九，有大瀛海環其外，天地之際焉。」

海洋，被視為某種不可踰越的疆界，其危險性似乎遠超過中國文明疆界西端的崇山峻嶺和北部的草原與荒漠。然而，在中華文明早期源頭中，我們依舊能夠發現蔚藍色的海洋元素，距今大約 7000 年的河姆渡新石器時代遺址中，就出土了精緻的雕花木槳，而在湖北宜都縣紅花套遺址中，也出土過獨木舟形陶器，證明新石器時代，生活在亞洲大陸東端的早期居民，已經有能力在沿海臨近島嶼之間進行短距離的航行。山東龍山文化的器物與民俗，即有可能經過海路，穿越渤海與黃海，抵達遼東半島。而安陽殷墟婦好墓中出土過上千枚作為貨幣的海貝，則證明了海洋貿易對於中華文明早期的影響。

早熟的華夏文明，對於周邊地區的影響與輻射力並沒有因海洋的存在而受到阻隔。早在成書於西漢的《尚書大傳》，以及王充《論衡》中記載，周代即有越南北部與來自日本島嶼的使節來到首都鎬京，獻上珍貴的長羽珍禽「雉」與珍貴的香草「鬯」，作為西周時期中原文明已經與東瀛以及亞洲東南半島地區擁有海上交往的佐證，當時的航路大約從朝鮮半島南端越海，

經過對馬海峽、沖島以及大島，最終抵達筑前，在《日本書記》中，稱之為「北海道中」。近年來，日本考古學界曾在備後三原町、本州西岸的山陰、北陸地區，陸續發現來自中原的銅劍、明刀錢、銅鐸等文物，也證明了這條貿易航線昔日的興盛。

春秋時代，隨着中原各諸侯國國力的擴張，臨海諸侯國如

▲ 廣東徐聞出土東漢瑪瑙琉璃珠飾

▲ 廣州南越王墓出土四格香爐

▲ 上：安東尼（138－161 年）錢幣
下：馬克‧奧略留斯（161－180 年）錢幣

齊、吳、越、楚等，紛紛出於政治、軍事與經濟目的積極開展沿海與近海航行。春秋時代吳越兩國水軍中最大戰船「大翼」長十丈，闊一丈二尺五寸，可載士兵、槳撓手等共 93 人。《尚書‧禹貢》中即記載了當時最早的沿海航路，從北方的黃河入海口向南，繞過山東半島東端，沿黃海東海南下，到達淮河與長江入海口，早期興盛的海港包括渤海西北的碣石（河北昌黎）、山東的轉附（芝罘）、長江口的吳（蘇州）、錢塘江口的句章（寧波），以及番禺（廣州）。商代甲骨文中，已經把風詳細分為小、大、㩝、狂四級。戰國時代《呂氏春秋‧有始》中，已經將把八個方向的風詳細命名為「炎」「熏」「濤」等，並進一步創立出推算月令與海洋季風風向變化的「十二辰風表」（《周禮》）。

幾乎早在路上絲綢之路剛剛形成的時刻，中原文明就發現，較之陸上交通線路時常因政治動盪而發生的梗阻，海洋是一片更為自由與便捷的通道。漢武帝繼位初期，即派遣使者出海，尋求政治外交上的聯絡與全新的貿易通道。這條最早的南海貿易通路始於日南（越南廣治）、雷州半島的徐聞，以及廣西合浦。在航行 5 個月後，到達都元國（馬來半島東南部），再航行 4 個月，到達邑盧沒（緬甸南部錫唐河入海口附近的勃固），然後抵達諶離國（緬甸伊洛瓦底江口），再船行兩月有餘，抵達黃支國（印度半島東岸馬德拉斯西南的康契普臘姆）。使團攜帶了大量的黃金與絲織品，交換這些國家的珍珠寶石（明珠、碧琉璃、奇石）。

絲綢，是中國文明向外最早輸出的產品，與遲遲未能獲得絲綢生產技術的西方與中亞相比，近鄰的朝鮮半島與日本無疑幸運得多。來自中原腹地的蠶種沿海路東傳，越過朝鮮半島，最終抵達日本。其確鑿時間當在仲哀天皇八年（199 年）。不到半個世紀後的 238 年，倭國女王卑彌呼遣使經朝鮮半島至魏都洛陽，魏明帝封其為「親魏倭王」並賜大量絲織品，絳地交龍錦 5 匹、絳地縐粟罽 10 張、紺地句文錦 3 匹、蒨絳 50 匹、紺青 50 匹，這是中國絲綢製品作為外交往來贈品的最早記載。日本《古事記》、《應神天皇卷》記載，在應神天皇在位期間（270—299 年），朝鮮百濟國曾向日本貢上兩名紡織工匠，擅長韓緞的卓素和擅長吳服（中國吳越之地絲綢服裝）的西素。

東漢時期，從東南亞一帶前往中原遣使通好的國家就已經包括日南（越南，131 年）、天竺（印度，159 年、161 年）、撣國（今緬甸，97 年、120 年），其中撣國國王雍由調不僅進貢珍寶，還奉上魔術師（樂及幻人），能夠「變化吐火，自支解，善跳丸」，根據《後漢書·南蠻·西南夷傳》的記載，這些魔術師自稱來自與撣國西南直通的「海西」，即西方遙遠的強國大秦，中國的目光，首次與遙遠的歐洲有了對接。

中國史籍中的大秦，傳統上被認為是羅馬帝國。今日被絲路研究者廣泛

列舉的一條史料，即是《後漢書‧大秦傳》中記載，166 年大秦王安敦遣使，自日南（越南）入朝參觀，獻上象牙、犀角、玳瑁等寶物。儘管學界對此使團是否為羅馬帝國朝廷所派使團，抑或私人商團，一直糾纏不清，但兩國此時已有間接貿易往來，已經是不爭的事實。據《後漢書‧西域傳》記載，大秦「與安息、天竺交市海中，利有十倍。……其王常欲通使於漢，而安息欲以漢繒綵與之交市，故遮閡不得自達」。直言羅馬意欲繞過安息、天竺等海上貿易中介，與中國進行直接貿易往來以獲豐厚利潤。作為佐證，古羅馬著名政治家、自然博物學家普林尼在《自然史》中也記載：「中國和來自埃及、希臘的商人在阿里卡曼陀（印度東南海岸）溝通兩國貿易，交換的商品包括藍寶石、明珠、香料和各種珍貴的絲織品。」羅馬商船通往中國的航路大致為穿越尼羅河、紅海，向東南方跨越印度洋，進入太平洋西南部、東南半島，最終抵達廣州。

隨着海上絲路商業航線逐漸向西開闢，中國人對於周邊世界原有的《山海經》式傳說玄幻式地理觀逐漸被打破，《魏略》中記載大秦：「在安息、條支西大海之西，從安息界安谷城乘船，直截海西，遇風利二月到，風遲或一歲，無風或三歲。其國在海西，故俗謂之海西。」

條支，即塞琉古敘利亞王國，原本被中原視為天下疆域的西極，當張騫初次出使西域時，於公元前 128 年到西方時，該地剛剛從屬於安息，所以《大宛傳》說張騫聽聞條支「安息役屬之，以為外國」。然而《漢書》中說其副使甘英抵達的條支，則可能是位於波斯灣古幼發拉底與底格里斯兩河匯聚入口的梅塞－喀拉塞，後為亞歷山大大帝擴建為商業港口城市，名為亞歷山大里亞，後被洪水毀壞。公元前 166 年，塞琉古王國君主安條克四世將其復建，命名為安條克（Antionchia），後此地建立一半獨立阿拉伯王公國，名為喀拉塞－斯潘西努，成為安息（帕提亞王國）屬國。在公元前後二三百年，希臘、羅馬、伽爾底、阿拉伯、波斯、東非乃至印度商賈雲集於此，當時它

在西方世界的經濟繁榮程度僅次於埃及的亞歷山大城。

早期中國地理方志記載中的模糊描述，給今日的研究者造成了許多疑惑與歧義，《魏略》中的條支西大海到底指在何處？日本學者白鳥庫吉認為《後漢書》等書所說的「西海」就是泛指「波斯灣及紅海一帶的海水」。白鳥認為，「海西國」（大秦的別名）顧名思義應當位於波斯灣及紅海以西地區，即埃及。白鳥進一步說，埃及的亞歷山大城是古代東西方的商貿中心，其名字常被省略。Alexander 一名省去 A 與 S 等音後，即成（A）lek（s）an（dria），譯成中文就是「黎軒」，即托勒密王朝統治下的埃及。公元前 30 年，托勒密王朝被羅馬滅亡，這樣，中文所說的大秦（黎軒），就是指羅馬統治下的埃及與羅馬帝國在亞洲的領土。而中國學者余太山則認為，黎軒在埃及，大秦則為意大利，本無關係，可是，「當漢人進一步了解西方世界時，黎軒即埃及王國已不復存在，大秦之名卻如雷貫耳，於是很自然地把黎軒和大秦這兩個表示不同概念的名詞合二為一了」。

由於張騫出使西域以及班超對西域的進一步經營，兩漢在國力鼎盛時期都對域外世界進行了大規模的探索，更刺激了航行與造船技術的發展。《史記·平準書》中記載，漢武帝在長安城西南修建了方圓 40 里的昆明池，用以訓練水軍，裝備了高達數十丈、甲板上有三層建築的樓船，在東漢丹陽太守萬震所著的《南州異物志》中，已經記載了我國南方近海航行中高超的馭風技術，其四帆，不正前向，皆使斜移，相聚以取風吹⋯⋯在廣州出土的兩漢年代陶製船模以及木船殘留中，已經發現了舵與橫隔艙的設計，橫樑、隔艙版以鉚釘結合，並用桐油灰密封船板之間的縫隙。

魏晉南北朝期間，雖然中原戰亂不休，但沿海割據政權如孫吳，亦大力開拓海上貿易與外交。據《三國志》卷四十九《吳書》記載：吳人士燮為交阯太守，每有出入，「胡人夾轂焚香者常有數十」，說明西域至交州者人數之多，其胡人中便有極西之大秦人。同書記載：「燮每遣使詣孫權，致雜香

細葛，輒以千數，明珠、大貝、流離、翡翠、玳瑁、犀、象之珍奇物，異果蕉、邪、龍眼之屬，無歲不至。士燮弟士武時貢馬凡數百匹。」《通志·四夷傳》卷一百九十八「扶南」條記載，吳國使者康泰，朱應出使扶南國（今中南半島越南，泰國與柬埔寨一部），曾建議其國人用中原輸入的絲綢，製成筒裙與橫幅等衣物。

在此段動盪混亂時期，除了傳統意義上的外交使節與貿易商人，中原與東南亞之間的海上旅行，也有了一批全新的參與者：魏晉南北朝時期，隨着佛教的傳入，不少海外高僧取道海路來到中國弘法，而中國佛教僧人亦西行求法，絡繹不絕，往來於西域南海之間，其遺留的旅行筆記種種，也拓展着中國了解外部的世界。東晉隆安年間，罽賓國僧人曇摩耶舍來到廣州傳教，建立了光孝寺，直至唐代，在該寺傳教譯經的有印度高僧求那羅跋陀三藏、智藥三藏、達摩禪師、波羅末陀三藏、般刺密諦三藏等。唐儀鳳元年（676年），禪宗六祖慧能在此削髮受戒，開創佛教禪宗南派。在這西來東去的弘法隊伍中，其記述最為翔實豐富者，當屬東晉高僧法顯，他於東晉隆安三年（399年），不顧 60 歲高齡，從長安出發，帶領慧景、慧應等僧人，前往天竺。

法顯西行求經之路為陸上絲綢之路，歸途則取海上絲路，從印度多摩梨國（今日印度港口孟加拉邦塔姆盧）起航，途經獅子國（斯里蘭卡）、耶婆提（爪哇），最終在廣州上岸。在斯里蘭卡首都科倫坡西南郊區的布拉辛哈拉，至今還保存有遺址「法顯洞」，為法顯居處。在記載中，他因「去漢積年……同行分披，顧影唯几」看到玉佛像邊有當地商人送來的「晉地白絹扇」為供養，竟然觸景生情，潸然淚下，此逸事也進一步作為來自中原的絲綢以及其他手工製品在東南亞普及的旁證。在這本行紀中，法顯提及，從多摩梨到廣州的航線已經固定，大約航行需要 50 日，且高度繁榮，有能夠乘載超過200 人的大型商船往來，魏晉時代中國沿海與南亞海上貿易往來的繁盛，由此可見一斑。

唐宋：絲綢與陶瓷造就的白銀時代

　　唐至宋代，被史學界稱為中國古代歷史的「第二帝國」時代，其特徵即為生氣勃勃，積極向外施加影響。而此時代，也被國際學界視為絲路骨幹自歐亞大陸陸路逐漸向海上轉移的結點：唐代中後期，「安史之亂」造成唐代國力的急劇衰落，吐蕃趁機北上，佔據了河西隴右，逐漸強大的回鶻亦南下阿爾泰山一帶，陸上絲綢之路逐漸梗阻，從而使得詩聖杜甫亦有「乘槎消息斷，何處覓張騫」的感歎。然而，陸上絲路逐漸被海上絲路所替代，原因不僅在於西域至中亞民族政治版圖的更迭與動盪，更多原因則是中國經濟重心已經逐漸南移，絲綢、茶葉、瓷器等大宗出口商品的產地麇集在東南一帶，再以陸上絲路運輸，轉運繁複，勞民傷財；反之，隨着造船和航海技術的成熟，中國東南地區海岸線長、不凍港數量眾多的優勢逐漸凸顯，運價低廉可靠。不僅如此，中唐之後，隨着大食（阿拉伯帝國）定都於巴格達，取代波斯成為中西貿易中最大的中繼站，也迫切需要與中國產生商品經濟交換與往來。

　　唐代的對外開放性，在同時代全球性文明中，幾乎無有可比擬者。根據《唐大詔令集》記載，唐代前往長安朝貢的「四夷之國」多達 70 餘國，其中將近半數在隋唐前未見諸史冊記載。唐太宗貞觀二十一年（647 年），有 19 個國家的使節同時到達長安，有一個乙利鼻國，就是阿拉伯最早的譯名。早在唐代高宗上元年間，唐州刺史達奚弘通，因出使撰有《西南海諸番行紀》，自稱經 36 國，經赤土（今蘇門答臘至馬來半島）至虔那，被後世疑為已經抵達阿拉伯半島南部。在此後的 148 年中，進入長安的大食使節多達 41 批，天寶十一年（752 年）十二月，黑衣大食（阿拔斯王朝）在取代伍邁葉王朝後，遣使參見，被唐玄宗特意授以左金吾員外大將軍的勳位。

　　751 年怛羅斯之戰，雖然使得唐代失去了在中亞的影響力，但被俘的中國工匠將造紙、金銀鑲雕、絲綢紡織與陶瓷繪畫技術傳入了阿拉伯世界。《經行記》的作者杜環，即在此役中被俘，後客居大食十餘年，最終於 762 年輾

轉千里，乘坐中國商船回國，將其旅行見聞編纂為此書。雖然《經行記》已散佚，今日只有《通典》輯錄了 1000 餘字，但已經翔實反映了當時中亞各國，以及阿拉伯、東羅馬帝國（拂菻）等國的情況，比如拂菻國之富裕繁盛，「婦女皆珠錦，多工巧善織絡」。而作為絲路東端貿易中心的阿拉伯帝國則是「四方輻輳，萬貨豐賤，錦繡珠貝，滿於市肆」。

唐代中後期，隨着海路貿易的繁盛，阿拉伯和波斯的商貿船隊已經形成了一條前往中國的固定航線，從阿曼的蘇哈爾或者波斯灣北岸的西拉夫起航，沿着印度西海岸，繞過馬來半島，來到中國東南沿海的廣州、泉州、揚州等港口。唐代市舶司的記載中，按照國別記載的各國商船，包括南海舶、波斯（阿拉伯）舶、婆羅門舶、獅子國舶、崑崙舶等十餘種。在唐代南方市井俗語中，波斯人通常被稱為舶主，詩人元稹的《和樂天送客遊嶺南二十韻》中有「舶主腰藏寶，黃家䆉起塵」的描寫。這條航路在唐代人賈耽撰寫的《廣州通夷海道》有詳細的記述，並且在阿拉伯地理學家伊本・胡爾達茲比赫的《道里邦國志》中得到了印證，從巴士拉到杭州，海路全程僅僅需要 87 天左右。

隨着航海技術的進步與航行範圍的擴大，中國關於世界地理疆域的稱謂與認知也在持續進步，曾經泛指北印度洋水域的「西海」也開始逐漸囊括地中海。《隋書・裴矩傳》描述自敦煌通西域之道時記載，經蔥嶺、吐火羅、北婆羅門，能夠抵達西海，而杜環在《經行記》中描述拂菻國，指出其與大食相鄰，「西枕西海」。而大食帝國興起後，能夠沿着阿拉伯半島海岸西進的中國海上貿易商人，根據其直接或者間接航行與考察經驗，將以往泛泛而稱的「大食海」具體劃分為「東大食海」與「西大食海」。宋人周去非在《嶺外代答》中稱，東大食海在「天竺以西」，「渡之則西為大食諸國」，而西大食海，周氏的記載則是「渡之而西則又木蘭皮諸國凡千餘」，更西則是太陽沉入地平線所在，「不得而聞」。「木蘭皮」是阿拉伯文 maghrib 之音譯，為北非信奉伊

斯蘭教之馬格里布諸國。著於 10 世紀末期的一部波斯文地理著作，或稱《圖曼斯基抄本》的《世界境域志》記載，木蘭皮海，亦指地中海。

　　除此之外，逐漸將航線拓展至遠離本土的中國航海者，也開始不斷將新發現的全新海洋水域自加冠名，中國海岸線大致為南北方向，要出洋駛向東南亞、印度方向，必須首先向南航行。先秦時的南海，泛指東海以及所認知範圍內的所有南方洋面，魏晉以來至唐初，逐漸特指東南亞與東印度洋諸地，並稱所有前來貿易之外國商船為「南海舶」。東漢楊孚撰寫《異物志》，根據其潮汐現象，稱南海為「漲海」，自魏晉南北朝至唐代，「南海」、「漲海」之名交替使用。阿拉伯商人蘇萊曼撰寫於 851 年的《東遊記》稱，在到達名為「Chanhay」的海域後，再航行一個月就可以到達中國。然而「漲海」的具體疆域在歷代史籍筆記中不斷變動，有時會泛指自馬來半島至大秦之間的廣大寬闊海域，而到了唐代中後期，為了將這一段漫長海域加以細分，則又誕生了一個全新稱謂「西南海」，特指北部印度洋，《新唐書・西域傳》中特指獅子國（斯里蘭卡）在「西南海中」。

　　有唐一代，最為茂盛的海上貿易港口，即是廣州，也是海上絲路的起點。文獻形容其繁榮程度可謂「舶交海中，不知其數」，「蠻聲喧野史，海邑潤朝臺」，進口大宗貨物包括麝香、玻璃、珍珠、玳瑁、香料、犀牙、珊瑚、琥珀與棉布。唐政府織品的賦稅稱為「庸調」，在開元年間達到 2100 多萬疋。宋人李覯更形容江浙一帶絲綢紡織業的繁盛為：「繭簿山立，繅車之聲連甍相聞。非貴非驕，靡不務此。……爭為纖巧。」在廣州、泉州兩港出海的絲綢種類繁多，絹有白絹、五色絹、紅絹，緞有龍緞、草金緞、五色緞、錦緞，綾有水綾、絲帛等。廣州市舶司因其地位重要，與嶺南節度使並稱「兩使」。其行政治理官署雖然在廣州，卻掌管海外諸國朝貢事務以及東南沿海貿易。9 世紀，伊本・郭大貝在省道志中說，中國繁榮的港口有四處，包括廣府（廣州）、江都（揚州）、越府（明州）以及比景（越南半島靈江口）。

大批阿拉伯與波斯僑民，寓居在南沿海港口貿易城市，大食國人李彥昇，在847年由宣武軍節度使盧均舉薦參加會試，最終以進士提名。

曾多次因商貿旅行訪問廣州的阿拉伯商人蘇萊曼·坦吉爾於851年寫成了《中印遊記》，記述了中國貨船體量龐大、吃水深，抵達波斯灣的西拉夫後，貨物必須改裝吃水較淺的當地阿拉伯雙桅貨船，在海上絲綢之路的重要港口印度的故臨（Kulam），一般中國大商船要繳納的稅收高達1000個迪爾漢銀幣，是普通其他國家船隻的5~50倍之多。

這些形體巨大的中國帆船，載重量可以達到五六百噸，乘客600人以上，長達20丈，稱為蒼舶。從西晉自唐代，中原文明的造船技術持續進步，來自波斯灣的棕櫚纖維船板縫合法已經傳入嶺南，「鹹水浸漬，即粗漲而韌，故人以此縛舶，不用釘線」。航海者在航海時利用信風與季風，唐人李肇就曾經說：「自白沙溯流而上，常待東北風，謂之信風。」而義淨離廣州南行時，據說當時的情景是：「至十一月……廣莫初飄，向朱方而百丈雙掛，離箕創節，垂玄朔而五兩單飛。」這裏所說的百丈指船舶上的綷纜，五兩則是古代的一種候風器，用雞毛懸於船桅竿之上。所謂五兩，即取用五兩雞毛之意。這顯然是因信風之便，船隻連綷纜都暫放置一邊不必使用。

日本學者、陶瓷研究專家三上次男稱，自中晚唐開始，海上絲綢之路逐漸變成「海上陶瓷之路」，因陶瓷產品的易於疊放、壓艙性能與高附加值，使得它逐漸與絲綢並行，成為中國出口的大宗貨品。今日日本太宰府所藏檔案中，有一件中國商船貿易檔案，泉州商人李充自報船上載有貨物物種，象眼（絲綢名）40疋、生絹20疋、白綾20疋，以及兩種瓷器。近一個多世紀以來，在印尼、馬來亞沙撈越河口、斯里蘭卡凱格拉、印度阿里卡曼陀、伊朗內沙布爾，都有唐代長沙窯、越窯以及德化窯、廣東窯青瓷與白瓷器物及殘片發現。阿拉伯商人蘇萊曼曾在《中印遊記》中記載，中國人能用一種優質陶土，製造出各種透明程度可比擬玻璃的瓷器，甚至酒器中酒的顏色與滿

盈程度都能從外面看見。另一位波斯文學家塔利比稱，中國瓷器中，最為上品的是杏黃色。根據考證，所謂杏色瓷器，來自唐代著名的長沙銅官窯，出品瓷器以杏黃底色著稱。

較之唐代，宋代的外銷瓷器出口產地越發擴展，不拘於沿海省份，包括越窯（浙江餘姚等地）、龍泉窯（浙江龍泉）、景德鎮窯（江西）、耀州（陝西銅川）與磁州窯（河北）。汪大淵在《島夷志略》中記載，宋代瓷器外銷國家達到 44 個，遠在埃及開羅南郊的福斯塔特，曾是阿拉伯法蒂瑪王朝時期興盛的貿易城市，在 1168 年第二次十字軍東征時淪為廢墟，在 20 世紀 60 年代的考古發掘中，曾出土中國陶瓷殘片達到 1.2 萬片之多，包括唐至宋初越州窯青瓷，唐代三彩，宋元時代龍泉窯青瓷、潮州窯白瓷等。

唐宋兩代，來自印度、阿拉伯的貨物，對一般民生影響最大的，為藥物香料。唐代《新修本草》中就有密陀僧、底也伽（鴉片）、安息香、麒麟竭等西域以及印度藥材收錄。元和十年，被貶官至連州（廣東連州）的詩人劉禹錫曾撰寫《贈眼醫波羅門僧》

▲ 埃及福斯塔特遺址出土明代景德鎮青花瓷

▲ 土耳其收藏元代青花瓷

詩,希望來自印度的醫生用「金篦術」(針拔內障術)治癒自己的眼疾,甚至一些藥用植物已經開始在中國南方地區移植成功。蘇頌在《本草圖經》中就記載一種來自波斯國的藥物「補骨脂」,最初通過訶陵國(印尼爪哇半島中部)舶主傳入,後在嶺南地區推廣種植,可以延年益氣,悅心明目,補填筋骨。

南宋泉州市舶司官員葉廷貴所著《香錄》可知,此時中國已經從東南亞以及阿拉伯進口香料達 29 種之多,包括來自渤泥國、三佛齊的龍腦香,來自真臘國、占城國的沉香,大食的乳香、沒藥、安息香與蘇合香,來自闍婆國的肉豆蔻。在宋代,香料為官府專賣的「榷貨」,設立了專門機構「榷易院」進行收購、管理,分設在廣州、泉州、交阯與兩浙,對進口香料品質上品、數量巨大的外國商人,亦會授予官職。紹興六年(1136 年),大食(阿拉伯)蕃官蒲羅辛因進口乳香價值 30 萬貫,被授予「承義郎」的官職。蒲氏原為居住在占城國的阿拉伯人,後入籍中國,12 世紀末由廣州移居泉州,其後人蒲壽庚於景炎元年(1276 年)升任泉州市舶司,以亦官亦商的身份「擅蕃舶利者三十年」。

天寶二年,鑒真第二次東渡日本,備辦的糧食、佛典、香料、藥品清單,收錄在日本奈良時代的典籍《唐大和上東正傳》中,包括落胭脂紅綠米 100 石、甜豆皮 30 石、牛酥 180 斤、乾胡餅兩車、乾蒸餅一車,藥劑和香料包括沉香、龍腦香、安息香等 600 餘斤,畢缽(畢波羅,即菩提樹汁液)、阿魏、石蜜、蔗糖(500 餘斤),可以相信如此巨量的海外舶來藥物除了部分自用,其他亦為東渡傳播交流所用。

13—14 世紀,南印度和中國之間的海上交通已經全部被中國船隻所操縱,阿拉伯航海旅行家伊本·巴圖塔在遊記中說,中國商船分成三種:大的船、中等的柴(zao)以及小型的舸(Kakam)。大帆船最多有 3~12 面帆,每船可以運載千人以上,為了防禦馬六甲海峽的海盜,中國商船上都配有弓箭手、弩手和盾牌,而各國蕃商也喜歡租用這些大型堅固的中國帆船。此時,

中國商船已經普遍配備了使用浮針的羅經，提高了航行的安全性與航向的正確性，並且採用了相對精確的計時法「香篆」，即粗細均勻的香盤，於盤上刻畫出時辰刻度，夜間燃燒時便能精確判定時刻。《萍州可談》中提到，中國帆船已經擁有完備的導航技術「夜則觀星，畫則觀日，陰晦觀指南針」，船行時如遇風濤緊急，可直接下船首碇石。

　　1178 年，周去非在《嶺外代答》中計算，從廣州出發冬日起航，乘北風，經過蘇門答臘北部亞齊，可以直達阿拉伯南部海上貿易港口馬赫拉的直達航線，具體行程為出發後航行 40 天到達亞齊（藍里），停泊過冬，直到下一年冬天，再乘東北風，經過大約 60 天的航行，繞過斯里蘭卡和南印度，橫渡阿拉伯海，到達馬赫拉省位於卡馬爾灣的著名香料貿易港祖法爾。泉州西郊外瀕海九日山，有摩崖石刻數十處，為舉辦祈風儀式所用。石刻作者多為地方官員與市舶提舉司，目的在於為往來於東南沿海港口和南海中的外國商船祈求信風，並預祝其滿載而歸而舉辦的祈風儀式所用，一年舉辦兩次。

　　唐宋兩代，也被譽為中國古代「商業革命」勃興的時期，背後的助推動力就是海上絲路貿易帶來的巨額收入與貴金屬：北宋高宗時，僅廣州、泉州兩地，市舶收入每年就達 200 萬貫，而每年市舶總收入即佔宋代國家總收入的 20% 左右。宋代政府採取各種方式，將通過市舶所得的豐厚收入與舶來奢侈產品補貼財政開支，包括直接由官府出售折現，抵付商人依「折中法」捐輸至邊防糧草，作為保證金收換紙幣「會子」，轉手出口高麗、日本，發放官員手中以抵支俸祿等。

　　在東南亞海洋貿易中，不少國家使用金銀為貨幣。阿拉伯、波斯與東羅馬帝國廣泛使用的金幣與銀幣，源源不斷地抵達泉州、廣州、揚州等東南港口，從而迫使中國東南沿海地區率先開始嘗試使用銀本位幣值。據趙汝適《諸蕃志》記載，真臘、三佛齊、細蘭等國，番商興販都用金、銀、瓷器等交易。蘇吉丹國民間貿易，用雜白銀鑿為幣，狀如骰子，上鏤番官印記，64 隻

準貨金一兩，每隻博米 30 升，或 40 升至百升。其他貿易悉用是，名曰「者婆金」。正如按照日本人加藤繁在《唐宋時代金銀之研究》中的論點，為了防止原本作為基本貨幣單位銅錢的過分外流，唐代中央政府視嶺南「為一特別經濟與貨幣區域」，允許其官開採金銀礦山，並流通金銀鑄幣。

到了南宋時期，不但臨安朝廷的各種賦稅與專賣收入開始用金銀折納，紙幣買賣也以金銀為結算本位。岳飛之孫岳珂在《鄂國金佗續編》中說，紹興四年（1134 年），岳飛所率神武後軍所支給的 60 萬貫軍費中，有 40 萬貫即由（杭州）榷貨務（茶葉專賣機構）以金銀形式交付。如此巨大規模的黃金流動必然帶動民間金融機構的勃興，宋代著作《都城紀勝》記載，寧宗時，臨安從事金銀兌換、製品買賣的金銀交引鋪多達百家，主要業務為兌換官署發放的「鈔引」，即商人領取、運銷鹽茶等專賣貨物的有價證券。此外，業務還包括金銀製品訂製與鑒定。與唐代相比，宋代作為貨幣符號的金鋌、金牌在尺寸、量與成色上都有相對統一的標準，銘文也將標明金的成色，諸如「十分金」、「赤金」，以及「薛李宅」、「石元鋪」等金銀鋪名，還要附上工匠名與店鋪押記。

夕陽下的孤帆 —— 海上絲路的末日輝煌和終結

明代洪武年間，鄭和船隊七下西洋的壯舉，使得明代中國的海外朝貢 / 宗藩體制影響力達到了頂峰，明代朝廷在波斯灣的忽魯木斯（今伊朗霍爾木茲）、印度古里和馬來西亞馬喇加（馬六甲）設立了集官署貿易站與海運補給中心一體的「官廠」。然而，在這種富麗堂皇的表象下，明廷對於海上絲路貿易力圖收回官辦的舉措，以及下達的禁海令，嚴重影響了唐宋元歷代在印度洋上開闢建立的民間海上自由貿易生態。直至今日，在海上絲路西段的各古代港口中，依舊幾乎沒有永樂、宣德年間的明代私窯瓷器出土，就是當日中國海上貿易驟然遭遇寒冬的證據。

作為對應，自 15 世紀 70 年代起至正德四年（1509 年），大規模的東南沿海走私貿易開始勃興，最終迫使明廷於隆慶元年開放海禁。2009 年，於廣東汕頭南澳島附近發現的明代走私沉船「南澳一號」上，發現 1.0624 萬件外銷陶瓷，絕大部分為明代漳州青花瓷以及景德鎮窯青花瓷，紋飾包括豐富的花卉、花鳥、麒麟、仕女。

有明一代，雖然私人海洋貿易在前期遭遇了禁止，然而官方背景的外交航行使得中國對於周邊海洋地理疆域的認知進一步細化，在典籍中，出現了許多全新的海域命名，諸如「細蘭海」（孟加拉灣）與「南大洋海」（南太平洋至南印度洋），而最大的海洋地理疆域認知進步，在於產生了「東洋」與「西洋」的概念。「東洋」最早誕生於元代人陳大震的《大德南海志》，而具體疆域的明確劃分則要待明人張燮的《東西洋考》，張氏在「汶萊條」中明確指出，西洋即是自福建、廣東沿着亞洲東南海岸線南下，直至印度，所經水域與島嶼國度。而「東洋」則是自臺灣南下，至呂宋諸島，沿西太平洋島鏈至爪哇海、蘇拉威海、蘇祿海等疆域，東西兩洋以今日之南海為界。

鄭和船隊所取得的功績，很大程度上要歸功於阿拉伯天文觀測與航海技術的東傳，從某種意義上說，正是海上絲綢之路所造就的東西文化交流，促成了這一 16 世紀東亞最為龐大的海上探險遠航。《武備志》中保存的 20 頁鄭和海圖中，就擁有 4 幅「過洋牽星圖」，海員們所用的觀測儀器，稱為「牽星板」。明代筆記小說家李詡曾在《戒庵老人漫筆》中描述過這種儀器，是 12 塊邊長 2~24 厘米、帶有刻度的烏木板。觀測者手持牽星板，使板面與海平面垂直，下邊緣與海天交界線垂直，上邊緣與所測天體相接，板上引一長繩以固定牽星板與觀測者眼睛之間的距離，計算單位為「指」與「角」，一指大約是今天的 1.9°，折合四角。在《鄭和航海圖》中，記載的星名達到 18 個之多，包括被稱為「北辰」的北極星，以及「燈籠骨星」的南十字座。如果雲霧遮蔽了這些天上的導航者，鄭和的水手們就會轉而借助水羅盤來調整

航向。根據現存於牛津大學鮑德林圖書館《順風相送》與《指南正法》兩部羅盤針經，我們可以知道在呈圓形的羅盤上刻有 8 個天干、12 個地支和 4 個卦位組成的 24 針位，每個針位之間相隔 15°，能夠方便地實現導航。

牽星術，無疑來自阿拉伯。元代朝廷曾數次下令收集、編纂阿拉伯文航海技術書籍（回回文喇那麻），而在明廷定都北京後，亦繼承了這批寶貴的典籍，並借用了這一套行之有效的技術：在 15 世紀阿拉伯航海家西迪·阿里的《印度洋航海記》中，就詳細介紹了牽星版的形制與使用方法，而在其航海記附帶的海圖中，其牽星記錄，以及所記錄確定方位的方位星，與鄭和航海圖基本吻合，差異之處僅有燈籠星、七星、水平星三星。在鄭和首次下西洋之前的永樂元年，明成祖亦派遣李愷、楊敏等人率領小規模船隊前往西洋諸國航路進行小規模試航，以校正手中原有的羅盤針路與牽星圖樣。在鄭和船隊中，亦有不少阿拉伯與西域血統人士，擔任航海專業人員、翻譯專使等，例如蒲壽庚之後人，加封泉州衛鎮撫使的蒲日和，而其他擔任番火長等船員的阿拉伯血統人士，數量更多。

在晚明至清代早期，以福建、廣東等各中國東南港口與日本長崎港之間的「唐船貿易」亦進入高潮。由於德川幕府的鎖國政策，海外貿易只限制在長崎一港，中國沿海倭患斷絕後，兩國貿易逐漸恢復正常。據日本學者岩生成一統計，每年入港中國商船最多可達 70 艘以上，中國大宗輸出貨物為生絲與糖，獲利豐厚。福建巡撫陳子貞曾於萬曆三十八年（1610 年）上奏，稱「販於日本之利，倍於呂宋」。中國內地生絲價格百斤在銀百兩左右，而長崎港口收購價格最高可達 500 兩之多；同樣重量砂糖價格為 1.5 兩，而長崎到埠收購價亦高達 3 兩以上，一般中國「唐船」載貨量就可以換銀數十萬兩。例如崇禎十三年（1624 年），當年日本全年進口生絲 36 萬斤，而來自中國者就超過四分之一，勃興的貿易促使大批沿海居民移居日本，萬曆年間福建巡撫南居益曾上奏朝廷稱，閩、越、三吳百姓，流寓長崎港從事貿易翻譯者有數百家之多。

▲ 清中葉，江南的繅絲女子。這是早期來華西方人筆下的中國風物畫

　　同樣，中國對於日本舶來貨物的需求，在明末清初亦持續上升。首先由於遼東對女真滿洲戰事以及各地農民起義的鎮壓，日本所出產的腰刀、鳥銃、盔甲與製造火藥彈丸之硝石與鉛，為明廷所急需；然後還有鑄幣所急需的銅，以及被稱為俵物的海產品，明代覆亡後，盤踞東南沿海的南明，以及鄭成功，都「每歲發船渡長崎，貨殖以厚軍備之利」。

　　就在此時，一向平靜而繁榮的海上絲路上終於出現了一片陌生的帆影：1573 年春，兩艘西班牙加利安大帆船（Galleon），滿載着來自美洲、用於購買中國絲綢瓷器以及東南亞香料的白銀，在菲律賓馬尼拉港靠岸，這一事件正式標誌着中國被納入了西方航海強國的環球大貿易體系。

　　1571 年，西班牙商船隊在明都洛外海營救了一艘中國遇險商船，遇救的明朝商客在回到福建漳州後，這個伊比利亞半島殖民強國的富裕和在東南亞

進行貿易的迫切願望便迅速流傳開來。從 1572 年開始，運載香料、絲綢、瓷器以及水果等貨物的中國商船便逐漸前往馬尼拉。最後，這兩艘滿載中國商品，包括 712 件絲綢品、2.23 萬件瓷器的西班牙大帆船，於當年底駛抵墨西哥的阿卡普爾科。至 1576 年，從漳州至馬尼拉、馬尼拉至阿卡普爾科的固定帆船貿易已經完全確定，平均每年有 50 艘左右的中國商船抵達馬尼拉，運載的貨物總價從 20 萬比索上漲至 16 世紀末的百萬比索。而從馬尼拉到墨西哥的西班牙大帆船單艘噸位也突破 700 噸。至 18 世紀中期，墨西哥進口商品總值中的 60% 以上，都來自中國絲綢與瓷器。在如雪崩般湧入的中國紡織物面前，西班牙本土紡織業急劇衰落，1600 年，急於改變局面的西班牙王室宣佈禁止在西屬美洲種植桑樹，然而來自中國的生絲卻使墨西哥紡織工業得以延續。

除了絲綢與瓷器，另一種中國本土的獨特出產引發了歐洲的興趣：1559年，意大利人拉木學在《航海與旅行》一書中引述波斯人哈扎·馬和木的敍述，稱在遙遠的中國，於 Kuangfu（廣州）種植着一種神奇的植物，不論鮮濕或者風乾，都可用這種神奇植物熬成飲料，如果空腹飲下，能夠祛除熱證、頭疼、胃疼。這是歐洲關於中國茶葉有史可考的最早記載。不久，葡萄牙多明我會傳教士加斯帕·達·克路士來到中國廣州傳教，1570 年病逝後，他編纂的《中國志》出版，書中說，任何中國人拜訪會客，主人都會向客人奉上這種神祕的熱飲，裝在精緻的瓷杯和瓷盤之中。16 世紀，荷蘭東印度公司開始將少量中國與日本出產的茶葉販運至荷蘭本土，並逐漸擴散到整個歐洲。到了 1735 年，僅僅從荷蘭進口的亞洲茶葉已經達到 835 萬磅，而新興的海上貿易強國英國更是後來居上，在 18 世紀後半夜，每年從亞洲輸入的茶葉達到 3000 萬磅。起初茶價昂貴，倫敦每磅綠茶到港價格為 10~19 先令，武夷茶為 13~19 先令，然而普通工人日薪只有 3~4 便士，於是茶成了上流社會炫耀的專有之物，著名劇作家與詩人威廉·柯伯，亦寫詩讚頌這種來自東方的神奇植物：「佳茗，佳茗，令我愉悅，寧我心靈。」

很快，歐洲對茶葉的強烈需求，使得其商船隊無懼驚濤駭浪，爭相前往遙遠的遠東：英國國會通過「抵代稅」法案，將茶葉進口稅從 100% 下調至 12.5%，制定對華茶葉貿易特許權，並只授予英屬東印度公司，並促使英國幾乎壟斷了歐洲在廣州的茶葉貿易。從 1778 年至 1784 年，英屬東印度公司每年從廣州進口的茶葉在 5.8 萬擔左右，佔據歐洲總額的三分之一強，而到了鴉片戰爭前夕，這一數字又暴漲至 30 萬擔，每年贏利達 100 萬英鎊，幾乎等於英國每年政府國庫收入的 10%。自 1700 年至 1823 年，「茶葉是驅使歐洲人來到廣東的主要誘惑力，其他中國商品只不過是點綴。」當時活躍在廣州的法國商人羅伯特·康斯坦丁説。

　　這是中國主導的海上絲路貿易最後的輝煌。來自歐洲，旨在換取絲綢與茶葉的白銀滾滾湧入：通過西葡兩國主導的中國—菲律賓—美洲三角貿易，自 1571 年至 1643 年，從墨西哥輸入中國的銀元大約相當於中國原來擁有白銀總量的 1/6，總計高達 4000 萬庫平兩以上。英國自 18 世紀中葉至 19 世紀通過茶葉貿易，流入中國的白銀也達到 5800 萬兩以上。《劍橋中國明代史》作者牟復禮認為，中國由於出口奢侈品而得到大量的日本白銀和西班牙、美洲白銀，使得在商品經濟發達的直隸南部、江西，以及沿海省份浙江、福建和廣東，經濟增長的速度顯著變快。白銀的大量流入，也促使明代政府進行財政改革，把大多數田賦、徭

▲ 衣着考究的歐洲紳士淑女們在門廊下享受下午茶
（約攝於 1910 年）

役以及加派改為徵銀。然而，負面影響則是明代政府失去了對於流通中大多數貴金屬貨幣的主導權。美洲舶來銀幣因為其成色佳，形制重量標準化程度高而逐漸成為民間流通貨幣，並導致以寶鈔為中心的官方貨幣信用體系崩潰。不僅如此，賦稅的貨幣化與大量白銀進入流通導致的通貨膨脹，使農產品價格急劇下跌或者出現極大的波動，米價最多在每石 0.2 兩和 0.8 兩白銀之間浮動，加劇了普通僱農與小農的破產，最終動搖了中華帝國賴以生存的最大基石。

隨着美洲與東亞之間貿易直接聯繫的建立，玉米、番薯、馬鈴薯以及煙草、花生、番茄等原產美洲的經濟作物也逐漸進入中國，進而造就了明清兩代成為中國歷史上持續最長的農業繁榮和人口增長的時代。《中國的食物》作者尤金·安德森曾統計，有明一代，耕地總數從 6000 萬英畝逐漸增長至 8500 萬英畝，人口在整個 16 世紀，由 1 億左右暴漲至 1.75 億，作為「救荒糧食」，易於耕種、收成豐富穩定的玉米和馬鈴薯無疑能夠很好地養活這些新增人口，但也使得中國陷入了某種英國漢學家伊懋可所謂的「高水平均衡陷阱」之中：精耕細作的分散農業促成了人口持續增長，大量廉價勞動力使技術進步成為某種「不必要」的靡費，農業資本回報持續高於工商業，同時工資水平的持續低迷也使得大量農村人口毫無積蓄，不可能購買相對昂貴的工業製成品，進而抑制了近代工業與資本的出現。

18 世紀末，中國由於其貨幣媒介在東南亞至印度洋上的通用性，以及中國船隻對於這一航路的絕對壟斷，依舊使得歐洲早期殖民國家難以在這一貿易網絡中獲得主導地位，荷蘭東印度公司就曾考慮利用半公開的武裝私掠、搶劫滿載白銀、絲綢與陶瓷的中國商船。而已經逐漸在暹羅、馬來亞、泰國等地落戶的中國華僑，也將相對成熟先進的造船方式帶到了東南亞，英國東印度公司職員堅西曾於 1775 年向倫敦總部報告，加里曼丹的華僑造船廠僅用兩個月，耗資西班牙銀幣 4250 元就建造了一艘 580 噸的帆船。殖民地史學家

▲ 描繪清代廣州十三行的繪畫

J. 克勞福德曾在《印度半島史》中憤憤不平地說，華人質優價廉的造船業，以及他們在當地民眾中平和、無野心的性格，嚴格限制了歐洲商業與殖民在本地的開展與盈利。

　　直到 1820 年前後，東南亞海面上活躍的中國帆船依舊接近 300 艘，總運載量超過 8 萬噸，然而僅僅 20 多年後，因歐洲工業革命而誕生的蒸汽輪機動力船就開始出現在東南亞海面上，歐美列強資本雄厚、管理先進的股份制航海運輸公司，遠非因血緣關係組合、資本單薄的中國沿海「船幫」與「舶主」所能望其項背。當中國帆船的側影逐漸消失在印度洋的海平面上時，來自歐洲的蒸汽與黑煙宣告了另一個全球貿易時代的到來。中國，這個傳統的海上絲綢之路主導者，被納入了西方殖民經濟體系之中，也在屈辱和被掠奪中開始了它的現代化改革嘗試。

考古材料裏的海上絲路

文 ▲ 竹里

　　1990—1991 年，聯合國教科文組織發起的「海上絲綢之路綜合考察」，將「海上絲綢之路」變成一個家喻戶曉的概念。然而，許多學者認為，除絲綢外，海上貿易的大宗商品另有其類，是以不斷有人相繼提出「陶瓷之路」、「香料之路」、「寶石之路」等說法。實際上，自 19 世紀德國地理學家李希霍芬將橫貫東西的陸上交通線命名為「絲綢之路」以來，「絲綢」本身更多地扮演的是古代中外貿易及文化交流符號的角色，傳遞的是以絲織品為代表的中國文化向外輸出的歷史背景。由於絲織品不易保存，即便我們能從航海文獻或船舶賬目中尋覓到隻言片語，實際上能夠以實物形態出現在我們面前的貿易絲綢寥若晨星。

蓬萊仙山不死藥

　　中國文明起源於黃河流域，確立文化傳統的夏、商、周三代都是內陸國家，與地中海文明、印度文明、兩河文明完全或部分地依賴大海而生存的情況有所不同，中國通過海路交通與其他幾個文明中心產生互動，是隨着歷史時期古代王朝版圖的擴張、沿海地區的開發逐步展開的。「海洋」概念之於中國傳統文化，起初籠罩在頗具神幻色彩的迷霧之下。自戰國以來，沿海的燕（河北）、齊（山東）等國相繼派遣方士入海尋找「不死之藥」。實際上，通過目前考古學發現和研究，我們能發現的遠遠超出虛無縹緲的歷史傳說。自 20 世紀中期以來，從雲南晉寧石寨山墓地、山東淄博市臨淄區大武鄉窩托村漢墓、廣東廣州象崗山西漢南越王墓、安徽巢湖北山頭漢墓、雲南江川李家山漢墓、山東青州西辛戰國墓、江蘇盱眙大雲山漢墓等墓葬中先後出土

11 件裂瓣紋金屬盒，其中 6 件的器身部分皆為銀質，經捶揲而成，呈上下交錯的凸瓣狀，十分引人矚目。這種捶揲技法與公元前古代中國製器傳統（鑄造）不同，具有明顯的域外風格，確切來講，與波斯第一帝國（阿契美尼德王朝，前 553—前 330 年）晚期至帕提亞帝國（前 247—前 224 年）的關係最近，在中國流通的時間集中在戰國晚期到西漢年間。由於山東、江蘇、廣東都是沿海地區，一部分學者認為這類器物來自海路。

奇石異物碧流離

有漢以來，由於文字記錄的豐富，海外貿易以更為翔實的面貌浮現在我們眼前，西漢時期甚至出現了官方主導的海外貿易。《漢書·地理志》中記錄了一條從越南北部及兩廣出發，抵達印度東南海岸的貿易路線。當時海外貿易我們的主要輸出品是黃金和絲織品，而意圖獲取的主要對像是「奇石異物」，甚至包括活犀牛這樣的生猛活物。實際上，我們不僅在廣州地區的漢墓中發現許多陶質犀牛角，遠在長安的帝陵中也發現了域外進獻的犀牛。1975 年，西安市東郊白鹿原南陵附近發現 20 座從葬坑，其中有一具犀牛骨骼。犀牛骨骼雖已斷裂，但整體結構和大骨節保留得還較為清楚。據鑒定，是生活在東南亞爪哇島的獨角犀，南陵的主人是漢文帝之母薄太后，崩於景帝前元二年（前 155 年），看來王莽雖然熱衷於製造新生事物，但令外國遣使獻活犀牛卻並非他首創。

如果我們參觀兩廣地區的博物館，看到最多的一類海外奇珍就是琳琅滿目的寶石與玻璃。雖然並不能簡單對等，但文獻中提及的「璧流離」（即琉璃）通常被認為是玻璃，玻璃製作的歷史悠久，來源複雜，但兩廣地區發現的玻璃器中，甚至有與羅馬玻璃十分接近的產品。至於瑪瑙、琥珀、石髓、水晶等寶石珠飾更是比比皆是。廣州象崗山西漢南越王墓還出土了非洲象牙、蜻蜓眼玻璃珠、乳香、琥珀、金珠泡飾等極具異域風格的文物。

這一時期，遠至羅馬帝國、托勒密埃及、帕提亞王朝的人群已經對孟加拉灣以東的居民有了一定的認識與了解。成書於公元 1 世紀中葉托勒密埃及時期的文獻《紅海航行》(*The Voyage Around the Erythraean Sea*) 記錄經過印度洋東海岸以後，「海洋終結於一片叫作秦 (This) 的土地，那裏有一個非常大的叫作秦尼 (Thinae，也就是中國) 的城市，那裏的生絲和紗線以及絲綢通過大夏徒步運送到婆盧羯車，也通過恆河出口到利穆利。但是進入秦不容易，也很少有人從那裏來」。

羅馬時期的商貿據點也發現於黃支國故地康契普拉姆附近的阿里卡梅杜遺址。這裏發現了直接由羅馬或敍利亞、埃及等地中海東岸商人經營的貨棧商行和染製木棉的染坑，從中發掘出 20 件帶紀年銘文的陶器，銘文用婆羅米文拼寫泰米爾語，年代約在公元前 2 世紀至公元 1 世紀。其他出土文物有：安弗拉罐、產自意大利阿萊佐 (Arezzo) 的陶器、羅馬玻璃器、綠釉陶片和羅馬錢幣等，還有印度中部或南部各地的香料、寶石、珍珠和薄棉輕紗。

此外，同樣在 20 世紀 40 年代，湄公河三角洲南端沃奧地區發現大片古代遺址，越南半島在漢代是外國使臣登陸的地方。經發掘，在這裏發現了羅馬皇帝安東尼 (138—161 年)、馬克·奧略留斯 (161—180 年) 兩位皇帝的錢幣；許多羅馬玻璃珠和玻璃殘片，其中一片是羅馬攪胎玻璃，屬於公元前 1 世紀產品；典型的羅馬印章。這就清楚地說明公元 2—4 世紀確實有羅馬商人在湄公河三角洲從事國際貿易。

葡萄美酒夜光杯

三國兩晉南北朝時期，中國國內陷入分裂對峙局面，西邊的大秦 (羅馬) 和安息 (帕提亞) 等國境內也都發生了比較大的動盪和變化，拜占庭帝國與薩珊波斯崛起，陸上交通興盛，相比而言北朝的對外交流更盛。南朝的海外交往對象在東北亞、東南亞和南亞有一定的發展，但總的來說盛況不及北

朝。這一時期的重點是以佛教為主的多種宗教的傳入與發展，南朝佛教與東南亞和南亞之間的關係相當密切，可惜保存至今的實證不多。

隋唐時期對外交流呈現海陸並重的局面，東至日本、西到大食（阿拉伯帝國）都出現了比較成熟穩定的航線。尤其是「安史之亂」以後，北方受戰爭影響增大，吐蕃勢力崛起，陸上交通受阻，海上交通達到前所未有的鼎盛局面，出現了穩定的從中國經馬六甲海峽、印度洋到波斯灣和東非的航線：廣州通海夷道。東邊日本的遣隋使、遣唐使活動亦趨活躍，在政治、經濟、宗教等領域都展開了頻繁交流，現在日本仍能見到許多早至唐代的中國文物。

唐朝政府在廣州設置市舶使，同時揚州、明州（寧波）、泉州等港口城市也逐步興起，海外貿易獲得的巨大利潤引起了商人集團的重視，再也不僅僅是獵奇性質的納貢進獻。這個格局被其後五代的南漢、吳越和閩承接並大力發展。唐代後期，許多波斯、阿拉伯人來華經商，廣州即其聚集地之一。鑒真和尚第五次東渡失敗，旅經廣州時，見到「不計其數」的婆羅門、波斯和崑崙商船。當時的廣州可謂是各國商賈雲集的國際化都市。

唐代晚期開始，陶瓷成為對外貿易的大宗商品，從海底沉船中大量出水的陶瓷產品可窺一斑。以著名的「黑石號」沉船為例，此船 1998 年發現於印尼蘇門答臘東南海域勿里洞島（Belitung Island）附近，根據發現地點命名為「黑石號」（Batu Hitam），其中出水中國瓷器和金銀器多達 6 萬餘件。據調查，沉船多數文物的年代集中在 9 世紀中期，有紀年銘文的瓷器皆晚唐之物。其中，瓷器約佔 90%，包括湖南長沙窯、浙江越窯、河北邢窯、河南鞏縣窯和廣東窯系等相關窯口產品，還有粟特和阿拉伯風格的金銀器等，有學者認為這條船從揚州起航，經廣州等地駛往波斯灣，目的地可能是波斯著名國際貿易港 —— 西拉甫。

印尼爪哇島北岸海域出水的「井里汶號」沉船也是震驚國際的重大發現，船中出水完整器約 15 萬件，中國晚唐五代瓷器佔全部船貨的 75%，以越窯青

▲「黑石號」出水陶瓷

② 「黑石號」出水陶瓷

③ 「黑石號」出水粟特風格金器

④ 「黑石號」出水陶瓷

⑤ 「井里汶號」沉船出水文物

瓷為主,此外還包括中國青銅器、中東玻璃瓶、玻璃原料、金屬器、印度佛教飾件、馬來群島錫質刀具、棱錐等(可能來自馬來群島),阿富汗青金石、印度紅寶石、藍寶石、珊瑚珠、紅石、象牙、象牙製品等;一同出水的「乾亨通寶」款鉛錢表明了這艘沉船的沉沒年代,「乾亨」是公元917年南漢的年號。鑒於貨物種類的多樣性和數量之巨,學者們推測這是一艘在印尼島嶼之間遊弋的接駁船,來自中國的貿易船隻一般在沿岸的小島停泊,以換取食物、水以及其他配給,同時也進行商品貿易,船中的中國瓷器也許要運送到中東等地,而玻璃器和原料的目的地可能是中國。而這種輾轉接駁的方式是明初鄭和大寶船下西洋以前海外貿易的主要方式。

「換他每中用的物件來」

宋元時期是中國古代海上貿易的鼎盛時期,其規模之大、影響之廣可謂空前。尤其是「混一聲教,無遠弗屆」世界性大帝國元帝國的建立,刺激和促進了海路交通的發展。除了自行出海貿易的商人和番船之外,宋元時期兩代官府都經營海上貿易,直接參與海外貿易利益分配,據《元史・食貨志・市舶》記載:政府給本讓商人出海博易,回國後政府得七,商人得三。元代海外貿易的興盛與官府任用穆斯林理財及管理海運有關,例如宋末降元的泉州市舶使司蒲壽庚,就是阿拉伯人的後裔,除蒲氏以外,還有掌管泉府司和市舶司的回族人沙不丁和合不失。泉府司「掌領御位下及皇太子、皇太后、諸王出納金銀事」,即為皇族理財,還一度「專領海運」。元朝政府對於海外貿易的態度可謂務實:「咱每這田地裏無用的傘、摩合羅、瓷器、家事、簾子博換他每中用的物件來。」(《元典章》)

總的來說,這一時期出口產品包括紡織品、陶瓷器、金屬器和日常生活用品,這些商品的大多數在宋代以前就是我國的主要出口商品,但是宋元時期得到了長足的發展,並對亞非各國文化產生了深遠影響,其中尤其以陶瓷

▲「南海一號」沉船出水瓷器

技術的傳播為最。進口商品據統計不下 250 種，以珍寶和香料為主，另外特別重要的還包括藥材、紡織品以及少量手工業品。這一時期的貿易仍然以轉運貿易為主。

目前發現的宋元時期沉船及港口遺址都凸顯了當時陶瓷器在亞非各國的風靡盛況。當的外銷陶瓷以龍泉窯青瓷、景德鎮窯青白瓷和青花瓷為大宗，例如目前發現的最大的宋代沉船「南海一號」，南宋時期沉沒於廣東陽江市附近海域，應是從中國海域駛出，赴新加坡、印度等東南亞地區或中東地區進行海外貿易的。其中，出水瓷器有白瓷、青瓷、青白瓷、黑瓷、鉛綠釉陶

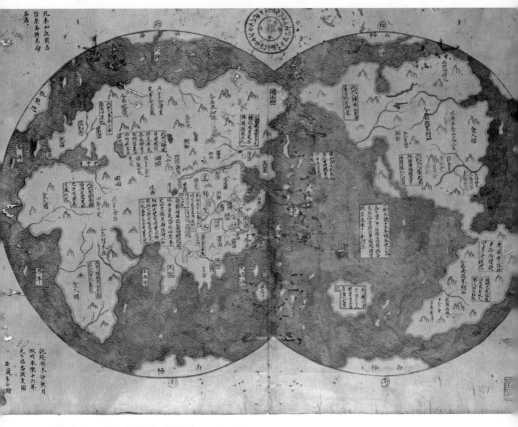

▲ 據傳為鄭和版世界地圖。清乾隆年間繪製

和醬黑釉陶等品種，器類以各種形式的碗、盤、罐、盒、瓶、壺為主。這批陶瓷器分別來自我國宋代南方地區著名窯址，包括景德鎮青白瓷、龍泉青瓷和福建地區與外銷瓷密切相關的磁灶窯、德化窯產品。另外，元代中後期出現的新品種青花瓷，一經燒成便迅速擴散到海外各地，尤其是目前收藏在伊朗、土耳其、印度等國的大批精美絕倫的青花巨件，是元時期文化交融和海外貿易興盛的印證。在波斯灣古港口基什島、霍爾木茲，地表隨處可見中國

龍泉窯、景德鎮窯生產的瓷器。埃及開羅郊區的福斯塔特遺址，也包含了從唐五代到明清時期的大部分中國知名陶瓷品種。

器成天下走

明清時期中國的海外貿易仍然繼續發展，但與宋元時期不同，其發展趨勢呈現出矛盾重重的困局。總的來看，中國並未順其自然地進入世界經濟全球化的格局，從主觀意願上看，明清兩代政府逐漸閉鎖，到清代限制四口通商甚至僅保留廣州一口通商；從客觀上講，民間貿易及走私在沿海地區活躍，中國不可避免地捲入了全新的世界經濟體系，但由於失去了面對海洋的主動權，最後不得不在船堅炮利的歐洲列強面前開始了痛苦的近代化歷程。

明初鄭和下西洋，是有史以來最大規模的官方貿易，與宋元時期以獲取經濟利益為目的不同，更側重「懷柔遠夷」的政治功能，是不計成本「廣施國威」的外交手段。從隨行譯員馬歡在《瀛涯勝覽》中的記載來看，鄭和船隊攜帶的龍泉青瓷和青花瓷在海外各國均廣受歡迎；從考古發現來看，文獻所記載的鄭和船隊行經的東南亞、南亞、西亞、北非及東非地區都有 15 世紀以後的中國瓷器遺存。1975 年，南中國海西沙群島北礁礁盤上發現一艘明初沉船的殘骸，出水銅錢 400 多公斤，其中大部分是「永樂通寶」，學者們認為這可能是鄭和下西洋時沉沒於西沙群航道的寶船之一。鄭和船隊和中國瓷器相關的遺存在肯尼亞也有發現，在肯亞沿海中部的拉穆群島上，位於大陸沿海的格迪古城遺址中就出土了數量眾多的明初龍泉窯瓷器和景德鎮青花、釉上彩器。前文提到的埃及開羅市郊的福斯塔特遺址，也出土了數以千計的 15—18 世紀中國瓷片，主要包括龍泉青瓷、景德鎮青白瓷、青花瓷、單色釉瓷器以及各類彩瓷。

2015 年 5 月底的一天，我和攝影師于楚眾開車離開新疆若羌，向東翻越阿爾金山進入青海。那天特地起得很早，天蒙蒙亮就出發了，因為這一程大約 1100 公里，從柴達木盆地北緣行進，直到青海德令哈，中間幾乎沒有一座像樣的縣城。

我們沿着崑崙山南麓向東，路的左邊是茫茫戈壁，著名的塔克拉瑪干沙漠。此前兩天我們剛剛通過沙漠公路，從北面的庫爾勒穿行到了南面的且末。初升的太陽就在眼前，朝霞將沙地染上一層紅銅的顏色。離開若羌縣城不久，過了三十六團場有一個分叉路口。一條砂石路向北進入塔克拉瑪干腹地，岔口處樹了一個孤零零的牌子，箭頭指向「羅布泊」。

路牌一晃而過，而「羅布泊」三個字則縈繞心頭，揮之不去。有一個聲音不斷冒出來 —— 要不要回去？這個念頭折磨了我半個小時，再開出了六七十公里後，我跟于楚眾說，咱回頭看看去。

我們又回到了那個岔路口，向戈壁的深處張望。那是荒原最單調的景色，邊緣是風化的礫石，再深入就是茫茫沙海，沒有植物，沒有生命。這十幾天來，我們都習以為常。這條岔路 200 公里進去便是羅布泊鎮，距離乾涸了的羅布泊最近的地方。我很想開車進去，站到那傳說之地。每一個行走在絲綢之路上的人都會有這個夢想吧。

但最後我們還是放棄了。我們沒有搜集更多道路信息，不清楚這條砂石路的路況，也沒有準備水和食物，更缺乏一輛同行的車。大約一個多星期前，我在敦煌西面的「魔鬼城」也曾遙望羅布泊。暴烈的陽光，乾燥的狂風，足以將任何一個闖入者迅速脫水風乾。

於是，我們決定掉頭東去。即使在今天，交通工具和通信技術高度發

達，前往羅布泊之路仍舊令人視如畏途。何況幾千年前，人類只能依靠雙腿步行，這當然是一片死亡之地。

2015年，《三聯生活周刊》將「絲綢之路」作為年度選題，我們前後一共做六期封面故事。以上是我們採訪與行走過程中的一個小片段，但卻令我印象深刻。

究竟是什麼原因，讓我們的祖先跨越重重阻礙，九死一生地前往一個未知之地，去探索未知文明？在往返以數十年記的時間，他們付出了巨大的成本，究竟得到了什麼？今日中國如何被這條道路所塑造？世界是否為中國所改變？拋去那些浪漫想像，今天這條道路上的國家保持着怎樣的聯繫？

我們梳理了這樣一些方向展開探索：1. 中國是如何發現世界的？2. 中國人如何走向大海？3. 城市、物質與物種的交流是怎樣展開的？4. 文化與宗教如何沿絲綢之路傳播？5. 今日世界是否會因絲綢之路的復興而重構？

我們的記者在一年的時間裏前往絲綢之路上的眾多國家，在哈薩克斯坦、烏茲別克斯坦、吉爾吉斯斯坦、亞美尼亞、格魯吉亞、意大利、馬來西亞、新加坡、印尼等國做深入的探訪和拍攝。我們還派出了4人的視頻團隊，在中亞進行了20餘天的拍攝，製作了3部視頻短片。我們發現，交流與持續性的交流是文明發展的第一要義。放棄交流、放棄開放則意味着斬斷文明前進的路徑。中國與世界通過這條偉大的道路，在文明的歷史上彼此塑造，形成今日之面貌。融合與交流互通，始終是人類的主旋律。在這個意義上，絲綢之路的復興亦將推動文明的新的發展高潮。

這些文章得益於作者的深入考察、採訪與研究。他們仍舊努力着，在破碎化的時代提供較為系統的故事脈絡與知識體系。這些文章支撐了2015年《三聯生活周刊》的重要報導。我們將其重新結集，編輯刪定成書，注重新的發現、故事性與生動敘述，這也是對絲綢之路宏大議題的一次觸碰。

絲綢之路是個永恆的話題，不同的時代，無數生命融入其中。我們願以微薄之力，為這條道路提供新鮮的活力。

穿越絲路

發現世界的中國方式

主編
李偉

出版
中華書局（香港）有限公司

香港北角英皇道 499 號北角工業大廈一樓 B
電話：(852) 2137 2338　傳真：(852) 2713 8202
電子郵件：info@chunghwabook.com.hk
網址：http://www.chunghwabook.com.hk

發行
香港聯合書刊物流有限公司

香港新界大埔汀麗路 36 號
中華商務印刷大廈 3 字樓
電話：(852) 2150 2100　傳真：(852) 2407 3062
電子郵件：info@suplogistics.com.hk

印刷
美雅印刷製本有限公司

香港觀塘榮業街 6 號 海濱工業大廈 4 樓 A 室

版次
2018 年 8 月初版
© 2018 中華書局（香港）有限公司

規格
16 開（210 mm×150 mm）

ISBN：978-988-8513-78-9

本書繁體字版由中信出版集團授權出版。

責任編輯：蕭　健

裝幀設計：吳丹娜

排　版：吳丹娜

印　務：林佳年

THROUGH

THE

SILK ROAD

THROUGH
THE SILK ROAD